JOHN RUSKAN

EMOTIONALE KLÄRUNG

Ein bahnbrechendes Konzept
für die Befreiung
von negativen Mustern

Aus dem Amerikanischen
von Gisela Kretzschmar

GANZHEITLICH HEILEN

GOLDMANN

Die amerikanische Originalausgabe erschien zunächst im Selbstverlag bei R. Wyler & Co.; 2000 erschien unter dem Titel »Emotional Clearing« eine große Publikumsausgabe bei Broadway Books, New York.

Dieses Buch soll kein Ersatz für eine Psychotherapie sein, und der Autor empfiehlt Ihnen nicht, irgendeine der hier dargestellten Techniken bei psychischen Störungen ohne Absprache mit einem qualifizierten Therapeuten anzuwenden. Der Autor will Ihnen lediglich seine persönliche Erfahrung vermitteln, in der Hoffnung, Ihnen damit bei Ihrer Suche nach emotionaler und spiritueller Gesundheit weiter zu helfen. Falls Sie diese Informationen in Form einer Selbsttherapie nutzen, tun Sie dies auf eigene Verantwortung.

Umwelthinweis:
Alle bedruckten Materialien dieses Taschenbuches
sind chlorfrei und umweltschonend.
Das Papier enthält Recycling-Anteile.

Deutsche Erstausgabe April 2002
© 2001 der deutschsprachigen Ausgabe
Wilhelm Goldmann Verlag, München
in der Verlagsgruppe Random House GmbH
© 2000 John Ruskan
Umgeschlaggestaltung: Design Team, München
Umschlagmotiv: Paul Gauguin
Satz/DTP: Martin Strohkendl, München
Druck: Elsnerdruck, Berlin
Verlagsnummer: 14220
Redaktion: Zeol Welcker
WL · Herstellung: WM
Made in Germany
ISBN 3-442-14220-2
www.goldmann-verlag.de

1. Auflage

*Gewidmet den
spirituellen Suchern
überall*

Inhalt

Danksagungen

Ich möchte allen, die mir geholfen haben, diesem Buch Gestalt zu verleihen, herzlich danken:

Der Kriya-Yoga-Tradition und dem spirituellen Meister Babaji für die Führung am Beginn des Weges.

Gurudev Amrit Desai und seiner Ashram-Familie von 1987 bis 1988, weil sie mir gezeigt haben, wie man sich selbst liebt.

Den Therapeuten, die mir bei der Arbeit an diesem Buch unschätzbare Unterstützung gewährt haben: Martha Crampton, Robert Hall, Richard Moss, Sharry Rose, Hazel Stanley.

Liam Watt, der mich uneingeschränkt gefördert hat und der erste Therapeut war, der seine Ausbildung in integrativer Verarbeitung erfolgreich abgeschlossen hat.

Den Verlegern Peter Gault und Tony Hoffman, die mir geholfen haben, aus dem Manuskript ein Buch zu machen.

Meiner Agentin Diana Finch für ihre geduldige Anleitung.

Tracy Behar und allen Mitarbeitern von Broadway Books für ihren Enthusiasmus. Sie waren der Schlüssel dafür, dass dieses Buch die vielen Leser gefunden hat, für die es gedacht war.

Vorwort

Während all der Jahre, in denen ich mich mit Spiritualität und Heilung beschäftigt habe, ist mir immer wieder etwas aufgefallen, das mich schließlich auch dazu veranlasst hat, dieses Buch zu schreiben: Viele Menschen, die sich ernsthaft um spirituelles Wachstum bemühen, sind oft nur wenig vertraut mit der Arbeit an den emotionalen Aspekten der Psyche; sie kennen weder die Methoden, noch wissen sie, welche Bedeutung diese Arbeit hat. Wie auch ich es lange Zeit getan habe, versuchen sie, inneres Wachstum zu fördern, indem sie sich ausschließlich auf die »höheren«, idealistischen Aspekte wie etwa Liebe konzentrieren, die sie entwickeln möchten. Dabei ignorieren sie jedoch häufig die unangenehmeren emotionalen Seiten des Selbst. Oft klafft in ihrer Wahrnehmung eine enorme Lücke im Hinblick auf das emotionale Selbst, oder sie gehen sogar davon aus, Emotionen seien nicht wirklich wichtig. Anderseits können Menschen, die sich mit Psychotherapie beschäftigen, bei der die emotionale Heilung im Mittelpunkt steht, keine Verbindung zwischen ihrer inneren Arbeit und den spirituellen Künsten herstellen.

In diesem Buch gehe ich davon aus, dass ein echtes spirituelles Wachstum nur stattfinden kann, wenn die Arbeit mit den Emotionen ein Kernstück des inneren Weges darstellt. Weiterhin möchte ich zeigen, dass die Arbeit mit Emotionen ebenso wie mit Gefühlen im Allgemeinen ein höchst lebendiger und elementarer Weg zur Selbstverwirklichung ist, der uns befähigt, die inneren Kräfte freizusetzen, die uns blockieren und davon abhalten, unser volles Potenzial zu entfalten.

15

Dieses Buch ist hervorgegangen aus der Verschmelzung zweier kultureller, intellektueller und spiritueller Traditionen. Während der Arbeit daran habe ich gespürt, wie diese beiden Linien sich in meinen Gedanken trafen und dann beim Schreiben wie durch ein umgekehrtes Prisma zusammenliefen. Wie Weibliches und Männliches, Mutter und Vater, Yin und Yang war jedes Element nötig, um das jeweils andere voll zu verwirklichen. Der Osten hat im weitesten Sinne die Mutter repräsentiert – die mystische, nährende Verbindung zur inneren Quelle der spirituellen Fülle, der Heilung und des Wachstums. Der Westen hat den Vater repräsentiert – den rationalen Intellekt, das organisierende, pragmatische Prinzip, das den heilenden Energien Form und Struktur verleiht.

Wenn dieses Buch auf irgendeine Weise für Sie von Wert ist, dann haben Sie Ihrerseits auch mir und uns allen geholfen, denn der Schmerz, den Sie empfinden, ist nicht nur Ihr persönlicher, sondern der Schmerz der gesamten Welt. Die Vorstellung, von anderen getrennt zu sein, ist eine Illusion. Wenn Sie sich selbst heilen, heilen Sie die Welt.

Ich wünsche Ihnen in allen Bereichen Ihres Lebens stetige Erfüllung. Ich wünsche Ihnen die Weisheit, das Beste aus den unbegrenzten Möglichkeiten zu machen, die das Leben uns bietet. Und vor allem wünsche ich Ihnen die Kraft, die Liebe und Heilung zu aktivieren, die so greifbar nah in unserem Inneren liegen.

John Ruskan

*Ich verstehe, dass meine Liebe
zu mir selbst der größte Reichtum ist,
den ich je besitzen werde.
Selbstliebe kann sich nur entfalten, wenn
ich meine Gefühle so annehme und erlebe,
wie sie sind, in eben diesem Augenblick,
die angenehmen genauso wie die unangenehmen.
Wenn ich mein schmerzhaftes Selbst willkommen
heiße, dann heilt es. Selbstliebe gibt mir
die Kraft zur Veränderung.*

Einleitung:

Die Kunst, sich selbst zu lieben

Manchmal beneiden die Leute einen Künstler um sein Leben. Sie haben den Eindruck, das Leben eines Künstlers sei aufregend, ein Ausdruck der instinktiven Bedürfnisse nach Freiheit. Der Künstler gilt als jemand, der sich mit den wesentlichen Problemen des menschlichen Daseins auseinander setzt, sich den entscheidenden Fragen stellt und ihnen einen konkreten Ausdruck verleiht. Sein Mut zu dieser inneren Konfrontation wird bewundert. Ich weiß noch, dass ich genauso empfand, bevor ich beschloss, einen großen Teil meiner Zeit dem Verständnis der Kunst und der künstlerischen Praxis zu widmen. Das ist einer der Gründe, warum ich Künstler wurde.

Der wirkliche Künstler – einer, der sich ernsthaft mit den Aspekten des Selbst beschäftigt und sich nicht nur einer Technik bedient – arbeitet auf einer hohen Bewusstseinsebene. Der künstlerische Ausdruck stammt aus dem kreativen Zentrum des Bewusstseins, das in der östlichen Psychologie sogar höher bewertet wird als das Herz und die außergewöhnlich intensive Erfahrung des Künstlers begründet.

Künstler können bei ihrer Arbeit jedoch auf Probleme stoßen. Sie beginnen häufig dann, wenn ein Künstler versucht, durch seine Kunst ein Gefühl von sozialer Identität und Akzeptanz aufzubauen. Die Motivation verändert sich dann vom reinen Selbstausdruck zum Abwägen, was mit einer künstlerischen Arbeit zu gewinnen ist. Dieser Wandel der Motivation mag noch so subtil sein – er kann doch dazu führen, dass die Kreativität behindert wird und man sich am Ende selbst sabotiert.

Obwohl ich mich stark zur Kunst hingezogen fühlte und mich damals gleichzeitig intensiv um inneres Wachstum bemühte, geriet ich doch in den destruktiven Kreislauf, den ich hier beschreiben will. Man hatte mir beigebracht, dass sich Glücksgefühle nicht aus den Ergebnissen der Arbeit oder aus dem Beifall anderer ergeben, sondern aus der Freude am künstlerischen Tun erwachsen. Ich stimmte dem zu und hatte bei meiner eigenen künstlerischen Arbeit das Gefühl, dass sie aus dem Herzen kam und ich dabei nicht nach Anerkennung strebte. Kunst bedeutete für mich, nach innen zu gehen und etwas hervorzubringen. Kreativer Ausdruck versetzte mich in Begeisterung und Ekstase. Ich hatte den Eindruck, dass ich die Fähigkeit entwickelte, die unglaublichen Energien, die ich wahrnahm, zu mobilisieren.

Weil *Wahrnehmung* für mich die Essenz des kreativen Aktes war, konnte ich in Ekstase geraten, wenn ich ein Gemälde, eine tänzerische Darbietung oder ein architektonisch gelungenes Gebäude nur ansah oder Musik hörte. Später erkannte ich, dass die Kraft im Wahrnehmenden liegt. Ein Kunstwerk ist lediglich der Rahmen, auf den wir unsere künstlerische Erfahrung projizieren – so wie es im Leben häufig geschieht.

Für mich war es nur natürlich, vom Akt der Wahrnehmung zum schöpferischen Prozess überzugehen. Dabei war nicht wirklich ich derjenige, der etwas schuf. Meine Rolle als Künstler bestand darin wahrzunehmen, mich von dem, was sich da manifestierte, bewegen zu lassen. Meine »künstlerischen Fähigkeiten« bestanden darin, meinen rein rationalen Verstand aus dem Weg zu räumen, damit dieser Prozess stattfinden konnte. Wenn dabei etwas geschah, das mich bewegte, dann hatte ich ein »Kunstwerk« geschaffen, etwas, das interessant genug war, um es anderen vorzustellen oder mitzuteilen. Und ich hatte sehr wohl das Bedürfnis, mich mitzuteilen.

Zwar war ich mir durchaus der Problematik bewusst, die Kunst zu benutzen, um Aufmerksamkeit auf mich zu ziehen. Doch mein Wunsch, anderen zu zeigen, was ich geschaffen hatte, schien mir natürlich. Ich gestattete mir, nicht perfekt zu sein, und ließ es zu, dass ich im Hinblick auf meine Arbeit ein gewisses Maß an Ego-Verhaftung empfand. Wenn ich ein Minimum an Anerkennung brauchte, dann wollte ich dieses Bedürfnis mit allen Einschränkungen, die sich daraus vielleicht ergeben würden, akzeptieren.

Der Vorfall, der mir half, den Teufelskreis, in den ich geraten war, zu erkennen, ereignete sich im Verlauf eines einwöchigen Workshops über die Weisheit des Körpers, an dem ich teilnahm. Bis zum dritten Tag hatte es in der Gruppe nicht viel Katharsis gegeben. Der Gruppenleiter wies uns an, eine bestimmte Yoga-Stellung, den Berg, besonders lange einzuhalten. Das bedeutet für den Körper eine erhebliche Anstrengung, und viele Leute begannen dabei zu zittern. Die Energie fing an, sich in unseren Körpern zu bewegen. Als wir die Übung schließlich beendeten, wurde uns gesagt, wir könnten uns beliebig im Raum bewegen.

Während ich das tat, begann ich plötzlich die Energie in meinem Körper zu spüren. Sie nahm sozusagen innerlich die Form von klassischen Ballettfiguren an, deren Namen ich nicht kannte. Obwohl ich nie Ballettunterricht hatte und auch überhaupt kein »Balletttyp« bin, habe ich immer einen natürlichen Hang zum Tanzen gehabt, und viele meiner Freunde waren Tänzer. Ich war stets davon ausgegangen, dass ich in einem meiner früheren Leben, wenn es sie denn gab, ein Tänzer gewesen war. Aber das war immer eine intellektuelle Annahme geblieben.

Diese Erfahrung nun war jedoch nicht intellektuell. Die Energie in meinem Körper nahm perfekte »klassische Formen« an und brachte meine unvollkommene Körperhaltung in eine größtmögliche Entsprechung. Das innere Sehen und Fühlen der Energie, die sich in den gewissermaßen archetypischen Ballettstellungen ausprägte, die Erkenntnis, dass diese Positionen tatsächlich archetypisch waren, und die Ekstase, die aus dieser inneren Wahrnehmung erwuchs, waren überwältigend. Ich wurde durch eine wundervolle und bewegende künstlerische Erfahrung geleitet.

Gleichwohl empfand ich – zusammen mit der Schönheit, die ich erlebte – in meinem Inneren einen Schmerz; den Schmerz der Isolation. Ich erkannte, dass ich den Schmerz aus meinem früheren Leben als Tänzer noch einmal erlebte. Es war eine gewaltige Katharsis. Ich wusste: Wann immer eine Katharsis mit etwas zusammenhängt, das eine Erinnerung an ein früheres Leben sein kann, dann ist es gut möglich, dass es sich dabei um eine echte Erinnerung und nicht um Einbildung handelt. Ich wusste, dass ich eine Verbindung zu dem unterdrückten Schmerz aus meinem früheren Leben hergestellt hatte und dabei war, diesen Schmerz aufzulösen.

Ich sah, dass ein großer Teil meines gegenwärtigen Lebens genauso verlaufen war wie das vorherige, abgesehen davon, dass ich mich jetzt überwiegend mit Musik beschäftigte. Wieder wurde ich verzehrt von der Ekstase des schöpferischen Prozesses und dem Schmerz der Isolation, ohne zu verstehen, dass beide – zumindest für mich – nicht zu trennen waren, sondern sich ergänzten. Der unterdrückte Schmerz des vorherigen Lebens war die Quelle meiner gegenwärtigen Verhaltens- und Gefühlsmuster.

Die unglaubliche Erfahrung kreativer Prozesse, auf die Künstler sich konzentrieren, ist ohne die komplementäre Erfahrung der Isolation nicht möglich. Der schöpferische Akt selbst bringt das Gefühl der Isolation und der inneren Leere hervor, nachdem man seine Energien erschöpft hat. Die Ekstase wird durch den Schmerz aufgewogen.

Nachdem ich das dualistische Wesen meiner schöpferischen Erfahrungen verstanden hatte, kam mein Leben ins Gleichgewicht. Ich hatte viel Zeit in Ekstase verbracht und dann nicht verstanden, was der Schmerz zu bedeuten hatte. Der Schmerz der Isolation, aus dem gegenwärtigen wie aus dem früheren Leben, war das Motiv hinter meinem Bedürfnis, meine Arbeit anderen zu präsentieren, und die starke, zum Teil unbewusste Motivation für den Aufbau einer sozialen Identität als Künstler. Ich hatte das Gefühl, wenn ich andere mit meiner Arbeit erreichen könnte, dann würden die entsetzlichen Qualen der Isolation gelindert. Dass diese Linderung nie eintrat, erhöhte meine Verwirrung, denn sogar wenn meine Arbeit akzeptiert wurde, wenn ich Anerkennung erlangte: Die Schmerzen waren immer noch da. Ich fühlte mich verwirrt und verletzt. Anerkennung wurde bedeutungslos. Ich stellte den Wert dessen, was ich tat, in Frage und wurde selbstzerstörerisch, wahrscheinlich in weit größerem Umfang, als mir bis heute bewusst ist.

Das Problem trat auf, als ich mir gestattete, mich vom Schmerz der Isolation motivieren zu lassen, und als ich versuchte, diese Qualen durch Anerkennung zu lindern – was ich für mein Bedürfnis hielt, mich mitzuteilen. Auf ähnliche Weise versuchen wir alle, unserem Schmerz aus dem Weg zu gehen, ohne zu verstehen, dass wir ihm nicht entkommen können, solange wir von dem Bedürfnis motiviert sind, alles Negative zu meiden.

Ich hatte einen großen Teil meines Lebens unbewusst in einem Teufelskreis der Abhängigkeit von kreativer Arbeit verbracht. Von der Ekstase des Erschaffens fiel ich in ihr Gegenstück, die Isolation des Schöpfers. In meinem Wunsch, den negativen Aspekt zu meiden, war ich entweder bestrebt, als Gegenmittel zur Isolation andere an meiner Arbeit teilhaben zu lassen, oder ich versuchte der Pein zu entgehen, indem ich mich gleich wieder der nächsten schöpferischen Erfahrung zuwandte. Ich wurde zwanghaft kreativ, um der Isolation zu entfliehen, die mit dem kreativen Prozess verbunden war. Die Isolation wurde nicht aufgelöst, sondern nur unterdrückt. Sie baute sich so stark auf, dass ich schließlich auch in anderen Lebensbereichen, beispielsweise in meinen Beziehungen, zwanghaft wurde. Am Ende war der unterdrückte Schmerz so gewaltig, dass ich nicht mehr arbeiten konnte und mich völlig ausgebrannt fühlte. Die Katharsis, die ich dann während des Workshops erlebte, half mir zu verstehen, dass die angesammelten unterdrückten Leiden des gegenwärtigen und des vorherigen Lebens dazu beigetragen hatten, mich zu blockieren und zurückzuhalten.

Wie können wir die Isolation aufheben, die ein Teil des schöpferischen Aktes ist, und wie können wir andere emotionale Probleme lösen, unter denen wir möglicherweise leiden? Darum geht es in diesem Buch. Der erste Schritt besteht in der Integration; wir müssen uns zu unseren Gefühlen bekennen und sie akzeptieren. Was wir integriert haben, ist zwar immer noch da, aber es wird nicht mehr als störend empfunden. In den meisten Fällen leiden wir unter Schmerzen, weil die Gefühle nicht integriert sind. Mit der Integration beginnt der Prozess der Heilung und Reinigung. Alle Aspekte des Lebens, nicht nur die kreativen, haben sowohl positive als auch negative Seiten. Wir müssen lernen, die negativen Seiten nicht zu meiden, sondern zu integrieren. Dabei können wir vielleicht etwas von den Künstlern lernen.

Künstler beschäftigen sich mit den unangenehmen Seiten des Lebens genauso wie mit den schönen. Oft stellen sie das Hässliche dar, Disharmonie und Streit. Tatsächlich leben viele Künstler heute in den Ghettos unserer Städte. Anscheinend haben sie eine gewisse Beziehung zu den »schmutzigen« Seiten des Lebens, die über niedrige Mieten hinausgeht. Das hat damit zu tun, dass der Künstler die negativen Aspekte des Daseins akzeptiert, feiert und ausdrückt, sowohl in der äußeren Welt als auch in seinen inneren Gefühlen. Er tut dies vor allem, um diese negativen Aspekte zu integrieren, aber auch, um uns zu zeigen, dass wir letztlich nicht umhin können, unsere eigenen persönlichen Erfahrungen zu integrieren. Wenn wir versuchen, dem zu entgehen, unterdrücken wir lediglich unsere Gefühle, und alles, wovor wir fliehen oder wogegen wir kämpfen wollen, baut sich weiter auf.

Wir alle können Künstler werden, denn Kunst hängt nicht von Techniken ab, sondern von der Sensibilität des Wahrnehmenden. Sie können Ihre Art der Wahrnehmung so verändern, dass Sie das Leben nicht mehr als etwas Äußeres empfinden, gegen das Sie kämpfen und das Sie kontrollieren müssen. Das Leben wird dann zum Spiegelbild Ihrer selbst, das Sie entweder akzeptieren oder ablehnen können, wobei Sie gleichzeitig sich selbst annehmen oder ablehnen.

Wenn Sie die Dinge akzeptierend wahrnehmen, lassen Sie zu, dass der kreative Prozess beginnt. So wie ein Künstler ein Gemälde schafft, indem er zur Seite tritt und zulässt, dass eine andere Kraft in seinem Werk zum Ausdruck kommt, können auch wir dieser Kraft in unserem Alltag Raum geben. Sie werden zum Künstler und das Leben wird Ihre Leinwand. Sie werden Zeuge der schöpferischen Verwandlung. Sie erleben die Freude des kreativen Aktes und finden auch in den schlimmsten Seiten des Lebens noch Schönheit.

Wenn Sie die Dinge akzeptierend wahrnehmen, wird etwas anderes vollbracht. Sie lernen, dass Akzeptieren gleichbedeutend mit Liebe ist und dass Sie, indem Sie sich selbst und Ihre Gefühle so annehmen, wie sie sind, die Liebe zu sich selbst auf eine Weise erfahren, wie es mit anderen Mitteln niemals möglich wäre. Ihre Selbstliebe wird zur heilenden Kraft, die Ihre innere Welt verwandelt. Selbstliebe ist die höchste Kunst.

Teil 1:

Emotionale Klärung

Wenn ich mich selbst
und meine Gefühle so akzeptiere,
wie sie sind, werde ich heil und ganz.
Ich bin nicht länger gespalten – bekämpfe und
verdamme nicht mehr einen Teil meiner selbst.
In mir wächst die Kraft der Selbstakzeptanz
und Selbstliebe. Ich erlange die Fähigkeit,
mich selbst und meine Lebensbedingungen
zu heilen. Ich erwecke die Kraft
der Transformation.

1.

Die Akzeptanz der Gefühle

Wir alle wollen heil und ganz sein. Wir wünschen uns ein Verfahren, das uns bei unserer Suche nach Ganzheit helfen kann. Zu vertraut sind wir mit dem Gefühl, gespalten zu sein und trotz bester Absichten gegen uns selbst zu arbeiten. Ein Weg zu innerem Wachstum, auf dem wir alle Aspekte unserer Persönlichkeit zu bejahen lernen, um auf diese Weise heil und ganz zu werden, scheint vernünftig. Doch wenn wir genauer erfahren, was es heißt, akzeptiert zu werden, dann können Verwirrung und Zweifel aufkommen.

Freude zu akzeptieren, empfinden wir als natürlich, aber vielleicht ist uns nicht klar, warum wir ein gebrochenes Herz oder Furcht bejahen sollten, denn solche negativen Gefühle sind genau das, was wir vermeiden wollen. Normalerweise stellen wir uns vor, dass negative Gefühle unser Glück verhindern oder stören. Wir alle haben ein Idealbild von uns selbst, dem wir entsprechen möchten – ohne Fehler, Grenzen oder emotionale »Probleme«. Wir kämpfen gegen diese negativen Aspekte unserer Persönlichkeit und glauben, wir würden glücklicher sein, wenn wir sie nur loswerden könnten, wenn wir nur besser werden könnten. Wir bekämpfen im Grunde das Gefühl, unglücklich zu sein.

Gleichwohl lehrt die moderne Psychologie, dass es möglich ist, negative Gefühle und Bedingungen zu akzeptieren. Tatsache ist, dass wir durch ihre Ablehnung die Negativität fortsetzen, statt sie aufzulösen. Wir können uns eine bejahende Haltung nur schwer vorstellen, weil wir gelernt haben, alles abzulehnen und zu bekämpfen, was uns nicht gefällt. Und tatsächlich ist das Verständnis der Akzeptanz eine sehr subtile Angelegenheit, und die fundamentalen Fragen bleiben: Wie? Wie kann ich meinen Zorn bejahen? Was bedeutet es, meine Hilflosigkeit anzunehmen? Wie kann ich mein Problem lösen, wenn ich es doch akzeptieren soll?

Gefühle werden nur deshalb schmerzlich und problematisch, weil sie nicht zugelassen oder *integriert* werden. Wir erzeugen den Schmerz durch Widerstand und fehlende Akzeptanz. Um das Leiden zu überwinden und uns heil und ganz fühlen zu können, müssen wir lernen, die Aspekte des Lebens zu integrieren, die wir als schmerzlich empfinden und gerne meiden würden. Wenn wir sie erst integriert haben, sind sie nicht mehr qualvoll, sondern erweitern unser Dasein um neue Dimensionen. Unser Leben wird reicher, und das Ergebnis ist echter und nicht nur vermeintlicher Reichtum auf der spirituellen und materiellen Ebene. Das schöpferische Element darf sich manifestieren. Unser Glück ist nicht mehr von äußeren Bedingungen abhängig. Wir werden Lebenskünstler und erkennen, dass unser Widerstand in Wirklichkeit nicht der äußeren Welt galt, sondern unserem eigenen Inneren.

Die integrative Verarbeitung ist eine Methode der inneren Arbeit, die Ihnen zu der Fähigkeit verhilft, Ihre Gefühle und Ihr Leben einfach und effektiv zu verwandeln. Sie werden lernen, *warum* Akzeptanz wichtig ist und *wie* man etwas so akzeptieren kann, dass man dabei nicht versuchen muss zu mögen, was man eigentlich nicht mag. Die Essenz des Vorgangs besteht darin, dass Sie alle Ihre Gefühle bejahen, auch jene des Missfallens. Denn das Problem ist, dass Sie solchen Gefühlen gewöhnlich Widerstand und Ablehnung entgegenbringen und dadurch Leid erzeugen.

Die therapeutische Begegnung

Seit ungefähr fünfzig Jahren ist die Psychotherapie für die Menschen im Westen der allgemein übliche Weg, wenn man Hilfe bei der Bewältigung belastender Emotionen braucht oder sensibler im Umgang mit sich selbst werden will. Bevor diese Form der Therapie zur Verfügung stand, wurden solche Hilfen von der Kirche angeboten. Heute ist die Psychologie weit gehend von der Spiritualität getrennt. Menschen, die in der Psychologie Hilfe suchen, übersehen oft die Spiritualität oder lehnen sie sogar ab. Bei der Psychotherapie geht es in erster Linie darum, Gefühls- und Verhaltensmuster aufzudecken oder bewusst zu machen, die den Klienten bisher unbewusst auf unerwünschte Weise beeinflusst haben. Zweitens zielt die Therapie darauf ab, gespeicherte Negativität freizusetzen, wobei verschiedene Schulen unterschiedliche Methoden einsetzen.

Unabhängig von ihrem jeweiligen Ansatz haben alle guten Therapeuten eins gemeinsam: Sie akzeptieren den Klienten bedingungslos. Die Erfahrung, bedingungslos angenommen zu werden, kann verblüffend sein und Veränderungen in Gang setzen, denn das Problem liegt gewöhnlich nicht dort, wo der Klient es vermutet. Das wirkliche Problem besteht darin, dass der Klient sich selbst nicht bejahen kann, oft nicht einmal eine Vorstellung davon hat, was Selbstakzeptanz bedeutet. Durch den Therapeuten lernt der Klient, sich selbst anzunehmen, und kann dadurch negative Muster überwinden.

Im Verlauf der Therapie werden Blockaden aufgedeckt und gelockert, und der Klient lernt wahrzunehmen, auf welche Weise er sich selbst einschränkt. Das geschieht vor allem deshalb, weil der Therapeut eine akzeptierende Haltung einnimmt, und nicht etwa auf Grund unglaublicher Einsichten oder wunderbar effektiver Techniken. Nur derjenige, der auf einer tiefen Ebene zur Selbstakzeptanz gefunden hat, kann das therapeutische Konzept der Akzeptanz verstehen und anwenden; es ist trügerisch anzunehmen, jemand, der selbst in seinem Inneren nicht heil und ganz ist, könnte einem anderen jemals auf diese Weise zur Heilung verhelfen. Die Therapie ist erfolgreich, wenn der Klient die unterstützende Energie des Therapeuten nicht mehr braucht, sondern über genügend Selbstakzeptanz verfügt, um seinen Weg alleine weiterzugehen. Der Klient ist damit nicht zu einem perfekten menschlichen Wesen geworden, aber er kann jetzt auf eigenen Füßen stehen und verfügt über genügend nährende und heilende Energie in seinem Inneren.

Die Rolle des Therapeuten im Westen weist starke Parallelen zur Rolle des Guru im Osten auf. Der Guru bietet seinem Schüler aus denselben Gründen dieselbe Art einer nährenden Beziehung. Der Guru akzeptiert den Schüler bedingungslos, denn er weiß, dass der Schüler genau diese Akzeptanz braucht, um Selbstakzeptanz zu lernen und sich zu einem menschlichen Wesen zu entwickeln. Im Osten ist die Rolle des Gurus jedoch komplexer und umfasst neben Psychologie auch Philosophie, Religion und Körperkultur, stets bezogen auf die Frage des spirituellen Wachstums.

❗ *Die Verbindung zwischen Psychologie und Spiritualität ist entscheidend*

Im Osten hat die Psychologie eine gewissermaßen eingebaute Verbindung zur Spiritualität. Im Gegensatz dazu ist die westliche Psychologie beschränkt, weil ihr ein solcher Bezug gewöhnlich fehlt. Viele Psychologen sind inzwischen zu dieser Erkenntnis gelangt und versuchen, eine spirituelle Verbindung aufzubauen. Für einige bedeutet das vielleicht, sich der organisierten westlichen Religion zuzuwenden, was mir so vorkommt, als würden sie einen Schritt nach vorn und zwei zurück gehen.

Bestimmte religiöse Institutionen des Ostens mag man ebenfalls für dogmatisch und überholt halten, aber wenn wir uns auf Yoga oder auf den Buddhismus einlassen, finden wir einen flexiblen und intelligenten Ansatz für beides, Psychologie und Spiritualität.

Wir wollen in diesem Buch nicht direkt über Spiritualität diskutieren. Aber die Prinzipien der Psychologie, mit denen wir uns beschäftigen werden, haben viel mit der Entwicklung einer Fähigkeit zur spirituellen Erfahrung zu tun. Der überwältigende Beitrag des östlichen Denkens besteht darin, uns zu lehren, dass wir, wenn wir uns nach innen wenden, das Grenzenlose entdecken. Mehr muss über Spiritualität nicht gesagt werden. Einige westliche Denker sind zu ähnlichen Schlussfolgerungen gekommen, namentlich C.G. Jung, aber er war nachhaltig vom östlichen Denken beeinflusst. Beachten Sie bitte: Wenn ich von Spiritualität spreche, dann meine ich die innere Begegnung mit dem Selbst und nicht die Fallen irgendeiner organisierten Religion östlicher oder westlicher Prägung.

Der Schüler des Ostens erfährt in dieser grundlegenden Ausbildung fürs Leben ein sehr umfassendes und kultiviertes Wissen, wozu auch die Disziplinen zur Stärkung und Reinigung von Körper und Geist gehören. »Reinigung« hat hier denselben Zweck wie in der westlichen Psychologie: Es geht darum, unterdrücktes Material an die Oberfläche zu bringen und unbewusste Blockaden aufzulösen, die einer produktiven Lebensfreude im Weg stehen. Gleichwohl versteht man im Osten, dass Techniken für persönliches Wachstum dann am effektivsten sind, wenn der Schüler direkten Kontakt zu einem Guru hat. Das hat nicht etwa damit zu tun, dass nur der Guru korrekte technische Anweisungen vermitteln kann, sondern entscheidend ist, dass der Schüler durch die persönliche Beziehung Selbstakzeptanz erlernt. Die Vorstellung von der Akzeptanz ist der Kern sowohl der östlichen als auch der westlichen Psychologie.

Akzeptanz

Warum wirkt Akzeptanz so mächtig und transformierend? Wir werden dieser Frage im Verlauf des Buches eingehend nachgehen, denn hier kann eine nur kurze Erklärung nicht zu wirklichem Verständnis verhelfen. Dennoch will ich an dieser Stelle einige einführende Bemerkungen zum Thema machen.

! *Akzeptanz bedeutet Öffnung für die eigenen Gefühle*

Akzeptanz bedeutet *nicht*, dass man automatisch jedes Ereignis gutheißt, seien es nun innere Gefühle, die Interaktion mit einer anderen Person oder ein Ereignis in der äußeren Welt. Akzeptanz bedeutet vielmehr, offen zu sein für die Erfahrungen, die das jeweilige Ereignis mit sich bringt. Wir können auf der intellektuellen Ebene durchaus weiterhin unterscheiden und uns wünschen, dass die Dinge anders wären, als sie tatsächlich sind; aber wir gestatten unseren Vorlieben nicht, störend in unsere Erfahrung einzugreifen. Das ist möglich, weil sich die Erfahrung auf der emotionalen und nicht auf der intellektuellen Ebene abspielt. Wenn wir uns emotional voll für die Erfahrung öffnen, dann akzeptieren wir sie.

Gefühle bilden unsere Verbindung zum Leben; ohne sie sind wir schal und hohl und von echter Erfüllung abgeschnitten. Selbstblockierungen treten auf der Gefühlsebene auf, nicht im mentalen oder intellektuellen Bereich. Auf der Gefühlsebene sind wir am stärksten unbewusst. Menschen, die zur Selbstakzeptanz gefunden haben, haben die Fähigkeit entwickelt, alles, was in ihrem Innenleben geschieht, tief und ohne Widerstände zu fühlen.

Wenn wir mit einem Menschen zu tun haben, der sich selbst bejaht, dann spüren wir, dass sich diese Beziehung von den meisten anderen unterscheidet. Ein Mensch, der sich selbst akzeptiert, kann auch andere annehmen, sich anderen öffnen und ihre Energien ohne Widerstand empfangen. Ein Mensch, der sich selbst nicht akzeptiert, kann auch andere nicht annehmen und sich ihnen nicht öffnen. Weil wir nur selten jemandem begegnen, der mit sich selbst einverstanden ist, haben wir kein wirkliches Gespür dafür, wie sich eine Beziehung anfühlt, die auf Akzeptanz basiert. Wenn wir jemandem begegnen, der sich selbst und folglich auch uns bejaht und uns keine unbewussten Widerstände entgegenbringt, dann ist das wie eine Offenbarung. Wir können *fühlen*, dass wir auf einer tiefen energetischen Ebene angenommen werden. Wir sind entwaffnet. Es gibt keinen Grund, Widerstand zu leisten. Wir spüren Liebe. Bedingungslose Liebe ist nichts weiter als bedingungslose Akzeptanz, entweder der eigenen oder einer anderen Person.

Selbstakzeptanz

Der eigentliche Zweck der therapeutischen Beziehung besteht darin, dem Klienten zur endgültigen Selbstakzeptanz zu verhelfen. Dies geschieht im Umgang miteinander auf magische Weise durch eine Art von Resonanz. Das Ergebnis entspricht dem, was man gemeinhin als Selbstverwirklichung bezeichnet. Was dabei geschieht, ist das Erwecken der Fähigkeit zur Selbstliebe. Man erlangt die Kraft, durch Selbstliebe heilende Energien aus dem eigenen Inneren zu aktivieren.

Nun gibt es keine Sehnsucht oder Suche mehr nach Liebe, die von außen kommt; man fühlt sich vollständig, so wie man ist, weil man die Liebe spürt, die von innen kommt. Beziehungen sind nun eher ein Mittel, um die eigene innere Liebe auszudrücken, und nicht mehr der Kontext, in dem man sich darum bemüht, von anderen geliebt zu werden. Das Leben hat sich auf grundlegende und wundersame Weise verändert.

Muss man einen Therapeuten oder Guru finden, um zu lernen, wie man sich selbst wirksam liebt? Das ist eine kontroverse Frage, die von verschiedenen Autoritäten durchaus unterschiedlich beantwortet wird. Zweifellos kann die Art von Beziehung, die ich beschrieben habe, erheblich dazu beitragen, Selbstliebe zu wecken. Aber es ist vielleicht schwierig, eine solche Beziehung zu finden, und gewöhnlich stellen wir uns eher vor, dass sie »geschieht«, als dass wir aktiv danach suchen.

Ich habe auf Grund meiner persönlichen Erfahrungen und der anderer Leute gesehen, dass es möglich ist, auch auf eigene Faust wesentliche oder sogar vollkommen ausreichende Fortschritte zu machen. Deshalb habe ich das System der integrativen Verarbeitung im Sinne einer Selbsttherapie formalisiert, deren Ziel es ist, die Kraft zur Selbstakzeptanz und Selbstliebe ebenso zu erwecken wie die höheren Zentren des Bewusstseins und der Verwirklichung. Sie werden lernen, sich selbst eher durch einen methodischen Ansatz als durch den persönlichen Einfluss eines Lehrers zu aktivieren.

Wenn Sie jedoch einen persönlichen Heiler, Therapeuten oder Guru haben, mit dem Sie arbeiten, dann steht es Ihnen natürlich frei, diese Beziehung fortzusetzen. Das System der integrativen Verarbeitung ist nicht dogmatisch und lässt sich mit jeder Form der humanistischen Psychologie vereinbaren.

Die Arbeit an sich selbst

Viele Leute haben nie einen Therapeuten oder einen Guru gehabt. Doch fast jeder von uns muss lernen, wie man Selbstakzeptanz und Selbstliebe aufbaut. Ich sehe darin eine enorme spirituelle Herausforderung unserer Zeit.

Die Suche nach persönlicher Evolution bedeutet, dass Sie an sich selbst arbeiten müssen. Viele Leute verstehen, dass das Mühe kostet, und setzen sich voller Begeisterung dafür ein. Niemand, auch nicht Ihr Therapeut, kann Ihnen diese Arbeit abnehmen. Sie müssen an dem Punkt sein, an dem Sie verstehen, dass Ihre Arbeit an sich selbst Priorität hat – dass Sie es leid sind, so zu funktionieren (oder nicht zu funktionieren), wie Sie sind. Aber sogar dann machen viele Leute noch einen entscheidenden Fehler, wenn sie mit der Arbeit an sich selbst beginnen. Es ist normal, das eigene Leben in Frage zu stellen und vielleicht zu dem Schluss zu kommen, dass Veränderungen notwendig sind. Aber solche Fragen können zu einer unproduktiven Gewohnheit führen – der Gewohnheit, zu viel zu denken.

! *An sich selbst zu arbeiten, bedeutet nicht, ständig über sich selbst nachzudenken*

Dieser Aspekt ist außerordentlich wichtig. An sich selbst zu arbeiten, bedeutet nicht, dass man hauptsächlich sich selbst und die eigenen Motive analysiert, ständig eine gedankliche Innenschau hält, versucht, sich selbst zu kontrollieren, es besser zu machen oder etwas zu sein, was man nicht ist. Wir machen uns selbst zunichte, wenn wir unseren Verstand auf diese Weise einsetzen. Sie müssen lernen, mehr zu fühlen und weniger zu denken. *Sie müssen lernen, Ihre Erfahrungen auf der Gefühls-*

ebene wahrzunehmen, statt sie auf der intellektuellen Ebene zu bewerten.

Das vorliegende Buch soll Ihnen dabei behilflich sein zu lernen.

Integrative Verarbeitung

Integrieren bedeutet, etwas zu einem Ganzen zu formen; wiederzugewinnen, zu akzeptieren und einzubinden, was vorher voneinander getrennt war. Verarbeitung ist ein Fachbegriff aus der Psychologie, der sich darauf bezieht, dass man eine Erfahrung so akzeptiert und wahrnimmt, wie sie ist, und ihr gestattet, sich auf die ihr gemäße Weise im Hier und Jetzt zu entfalten. Als integrative Verarbeitung bezeichne ich das System der Selbsttherapie, das sich aus meiner Arbeit an mir selbst entwickelt hat. Es ist gleichermaßen aus der traditionellen Weisheit des Ostens wie aus den aktuellen psychologischen Kenntnissen des Westens abgeleitet. Ich habe versucht, die stärksten und am besten miteinander zu vereinbarenden Elemente beider Traditionen zu kombinieren.

! *Integration bedeutet, sich selbst und die eigenen Gefühle so zu akzeptieren, wie sie sind*

Integration bedeutet, Teile des eigenen Selbst und der eigenen Erfahrung ohne Widerstand zu akzeptieren und einzubinden. Wenn etwas nicht integriert wird, bildet es die Grundlage für Konflikte. Wir leisten Widerstand – beispielsweise gegen ein Gefühl –, weil wir glauben, dieses Gefühl sei schlecht für uns. Das schafft Unbehagen. Indem wir gegen das Gefühl ankämpfen, spalten wir es noch stärker von uns ab und verstärken so den Eindruck eines Konfliktes.

! Widerstand schafft Schmerzen

Der durch den Widerstand geschaffene Konflikt verursacht Schmerzen. Das ist eine Schlüsselerkenntnis. Was die meisten Leiden hervorruft, ist der Widerstand, den wir einem Gefühl entgegenbringen, nicht das Gefühl als solches, nicht einmal, wenn es sich um ein »negatives« Gefühl handelt. Ein bestimmtes Maß an Schmerzen mag negativen Gefühlen innewohnen, aber wir verstärken und verlängern diese Qual durch unseren Widerstand. Indem wir lernen, die Erfahrung zu akzeptieren, können wir die Schmerzen auf ein Minimum beschränken.

! Erfahrung findet immer im gegenwärtigen Augenblick statt

Wenn wir gelernt haben, sie zu akzeptieren, ist die Erfahrung jedoch noch nicht vollständig integriert. Wir müssen sie auf eine bestimmte Weise verdauen, was man als *direkte Erfahrung* bezeichnet, wobei das Erlebnis vollständig aufgesogen oder aufgelöst wird. Die Fähigkeit zur direkten Erfahrung erlangt man, indem man sich darin übt, im gegenwärtigen Augenblick zu sein. Das Dasein im Hier und Jetzt ist eine mystische Perspektive. Das *Zeugenbewusstsein* wird aktiviert, und wir funktionieren auf einer neuen und höheren Ebene, was zu einem Gefühl des Wohlbefindens und der Euphorie führt und zugleich transpersonale Energien ins Spiel bringt, die vom persönlichen Ego blockiert waren. Diese Energien wirken auf einer sehr praktischen Stufe und erzeugen *Transformation* in Situationen, die vorher durch Widerstand gekennzeichnet waren. Indem wir akzeptieren, gehen wir über unsere Grenzen hinaus. Wir gelangen aus dem Profanen ins Spirituelle. Wir entdecken das Spirituelle im Profanen.

Es ist wesentlich, dass wir lernen, uns auf der Gefühlsebene zu öffnen. Vielleicht denken Sie, Sie fühlen Ihre Schmerzen in diesem Moment. Das Problem besteht jedoch darin, dass Sie dem Schmerz weiterhin mit unbewusster Selbstablehnung Widerstand entgegenbringen, was dazu führt, dass er sich nicht auflösen kann und noch intensiver wird. Wenn wir die Fähigkeit zur Akzeptanz entwickeln, führt das zu ungehindertem Fühlen, zur Katharsis und zur Auflösung von Schmerzen.

Verarbeitung besteht aus vier Schritten, die jeweils einer bestimmten Stufe unserer Individualität entsprechen. Die Schritte werden unternommen, um jedes Ereignis integrieren zu können. Das Ereignis kann ein inneres Gefühl oder eine Emotion sein, es kann sich aber auch um etwas handeln, was in der äußeren Welt geschieht. Wir können die Verarbeitung besonders in Stresszeiten einsetzen, aber sie lässt sich genauso gut auf alle Lebensereignisse anwenden, die »positiven« wie auch die »negativen«. Sobald ein Ereignis integriert ist, können wir nicht mehr versäumen, es vollständig zu erleben. Die Energie des Ereignisses wird aufgelöst, nachdem sie ihren natürlichen Weg gegangen ist, und sie bleibt nicht mehr in einer Falle stecken, um uns weiter zu beeinträchtigen. Wir werden »frei«. Im zweiten Teil des Buches werde ich diese Schritte in allen Einzelheiten beschreiben.

Die Schritte der integrativen Verarbeitung		
Schritt	*Ebene*	*Funktion*
1. Wahrnehmung	intellektuell	Wissen
2. Akzeptanz	mental	Denken
3. Direkte Erfahrung	körperlich	Fühlen
4. Transformation	spirituell	Transzendieren

1. Wahrnehmung. Intellektuelle Ebene: grundlegende Wahrnehmung des Ereignisses, sei es nun ein Gefühl oder etwas, das in der äußeren Welt geschieht. Zur Wahrnehmung gehört, dass man sich das Ereignis »zu Eigen« macht; die Erkenntnis, dass das Ereignis mit einer unterdrückten Energie in unserem Unterbewussten korrespondiert. Zur Wahrnehmung gehört auch das Verständnis der grundlegenden Prinzipien der Arbeit an sich selbst und deren bewusste Anwendung.

2. *Akzeptanz. Mentale Ebene:* Der Widerstand gegen das Ereignis wird aufgegeben. Normalerweise blockieren wir unsere Erfahrung unbewusst durch verschiedene mentale Manöver der Selbstablehnung. Indem wir uns selbst akzeptieren, werden uns diese Mechanismen bewusst, und wir können darauf verzichten. Dadurch wird Selbstliebe geweckt und das Tor zur direkten Erfahrung von Gefühlen geöffnet.

3. *Direkte Erfahrung. Körperliche Ebene:* Wir befinden uns im Zentrum des Fühlens oder im »gegenwärtigen Augenblick« des Ereignisses. Die Gefühle werden vollständig, ohne Widerstand, Analyse oder Schuldzuweisungen zugelassen. Das Ereignis wird auf der körperlichen Ebene erfahren, bis sich die Energie aufgelöst hat.

4. *Transformation. Spirituelle Ebene:* Das Zeugenbewusstsein wird aktiviert und die höhere transpersonale Intelligenz lenkt die Energien, was zu innerer Katharsis und unerwarteten kreativen äußeren Veränderungen führt. Der Strom des Lebens wird nicht behindert. Die Anpassung geschieht spontan und ohne bewusste Kontrolle.

Auf diese Weise durchlaufen wir die verschiedenen Ebenen der Erfahrung in logischer Reihenfolge mit dem Höhepunkt auf der spirituellen Ebene. Dabei mag es für viele Menschen überraschend sein, dass der Weg zur spirituellen Stufe durch den Körper oder das Zentrum des Fühlens erreicht wird und nicht etwa durch den Verstand oder den Intellekt. Natürlich meine ich damit nicht die sinnliche Natur des Körpers, sondern die

41

höheren Zentren des Bewusstseins, zu denen wir nur durch Fühlen Zugang finden.

Ein weit verbreitetes Missverständnis besteht in der Vorstellung, Erfüllung, Frieden und Glück könnten nur durch Wissen, Leistung oder Besitz erlangt werden. Wenn wir das 20. Jahrhundert betrachten, wird besonders deutlich, dass es sich hier um einen Trugschluss handelt. Wirkliches Glück ist nicht von irgendwelchen Bedingungen abhängig; wir finden es, wenn wir unseren Intellekt benutzen, um zu verstehen, dass Wissen zwar wichtig ist, aber letztlich keine Erfüllung gewährt; wenn wir über die Selbstbezogenheit und das Besitzstreben des Verstandes hinausgehen; wenn wir uns selbst und das Universum direkt erfahren; wenn wir wahrnehmen können, dass wir das Universum *sind*.

*Ich verstehe, dass ich an mir selbst
schuldig werde, wenn ich mich oder meine Gefühle
nicht akzeptiere. Die Gefühle verschwinden nicht,
sondern verbergen sich in meinem Unterbewusstsein,
nur um später wieder aufzutauchen.
Wenn ich meine Gefühle akzeptiere, wie sie sind,
erzeuge ich keine Schuld mehr.
Ich erfahre das Leben in seiner ganzen Fülle
und lasse Wachstum zu.*

2.

Wie das Unterbewusstsein erschaffen wird

Widerstand gegen unsere Erfahrungen

Es entspricht der menschlichen Natur, nach einem Gefühl des Wohlbefindens zu streben. Wir haben grundlegende, legitime Bedürfnisse nach Nahrung, Obdach, Gesellschaft, Liebe und Selbstausdruck. Wir arbeiten, um diese Bedürfnisse zu befriedigen. Indem wir uns Ziele setzen, machen wir uns Gedanken darüber, wie wir unsere Energie einsetzen und bestimmte Leistungen erbringen können. Es scheint uns natürlich, gewisse Umstände zu akzeptieren und andere abzulehnen.

Philosophen weisen jedoch schon seit vielen Jahrhunderten auf die Folgen hin, zu denen ein Leben führt, das sich darauf gründet, Vergnügen zu suchen und Schmerz zu meiden, denn die Erfahrungen haben gezeigt, dass die Menschen durch ein solches Leben nicht glücklich werden. Diese Philosophen haben dann andere Wertvorstellungen entwickelt, die vielleicht besser geeignet sind, uns die Erfüllung zu gewähren, nach der wir suchen. Natürlich ist es eine Frage unserer Reife, was wir für erstrebenswert halten. Wenn wir wachsen, lassen wir bestimmte Bedürfnisse hinter uns und übernehmen – hoffentlich – andere, die breiter und weniger selbstbezogen sind. Dennoch sind die grundlegenden Bedürfnisse nach Sicherheit, Macht, sinnlichen

Empfindungen und zwischenmenschlichen Beziehungen das, was uns am meisten umtreibt.

Viele unserer »Bedürfnisse« sind das Ergebnis sozialer Konditionierung. Sie sind künstlich – von der Gesellschaft einprogrammiert. Aber wir wollen diese künstlichen Bedürfnisse genauso befriedigen und machen uns über ihre Erfüllung dieselben Sorgen wie im Hinblick auf die echter Bedürfnisse. Dieser Fehler ergibt sich aus unserer Bewusstseinsstufe, unserem Mangel an Visionen, unserer Anfälligkeit für Programmierungen. Es wäre jedoch wenig sinnvoll, wenn ich nun versuchen würde, diese meines Erachtens falschen Bedürfnisse hier darzustellen. Meine Meinung würde nichts daran ändern, was irgendjemand für seine Bedürfnisse hält, und das sollte sie auch gar nicht, denn wir alle sind eigenständige Individuen.

Überzeugungen

Bedürfnisse leiten sich aus Überzeugungen ab. Überzeugungen sind die Filter, durch die wir die Wirklichkeit wahrnehmen. Zusammen mit instinktiven Ansichten wie etwa der Vorstellung, dass das Leben weitergeht, und den Einstellungen, die gesellschaftlich konditioniert sind, halten wir an Überzeugungen fest, die wir auf Grund unserer persönlichen Lebenserfahrung entwickelt haben. Viele davon sind irrational, einschränkend und destruktiv. Sobald wir sie als solche erkannt haben, möchten wir sie vielleicht ändern – aber das ist gar nicht so einfach.

> ❗ *Überzeugungen werden durch unterdrückte Energie aufrechterhalten*

Überzeugungen sind konditionierte Geisteszustände, die überwiegend im Unterbewusstsein angesiedelt sind. Deshalb kann es schwierig sein, eine vielleicht einschränkende Überzeugung auf direkte Weise umzuprogrammieren, sogar dann, wenn wir Techniken wie Affirmationen einsetzen, weil die betreffende Überzeugung durch unterdrückte Energien in ihrer gegenwärtigen Form aufrechterhalten wird; die unterdrückte Energie stützt und erhält die Überzeugung. Bei unserer Arbeit versuchen wir nicht, diese unbewussten Überzeugungen direkt aufzudecken oder zu verändern. Ich halte ein solches Vorgehen für einen zu starken Eingriff und eine Abwertung. Stattdessen akzeptieren wir uns selbst, und wir akzeptieren unsere Ansichten so, wie sie sind. Die Verarbeitung von Gefühlen wird die Energie freisetzen, die hinter den Ansichten steckt und sie aufrechterhält. Die begrenzende oder destruktive Überzeugung wird auf natürliche Weise und nicht durch Gewalt überwunden.

Viel von dem, was wir für wichtig halten, ist nur deshalb wichtig, weil wir es dafür halten. Unsere Sicht der Dinge wird sich im Laufe der Zeit und mit zunehmendem Wachstum verändern. Aber vorerst wollen wir akzeptieren, dass wir bestimmten Umständen einen emotionalen Wert beimessen, der unseren Überzeugungen entspricht, und dass wir alles vermeiden, was diese Umstände bedrohen könnte. Deshalb quält sich der Teenager, der sein erstes Auto kauft, mit der Frage, welches Modell er wählen soll, und der Wissenschaftler ringt verzweifelt um die Ergebnisse seiner Arbeit. Das sind im Hinblick auf die Ziele verschiedene Stufen des Wachstums. Gleichwohl machen sich beide unnötige Sorgen, weil sie auf unangemessene Weise zwanghaft auf die Ergebnisse ihrer jeweiligen Unternehmungen konzentriert sind und unbewusst meinen, ihr Selbstwert hänge von der Anerkennung ihrer Altersgenossen bzw. Kollegen ab. In dieser Hinsicht befinden sich beide auf psychologisch ähnlichen Wachstumsstufen.

Man darf deshalb annehmen, dass jeder einzelne Mensch über ein ausgedehntes, intensives, auf sich selbst bezogenes System von Überzeugungen verfügt, das er im Hinblick auf sein Glück für außerordentlich wichtig hält. Dieses System von Überzeugungen schafft Bedürfnisse. Wenn diese Bedürfnisse nicht erfüllt werden, empfindet der betreffende Mensch Schmerzen und lernt dadurch, nach Bedingungen zu streben, die es ihm ermöglichen, seine Bedürfnisse zu befriedigen. Die gewohnheitsmäßige Bewertung, welche Erfahrungen geeignet oder ungeeignet sind, die eigenen Bedürfnisse zu befriedigen, überträgt sich auf unser Innenleben: Gefühle, Emotionen, Einstellungen. Innere und äußere Erfahrungen werden einem strengen Bewertungssystem unterworfen.

Wir sind in eine Falle getappt. Wir müssen bestimmte Bedingungen ablehnen, um zu überleben, aber wir merken nicht, wie wir diese Logik auf Bereiche ausdehnen, in denen ein solches Verhalten nicht angemessen ist, zu Energieblockaden, Verwicklungen und Krankheiten führt. Widerstände gegen Erfahrungen spielen sich auf einer subtilen, aber doch mächtigen Ebene ab, und damit beginnt das, was wir als Unterdrückung bezeichnen.

Unterdrückung

Unterdrückung ist vor allem ein psychologischer Mechanismus, der zu emotionalen und spirituellen Störungen führt. In allen Psychotherapien geht es primär darum, uns von unterdrückten Gefühlen zu befreien, die uns negativ beeinflussen. Jeder von uns unterdrückt bestimmte Gefühle. Wenn es dadurch zu schweren Belastungen kommt, haben wir das lediglich in stärkerem Maße getan als üblich; Menschen, die als ausgeglichen gelten, unterdrücken ihre Gefühle weniger als üblich. Deshalb liegt der Standard der emotionalen Gesundheit in unserer Gesellschaft weit unter dem für die Menschheit möglichen Potenzial.

Es ist wichtig zu verstehen, wie Unterdrückung funktioniert. Wenn wir bestimmten Dingen oder Situationen Widerstand entgegenbringen, schaffen wir in unserem Inneren einen Zustand, der tiefen Einfluss auf uns hat. Das den Menschen umgebende elektromagnetische Feld, die so genannte Aura, bildet tatsächlich einen Schutzschild, um uns gegen jede äußere Erfahrung abzuschirmen, der wir Widerstand entgegenbringen. Folglich bilden Widerstände eine Barriere, die den Austausch von Energie auf der psychischen Ebene, auf der Erfahrung hauptsächlich stattfindet, verhindert. Diese Barriere ist im feinstofflichen Bereich deutlich zu spüren und kann von hellsichtigen Menschen wahrgenommen werden. Aber auch wer keine übersinnlichen Fähigkeiten hat, spürt oft die Barriere oder »Wand«, mit der sich Menschen umgeben, deren Widerstände besonders stark ausgeprägt sind.

Bei inneren Gefühlen hat Widerstand einen ähnlichen Effekt wie bei äußeren Ereignissen. Man errichtet eine Art Energiebarriere um die Gefühlszentren, damit die Gefühle nicht bewusst wahrgenommen werden können. Wenn man bestimmten Erfahrungen Widerstand entgegenbringt, stößt die Gefühlsenergie an die Barriere. Diese Energie kann dann nicht aufgelöst werden, weil sie nicht aufgenommen, sondern blockiert worden ist. Sie kann ihren Kreislauf nicht vollenden und nicht ins Bewusstsein entlassen werden. Dabei machen wir uns nicht klar, dass die Gefühlsenergie, die nicht aufgelöst wird, nicht verschwindet, sondern in latenter Form als Teil unseres feinstofflichen Energiekörpers in uns bleibt.

Das Motiv hinter dem Widerstand gegenüber unangenehmen Erfahrungen ist die Tatsache, dass wir die damit verbundenen Schmerzen lieber nicht spüren wollen. Dabei meiden wir solche Gefühle nicht immer aus freien Stücken, sondern oft wissen wir einfach nicht, wie wir uns dem Leben direkt stellen sollen. Wir wissen nicht, warum oder wie wir eine Erfahrung vollständig verarbeiten sollen, so dass keine losen Enden zurückbleiben und alle damit verbundenen Energien aufgelöst werden. Im Laufe der Zeit verursachen gewohnheitsmäßige Widerstände chronische Blockaden der Energiezentren, in denen sich unterdrückte Energien ansammeln. Folglich gelingt es uns nicht, die Gefühle zu unterdrücken, wie es eigentlich unsere Absicht war, sondern wir verhindern lediglich, dass die betreffenden Energien in das Feld unserer Wahrnehmung gelangen.

❗ Unterdrückung wirkt nach innen wie nach außen

Unterdrückung ist ein Vorgang, bei dem wir nicht zulassen, dass eine Erfahrung in das Feld unseres Bewusstseins gelangt. Äußerlich weigern wir uns, unangenehme Aspekte anderer Menschen, Ereignisse oder Situationen wahrzunehmen. Wir verschließen uns gegenüber wichtigen Seiten des Lebens, verurteilen andere und werden selbstbezogen. Wir bezeichnen etwas als schlecht, nur weil es im Gegensatz zu unserem »Bedürfnis« steht. Innerlich unterdrücken wir die Wahrnehmung schmerzlicher Gefühle, wozu auch alles gehört, was wir an uns selbst nicht mögen, beispielsweise unsere tatsächlichen oder vermeintlichen Fehler und Schwächen. Äußere Unterdrückung mag dazu führen, dass wir beschränkt und bigott werden, aber die Folgen der inneren Unterdrückung können wesentlich ernster sein.

Wir meinen, wir könnten einfach die Tür vor der Negativität verschließen und ihr auf diese Weise entkommen. Angestrengt versuchen wir, Schmerzen auszuweichen und sie aus unserem Bewusstsein fern zu halten. Damit lehnen wir im Grunde jedoch uns selbst ab, denn der Schmerz *ist* ein Teil von uns. Durch unseren Widerstand vertiefen wir die innere Spaltung;

wir bewegen uns in die entgegengesetzte Richtung von Integration und Ganzheit, und die Konsequenzen erfahren wir letzten Endes in Form von Depression, Verzweiflung und Hoffnungslosigkeit.

Wenn wir ein unangenehmes Gefühl unterdrücken, unterbrechen wir den natürlichen Fluss der Energien. Wir gestatten dem Gefühl nicht, sich selbst zu bereinigen, sich aufzulösen und wieder zu seinem natürlichen Gleichgewicht zu finden. Die Energie wird blockiert, festgehalten und gespeichert. Und wo wird sie gespeichert? In einem Bereich, den wir das »Unterbewusstsein« nennen.

❗ *Unterdrückung schafft unterbewusstes Karma*

Der Mechanismus der Unterdrückung erzeugt folglich einen großen Teil, wenn nicht die Gesamtheit des geheimnisvollen Unterbewusstseins, über das seit Freud so viel gerätselt und das immer wieder mit einem besonderen Zauber versehen wird. Das Unterbewusstsein ist nichts weiter als ein mit Energien gefüllter Speicher, potenzielle Kräfte, die nicht genutzt werden, weil sie bei ihrem ursprünglichen Erscheinen nicht angemessen behandelt wurden. Indem wir unseren Erfahrungen Widerstand entgegensetzen, erzeugen wir das Reservoir des Unterbewusstseins. Im Osten werden die gespeicherten unterbewussten Energien als *Karma* bezeichnet.

Das Unterbewusstsein

Das Unterbewusstsein ist einfach ein Teil unserer selbst, von dem wir uns abgewendet haben. Die Fähigkeit des Geistes, etwas aus dem Bewusstsein auszublenden und Energien im Unterbewusstsein zu speichern, ist als solche bemerkenswert, und

51

obwohl sie sich in den meisten Fällen ungünstig auswirkt, hat die Angewohnheit der Unterdrückung und ihr Einfluss auf uns unser Leben und unsere Geschichte maßgeblich geformt. Wir haben uns dafür entschieden, uns abzuwenden, aber wenn wir wollen, können wir uns den Gefühlen in unserem Unterbewusstsein auch mühelos wieder zuwenden. Die innere Wand, die uns spaltet, ist nicht aus massivem Stein, sondern eher eine Grauzone, in der man immer wieder Spitzen des Eisbergs erkennen kann. Wir haben uns nur selbst hypnotisiert, so dass wir die verborgenen Dinge nicht vollständig sehen und fühlen können.

Das Problem bei der Unterdrückung von Gefühlen besteht darin, dass die Gefühle nicht aufgelöst, sondern nur versteckt werden. Wenn wir etwas unterdrücken, wird es vorübergehend unbewusst, aber nur, um sich anzusammeln und zu einem späteren Zeitpunkt wieder aufzubrechen. Zorn löst sich beispielsweise nicht auf, wenn er unterdrückt wird, sondern behält seine ursprüngliche Kraft, nur dass er sich nicht mehr im Feld der Wahrnehmung befindet. Wenn er später wieder hervorbricht, richtet er wahrscheinlich sehr viel mehr Schaden an, weil er sich inzwischen aufgebaut hat.

Der Einfluss unterdrückter Gefühle reicht sogar noch sehr viel weiter. Sie können uns in die Situation bringen, dass wir von verborgenen Kräften beherrscht werden – Kräften, die manchmal unkontrollierbar erscheinen mögen, so als seien sie gar kein Teil von uns, sondern Ausdruck einer unabhängigen Intelligenz und eines eigenen Willens. Wir werden durch neurotische, unbewusste Zwänge gelenkt, die zu irrationalem, selbstzerstörerischem Verhalten führen. Wir fühlen uns von den falschen Leuten angezogen, lehnen die richtigen Leute ab, werden zwanghaft, süchtig und unzuverlässig, und das alles trotz bester Absichten. Unsere Zwänge sind stark, und wir können ihnen nur schwer widerstehen. Im Grunde ist es gar nicht möglich, dagegen anzugehen, denn die unterdrückte Energie muss irgendwann herauskommen.

❚ *Energie ist das, was unterdrückt wird*

Da wir alle auf ähnliche, aber doch individuelle Weise unterdrücken, bauen wir unser jeweils besonderes Reservoir negativer Energien auf. Einige Leute unterdrücken hauptsächlich Ängste, andere beispielsweise das Gefühl von Wertlosigkeit oder sexueller Frustration.

Die unterdrückte Energie erzeugt dann bestimmte Muster: unsere unbewusste, individuelle Weise, mit dem Leben umzugehen. Die Muster wären kein Problem, wenn sie nicht häufig negativ wären und uns davon abhalten würden, unsere schöpferischen Kräfte in vollem Umfang zu verwirklichen. Weil solche Muster gewöhnlich unbewusst sind, wissen wir nicht, dass wir uns damit selbst einschränken.

❚ *Unterdrückung führt zu Suchtverhalten*

Etwas zu unterdrücken, erfordert feinstoffliche Energie. Wir brauchen Energie, um Energie zu unterdrücken und zu blockieren. Dieser Energiebedarf erschöpft unsere Kraftreserven und erzeugt dadurch die Voraussetzungen für einen Suchtkreislauf. Weil wir aus der Sucht Energie gewinnen, entweder aus äußeren Quellen oder aus unseren inneren Reserven, leistet sie der Unterdrückung Vorschub. Denn wenn keine zusätzliche Energie zur Verfügung steht, ist es nicht so einfach, etwas zu unterdrücken, und wir müssen uns unseren Schmerzen stellen. Insofern wird Energie durch Unterdrückung von ihrem positiven und konstruktiven Ausdruck abgelenkt; wir werden gespalten, arbeiten gegen uns selbst und merken dabei nicht einmal, was wir uns antun.

Wenn das Syndrom der Unterdrückung unbewusst wird, bezeichnet man es als *Verdrängung*. Verdrängung ist dasselbe wie Unterdrückung, nur dass wir nun unsere Gefühle oder den Versuch, sie zu meiden, nicht mehr wahrnehmen. Wenn Sie beispielsweise traurig sind und Ihre Traurigkeit nicht bewusst erkennen, dann wird sie verdrängt. Eine angemessene Auflösung des Gefühls ist nicht möglich, und die Traurigkeit wird im Unterbewusstsein gespeichert. Leider ist Verdrängung in der modernen Welt weit verbreitet. In *Das Unbehagen in der Kultur* hat Freud erklärt, er halte sie für unvermeidlich. Diese Aussage trifft auf die heutige Zeit erst recht zu. Verdrängung ist eine Folge der Desensibilisierung, die uns alle betrifft. Wir sind im Leben so beschäftigt, so von Ängsten getrieben, und unsere Aufmerksamkeit ist ständig so nach außen gerichtet, dass wir unsere wirklichen Gefühle nicht mehr erkennen. Wir haben den Kontakt zu uns selbst verloren.

Ständige Verdrängung führt zu Neurosen und beträchtlichen Blockaden im menschlichen Organismus. Auf der emotionalen Ebene ergeben sich daraus Suchtprobleme, Depressionen und unbewusste zerstörerische Muster. Die blockierte Energie kann leicht eine Stufe erreichen, auf der es zu körperlichen Auswirkungen kommt, und was ist Krankheit anderes als Blockade? Wenn wir uns die vorherrschenden Beschwerden des 20. Jahrhunderts wie Herzkrankheiten und Krebs ansehen, dann kann ich mich des Eindrucks nicht erwehren, dass die Hauptursache in einer Ansammlung unterbewusster negativer Kräfte besteht, die durch unsere moderne Lebensweise begünstigt wird. Wir sollten jedoch nicht vergessen, dass die Menschen ihr Unterbewusstsein seit jeher selbst erschaffen haben, so dass hier nicht ausschließlich das moderne Leben die Schuld trägt. Heute wie auch in früheren Zeiten hat und hatte der Mensch stets mit seinen persönlichen Blockaden und seinem Karma zu ringen.

Sehen wir uns einmal genauer an, welcher Art die Gefühle sind, die wir gewöhnlich unterdrücken oder verdrängen und in unserem Unterbewusstsein vergraben. Unsere Gefühle haben üblicherweise einen Bezug zu den folgenden Bereichen:

- *Überleben:* Furcht, Angst, Unsicherheit in Bezug auf unsere Gesundheit, Geld, Besitz, Tod
- *Macht:* Zorn, Feindseligkeit, Aggressivität, Hilflosigkeit
- *Empfindungen:* sexuelle und sinnliche Gefühle
- *Nahrung und Fürsorge:* Verlangen nach Nahrung, Alkohol, Tabak, Drogen, allgemeine emotionale Bedürftigkeit
- *Selbstwert:* Wertlosigkeit, Mangel an Selbstwertgefühl und Zweifel an der sozialen Identität
- *Herz:* Einsamkeit, Eifersucht, Hass, Traurigkeit, Kummer

Verschiedene Gefühle können miteinander verknüpft sein und auf diese Weise komplexe Systeme von Unterdrückung und Blockaden bilden. So können bei dem einen beispielsweise sexuelle Wünsche auf disharmonische Weise mit Sicherheitsbedürfnissen verbunden sein, während sie bei einem anderen einen Bezug zur Machtproblematik haben. Die Ansammlung solcher negativer Energien führt zu Stress. Wenn wir wüssten, wie wir den Aufbau negativer Energien verhindern oder sie auflösen könnten, dann wäre Stress vermeidbar.

Wenn sich unterdrückte Energien aufstauen, lassen sich Unterschiede beobachten, je nachdem, ob es sich um kurz- oder langfristige Vorgänge handelt. Kurzfristige emotionale Unterdrückung kann bei Ängsten, sexuellen Impulsen oder jedem anderen Gefühl vorkommen, das sich nicht sofort auflösen lässt. Beispielsweise kann jemand am Arbeitsplatz Frustration empfinden, und weil er nicht weiß, wie er sie loswerden soll, reagiert er sich zu Hause bei seiner Familie ab. Den Versuch, die aufgestaute Energie abzubauen, indem man sich bei Unbeteiligten abreagiert, bezeichnet man als Affektverlagerung. Dieses Verhalten kommt häufig vor; es führt zu verletzten Gefühlen, Missverständnissen und geschädigten Beziehungen.

❗ *Das Unterbewusstsein wird aus früheren Existenzen mitgebracht*

Es kommt uns vielleicht erstaunlich vor, dass ein so komplexes System von Vermeiden, Unterdrückung und Blockaden in einem einzigen kurzen Leben entwickelt werden kann. Ich vermute jedoch eher, dass es sich hier um etwas handelt, das im Laufe vieler Leben langsam gewachsen ist. Ob Sie an Reinkarnation glauben oder nicht, ist Ihre persönliche Entscheidung. Ich halte es für offensichtlich, dass wir schon vor unserer körperlichen Geburt existiert haben. Wenn ich sehe, wie schnell und endgültig Kinder ihre individuellen Züge ausprägen, reicht das, um mich zu überzeugen, dass es ein früheres Leben geben muss.

Ich glaube, dass wir unser Karma, das Unterbewusstsein, aus früheren Existenzen mitbringen. Die Ereignisse des Lebens werden dann von unterbewussten Kräften geformt und entfalten sich. Man muss der Lehre von der Reinkarnation nicht zustimmen, um Erfolg mit der integrativen Verarbeitung zu haben, aber die Vorstellung von einer früheren Existenz hilft Ihnen vielleicht, ein paar Dinge zu klären. Es wird Ihnen dann leichter fallen, Verantwortung für sich selbst und Ihre gegenwärtige Situation zu übernehmen, statt Ihrer Kindheit und Ihren Eltern die Schuld dafür zu geben. Sie werden erkennen, dass frühe Ereignisse innerhalb der Familie, ganz gleich, wie schmerzlich sie waren, lediglich die Funktion von Katalysatoren hatten, die Ihnen bewusst machen sollten, was Sie schon latent in sich trugen. In Wirklichkeit haben Sie sich selbst die jeweiligen Lebensumstände ausgesucht, um diese Gelegenheit zu bekommen.

‼ *Konzentrieren Sie sich auf Ihre gegenwärtigen Gefühle, nicht auf die Ursachen*

Weil wir uns gewöhnlich nicht bewusst an frühere Existenzen erinnern können und weil die Ursachen für unsere Unterdrückung von Gefühlen überwiegend in diesen früheren Existenzen zu finden sind, ist es schwierig, die Quellen unserer gegenwärtigen Probleme genau zu bestimmen. Wir müssen jedoch die Ursachen nicht unbedingt verstehen, um unsere Gefühle aufzulösen. Bei unserer Arbeit konzentrieren wir uns auf gegenwärtige Gefühle, nicht auf Ursachen.

Wenn wir die Möglichkeit einer früheren Existenz akzeptieren, ergibt sich daraus logisch die Vorstellung von einem Leben nach dem »Tod«. Dieser Gedanke ist mir – zumindest intellektuell – eine große Hilfe, wenn ich mit der Furcht vor dem Tod arbeite, die wirklich eine Urangst darstellt. Medial veranlagte Menschen haben uns viel über das Leben auf der »anderen Seite« berichtet. Mir persönlich reichen diese Informationen in ihrer Gesamtheit als Beweis dafür, dass es etwas jenseits der materiellen Welt gibt.

Projektion

Projektion ist eine Folge der aufgestauten Energie, die durch Unterdrückung entsteht. Es handelt sich dabei um einen automatischen, unbewussten Mechanismus, der Personen oder Ereignissen in der »äußeren« Welt einen subjektiven Wert oder eine bestimmte Identität zuschreibt. Gefühle, die man unterdrückt hat, werden indirekt durch andere Personen oder Ereignisse erfahren – es kommt einem so vor, als würden diese Gefühle durch andere verursacht oder von anderen ausgehen.

❗ *Bei der Projektion versuchen wir, die Verantwortung für bestimmte Gefühle zu meiden*

Wenn wir projizieren, schieben wir die Verantwortung für unsere Gefühle auf andere Personen oder Situationen ab, und wir denken, sie hätten unsere Gefühle »verursacht«. Im Allgemeinen wählen wir die Personen oder Situationen geschickt aus, um uns gegenüber uns selbst und anderen rechtfertigen zu können. Wir sehen dabei nicht, dass die anderen lediglich unterdrücktes Material aus unserem eigenen Inneren »aufsteigen« lassen. Sie sind nicht die Ursache unserer Gefühle, auch wenn sie diese vielleicht stimulieren. Wäre das betreffende Gefühl oder die Reaktion nicht schon latent in unserem Inneren vorhanden gewesen, dann hätten wir nicht auf diese bestimmte Weise reagiert. Denken Sie nur daran, wie unterschiedlich sich verschiedene Leute in derselben Situation verhalten. In unseren Projektionen blicken wir durch die verzerrten Filter unserer eigenen unterdrückten Energien. Wir sehen die Wirklichkeit nicht, wie sie ist, und wir reagieren unangemessen.

Wenn Sie beispielsweise Ihren Zorn unterdrückt haben, werden Sie andere beschuldigen, sie hätten etwas getan, das Sie zornig »macht«. Genauso werden Sie andere als zornig wahrnehmen und das Gefühl haben, diese anderen seien wütend auf Sie, wenn Sie selbst zornig sind. Sie werden die anderen wahrscheinlich für Ihren Zorn verurteilen. Wenn Sie Ihre sexuellen Gefühle unterdrückt haben, kommt es Ihnen so vor, als würden andere Ihnen gegenüber unerwünschte sexuelle Annäherungsversuche unternehmen, und Sie werden sie hart verurteilen und zugleich auch solche sexuelle Ausdrucksformen verdammen, von denen Sie nicht direkt betroffen sind. Wenn Sie Gefühle der Ablehnung gegenüber anderen unterdrückt haben, kommt es Ihnen so vor, als würden andere Sie ablehnen, und Sie werden den anderen die Schuld dafür geben.

In Wirklichkeit gibt es jedoch keine äußere Macht. Wir projizieren auf wundersame Weise unsere unbewussten Energien auf etwas, das die äußere Welt zu sein scheint, und erzeugen dadurch alle unsere Erfahrungen. Wir sind buchstäblich verantwortlich für alles, was wir wahrnehmen, und alles, was uns geschieht. Wenn wir »Opfer« von Unfällen werden, handelt es sich lediglich um extreme Fälle von negativen Kräften, die in unserem Inneren verborgen sind und sich so weit aufgestaut haben, dass sie uns auf der körperlichen Ebene beeinträchtigen können. Bedenken Sie: Was sich in unserem Unterbewusstsein aufstaut, ist *Energie,* und Energie kann enorme Kräfte entwickeln, wenn sie nicht rechtzeitig freigesetzt wird.

Wir sehen nie, was *wirklich* ist. Wir sehen nur, was wir projiziert haben. Weil die in unserem Unterbewusstsein aufgestauten Energien so mächtig sind, können wir das Ausmaß und die Bedeutung der Unterdrückungs-Projektions-Mechanismen nicht klar erkennen. Wenn Sie bei der integrativen Verarbeitung Erfolg haben wollen, müssen Sie diese Mechanismen intellektuell als Arbeitshypothese akzeptieren, selbst wenn Sie nicht daran glauben. In dem Maße, in dem Sie beginnen, bisher unterdrücktes Material zu integrieren, wird sich Ihnen die Wahrheit Schritt für Schritt erschließen, und Sie werden ebenso erstaunt wie fasziniert sein.

Bisher haben wir uns nur mit der Unterdrückung negativer Gefühle und Situationen beschäftigt. Aber auch positive Ereignisse werden unterdrückt und dann auf die »äußere« Welt projiziert. Die Schutzmauer, die wir errichtet haben, um negative Gefühle zu vermeiden, blockiert auch positive Gefühle, und die Projektion wird zur einzigen Möglichkeit, uns mit diesen Gefühlen zu verbinden. Unsere kostbarsten Augenblicke, ein Mensch, von dem Sie dachten, dass er Sie wirklich liebt, das war nur die Liebe, die Sie schon in sich trugen. Jemand, der Ihnen geholfen hat, war niemand anders als Sie selbst, wie Sie sich geholfen haben. Wollen Sie Fortschritte bei der Selbsttransformation erzielen, muss Ihre Wahrnehmung einen qualitativen Sprung machen, so dass Sie das Universum nicht mehr als Ansammlung getrennter Individuen und Objekte sehen, die auf Sie einwirken, sondern als ein Feld für Ihre eigenen Energien, die Sie nach außen projizieren und dann wieder zurücknehmen, als würde es sich dabei um eine objektive, äußere Welt handeln. Versuchen Sie nun einmal, Ihre Fähigkeit zum Fühlen zu entwickeln:

ÜBUNG

Fühlen Sie, wie Ihre Energien in die Welt hinausgehen. Stellen Sie sich vor, dass Sie allem, was Sie wahrnehmen, einen Wert und eine Identität zuschreiben. Ihre Eindrücke von der äußeren Welt erreichen Sie durch die Filter Ihrer unterdrückten Energie, und Ihre unterdrückten Energien ziehen die entsprechenden Ereignisse an. Nehmen Sie an, dass alles, was geschieht, nicht aus sich selbst heraus geschieht, sondern dass Sie es unbewusst durch Ihre Projektionen geschaffen oder angezogen haben. Wenn sich jemand scheinbar auf eine bestimmte Weise verhält, dann ist das Ihre Wahrnehmung. Konzentrieren Sie sich auf Ihr Energiefeld, und spüren Sie die Verbindung, die Sie zu Ihren Wahrnehmungen und Reaktionen haben. Ich meine hier nicht intellektuelles Verstehen, sondern Fühlen. Spüren Sie einfach die Verbindung zu dem, was Sie als die Eigenschaften der anderen wahrnehmen.

Sie sollen zwar ein Gefühl der Verantwortung für Ihre Empfindungen und Erfahrungen kultivieren, basierend auf einem Verständnis der Unterdrückungs-Projektions-Mechanismen, *aber Sie sollen dabei auf keinen Fall Schuldgefühle entwickeln oder sich selbst verurteilen.* Denken Sie daran, dass die anderen

Menschen letzten Endes genauso für das verantwortlich sind, was ihnen geschieht, auch wenn das kein Freibrief dafür ist, sie zu verletzen.

Wir haben eine Vorstellung von Unterdrückung und Projektion entwickelt, die über das in der Psychologie Übliche hinausgeht. Wir haben das Reich der Mystik betreten, in dem logisches Denken keinen Platz hat. Das ist notwendig, um unser Ziel der inneren Integration zu erreichen. Erfüllung findet man nicht durch die analytischen Fähigkeiten des Verstandes; Erfüllung erfährt man durch die Gefühlszentren.

Wenn wir zu analysieren versuchen, wie viel von unserer Wahrnehmung projiziert und wie viel »real« ist, lenkt uns das von unserer Arbeit an uns selbst ab. Eine objektive Einschätzung ist ohnehin nicht möglich, weil wir innerlich mit uns selbst nicht im Reinen sind. Deshalb wollen wir bei der integrativen Verarbeitung davon ausgehen, dass wir die gesamten Inhalte unserer Wahrnehmung projizieren. Wenn wir ein Thema integriert haben, werden wir wahrscheinlich spontan erkennen, welchen Anteil wir selbst und andere an der betreffenden Situation haben.

! Der Klient projiziert auf den Therapeuten

Vor dem Hintergrund dessen, was wir über Projektion gesagt haben, werden Sie jetzt wahrscheinlich besser verstehen, welchen Wert die Beziehung zu einem Therapeuten hat. Anders als dies allgemein bei zwischenmenschlichen Beziehungen meist der Fall ist, wo die betreffenden Personen ihre unterdrückten Energien gegenseitig aufeinander projizieren, überträgt der Therapeut idealerweise nichts auf den Klienten oder nimmt solche Projektionen zumindest wahr und reagiert nicht darauf. Dazu gehört auch, dass er nichts fordert und keine Erwartungen hat. Außerdem reagiert der Therapeut nicht auf die Übertragungen des Klienten und lehnt sie nicht ab, sondern nimmt sie bewusst wahr und akzeptiert sie. Das ist die Essenz einer jeden Therapie und der Katalysator für die heilende Transformation. Der Klient kann dadurch seine Projektionen deutlicher wahrnehmen, als das in Beziehungen mit anderen Leuten möglich ist, denn der Spiegel ist jetzt außergewöhnlich klar. Dennoch sollten Sie sich nicht entmutigen lassen, sich im Rahmen der integrativen Verarbeitung auch auf andere Leute zu beziehen.

Wann immer Sie besonders stark auf einen Anreiz reagieren, den Ihnen jemand anders bietet, können Sie mit Sicherheit davon ausgehen, dass unterdrückte Energien aus Ihrem Inneren an die Oberfläche kommen. Wenn Sie mit sich selbst im Reinen wären, würde die Negativität anderer Menschen Ihnen nicht so viel ausmachen.

Reinigung

Auf der feinstofflichen Ebene liegt der Zweck der Projektion in der Bereinigung. Der feinstoffliche Körper, der die unterdrückte emotionale Energie speichert, möchte sich natürlicherweise von dieser Negativität befreien oder reinigen. Projektionen finden automatisch statt, um die Energie auf die bewusste Ebene zu bringen.

Doch die Projektion als solche führt nicht zur Reinigung. Wenn sie das täte, wäre die Welt befreit. Wir müssen mit den projizierten Gefühlen richtig umgehen, oder alles ist vergeblich – die projizierten Erfahrungen werden abgelehnt oder erneut unterdrückt, und die im Unterbewusstsein aufgestaute negative Energie wächst weiter. Die Möglichkeit, durch Projektion zu lernen, ist dahin.

❗ Wir müssen unsere Gefühle erfahren, um sie zu bereinigen

Die Bereinigung unterdrückter Gefühle kann nur dann stattfinden, wenn Sie sich schließlich zu empfinden erlauben, was Sie bisher gemieden haben. Die Energie, das Gefühl, muss ohne Widerstand bewusst werden dürfen, damit wir es integrieren können. Bei schmerzlichen Ereignissen müssen wir die Schmerzen akzeptieren und empfinden, aber Sie werden lernen, wie man diese Schmerzen minimiert und neutralisiert, indem man sie vom Standpunkt des Zeugen aus beobachtet. Das Zeugenbewusstsein versetzt uns in die Lage, uns mit schmerzlichen Empfindungen nicht zu identifizieren, wodurch sie leichter zu integrieren und aufzulösen sind.

❗ Das Leben wird Ihr Therapeut

Im Laufe Ihres Lebens wird es immer wieder Situationen geben, die unterbewusste Energien an die Oberfläche des Bewusstseins bringen. Diese Energien kommen hoch, wenn die Bedingungen für ihre Auflösung günstig sind. Sofern es Ihnen gelingt, die Energien in dem Moment zu integrieren, in dem sie an die Oberfläche kommen, werden Sie ein äußerst kreatives Leben führen können. Sie werden die Umstände aktiv *nutzen*, statt unter ihnen zu leiden. Das Leben selbst wird Ihr Therapeut, und im Grunde ist das Leben der beste und letztlich auch einzige Therapeut. Die jeweilige Situation ist genau das, was Sie in diesem Moment brauchen. Die äußeren Umstände bringen die negativen Energien aus Ihrem Unterbewusstsein nach oben, damit sie bereinigt werden können. Diese Bereinigung findet statt, wenn Sie die Energien integrieren, das heißt, sie ohne Widerstand akzeptieren und erfahren.

Die Projektionen werden vielleicht weniger, wenn Sie sich

darin üben, mit Ihren Gefühlen direkten Kontakt aufzunehmen, beispielsweise in der Meditation. Erwarten Sie aber nicht, dass sie vollständig aufhören, denn Projektion ist ein natürlicher Weg der Bereinigung. Sie müssen lernen, Ihre Gefühle wahrzunehmen. Wenn Sie erkennen, was geschieht, werden Sie über sich selbst lächeln. Sie werden dann nicht mehr darauf »hereinfallen« zu denken, dass andere für Ihre Erfahrungen verantwortlich sind; vielmehr wird Ihre Erfahrung Ihnen gehören, was bedeutet, dass Sie vor sich selbst die Verantwortung für das übernehmen, *was ist*. Indem Sie das tun, erlangen Sie die Kontrolle über Ihr Leben, nach der Sie suchen.

*Mir ist klar, dass das Leben
seinem Wesen nach Ausgleich ist – dass ich
stets »Auf« und »Ab« erfahren werde.
Wenn ich kämpfe und versuche, das »Ab«
zu vermeiden, kämpfe ich gegen das Leben selbst.
Wenn ich beides auf verständnisvolle Weise
akzeptiere, befinde ich mich in Harmonie
mit dem Leben und mit mir selbst.*

3.

Das Spiel der Gegensätze

Die Projektion kann noch einen Schritt weiter getrieben werden, indem man sie auf die Vorstellung der Dualität bezieht.
Dualität ist eine Theorie; es gibt keine Möglichkeit, sie schlüs-
sig zu beweisen. Für mich ist Dualität etwas, worauf ich mich
beziehe, während ich das Leben beobachte und von ihm lerne.
Sie ist ein Konzept, das man einsetzen kann, wenn man das Auf
und Ab des eigenen Lebens über einen längeren Zeitraum betrachtet; sie ist aber kein Dogma und keine Regel, die Sie blind
übernehmen und auf Ihr Leben anwenden müssten. Wenn Ihnen die Idee jedoch gefällt, dann kann sie Ihnen eine neue Perspektive vermitteln.

Dualität

Bei der Theorie der Dualität wird davon ausgegangen, dass die
materielle Welt aus Gegensätzen gebildet ist. Dabei handelt es
sich jedoch nicht um echte Gegensätze, auch wenn es so scheinen mag, sondern eigentlich um komplementäre Elemente. Jedes Paar komplementärer Eigenschaften ist voneinander abhängig, und das eine Element könnte ohne das andere nicht
existieren. Entsprechende Beispiele sind Tag und Nacht, heiß
und kalt, oben und unten, fest und weich. Wenn etwas ohne

seine Ergänzung existieren würde, dann könnten wir es nicht wahrnehmen, weil wir die Erfahrung beider Eigenschaften brauchen, um die eine oder andere als solche zu erkennen. Es ist nicht möglich, sich den Tag vorzustellen, ohne die Nacht zu kennen. Bestimmte Dinge sind nicht offensichtlich, weil ihre Ergänzungen verborgen sind. Deshalb nehmen wir gewöhnlich die Atmosphäre nicht bewusst wahr, würden das aber tun, wenn wir uns im Weltraum befänden. Wir sind nie ohne die Atmosphäre gewesen; deshalb sind wir uns ihrer kaum bewusst und haben normalerweise keinen emotionalen Bezug zu ihr.

Wir würden das Vergnügen nicht als solches erkennen, wenn wir nicht in gleichem Ausmaß auch Schmerz erleben würden. Je hungriger wir sind, desto mehr genießen wir das Essen. Je einsamer wir uns fühlen, desto bedeutsamer ist die menschliche Nähe, die wir finden. Die Hindernisse auf unserem Weg ermöglichen erst die Freude, die wir fühlen, wenn wir sie überwinden. Unsere ekstatischen Hochs werden durch unsere depressiven Tiefs ausgeglichen.

❙ *Der Verstand bringt Dualität hervor*

Warum muss das alles so sein? Dualität ist einfach das Wesen unserer Wahrnehmungen und Empfindungen; es handelt sich dabei nicht um eine Art von Strafe. Unser Bewusstsein nimmt die Dinge als komplementäre Paare wahr. Wenn etwas in unser Bewusstsein tritt, dann müssen wir auch das ergänzende Gegenstück in ähnlicher Intensität erfahren können – nicht unbedingt gleichzeitig, aber doch in einer gewissen zeitlichen Nähe –, damit wir es überhaupt wahrnehmen können. Außerdem sind wir es *selbst*, die unbewusst jede Erfahrung mit einer positiven und einer negativen Seite versehen, und das bisweilen auf eine höchst willkürliche Weise. Unser Bewusstsein *erzeugt beides*, das Vergnügen wie auch den Schmerz. Deshalb können dualistische Erlebnisse individuell sehr unterschiedlich sein. Nehmen Sie eine beliebige Erfahrung, und Ihr Bewusstsein wird sie in zwei Teile spalten: Vergnügen und Schmerz. Normalerweise merken wir gar nicht, in welchem Ausmaß unser Verstand Erlebnisse in Kategorien einteilt. Es scheint so, als bestehe ein Ereignis naturgemäß aus »positiven« und »negativen« Elementen. Wir merken nicht, dass wir selbst etwas schmerzhaft machen oder eher einem Aspekt des Ereignisses Schmerz zuschreiben, nur um dafür zu sorgen, dass die Erfahrung das erforderliche Gleichgewicht erhält. Insofern existiert Schmerz nicht wirklich, aber wir empfinden ihn natürlich als real.

Dualität wirkt sich immer auf das aus, was Ihnen am wichtigsten ist

Ich will Sie hier nicht bitten, die Theorie der Dualität ohne jeden Zweifel zu akzeptieren. Versuchen Sie stattdessen lieber, Ihre Erfahrungen von diesem Standpunkt aus zu betrachten, und bilden Sie sich dann selbst ein Urteil. Sie werden mir wahrscheinlich zustimmen, dass zumindest etwas dran ist, besonders wenn es um Themen geht, die in Ihrem Leben von Bedeutung sind, wie beispielsweise Beziehungen oder Ihre Karriere. Was Ihnen besonders wichtig ist, ruft wahrscheinlich die stärksten dualistischen Erfahrungen hervor.

Romantische Beziehungen zeichnen sich besonders oft durch Hassliebe aus. Die Beziehung beginnt mit den besten Gefühlen und Absichten, aber es dauert nicht lange, bis die negativen Seiten deutlich werden. Und es gibt immer eine negative Seite, denn auf einer *bedingten Ebene* können wir Liebe nicht ohne Hass empfinden.

Im Grunde haben wir sowohl unsere Liebe als auch unseren Hass projiziert, weil sie unterdrückt und nicht zugänglich sind. Beides schreiben wir nun einer anderen Person zu, dem Menschen, der diese Projektionen am besten akzeptiert. Wenn dieser Mensch keine Eigenschaften hat, an denen wir unseren Unmut festmachen können, dann übertreiben wir irgendeine Kleinigkeit oder erfinden etwas.

Beruflicher Erfolg oder die Erfüllung egoistischer Bedürfnisse im Allgemeinen – Sicherheit, Macht, sinnliche Bedürfnisse oder Anerkennung – werden stets dualistisch erfahren. Erfolgsgefühle werden meist gefolgt oder sogar begleitet von Gefühlen des Versagens. Versagen kann sich in demselben Bereich ereignen wie der Erfolg oder auf einem scheinbar völlig anderen Gebiet. Wenn nichts geschieht, was man als Versagen deuten könnte, dann projizieren wir entweder das Versagen, oder wir verhalten uns eklatant selbstzerstörerisch, indem wir einen echten Verlust verursachen, um die vorherige Erfahrung auszugleichen. In jedem Fall erzeugt das Gefühl des Versagens ein Gegengewicht zum Erfolg.

❗ *Lassen Sie sich nicht von der Dualität dazu verführen, Negativität zu meiden*

Beachten Sie bitte, dass ich die Mechanismen der Dualität hier nicht beschreibe, um Sie aufzufordern, sorgfältiger beim Vermeiden von Negativität zu sein. Negativität kann man nicht vermeiden; man kann sie nur unterdrücken. In unserem Inneren gibt es ein tiefes, unauslöschliches Bedürfnis, das Negative zu durchleben. Wir finden keine Ruhe, bevor dieses Bedürfnis nicht erfüllt ist. Wir verlassen unseren Weg, um negative, komplementäre Bedingungen zu erzeugen.

Wenn wir erkennen, dass jeder Versuch, Sicherheit, Vergnügen oder Erfolg zu finden, zwangsläufig auch das Gegenteil einschließt, verfallen wir möglicherweise in einen überwältigenden Pessimismus. Auch ohne je von der Theorie der Dualität gehört zu haben, werden die Leute zynisch, weil sie feststellen mussten, dass zu jedem Erfolg auch Versagen gehört. Sie beschließen, dem Versagen zu entgehen, indem sie Erfolg meiden, und verpassen damit am Ende das Leben. Diese ausweichende Haltung ist recht verbreitet und uns meist gar nicht bewusst.

Aber wir sollten nicht aufhören, nach Glück zu streben. Es entspricht unserer Natur als menschliche Wesen, das Glück zu suchen, was auch immer wir uns persönlich darunter vorstellen. Wenn Sie akzeptieren können, dass jedes Hoch durch ein Tief ausgeglichen wird – dass Sie das Hoch ohne das Tief gar nicht erkennen würden –, dann behalten Sie eine ausgewogene, positive Sicht des Lebens. Sie werden sich entspannen können, wenn die Situation unangenehm wird, statt mit Panik zu reagieren. Indem Sie Unglück zulassen, können Sie es schließlich überwinden. Sie finden dadurch paradoxerweise zu einer höheren, *weniger bedingten* Form des Glücks.

❗ *Sucht verschärft die Dualität*

Wir sind dem Gesetz der Dualität am stärksten unterworfen, wenn wir süchtig sind nach der Befriedigung bestimmter Bedürfnisse. Sucht führt zu zwanghaftem Verhalten; wir müssen das Objekt unserer Begierde unbedingt haben. In diesem Zustand der Abhängigkeit ist die Erfüllung in hohem Maße dualistisch, und unsere Gefühle wechseln zwischen ausgeprägtem neurotischem Vergnügen und Schmerz. Unsere Bedürfnisse und Überzeugungen sind künstlich, zwanghaft und süchtig, und das macht uns für starke dualistische Erfahrungen empfänglich. Wenn wir nicht von bestimmten Ergebnissen abhängig sind, erleben wir das Auf und Ab nicht mit derselben Intensität, und sei es nur, weil wir von einer Aktivität nicht dieselbe intensive Befriedigung erwarten. Wir sind entspannter und brauchen nicht so viel, um glücklich zu sein.

Wachstum vollzieht sich allmählich; wir lernen, dass wir nicht dieses und dann wieder jenes brauchen. Das Ausschalten zwanghafter Bedürfnisse, der Gier nach Dingen, von denen wir meinen, wir müssten sie unbedingt haben, ist ein wichtiger Teil der persönlichen Befreiung. Aber wie können wir dieses Wachstum erreichen? Niemand kann sich selbst durch einen Akt des Willens von Zwängen und Süchten befreien. Nur wenn Sie Ihren Verstand benutzen und sich um Verarbeitung bemühen, können Wachstum und wirkliche Veränderung beginnen. Verarbeitung und Bereinigung von Gefühlen, die etwas mit zwanghaften und unbefriedigten Bedürfnissen zu tun haben, führen dazu, dass wir ihnen auf sanfte und natürliche Weise entwachsen können. Zwingen Sie sich nicht, etwas zu sein, was Sie nicht sind; wünschen Sie sich nicht, anders zu sein, als Sie sind. Wenn Sie sich selbst so annehmen, wie Sie sind, kann Wachstum geschehen.

Dualistische Projektion

Der Zweck der Projektionsmechanismen in unserem Bewusstsein besteht darin, unser Unterbewusstsein zu reinigen. Aber während der Projektion braucht unser Bewusstsein ein Gleichgewicht von positiv und negativ, damit es überhaupt etwas wahrnehmen kann. Der ursprüngliche »negative Pol« der Projektion lässt gewöhnlich die unterdrückte Energie aufsteigen; der kompensierende »positive Pol« wird spontan erzeugt, um die Energie auszugleichen, und entspricht nicht einer Bereinigung des Unterbewusstseins. Wir können den positiven Pol internalisieren, und damit wird er möglicherweise zum Zentrum unserer Zwanghaftigkeit. Wie das funktioniert, möchte ich an einigen Beispielen verdeutlichen:

Ein Mann hatte im Laufe des Tages einen Zusammenstoß mit jemandem. Er projiziert seinen Zorn und hat dadurch das Gefühl, dass der andere ohne Grund auf ihn wütend ist, oder er wird selber wütend und glaubt, der andere sei die »Ursache« dafür. Dann geht er in seine Lieblingsbar, trinkt dort mit seinen Kumpeln und erzählt ihnen die Geschichte. Daraus ergeben sich kameradschaftliche Gefühle, alle schimpfen über den Bösewicht und gleichen so den Vorfall aus. Die anfängliche Auseinandersetzung war der ursprüngliche negative Pol der Projektion, basierend auf dem Versuch, die unterdrückte Energie freizusetzen, und die gute Zeit in der Bar war der kompensierende positive Pol, der das Gleichgewicht wiederherstellen sollte. Bevor der Mann in die Bar ging, hätte er natürlich auch nach Hause gehen und seinen Hund prügeln können, um auf diese Weise seinen immer noch nicht aufgelösten Zorn zu verdrängen.

❚ *Liebe/Ablehnung*

Eine Frau hat ihr Gefühl, von anderen abgelehnt zu werden, unterdrückt. Traditionelle Psychologen sagen vielleicht, dass sie dazu neigt, andere abzulehnen, weil sie als Kind selbst zurückgewiesen wurde und nicht genug Liebe bekommen hat. Doch wenn wir den Einfluss des Karmas aus früheren Leben berücksichtigen, können wir auch annehmen, dass sie diese unbewussten Tendenzen in ihr gegenwärtiges Leben mitgebracht hat und dass ihre Kindheit lediglich der Katalysator dafür war. Sie unterdrückt (unbewusst) ihre Ablehnung gegenüber anderen, weil diese Gefühle nicht in ihr Selbstbild passen. Deshalb projiziert sie und hat den Eindruck, andere würden sich ihr gegenüber kalt und abweisend verhalten. Das ist die ursprüngliche negative Projektion, und sie wird als schmerzlich empfunden. Der kompensatorische positive Pol der Projektion ist ihre »Liebe« zu einem bestimmten Menschen. Sie idealisiert das Bild ihres Liebsten und sucht sich die geeignete Person oder Leinwand, auf die sie es projizieren kann. Wenn sie diese Person findet, wird ihre Liebesbeziehung in dem Maße ekstatisch sein, wie die von ihr wahrgenommene Ablehnung durch andere schmerzlich war.

Sie wird ihren Liebsten nicht so sehen, wie er wirklich ist, oder seiner tatsächlichen Person nur symbolische Aufmerksamkeit schenken, denn sie ist eigentlich in ihre Projektion verliebt. Ihre »Liebe«, die nur bedingt und unwirklich ist, wird sich ebenfalls verändern, wie es der Dualität entspricht, sich in Furcht und Ärger verwandeln und damit neue Gelegenheiten zur Unterdrückung schaffen.

Sie könnte die kompensatorische Projektion auch internalisiert haben und sich selbst beispielsweise als Märtyrerin sehen, jemanden, der sich voller Liebe für die Menschheit aufopfert, aber missverstanden und abgelehnt wird. Ihr internalisiertes Selbstbild würde ihr in dem Maße Kraft und Freude schenken, wie die ursprüngliche Projektion – die kalte Zurückweisung, mit der andere ihr begegnen – ihr Schmerz bereitet.

**❗ *Feindseligkeit gegenüber Autoritäten/
rebellischer Eigensinn***

Ein Kind wächst in einer Familie von Militärs auf und »reagiert« auf problematische Weise. Die traditionelle Psychologie würde vielleicht sagen, der Junge habe wegen der Einschränkungen in seiner Kindheit eine unterdrückte Feindseligkeit gegenüber Autoritäten entwickelt. Unser Standpunkt wäre, dass er seine Autoritätsprobleme in dieses Leben mitgebracht und für seine Kindheit eine Umgebung gewählt hat, die als Katalysator dafür diente. Er wurde Rocksänger, entschlossen, die Autorität mit seiner Botschaft zu zerstören. Dass er Respektspersonen als etwas Übles wahrnimmt, ist eine Projektion, die auf unterdrückter Feindseligkeit beruht. Hätte er seine anfängliche Feindseligkeit auflösen können, statt sie zu unterdrücken, dann stünde für die Projektion keine latente Energie zur Verfügung.

Die ursprüngliche Quelle der Unterdrückung ist nicht bekannt, aber es könnte sein, dass er in seinem früheren Leben Probleme in einer ähnlichen Situation hatte, woraus eine Unterdrückung in großem Ausmaß entstanden ist. Vielleicht wurde er von einer Autoritätsfigur massiv in seine Grenzen gewiesen und konnte dem daraus resultierenden Ärger keine Luft machen; aber das wäre für sich genommen schon wieder die karmische Folge aus einem noch früheren Leben. Vielleicht gab es auch nie eine äußere Einschränkung, sondern er hat sich selbst mit seinen eigenen inneren Blockaden Grenzen gesetzt und die Verantwortung dafür auf äußere Mächte projiziert. Es ist sinnlos, die Wurzeln des Problems ergründen zu wollen, und für die Verarbeitung spielt es auch keine Rolle.

Die primäre Projektion besteht in der Vorstellung, von äußeren Autoritäten kontrolliert, manipuliert und eingeschränkt zu werden, und darauf richtet sich nun die unterdrückte irrationale Feindseligkeit. Die kompensierende Projektion ist internalisiert, er zimmert sich das Selbstbild eines Freiheitskämpfers: ungebunden, spontan, herausfordernd, rebellisch – ein Rockstar. Seine Freude an dieser positiven Projektion ist abhängig vom Schmerz der negativen Projektion und wird dadurch ausgeglichen. Er empfindet in dieser primären Projektion echtes Leid und erlebt Autorität als Tyrannei. In der kompensierenden Projektion seines rebellischen Selbstbildes empfindet er zum Ausgleich echte Freude.

Sein Publikum besteht überwiegend aus Menschen, die ähnliche Autoritätskonflikte haben. Sie identifizieren sich mit beiden Seiten der Projektion, sehen sich selbst als Opfer fremder

Mächte und identifizieren sich zugleich unbewusst mit diesen Mächten, weil sie ihnen ihre selbst-blockierenden Funktionen übertragen. Beim Rock-Konzert fühlen sie sich durch die dramatische Präsentation beider Pole der energetischen Projektion stark einbezogen.

Auf ganz ähnliche Weise gehen auch wir durchs Leben, projizieren unsere Erfahrungen und gleichen sie aus. Das ist nichts, was nur »Neurotiker« tun, sondern wir alle machen es ständig. Manche Ereignisse führen zu einem sofortigen Ausgleich; andere bestimmen unser Verhalten während des gesamten Lebens. Große Romanautoren beschäftigen sich immer wieder mit solchen Themen; deshalb finden wir im Leben ihrer handelnden Personen stets eine Mischung aus Erfüllung und Frustration. Tatsächlich ist die Unvermeidbarkeit der Dualität ein wichtiger Teil ihrer Botschaft.

Integration von Dualitäten

Der Schlüssel zur Lösung des Problems der Dualität ist die Integration des Negativen. Wenn man versucht, das Negative zu vermeiden, unterdrückt man es nur, und es wird ein Teil unseres unterbewussten Karmas; wir werden süchtig nach dem Positiven. Gehen wir von der Gültigkeit der Theorie der Dualität aus, dann wird sofort deutlich, dass es niemals gelingen kann, das Negative zu vermeiden. Wir versuchen, dem Unvermeidlichen zu entgehen, und erzeugen dadurch eine Schuld, die früher oder später beglichen werden muss. Wenn wir dem Negativen jetzt ausweichen, dann trifft es uns später umso heftiger und fesselt uns an die irrationalen und destruktiven Zwänge des Unterbewusstseins, welche durch die Unterdrückung entstanden sind.

❗ *Das Negative kann man nicht durch mehr Positives beseitigen*

Es ist wichtig, zu erkennen, wie wir in die Falle einer beliebigen dualistischen Projektion geraten. In dem Bemühen, das Negative zu meiden, konzentrieren wir uns zwanghaft auf das Positive. Wir sehen nicht, dass beides zusammenhängt, das eine nicht ohne das andere existieren kann und beide nur zwei Seiten einer Münze sind.

Wir denken, wir könnten das Negative ausschalten, wenn wir nur mehr Positives bekämen, aber schließlich müssen wir doch erkennen, dass die Sache so nicht funktioniert. Im Gegenteil: Wenn wir mehr Positives erlangen, nimmt auch das Negative zu, denn beide müssen einander ausgleichen. Wir müssen uns dem Negativen stellen und es direkt auflösen. Das zu verstehen, bildet einen der Wendepunkte unserer inneren Arbeit.

❗ *Integration bedeutet, das Negative zu bejahen und einzufügen*

Nun versuchen wir nicht mehr, einen Teil des Lebens vom anderen zu trennen, sondern nehmen zur Kenntnis, dass das Negative zu jeder Erfahrung gehört, weil die Erfahrung dadurch überhaupt erst möglich wird, und mehr noch, dass wir selbst das Negative unbewusst gesucht haben, um die Energien auszugleichen. Wir lassen das Negative zu und ergeben uns. Solange wir vor dem Negativen fliehen, entsteht zwangsläufig unterdrückter Schmerz im Unterbewusstsein. Dieses Leid können wir nur überwinden, wenn wir es an die Oberfläche bringen und erfahren. Das ist es, was während einer Therapie geschieht. Die bewusste Auseinandersetzung mit dem Negativen ist ein notwendiger Teil des Heilungsprozesses.

Unser Ziel besteht nicht nur darin, das Leid zu ertragen, sondern es zu überwinden. Sobald wir den unterdrückten Schmerz bereinigt haben, ist er für immer verschwunden. Integrierte Dualitäten tun nicht weh, weil beide Pole ausgeglichen sind. Wenn wir den Dualismus verinnerlicht haben, wird das Leben ganzheitlich oder »holistisch«. Wir werden frei von Dualität, der Falle von Vergnügen und Schmerz. Wir transzendieren, klammern uns nicht mehr verzweifelt an das Positive und versuchen nicht mehr voller Angst, das Negative zu meiden. Wir finden mit neuer Achtsamkeit und Freiheit zu uns selbst; wir sind gewachsen; unser Glück ist nicht mehr von irgendwelchen Bedingungen abhängig.

Ein gutes Beispiel für die grundlegenden Dualitäten, an denen die meisten von uns arbeiten müssen, ist die zwischenmenschliche Beziehung: Unintegriert empfinden wir Isolation und Abhängigkeit als gegensätzliche Pole; integriert genießen wir Autonomie und gegenseitiges Aufeinander-bezogen Sein. Unintegriert fürchten wir, alleine zu sein.

Einsam und ängstlich versuchen wir, durch die Beziehung der Isolation zu entgehen. Wir werden von der Furcht vor dem Alleinsein getrieben und machen uns vom Partner oder der Partnerin abhängig, um die Einsamkeit zu beseitigen. Wir werden süchtig nach dem anderen Menschen. Wenn wir ihn verlieren, empfinden und zeigen wir Symptome, die für Süchtige beim Entzug typisch sind.

Wenn wir die Pole integriert haben, genießen wir unser Alleinsein. Wir werden dann kreativ, laden unsere Energien auf und freuen uns sogar darauf, alleine zu sein. Dann sind wir fähig, Beziehungen einzugehen und dabei unabhängig zu bleiben, und das macht unsere Gesellschaft sogar noch angenehmer.

Jeder Aspekt des Lebens kann auf seine dualistischen Ergänzungen zurückgeführt werden. Die Integration der dualistischen Erfahrung wird als solche zu einer Kunst.

*Mein Körper ist mein wichtigster
Freund. Er ist ständig bei mir, um mich
zu unterstützen und mir zu dienen.
Er ist das Zentrum meiner Gefühle.
Ich liebe meinen Körper, werde
meine Gefühle bewusst wahrnehmen
und akzeptieren können. Ich werde
wachsen und ganz werden.*

4.

Mit dem Körper fühlen

Bisher ging es bei unseren Überlegungen um das, was man Gedankenarbeit nennen könnte. Nun würde ich Ihre Aufmerksamkeit gerne auf einen anderen Aspekt unserer Individualität lenken, den Körper. In unserer Kultur betrachten wir den Körper entweder als Diener des Verstandes oder als Quelle von Vergnügen und Eitelkeit, aber wir geben ihm nicht den Status, den er verdient. Wenn wir lernen wollen, sensibel mit uns selbst umzugehen, müssen wir das auf beiden Ebenen tun, auf der körperlichen ebenso wie auf der geistigen.

Die Beschäftigung mit Körper und Geist führt uns zu dem Schluss, dass zwischen beiden eine tiefe innere Verbindung besteht. Sie beeinflussen sich gegenseitig, die eine Ebene kann durch die andere beobachtet und verstanden werden, und sie verschmelzen so weit miteinander, dass man sie fast nicht mehr unterscheiden kann.

Deshalb ist es ein wichtiger Aspekt unserer Arbeit, an uns selbst zu lernen, durch unseren Körper Zugang zu unserem Inneren zu finden. Darauf zu verzichten wäre ein erheblicher Nachteil für unsere Bemühungen um Integration. Das gilt in gleicher Weise für jede andere Therapie oder Praxis, die inneres Wachstum ermöglichen soll. Die Bedeutung des Körpers in der Psychotherapie kommt auf folgende Weise zu Stande.

Gespeicherte Negativität

Wir haben schon erwähnt, dass durch Unterdrückung unaufgelöste negative Energien gespeichert werden. Das beginnt auf der feinstofflichen Ebene, aber wenn sich immer mehr unterdrückte Energien ansammeln, greift der Prozess auf den grobstofflichen Körper über. Aus praktischen Erwägungen können wir deshalb den materiellen Körper als exaktes Abbild der unterdrückten feinstofflichen Energien betrachten, und durch entsprechende Körperarbeit ist es möglich, Energien freizusetzen, die auf den ineinander übergehenden grob- und feinstofflichen Ebenen des Körpers gespeichert sind. Aus dieser Überlegung sind verschiedene Arten von »Körperarbeit« hervorgegangen, die jeweils dazu führen, dass negative feinstoffliche Energien durch die Arbeit auf der grobstofflichen Ebene freigesetzt werden.

Die Schnittstelle zwischen dem Grobstofflichen und Feinstofflichen ist als eine Art Körper-Geist-Verbindung bekannt geworden. Obzwar die Vorstellung der Einheit von Körper und Geist beziehungsweise Seele seit Jahrtausenden einen fundamentalen Bestandteil der psychologischen Theorie des Ostens darstellt, ist sie im Westen relativ neu. Wilhelm Reich gilt im Allgemeinen als der Erste, der diese Idee in die zeitgenössische psychologische Praxis einbrachte. Vor allem durch seine Entdeckungen sind verschiedene psychologische Schulen entstanden, die hauptsächlich Körperarbeit als Mittel zur psychologischen Veränderung einsetzen.

Unsere Einstellung zum Körper beeinflusst uns mehr, als wir meinen. Wir lernen, den Körper als etwas zu betrachten, das uns hilft, Ziele zu erreichen. Statt »gefühlsorientiert« zu sein, werden wir »verstandesorientiert«, weil Ziele in den Bereich des Denkens gehören. Wir achten nicht auf unsere Gefühle, weil sie uns nicht helfen, unsere Ziele zu erreichen. Wir wenden uns von den Gefühlen und unseren Körperwahrnehmungen ab, weil Fühlen eine Körperfunktion ist. Wir sind uns unseres Körpers nicht mehr bewusst und lassen stillschweigend zu, dass sich negative Energien aufbauen.

Denken und Fühlen

Leute, die im psychologischen Bereich arbeiten, behaupten gewöhnlich, der Körper sei ein Spiegelbild des Geistes, aber das ist nicht ganz richtig. In Wirklichkeit ist der Körper eine Entsprechung der feinstofflichen Empfindungsfähigkeit, zu der auch die Emotionen gehören. Emotionen werden im Körper gefühlt. Emotionale Blockaden bringen den Körper in »Aufruhr«.

Geist und Verstand bilden andererseits eine Art Antithese zum Fühlen. Der Verstand setzt sich aus Gedanken zusammen. Gedanken haben als solche keinen emotionalen Wert, außer dass sie auf Gefühle einwirken. Gedanken sind kalt; sie bestehen aus Urteilen, Vergleichen, Bewertungen, Argumentationen, Plänen und so weiter. Allen Gedanken gemeinsam ist die Tatsache, dass sie mit der Vergangenheit zu tun haben, mit erlernten und erinnerten Werten. Basierend auf der Vergangenheit wandern die Gedanken dann in die Zukunft und schaffen Ziele. Der Verstand arbeitet wie ein Computer, der im Wesentlichen lernt, Vergnügen oder Schmerz mit Erinnerungen zu verknüpfen.

Aber unser Verstand ist nicht fähig, Erfahrungen zu machen; das ist die Funktion des Gefühlszentrums. Wir geraten in Schwierigkeiten, wenn wir versuchen, etwas auf der Verstandesebene zu erfahren, denn stattdessen vergleichen wir nur, *was ist*, mit unseren Erinnerungen oder auf die Zukunft gerichteten Erwartungen, und es gelingt uns nie, das tatsächliche Ereignis wahrzunehmen, das hier und jetzt stattfindet.

▌ *Um Erfahrungen zu machen, müssen*
wir unser Gefühlszentrum einsetzen

In der direkten Erfahrung gibt es keinen Platz für Gedanken, Vergleiche oder Bewertungen, sondern nur die Wahrnehmung dessen, *was ist*. Das kann ein inneres Ereignis sein, die Begegnung mit einem anderen Menschen oder irgendetwas in der äußeren Welt. In jedem Fall gestatten wir uns, die Erfahrung ohne Widerstand oder Blockade zu empfinden. Wir gestatten uns selbst, in der Erfahrung »zu sein«.

Die Gefühlszentren entsprechen den *Chakras*. Die Chakras sind Energiewirbel im feinstofflichen Körper. Sie sind Zentren der Energie, des Bewusstseins und des Fühlens. Wenn wir unsere Erfahrungen abblocken – und das geschieht, wenn wir versuchen, etwas auf der Verstandesebene zu erfahren –, sperren wir uns gegen diese Bewusstseinszentren und deshalb gegen unseren Körper. Gefühle der Entfremdung vom Körper sind die Folge. Diese Tendenz kann rückgängig gemacht werden, und wir können die notwendige Sensibilität für unsere Gefühle entwickeln, wenn wir ein harmonisches Verhältnis zu unserem Körper finden.

Wenn Sie also zu sehr in Ihrem Verstand und nicht genug in Ihrem Körper leben, werden Sie den Eindruck haben, dass Sie sich selbst entfremdet sind. Es wird Ihnen so vorkommen, als seien Sie mit einem Körper identisch, aber Sie werden nicht den Eindruck haben, dass Sie auf einer gewissen Ebene der Körper sind. Da Ihnen die Verbindung zu sich selbst fehlt, haben Sie auch das Gefühl, nicht mit anderen in Verbindung zu sein. Aber in dem Maße, in dem Sie wieder Kontakt zu Ihrem Körper aufnehmen, gelingt es Ihnen immer besser zu fühlen, sich selbst zu akzeptieren und zu lieben und folglich auch andere zu lieben.

❗ *Der Körper lebt ständig im gegenwärtigen Augenblick*

Während sich unser Verstand stets entweder in der Vergangenheit oder in der Zukunft befindet, lebt der Körper auf Grund seiner fühlenden Natur ständig im gegenwärtigen Augenblick. Diesen Zustand sollten Sie nach Kräften anstreben, denn das Leben findet immer in der Gegenwart statt. Wenn Sie sich in Ihrem Verstand einschließen, in Zukunftserwartungen, die auf der Vergangenheit basieren, dann setzen Sie sich nicht mit dem Leben und Ihren Erfahrungen auseinander.

Nicht im Augenblick zu leben, fördert das Gefühl, ein isoliertes »Ich«, ein Ego, zu sein. Sollen wir dieses »Ich« körperlich lokalisieren, dann haben wir typischerweise das Gefühl, es befinde sich irgendwo oberhalb des Nackens, ohne Verbindung zum Körper, der bloß ein stumpfsinniges Tier ist, welches das »Ich« herumträgt. Das wird charakterisiert durch unsere modernen Kleidungsregeln, die für Männer einen geschlossenen Kragen mit Krawatte um den Hals sowie einen Gürtel um die Taille vorschreiben. Interessant ist, dass die Frauenmode Kleidungsstücke erlaubt, die freier fließen und weniger einengen, was der Beobachtung entspricht, dass Frauen im Allgemeinen einen besseren Kontakt zu ihrem Körper und ihren Gefühlen haben als Männer. Männer lenken ihren Körper vom Verstand her, während Frauen sich meist mehr von ihren Gefühlen bestimmen lassen.

Wer eine Verbindung zu seinem Körper spürt, wird sich nicht als isoliertes »Ich«, als getrenntes Ego, fühlen, sondern in seinem Inneren eine tiefe Beziehung zu sich selbst und anderen empfinden. Die Verbindung zum Körper wird auf einer tiefen und erfüllenden Ebene wahrgenommen; man kommt in Berührung mit Energien, die einem isolierten Ego unbekannt sind.

Das Gefühl der Isolation, des »Ich« oder des Ego ist in der östlichen Psychologie von zentraler Bedeutung. Eins ihrer Ziele besteht darin, das Ego bis zu dem Punkt zu überwinden, an dem wir das Einssein mit der Schöpfung wahrnehmen können. Aber wir sollten nicht versuchen, etwas zu sein, das uns nicht entspricht, sondern uns selbst so annehmen und feiern, wie wir sind. In dem Maße, in dem wir unser Bewusstsein entwickeln, worunter wir uns effektiv einen verbesserten Kontakt zu den Gefühlszentren unseres Körpers vorstellen können, werden wir auf natürliche Weise auch unseren Sinn für die richtige Perspektive entwickeln.

Die westliche Psychologie benutzt den Ausdruck »Ego« anders. Das Ego gilt mehr als Kern der Individualität und nicht als etwas, über das man hinauswachsen müsste. Traditionell geht es der westlichen Psychologie darum, das Ego zu stärken und dafür zu sorgen, dass es reibungsloser funktioniert. Dieser Ansatz hat vielleicht damit zu tun, dass wir weniger Kontakt zu den erwähnten spirituellen Werten haben, aber wahrscheinlicher ist, dass die Ursache in der Dringlichkeit der Fälle liegt, mit denen westliche Psychologen konfrontiert werden. Zudem handelt es sich wohl auch um ein Spiegelbild unserer Kultur.

Die östliche Psychologie erkennt an, dass ein starkes Ego vorhanden sein muss, bevor man sich höheren Zielen widmen kann, aber ihr geht es mehr darum, dass wir unser evolutionäres Potenzial entwickeln, als dass wir einfach funktionieren. Die Entwicklung höherer Eigenschaften erfordert zwangsläufig den Verlust des Ego. Es ist jedoch nicht notwendig, dass wir uns auf die Auseinandersetzungen um Ego/Nichtego oder entsprechende Bestrebungen fixieren. Wir brauchen uns nur ein natürliches Wachstum zu gestatten.

Negativität freisetzen

Im Körper gespeicherte Negativität sitzt in den Muskeln, Chakras und Organen fest. Diese Zonen stehen im Mittelpunkte jeder Art von Körperarbeit, die praktisch auf verschiedene Weise durchgeführt werden kann – als Manipulation, Energiearbeit oder Stretching.

▌ Manipulation

Gemeint ist damit die therapeutische Massage. Die Stimulation der Muskeln setzt die darin gefangene Energie frei, und während der Behandlung kommt es nicht selten zu emotionalen Ausbrüchen. Es gibt viele verschiedene Techniken und Schulen, und ich meine, sie alle haben etwas zu bieten. Der einzige Nachteil besteht darin, dass man einen Masseur braucht, was mit bestimmten Unbequemlichkeiten und Kosten verbunden ist. Aber wenn man sich solche Behandlungen gönnt, erweisen sie sich als ausgesprochen wohl tuend.

▌ Energiearbeit

Nichtmanipulierende Energietechniken bewirken eine Harmonisierung des funktionalen Energiesystems im Körper und können dazu führen, dass unterdrückte emotionale Energien in erheblichem Maße freigesetzt werden. Diese Techniken werden gewöhnlich von einem Therapeuten ausgeführt, der den Energiestrom mit seinen Händen lenkt, ohne dabei unbedingt den Körper zu berühren.

Beeinflusst werden soll dabei vor allem der feinstoffliche Energiekörper. Die Energie des Therapeuten nährt bei Bedarf den Patienten, bricht Blockaden in den Chakras auf und sorgt dafür, dass die dort gespeicherte Negativität entweichen kann.

❗ *Stretching*

Durch das Dehnen von Muskeln lassen sich blockierte Energien sehr wirksam »befreien«. Auf besonders schöne und systematische Weise ist diese Technik im uralten System der Yogastellungen ausgearbeitet worden, das mir persönlich die liebste Form der Körperarbeit ist. Yoga hat den eindeutigen Vorteil, dass man es alleine praktizieren kann. Dadurch ist es eine billige und bequeme Methode, die einem hilft, den beabsichtigten Zweck auf effektive Weise zu erreichen. Yoga löst sowohl alltägliche Verspannungen als auch die Folgen chronischer Unterdrückung in den Muskeln.

Yogastellungen dehnen nicht nur die Muskeln, sondern wirken auch direkt auf das Chakrasystem und lösen Blockaden, die sich dort aufgebaut haben. Die Wirbelsäule wird beweglich gehalten, so dass die Energie ungehindert durch den Körper und zwischen den Chakras fließen kann. Die Durchblutung wird angeregt, die Gelenke bleiben locker.

Für unsere Zwecke besteht der wichtigste Aspekt von Yogastellungen jedoch darin, unterdrückte Emotionen freisetzen zu können. In Verbindung mit Atemarbeit ergibt sich eine Körpertherapie, die unübertroffen ist, wenn es darum geht, uns von unterdrückter Negativität zu befreien. Regelmäßige Yogaübungen helfen Ihnen, entspannt zu bleiben und gleichzeitig sanft die Schichten Ihres Unterbewusstseins aufzudecken.

Jeder körperbezogene Ansatz wirkt besser, wenn Sie verstehen, dass dabei unterdrückte Energien bewusst werden und wir uns so weit von ihnen befreien können. Diese Befreiung vollzieht sich jedoch nicht automatisch. Sie müssen das bewusst gewordene Material verarbeiten, um es vollständig aufzulösen;

die Körperarbeit dient lediglich dazu, Ihnen Ihre unterdrückten Gefühle bewusst zu machen. Wenn Sie damit anschließend nicht richtig umgehen oder sich keine Gedanken über den emotionalen Aspekt der Arbeit machen, werden Sie nur wenig davon profitieren. Die Befreiung von unterdrücktem Material empfinden Sie, während Ihnen die negativen Gefühle bewusst werden. Wenn solche Emotionen auftauchen, sollten Sie nicht erschrecken, sondern die Gelegenheit zur Bereinigung begrüßen und das Material mit den Techniken verarbeiten, die Sie lernen werden.

❗ *Körperarbeit sorgt für eine direkte Bereinigung der Negativität*

Die Vorteile der Körperarbeit liegen darin, dass Ungleichgewichte tief greifend und direkt auf der energetischen Ebene angesprochen werden. Die Bereinigung wird dadurch gefördert, dass wir über den materiellen Körper auf die Blockaden des Energiekörpers einwirken. Wir müssen unsere unterdrückten Gefühle nicht mehr so stark auf andere Personen oder Ereignisse projizieren. Wir werden im Umgang mit anderen ausgeglichener, weil wir unsere Gefühle in privater Abgeschiedenheit verarbeiten. Wir lernen, unseren Körper und unsere Gefühlszentren besser zu spüren.

Gleichwohl reicht Körperarbeit nicht aus, um Ihr persönliches Wachstum zu fördern. Sie müssen bei der Arbeit an sich selbst auch andere Richtungen berücksichtigen. Dazu gehören integrative Verarbeitung, Psychotherapie, Meditation, Spiritualität, Gruppenarbeit oder andere Wachstumstechniken, die Ihre Sensibilität für Gefühle entwickeln und unterdrücktes Material bewusst machen können. Denken Sie daran, dass diese Techniken nicht primär analytisch und intellektuell sein sollten, denn schließlich wollen Sie die Gefühlsseite entwickeln.

Nutzen Sie Ihre intellektuellen Fähigkeiten, um die betreffenden Prinzipien zu verstehen, und lassen Sie dann das Denken hinter sich, um sich im Fühlen zu üben.

Ich möchte ausdrücklich darauf hinweisen, dass Fitnessübungen zwar wichtig sind, aber nicht denselben Effekt haben wie Körperarbeit. Mit Fitnessübungen können Sie sich in Form halten und vielleicht einen Teil Ihrer Nervosität abbauen, aber die Muskelverspannungen werden dabei nicht gelöst. Manche Übungen wie Gewichtheben und Bodybuilding bewirken sogar das Gegenteil, verstärken die Muskelverspannungen und treiben die in den Muskeln gestaute Negativität noch tiefer. Ihren Körpergefühlen gegenüber werden Sie dabei noch weniger sensibel. Wenn Sie Gewichte heben, ist Stretching erst recht von Bedeutung. Eine gute Faustregel besagt, dass Sie nach dem Gewichtheben genauso viel Zeit mit Dehnübungen verbringen sollten.

Die Weisheit des Körpers

Unterschiedslose Achtsamkeit ist erforderlich, um direkt zu fühlen, *was ist* – innen und außen –, ohne den Wunsch, dass irgendetwas anders sein sollte. Wir akzeptieren, blockieren nicht, erleben. Wir werden zum Zeugen, der darauf verzichtet, zu wählen oder Kontrolle auszuüben.

! *Unterschiedslose Achtsamkeit ist wesentlich für ein höheres Bewusstsein*

Wenn wir während der Körperarbeit unterschiedslose Achtsamkeit bewahren, bekommen wir allmählich mehr Kontakt zu unserem Körper und unseren Gefühlen. Im Laufe der Zeit spüren wir die Anwesenheit einer Intelligenz, die wir vorher nicht bemerkt haben. Diese Intelligenz ist nicht verbal, nicht gedanklich und nicht dualistisch; man kann sie mit dem Instinkt vergleichen, aber sie steht evolutionär höher als die bewusste Intelligenz, während der Instinkt auf niedrigerer Ebene angesiedelt ist. Diese Intelligenz, die durch Fühlen, nicht durch Denken aktiviert wird, bezeichnet man als Weisheit des Körpers.

Ihr Wirken spüren wir in körperlichen Empfindungen. Empfindungen sind Gefühle; sie sind vielleicht nicht immer angenehm, aber sie zeigen an, dass der Körper versucht, zu einem Gleichgewicht zu finden. Wenn Empfindungen eine bestimmte Intensität erreichen, sprechen wir von »Symptomen«. Wenn Sie nicht verstehen, dass unangenehme Symptome nützlich sind, machen Sie sich vielleicht Sorgen darüber und versuchen, sie zu unterdrücken, damit Sie sich wieder besser fühlen. Wenn Sie aber wissen, dass Symptome ein Zeichen für die Selbstheilung und -Reinigung des Körpers sind, dann können Sie sich entspannen und die körperlichen Vorgänge geschehen lassen. Wenn Sie Ihre Gefühle mit Liebe akzeptieren, ermöglichen Sie die Selbstheilung. Wenn sie gegen die Gefühle ankämpfen, kämpfen Sie gegen Ihre eigenen Heilenergien.

❗ *Gestatten Sie dem Körper, sich selbst zu reinigen*

Eins der grundlegenden Beispiele für die Selbstheilungskräfte des Körpers sind Erkältungskrankheiten. Eine Erkältung ist der Versuch des Körpers, sich von Schleim (auch durch Milchprodukte verursacht) und anderen Giftstoffen zu befreien. Wenn Sie der Erkältung einfach ihren Lauf lassen, findet eine gründliche Reinigung statt. Wenn Sie die Erkältung jedoch etwas voreilig mit Antibiotika bekämpfen, blockieren Sie die Reinigung, und der Körper benötigt bald eine weitere Erkältung.

Dieselbe Logik lässt sich auf jede »Krankheit« anwenden, auch wenn die Verbindung zwischen Symptomen und Reinigung vielleicht nicht immer so offensichtlich ist. Die Krankheit ist Ausdruck eines feinstofflichen Reinigungsprozesses. Dass wir diese Reinigung zulassen und der Weisheit des Körpers erlauben, nach ihrem Willen zu wirken, ist grundlegend für die *homöopathische* Heilung auf der körperlichen Ebene und genauso für die Heilung im psychischen Bereich.

Starke Gefühle sind der Versuch des feinstofflichen Körpers, sich von unterdrückter Negativität zu reinigen. Wenn Sie Gefühle akzeptieren und verarbeiten, beginnen Sie mit der feinstofflichen Heilung. Sie erlauben der Weisheit des Körpers, Sie zu heilen, wenn Sie Ihre Gefühle annehmen und erleben, wie sie sind, und nicht daran denken, sie zu ändern. Die Weisheit des Körpers ist identisch mit der Kraft, die auf der letzten Stufe der Verarbeitung beschworen wird, wenn das Höhere Selbst die Transformation lenkt.

Den eigenen Körper lieben

In der heutigen Gesellschaft gibt es ein enormes Interesse an »Körperkultur«. Dabei geht es normalerweise um unsere Vorstellungen davon, wie der Körper sein – oder, genauer gesagt, erscheinen – sollte, denn unsere Hauptsorge im Hinblick auf den Körper gilt kosmetischen Aspekten. Wir halten unseren Körper für zu fett oder zu dünn, möchten besser in Form sein und wünschen uns mehr Muskeln. Ästhetische Überlegungen sind ein legitimer Aspekt bei unserer Sorge um die Gesundheit, aber im Allgemeinen sind unsere Ziele viel zu oberflächlich.

Hinter der Sorge um das Erscheinungsbild des Körpers steckt ein Gefühl des Missfallens, das sich zum Hass entwickeln kann. Hass auf den Körper ist weit verbreitet. Er motiviert uns, so angestrengt an einer Veränderung des Körpers zu arbeiten. Wir unternehmen alles Mögliche – Fitnesstraining, Diät etc. –, um dem Körper das Ideal aufzuzwingen, das unseren Vorstellungen entspricht. Dabei tun wir uns immer wieder selbst Gewalt an.

Wenn wir versuchen, dem Körper Veränderungen aufzuzwingen, handeln wir aus unserem Gedankenzentrum, nicht aus unserem Gefühlszentrum. Wir befinden uns auf der gedanklichen Ebene, denn wir haben ein Ziel, ein Ideal, ein Bild von dem, was wir sein wollen, wovon wir meinen, es mache uns glücklich. Unser Körper wird dabei zu einem Objekt, das bestimmte Eigenschaften haben sollte, um uns zu gefallen. Deshalb erleben wir den Körper von einem dualistischen Standpunkt aus und kommen nie über die Ambivalenz hinaus, die dem Dualismus innewohnt. Es wird unmöglich, am Ende mit dem Körper zufrieden zu sein.

❗ *Wir sind unserem Körper entfremdet*

Der Grund, warum wir unseren Körper nicht mögen, hat nichts damit zu tun, wie er aussieht oder wie er ist, sondern die eigentliche Ursache liegt darin, *dass wir mit unserem Körper nicht verbunden sind.*

Wir sind nicht in unserem Gefühlszentrum und deshalb dem Körper entfremdet. Wir meinen, an dieser Entfremdung und unserem Missfallen sei der Körper Schuld, und deshalb wollen wir ihn verändern. Aber wir blicken dabei in die falsche Richtung. Schuld ist vielmehr unsere Einstellung zum Körper. Wenn die grundlegende Einstellung nicht stimmt, werden wir mit unserem Körper nie glücklich sein, ganz gleich, wie er aussieht.

Aus dem Gefühlszentrum heraus betrachtet, ist der Körper kein Objekt mehr, das wir wie andere Gegenstände besitzen. Im Gegenteil, wir erleben ihn als unser Selbst. Obwohl der Körper dem niederen und nicht dem Höheren Selbst entspricht, hat die Erkenntnis, dass der Körper das Selbst ist, eine große

Macht und Bedeutung. Wir überwinden dadurch die Neigung, den Körper als ein Objekt zu betrachten. Wir gehen über die dualistische Wahrnehmung hinaus und erleben den Körper als Energie.

Unser Körper registriert die Ablehnung, wenn wir ihn nicht mögen und deshalb versuchen, ihn zu verändern. Und er reagiert auf diese Ablehnung so, wie es jeder tun würde – mit Verschlimmerung statt Verbesserung. Die Effekte von Diät und Fitnessübungen sind sekundär im Vergleich zu der emotionalen Botschaft, die wir dem Körper vermitteln. Natürlich ist es möglich, unseren Körper bis zu einem gewissen Grad in Form zu zwingen, aber das ist eine Sisyphosarbeit, die nicht zu dauerhaften Ergebnissen führt. Schlimmer noch, wir befinden uns am Ende in einem neurotischen Zustand, abgespalten von uns selbst und im Kampf gegen uns selbst, denn der Körper ist das Selbst.

❚ *Hass auf den Körper wird oft projiziert*

Wir hassen unseren Körper und sogar uns selbst, unterdrücken diesen Hass und projizieren ihn auf andere. Wir hassen sie einzig und allein aus den Gründen, die wir erfinden, um unsere Gefühle zu rechtfertigen. Oder wir haben den Eindruck, andere würden uns hassen. Da andere uns vielleicht mehr oder weniger ablehnen, wenn unser Körper schlecht in Form ist, wird die Projektion verstärkt. Wir nehmen die Ablehnung für bare Münze und halten uns selbst für schlechter, als wir sind. Wie anders würden wir die Situation im Gegensatz dazu erleben, wenn wir unseren Körper wirklich so lieben könnten, wie er ist. Die heilende Kraft der Liebe kann wunderbare spontane Veränderungen bewirken. Der Körper ist bestrebt, sich selbst ins Gleichgewicht zu bringen, und verfügt auch über die nötige Intelligenz dafür. Aber wir verhindern diesen Prozess, weil wir unseren Körper durch ablehnende Botschaften verkrüppeln.

Aber auch wenn Sie sich selbst und Ihren Körper lieben wollen, bleibt immer noch die Frage, wie man das macht. Sie können sich nicht intellektuell selbst lieben. Sie können sich nicht einfach Gedanken hingeben, die Sie für einen Ausdruck von Selbstliebe halten, oder sich selbst verhätscheln und so tun, als würden Sie sich selbst lieben, obwohl solche Verhaltensweisen durchaus das Ergebnis von Selbstliebe sein können. Aber es geht hier nicht um die mentale Ebene. Zur Selbstliebe finden wir nur, wenn wir unsere Fähigkeit zum *Fühlen* entwickeln. Sie müssen lernen, Ihre Gefühle zu akzeptieren und auf der körperlichen Ebene so zu erleben, wie sie sind, *sogar ihre Hassgefühle*. Das ist mit Akzeptanz gemeint. Auf diese Weise lieben Sie sich selbst. Das ist es, was die Katharsis herbeiführt.

Wenn Sie lernen, all Ihre Hassgefühle, die Sie sich selbst entgegenbringen, voll zu bejahen und zu erleben, dann erlauben Sie der Transformation zu beginnen … Sie lernen die Kunst der Selbstliebe.

Der Atem

Bei unserer Arbeit setzen wir Atemtechniken ein, die uns dabei helfen, unterdrücktes Material zu integrieren und aufzulösen. Der Atem versorgt unseren Körper nicht nur mit Sauerstoff, sondern führt ihm auch das so genannte *Prana* zu. Prana ist die universelle Lebenskraft, die fundamentale Energie, die alle Lebewesen erhält. Mit den richtigen Techniken können wir mehr Prana aufnehmen und die Lebensenergie lenken, damit sie bestimmte Funktionen erfüllt. Prana ist eine Art elektrischer Energie, die mit dem feinstofflichen Körper und der Aura in Wechselwirkung tritt; wenn wir Prana bewusst lenken, können wir damit Energieblockaden im Körper auflösen.

Wissenschaftler haben erkannt, dass es eine Verbindung zwischen der Atmung und der psychischen Verfassung des Menschen gibt. Fritz Perls, der Begründer der Gestalttherapie, hat erklärt: »Angst ist die Erfahrung, dass das Atmen bei jeder blockierten Erregung schwierig wird.« Wenn unbewusste Muskelverkrampfungen unseren Sauerstoffbedarf erhöhen, können wir nicht mehr richtig atmen.

Diese Atemstörung können wir bei uns selbst beobachten. Wir geraten in eine kritische Situation und reagieren darauf, indem wir den Atem anhalten – genau das, was wir nicht tun sollten. Sie können lernen, diese unbewusste Neigung zu überwinden, indem Sie sich einfach selbst beobachten und in Stresssituationen darauf achten, weiter voll durchzuatmen.

❗ In den Stress hineinatmen

»In etwas hineinatmen« bedeutet, das Prana, die Lebensenergie, bewusst und gezielt in einen beliebigen Stresszustand zu lenken. Dabei kann es sich um ein »negatives« Ereignis handeln, das Furcht auslöst, oder auch um eine »positive« Situation wie etwa die Nähe zu einem geliebten Menschen, denn beides kann mit Stress verbunden sein und Integration erfordern. Stress lässt sich definieren als die Unfähigkeit, mit dem, was gerade geschieht, im Gefühlszentrum zu sein, gleich welcher Art das Ereignis ist; das Gefühlszentrum ist blockiert. Aus dem Gefühlszentrum herausgeschleudert, fallen wir in die mentale Dimension, abgetrennt von dem, was im Augenblick geschieht. Wenn wir in das blockierte Zentrum hineinatmen, wird es aktiviert, und die Energie kann wieder ins Gleichgewicht kommen.

Sie atmen in das blockierte Zentrum hinein, indem sie tief atmen und sich dabei ihrer Gefühle oder der Geschehnisse bewusst bleiben. Das Prana, das wir mit jedem Atemzug aufnehmen, verfügt über eine eigene Intelligenz, ganz ähnlich wie die Zellen unseres Körpers, und es wird das energetische Ungleichgewicht finden und stabilisieren. Der Stress kann körperlicher oder emotionaler Art sein, die Konfrontation mit einem anderen Menschen oder irgendein anderes freudiges oder schmerzliches Ereignis, mit dem Sie sich auseinander setzen müssen. Wenn Sie nicht in ein solches Ereignis hineinatmen – oder schlimmer noch, wenn Sie den Atem anhalten –, ruft das Ängstlichkeit hervor, und Sie können nicht mehr auf kreative Weise reagieren.

Das Befreien der blockierten Energie entspricht im Wesentlichen einem Auflösen der unterdrückten Gefühle. Der Atem kann diese Funktion erfüllen, aber, ähnlich wie die Körperarbeit, sind Atemtechniken alleine nicht ausreichend. Wenn wir die Atmung jedoch mit Körperarbeit und einer bewussten psychologischen Methode der Arbeit an uns selbst verbinden, dann kann die Selbst-Integration befriedigende Fortschritte machen.

Während der Körperarbeit befreien Sie sich von unterdrückten Energien. Verschiedene Gefühle werden Ihnen plötzlich in Form von starken Emotionen ins Bewusstsein springen, Sie werden Situationen aus der Vergangenheit noch einmal durchleben und so weiter. In diese Erinnerungen hineinzuatmen, ist eine große Hilfe bei der Integration. Spezifische Atemtechniken finden Sie in Kapitel 11.

In meinem Körper befinden
sich meine Bewusstseinszentren.
Während ich lerne, in diesen Zentren zu fühlen,
komme ich in Kontakt mit meinem wahren Selbst.
Wenn ich es vermeide, in diesen Zentren zu fühlen,
blockiere ich mich selbst. Meine Selbstliebe wächst,
während ich mich voller Freude in diese Zentren
hineinbegebe und liebevoll betrachte,
was ich dort finde.

5.

Die Zentren des Bewusstseins

Die Chakras

Bevor wir uns näher mit der integrativen Verarbeitung selbst beschäftigen, wollen wir uns noch mit dem östlichen psychophysiologischen System der Chakras vertraut machen. Das Chakrasystem füllt eine Lücke der zeitgenössischen Psychologie und gibt uns eine Matrix, mit deren Hilfe wir energetische Bedürfnisse klassifizieren können, die in uns als menschliche Wesen hineinprogrammiert worden sind. Hier finden wir außerdem das richtige Vokabular und die Referenzpunkte, die uns in die Lage versetzen, die Gefühle in unserem Inneren leichter zu erkennen. Das System ermöglicht uns Einblicke in das Zustandekommen energetischer Blockaden und hilft uns dadurch, effektiver mit ihnen umzugehen. Wahrnehmung, der erste Schritt bei der Verarbeitung, wird erleichtert.

Die Chakras sind Energiezentren, aber man kann sie sich auch als Zentren des Bewusstseins, der Gefühle, Bedürfnisse oder Erfahrungen vorstellen. Sie sind die »Triebe«, von denen in der Psychologie immer wieder die Rede ist. Jedes Chakra oder Energiezentrum bildet einen speziellen Bezugsrahmen für unsere persönliche Wahrnehmung der Welt. Während wir wachsen, verlagert sich der Schwerpunkt unserer Ausrichtung von den »niederen« zu den »höheren« Zentren. Unser Weltbild verändert sich, wir erreichen höhere Bewusstseinsstufen und machen andere Erfahrungen. Wir entwickeln die höheren Fähigkeiten des menschlichen Potenzials.

Obwohl es viele Energiezentren im Körper gibt, schreibt man nur sieben von ihnen eine größere Bedeutung zu. In der Praxis habe ich es jedoch als hilfreich empfunden, ein etwas umfassenderes Schema des Chakrasystems mit insgesamt zehn Zentren zu benutzen. Die Lage der zusätzlichen Zentren habe ich aus dem taoistischen Chakrasystem übernommen, aber die psychologischen Eigenschaften basieren auf meinen eigenen Erfahrungen.

Die Verwendung der zusätzlichen Zentren klärt die Verwirrung und die Ambivalenzen, die ich zunächst bei der Arbeit mit den Eigenschaften empfunden habe, die traditionell dem Solarplexus, dem Herzchakra und dem Halschakra zugerechnet werden. Die neuen Punkte bezeichne ich als Machtzentrum, Fürsorgezentrum und Kreativzentrum. Jeder der zehn Punkte korrespondiert mit einem der Planeten, woraus sich eine Korrelation zwischen den Chakras und dem Geburtshoroskop ergibt, die sich bei der Heilung als nützliches Werkzeug erweisen kann.

**❗ *Die Chakras sind die Orte, an denen
sich unsere Blockaden befinden***

Wir alle haben zumindest ein Minimum an Aktivität in jedem Energiezentrum, aber die verschiedenen Zentren sind individuell unterschiedlich stark entwickelt. Auf Grund unserer persönlichen Unterdrückungsgeschichte haben wir uns konditioniert, das harmonische Fließen der Energie durch die Zentren zu blockieren. Diese Konditionierung rückgängig zu machen, damit die Energie wieder ungehindert durch die Zentren strömen kann, ist ein wichtiger Teil unserer inneren Arbeit wie auch jeder Psychotherapie.

Die Chakras können zwar im materiellen Körper lokalisiert werden, sind aber ihrer Natur nach feinstofflich – deshalb können sie auch bei wissenschaftlichen Untersuchungen des Körpers nicht gefunden werden. Da es sich um Energiezentren handelt, befinden sie sich im Energiekörper, den man auch als Astralkörper, Emotionalkörper oder feinstofflichen Körper bezeichnet. Man kann ihn sich als energetische Blaupause des materiellen Körpers vorstellen, der sich jedoch nach anderen »Regeln« verhält und sich unter bestimmten Bedingungen, wozu auch der Schlaf gehört, sogar vom materiellen Körper trennen kann. Er ist der Ort, an dem unser emotionales »Ichgefühl« angesiedelt ist.

Im normalen Wachbewusstsein spüren wir gewöhnlich keinen Unterschied zwischen dem feinstofflichen und dem grobstofflichen Körper. Gefühle und Emotionen, die sich eigentlich in den Chakras des Energiekörpers abspielen, werden so empfunden, als wären sie im materiellen Körper angesiedelt. Aus praktischen Erwägungen fassen wir nun beide Körper in unserer Arbeit zusammen und bezeichnen diese Einheit als Körperfunktion, den Ort, wo die Fähigkeit zum Fühlen zu Hause ist. Folglich geht es in erster Linie darum, in Kontakt mit unserem Körper zu kommen, weil das der Weg ist, der uns zu unseren Gefühlen führt.

Chakra ist das Sanskrit-Wort für »Rad«. Dieser Name passt gut, weil die Chakras sich tatsächlich ständig drehen. Sie bestehen buchstäblich aus Energie und geben sich dem Hellsichtigen in einer bestimmten Form und Farbe zu erkennen. Weil es sich um Energien handelt, sollten wir uns vorstellen, dass man die Chakras berühren kann; sie sind feinstofflicher als der materielle Körper, haben aber so viel Substanz, dass man sie nicht für ausschließlich »mental« halten kann.

Weil man sie berühren kann, bezeichne ich die Chakras als »psychophysiologisch«. Sie repräsentieren Stadien unseres Bewusstseins, die wir fälschlicherweise oft für ausschließlich mental halten. Da sie jedoch eine energetisch/materielle Basis haben, können sie mit jeder Art von Körperarbeit beeinflusst werden. Die substanziellen Resultate zeigen sich in der Anregung und Ausrichtung des Bewusstseins. Sie sollten sich klar machen, dass diese Zentren einen grundlegenden Einfluss auf Ihr alltägliches Wohlbefinden haben: wie Sie empfinden, was Sie fühlen, womit Sie sich beschäftigen und so weiter.

Der Gesundheit der Zentren entspricht ihre Fähigkeit, universelle Energien aufzunehmen und uns durch die Funktion des Fühlens bewusst zu machen. Gesunde Chakras vibrieren. Ungesunde Chakras sind blockiert und stagnieren. Die Energie kann nicht ungehindert fließen und das führt zu Störungen wie Depressionen, Suchtverhalten und schlechter Gesundheit.

Wenn die Zentren durch Atemübungen, Körperarbeit oder integrative Verarbeitung stimuliert werden, lösen sich die Blockaden. Die daraus resultierende emotionale Klärung kann zu einer intensiven Katharsis werden – dann wird deutlich, wie tief der Energiekörper unseren psychischen Zustand beeinflusst.

Man kann die energetische Harmonisierung auch durch einen Bergkristall oder andere Heilsteine unterstützen. Die atomaren Schwingungen der Kristalle befähigen sie zu Wechselwirkungen mit der Aura, dem Energiekörper und den Chakras, wobei sie Blockaden lösen und den Energiefluss anregen.

Die Chakras sind nach einem genauen Plan im Körper angeordnet

Die Chakras erstrecken sich vom Grund der Wirbelsäule bis zum Scheitelpunkt des Kopfes und repräsentieren in aufsteigender Ordnung die Ebenen des Bewusstseins. Obwohl man sie normalerweise nicht direkt spüren kann, werden Sie bei zunehmender Sensibilität für Ihren Körper die Zentren allmäh-

Chakras

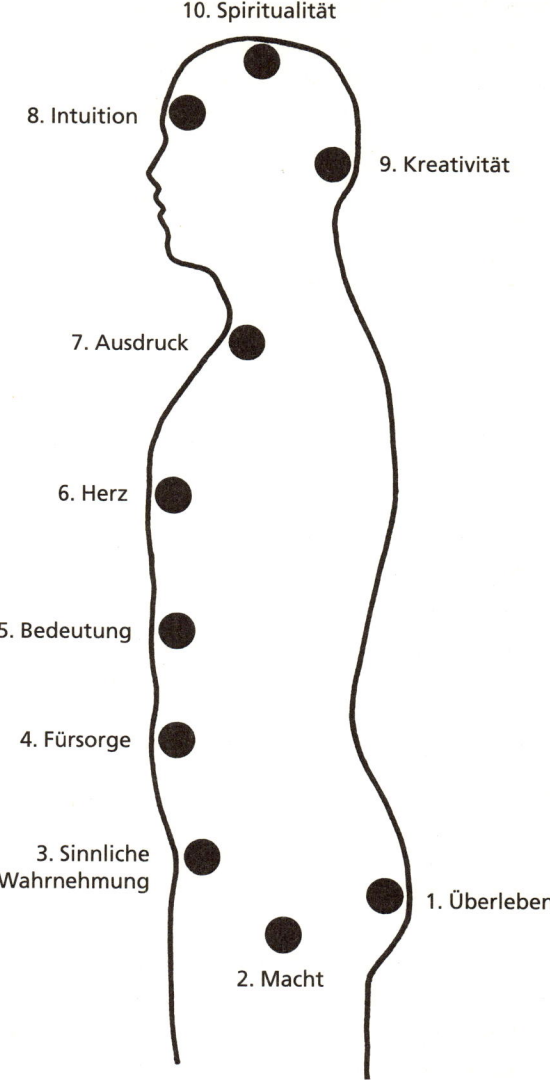

10. Spiritualität

8. Intuition

9. Kreativität

7. Ausdruck

6. Herz

5. Bedeutung

4. Fürsorge

3. Sinnliche
Wahrnehmung

1. Überleben

2. Macht

lich fühlen können, als ob sie im materiellen Körper lokalisiert wären. Diese Fähigkeit hilft Ihnen, Kontakt mit der blockierten Energie aufzunehmen und sie in Bewegung zu bringen.

Chakra	Lage
10. Spiritualität	Krone (Scheitelpunkt)
9. Kreativität	Schädelbasis
8. Intuition	Drittes Auge (Stirn)
7. Ausdruck	Hals
6. Herz	Brust
5. Bedeutung	Solarplexus
4. Fürsorge	Nabel
3. Sinnliche Wahrnehmung	Unterbauch
2. Macht	Perineum
1. Überleben	Wurzel

Die ersten fünf niederen Zentren, Überleben, Macht, sinnliche Wahrnehmung, Fürsorge und Bedeutung, sind heute bei den meisten Menschen aktiv, aber nicht integriert. Obwohl diese Zentren die grobe Energie zur Verfügung stellen, die erforderlich ist, um in der materiellen Welt zu funktionieren, handelt es sich primär um selbstsüchtige Ausdrucksformen des Bewusstseins, die viel Negativität manifestieren, weil sie gewöhnlich unterdrücktes Material enthalten. Das nächsthöhere Zentrum (Herz) verfügt über das Potenzial zur Selbstlosigkeit, ist aber bei den meisten Menschen auf die niederen Zentren ausgerichtet. Liebe hat dann eine besitzergreifende, selbstsüchtige Komponente. Die letzten vier Zentren, Ausdruck, Intuition, Kreativität und Spiritualität, markieren deutlicher den Beginn einer selbstlosen Orientierung und des höheren Bewusstseins. Diese Zentren sind heute bei den meisten Leuten nur minimal aktiv. Wenn unsere Liebe auf diese höheren Zentren ausgerichtet ist, wird sie selbstlos.

Warum ist es besser, selbstlos statt selbstsüchtig zu sein? Aus einem selbstsüchtigen Grund: um glücklich zu sein. Aber was ist die Ursache unserer Selbstsucht? Das Problem beginnt damit, dass wir nicht in ausreichendem Maße fähig sind zu fühlen. Wir sind von unseren eigenen Energien abgeschnitten und lehnen uns selbst ab.

Das Gefühl, getrennt zu sein

Mangel an Kontakt mit uns selbst führt zu der Erfahrung, dass wir auch von der Welt um uns herum *getrennt* sind. Dieses Gefühl der Trennung ist die grundlegende Ursache von Selbstsucht, Angst und dem Gefühl, unglücklich zu sein. Ständig streben wir danach, die Trennung zu überwinden, und verhalten uns dabei, oft unbewusst, selbstzerstörerisch: Drogenabhängigkeit, Konformität, Konsumverhalten, seichte Unterhaltung, abhängige Liebe, selbstlose Opfer, Streben nach Anerkennung und viele andere Formen von Suchtverhalten sind typisch, aber solche Bemühungen bringen uns bestenfalls vorübergehende Erleichterung. Das Gefühl der Trennung und Isolation entspricht dem, was man in der östlichen Philosophie als Ego bezeichnet.

Wenn in einem spirituellen Kontext von Selbstsucht die Rede ist, dann geht es immer um das Gefühl, von anderen getrennt zu sein. Manchmal geraten wir über den Begriff in Verwirrung und interpretieren ihn als einen Mangel an Großzügigkeit. Aber bei der Überwindung von Selbstsucht geht es nicht nur darum, dass wir uns anderen gegenüber großzügig verhalten. Uneigennützigkeit kann sich zwar aus einem höheren Bewusstsein ergeben, aber man kann sich auch aus ganz und gar egoistischen Gründen freigebig verhalten, und spirituelle Sucher sind vielleicht nur deshalb zu Opfern bereit, weil es in ihr spirituelles Selbstbild passt.

Was Selbstlosigkeit eigentlich bedeutet, ist eine Veränderung der grundlegenden Wahrnehmung, dass wir getrennte, isolierte Wesen sind – eine vollständige Umkehrung der üblichen Grundannahme. Solange dieser Bewusstseinswandel noch nicht eingetreten ist, macht es keinen Sinn, Selbstlosigkeit zu simulieren. Wir werden nur heuchlerisch, obwohl eine schlichte, rücksichtsvollere Haltung vielleicht etwas Gutes bewirken könnte.

❗ *Die niederen Zentren führen zur Isolation*

Sie können Selbstsucht und Isolation niemals überwinden, solange Sie den fünf niederen Zentren verhaftet sind – das entspricht einfach ihrer Natur. Die Sichtweise der fünf niederen Zentren ist auf das Selbst ausgerichtet, isoliert und unglücklich, sogar wenn man auf diesen Ebenen Erfolge verzeichnen kann. Die niederen Zentren verstärken die Isolation, die wir empfinden, weil wir generell unter einem Mangel an Gefühl leiden. Der Weg zur Selbstlosigkeit und Überwindung der Isolation führt über die Aktivierung der höheren Zentren, und dieses Ziel erreichen Sie durch intelligente Arbeit an sich selbst.

Die Dimensionen der Individualität

Wir dürfen die Chakras nicht mit den Dimensionen der Individualität verwechseln. Hier unterscheiden wir bei unserer Arbeit vier Bereiche: die intellektuelle, mentale, körperliche/gefühlsmäßige und die spirituelle Ebene. Ein Chakra verbindet alle diese Dimensionen miteinander. Jede Ebene entspricht einer Stufe der Verarbeitung.

Wir sollten uns dabei auch verdeutlichen, dass unsere mentalen oder intellektuellen Fähigkeiten nichts mit den Stufen der Bewusstseinsentwicklung zu tun haben, welche durch das Chakra determiniert sind, aus dem heraus wir überwiegend handeln. Es ist durchaus möglich, auf ein niederes Chakra fixiert zu sein und dabei gleichzeitig eindrucksvolle mentale und intellektuelle Fähigkeiten zu demonstrieren. Unsere Fähigkeiten mögen brillant sein, und es sieht vielleicht so aus, als würden wir Hervorragendes leisten, aber wenn wir ausschließlich und zwanghaft auf die niederen Bewusstseinszentren festgelegt sind, dann handeln wir auf einer selbstsüchtigen und letztlich selbstzerstörerischen Ebene. Wir werden niemals Glück und Erfüllung finden.

Außerdem gibt es keine Korrelation zwischen den Fähigkeiten der verschiedenen Dimensionen. Wir können beispielsweise intellektuell hoch entwickelt, aber emotional unterentwickelt sein. Leider ist dieser Zustand in der heutigen Zeit weit verbreitet. Wir leiden mehr als uns bewusst ist unter der unangemessenen Überbetonung intellektueller Fähigkeiten und einer oberflächlichen Persönlichkeit. Wir meinen, es sei ausreichend, nur gescheit zu sein. Unsere gesamte Erziehung und Ausbildung konzentriert sich auf den Intellekt. Wir haben kaum einen Sinn für emotionales Wachstum, das sich durch die Entwicklung der Gefühlszentren vollzieht. Deshalb bleiben wir verkümmert, unfähig, die höheren Potenziale zu erreichen, die nur durch Fühlen zugänglich sind.

Entwicklung

Die vertikale Anordnung der Zentren im Körper symbolisiert die relativen Stufen des Bewusstseins ebenso wie die Abfolge seiner Entwicklung. Theoretisch geht dem Erwachen eines Zentrums immer die harmonische Funktion des darunter liegenden Chakras voraus. Allerdings erwachen die Zentren nicht immer in der richtigen Reihenfolge, und das trägt mit zu den energetischen und den daraus resultierenden psychologischen Unausgewogenheiten bei.

Das Erwachen der Chakras ist ein evolutionärer Vorgang. Als Individuen wachsen und reifen wir im Laufe der Zeit. Das evolutionäre Schema wird klarer, wenn wir die Vorstellung der Reinkarnation mit einbeziehen. Wir verstehen dann besser, warum Wachstum so lange dauert, warum sich die Menschen auf so vielen unterschiedlichen Stufen befinden, warum es niemals zu spät ist, mit der Arbeit an sich selbst zu beginnen, und warum es dumm wäre, darauf zu verzichten. Wir wachsen langsam von einem Leben zum nächsten. Zudem ist jedes unserer Leben individuell so gestaltet, dass es uns genau die richtigen Bedingungen bietet, um Wachstum anzuregen, auch wenn uns diese Bedingungen bisweilen hart vorkommen.

❗ *Achten Sie darauf, das Herzchakra*
nicht zu früh zu wecken

Die Chakras erwachen Schritt für Schritt. Unser globales Bewusstsein befindet sich jetzt an der Stelle, an der es darum geht, das Herzzentrum zu entwickeln. Das kann jedoch nicht gelingen, wenn man sich ausschließlich auf das Herz konzentriert, ohne dabei die Unterdrückung und das Chaos in den niederen Zentren zu berücksichtigen. Diese müssen integriert werden, bevor das Herz wirklich funktionieren kann. Spirituelle Sucher machen oft den Fehler, dass sie versuchen, das Herz früher als die niederen Zentren zu integrieren. Bemühungen, das Herzchakra vorzeitig zu erwecken, führen zu Verwirrung und Instabilität im Herzen, weil sich in diesem Zentrum dann die noch nicht aufgelöste Negativität der niederen Zentren bemerkbar macht.

Während die Integration und Reinigung der niederen Zentren fortschreitet (was sich effektiv mit Hilfe der Techniken bewirken lässt, die Sie erlernen werden), verändert sich der Charakter dieser Zentren. Dieser Prozess lässt sich nicht willentlich steuern oder manipulieren, sondern geschieht automatisch, während Sie an sich selbst arbeiten. Wenn ein Zentrum integriert ist, verhält es sich anders, auf eine reifere Weise. Es wird kontrollierbar und arbeitet weniger selbstorientiert. Es gibt weniger Probleme mit dualistischen Manifestationen, und das Zentrum stellt dem darüber liegenden Chakra mehr Energie zur Verfügung.

Integration und Suchtverhalten

Ein Zentrum gilt als integriert, wenn wir seine dualistischen Eigenschaften als ausgeglichen erleben. Das bedeutet, dass wir gelernt haben, sowohl den »positiven« als auch den »negativen« Pol der Dualität zu erkennen und zu akzeptieren und zu einer grundlegend positiven Erfahrung zu verbinden. Vermeidung und Unterdrückung finden kaum noch statt, und vormals unterdrückte Energien sind aufgelöst worden.

! *Wir werden süchtig nach dem Positiven, weil wir nicht bereit sind, uns dem Negativen zu stellen*

Unintegriert werden wir auf verschiedenen Stufen unseres Erlebens süchtig. Wir klammern uns an die »positive« Seite einer beliebigen dualistischen Erfahrung, weil wir nicht bereit sind, uns mit der dazu gehörenden »negativen« Seite auseinander zu setzen. Wir versuchen, uns in die positive Seite zu flüchten, und merken dabei oft gar nicht, dass beide Seiten in ihrer Existenz voneinander abhängig sind.

Es liegt in der Natur des Dualismus, dass wir umso mehr Negatives erzeugen, je mehr wir uns bemühen, das Positive zu erleben. So werden wir frustriert. Wir versuchen, die immer stärker werdenden negativen Erfahrungen durch immer mehr positive Erlebnisse zu unterdrücken, und verstärken so den Teufelskreis der Abhängigkeit. Die Suchtproblematik kann nicht nur auf der Ebene der sinnlichen Wahrnehmung oder der Fürsorge auftreten, wo wir sie normalerweise feststellen, sondern in allen Zentren. Wir entwickeln eine tiefe Sehnsucht nach der Erfüllung eines bestimmten Bedürfnisses, aber so sehr wir uns auch um seine Befriedigung bemühen, das Bedürfnis bleibt oder wird sogar schlimmer. Suchtverhalten bezeichnen wir auch als »zwanghaft«.

❗ *Sucht erfordert feinstoffliche Energie*

Jedes Suchtverhalten kann einem bestimmten Bewusstseinszentrum zugeordnet werden. Sucht ist die Folge eines energetischen Ungleichgewichts in diesem Zentrum. Das Chakra ist blockiert und die Energie kann nicht normal darin fließen. Die Blockade wird durch unsere Unterdrückung verursacht. Durch das Vermeiden von Gefühlen in diesem Zentrum erzeugen *wir* die Blockade. Sie aufrechtzuerhalten erfordert Energie, welche durch die Sucht zur Verfügung gestellt wird. Jede Sucht sorgt für ein zusätzliches Energieangebot, das entweder aus äußeren Quellen oder aus den Reserven unseres Körpers stammt.

Das Verlangen nach einem bestimmten Suchtmittel ist erlernt. Wir lernen aus Erfahrung, dass wir aus dieser oder jener Quelle Energie ziehen können, die uns hilft, Blockaden aufrechtzuerhalten. Wenn eine Blockade schwächer wird, weil nicht mehr genug Energie für die Unterdrückung zur Verfügung steht, dann beginnen wir flüchtig zu erkennen, was wir genau unterdrücken, und wir empfinden dabei Unbehagen, Angst, Depression und so weiter. Nun greifen wir erneut zu unserem Suchtmittel und beziehen daraus die Energie, die wir brauchen, um unsere

Gefühle weiter blockieren zu können. So werden die Gefühle immer wieder aufs Neue unterdrückt, und weil sie sich immer stärker aufbauen, brauchen wir auch immer mehr Energie zu ihrer Unterdrückung und müssen zu außergewöhnlichen Mitteln greifen, um uns mit dieser Energie zu versorgen. So geraten wir in einen ständig wachsenden Teufelskreis des Suchtverhaltens.

Gewöhnlich sind wir süchtig danach, die einem Zentrum zugeordnete negative Erfahrung durch ihr positives Gegenstück auszugleichen. Dieses Bestreben kann sich aber auch auf ein anderes Zentrum verlagern, meist ein höheres Zentrum, aus dem wir uns dann mit Energie versorgen. Das höhere Zentrum unterdrückt dann den Schmerz des niederen Zentrums. Wenn wir also Ängste aus dem nicht integrierten Überlebenszentrum empfinden, können wir versuchen, sie durch zwanghaftes Streben nach Reichtum und Sicherheit zu unterdrücken, aber wir könnten zu diesem Zweck genauso die Energie eines höheren Zentrums heranziehen, beispielsweise Sex, Macht, Liebe oder sogar Kreativität.

Der erste Schritt zur Überwindung der Sucht besteht darin zu verstehen, wie sie wirkt. Wenn Sie wissen, warum Sie zwanghaft handeln, schwächen Sie die Macht der Sucht. Sie dürfen der Sucht nicht mehr nachgeben. Verarbeiten Sie den zwanghaften Drang ebenso wie *das Gefühl, dass Sie über die Sucht etwas unterdrücken*. Die eigene Verarbeitung kann der hauptsächliche Ansatz sein, aber auch Therapie, Selbsthilfegruppen oder medizinische Unterstützung in Fällen von Drogen- oder Medikamentenabhängigkeit können Ihnen weiterhelfen.

Wenn Sie sich mit den Gefühlen auseinander setzen, die einen Bezug zu Ihrem Suchtverhalten haben, konfrontieren Sie sich direkt mit Ihrem Dämon. Sie müssen erkennen, dass Sie sich von angesammelter Negativität befreien; gehen Sie geduldig, sanft und vernünftig mit sich um. Sie dürfen sich nicht zu viel abverlangen, sollten aber auch nicht zu nachgiebig sein. Es geht hier um ein empfindliches Gleichgewicht, das Gefühl, stetige Fortschritte zu machen. Während Sie lernen, an sich selbst zu arbeiten, eignen Sie sich ständig neue Werkzeuge an, die Ihnen enorm helfen werden. So können Sie sich von der Negativität befreien, die Sie früher gezwungen hat, Ihrer Sucht immer wieder nachzugeben.

Die Bewusstseinszentren

Überleben

Das Überlebenszentrum ist die Grundlage des Bewusstseins aller Lebewesen. Dieses Energiezentrum liegt an der Basis der Wirbelsäule. Es hat einen Bezug zu körperlichem Wohlbefinden, Sicherheit, Gesundheit, und bei uns Menschen auch zum Geld. Es beherbergt unsere Urängste, wozu auch die Furcht vor dem Tod gehört. Im Grunde steht hinter allen Sorgen des Überlebenszentrums die Furcht vor dem Tod, aber das ist uns meist nicht bewusst, und wir meinen, es gehe um direktere und oberflächlichere Themen.

Wenn wir auf das Überlebenszentrum konzentriert sind, die betreffenden Energien aber nicht integriert haben, dann empfinden wir die Welt als einen Dschungel, in dem jeder ums Überleben kämpfen muss. Wir verhalten uns überwiegend selbstsüchtig und kümmern uns nur um unsere eigenen Bedürfnisse. Wir können nach allen möglichen Dingen süchtig sein, die in unseren Augen »Sicherheit« repräsentieren. Sucht bedeutet hier, dass wir, völlig unabhängig davon, wie viel Sicherheit wir erlangt haben, stets und vielleicht zunehmend unter Gefühlen von Unsicherheit und Angst leiden, denn das entspricht der starken dualistischen Natur dieses Zentrums.

Wenn Furcht uns motiviert, nach materiellen Zielen zu streben, dann verschwindet die Furcht nicht durch das Erreichen dieser Ziele. Im Gegenteil: Je mehr materiellen Wohlstand wir anhäufen, desto mehr meinen wir zu brauchen, und daraus entwickelt sich ein endloser Kreislauf. Natürlich gibt es legitime materielle Bedürfnisse, aber wir müssen lernen, bei unseren Wünschen zu differenzieren. Mangel an Integration bedeutet, dass wir unsere echten Bedürfnisse nicht realistisch erkennen und dass wir nie zufrieden sind, ganz gleich, wie viel wir haben.

Unintegriert projizieren wir unsere Furcht ständig auf irgendwelche Ereignisse, werden misstrauisch und paranoid. Wir kümmern uns um das eine »Bedürfnis«, und die Furcht scheint zu vergehen, aber dann taucht sie an einer anderen Stelle wieder auf, und wir meinen, wir müssten uns nun um ein anderes Bedürfnis kümmern. Wir rackern uns ab, um mehr Geld zu verdienen, aber dann steigen überraschend die Ausgaben, und wir haben schon wieder finanzielle Sorgen. Die zusätzlichen Ausgaben scheinen notwendig und gerechtfertigt. Doch wir sehen nicht, dass sie eine Folge unserer unterdrückten Furcht sind. Der Kreislauf geht immer weiter, weil wir uns nie der Furcht selbst stellen und die negativen Energien integrieren, die der Zwanghaftigkeit des Überlebenszentrums zu Grunde liegen. Wir stellen uns der Furcht direkt, wenn wir sie verarbeiten. Das Ergebnis ist Integration und Bereinigung, nicht vorübergehende Unterdrückung.

Wenn wir auf der Ebene des Überlebens nicht integriert sind, erkennen wir unsere Furcht daran, dass wir uns ständig Sorgen machen. Wir lassen uns von Ängsten treiben, geraten in die Falle und sind nur noch mit Überlebensfragen beschäftigt. Die Isolation ist akut, weil das erste Zentrum einen stärkeren Selbstbezug hat als alle anderen. Wir stellen uns vor, dass wir uns glücklich und sicher fühlen würden, wenn wir nur mehr Besitz, einen besseren Job, mehr Geld oder was auch immer hätten.

Solche Fantasien entstehen, wenn wir auf dieses Zentrum fixiert sind, seine Energien aber nicht integriert haben. Vielleicht ist Ihnen aufgefallen, dass dies heutzutage für die meisten Menschen gilt.

Zu den Gefühlen, die einen Bezug zu diesem Zentrum haben und verarbeitet werden müssen, gehören: Furcht im Allgemeinen sowie im Besonderen die Furcht vor materiellen Verlusten, Mangel, körperlichen Verletzungen, Krankheit und Tod; allgemeine Ängstlichkeit, Nervosität, Besitz ergreifendes Verhalten, Selbstsucht, Unsicherheit, Paranoia, Verletzlichkeit, Rigidität, Schüchternheit; das Gefühl, eingeschränkt zu werden oder Zeit gewinnen zu müssen; das Gefühl, dass unsere körperlichen oder psychischen Grenzen verletzt werden; das zwanghafte Verlangen nach Schutz, Sicherheit und Überleben.

Wenn Sie die Energien dieses Zentrums integriert haben, werden sie ihre Erfahrungen damit im Wesentlichen als harmonisch empfinden, mit einem lebendigen, neuartigen Vertrauen in das Leben. Sie werden verstehen, dass Veränderungen unvermeidlich sind und dass Sie in einem Teufelskreis der Abhängigkeit gefangen bleiben, wenn Sie sich aus Furcht an eine Sache oder einen Menschen klammern. Wenn Sie sich damit abfinden können, dass Unsicherheit ein selbstverständlicher Teil unserer Existenz ist, werden Sie nicht mehr das zwanghafte Bedürfnis haben, sich vor jedem Verlust zu schützen. Wenn Sie dem Strom des Lebens vertrauen, werden Sie feststellen, dass für Sie gesorgt wird. Wenn wir Unsicherheit und Ungewissheit bejahen, entstehen daraus paradoxerweise Gefühle von Sicherheit und Stabilität. Das Überlebenszentrum dient uns dann als Basis eines *geerdeten* Bewusstseins.

Macht

Der instinktive Impuls, unsere Erfahrung zu kontrollieren, wird vom zweiten Chakra, dem Machtzentrum beherrscht. Wer mit dem Chakra-System schon vertraut ist, wird bemerken, dass ich die Machtbedürfnisse aus ihrer traditionellen Zuordnung zum Solarplexus herausgenommen habe. Ich finde, das Machtbewusstsein ist eigentlich im Perineum-Zentrum angesiedelt. Diese neue Einteilung führt dazu, dass das Machtzentrum und der Solarplexus jeweils ihre eigentliche Natur reflektieren können, ohne sich gegenseitig zu behindern. Obwohl sie einen engen Bezug zum Solarplexus haben, sind Machtbedürfnisse doch vor allem durch den Zwang zu Kontrolle gekennzeichnet. Zusammen mit den drei anderen niederen Zentren ist Macht ein nicht individualisierter Aspekt unserer menschlichen Existenz, den wir schon erleben, bevor wir anfangen, im Solarplexus das Gefühl eines persönlichen Selbst zu entwickeln, aus dem der dringende Wunsch, *gesehen zu werden*, hervorgeht.

Machtbedürfnisse sind fundamental für unser Gefühl der Integrität. Wenn wir auf unsere Macht verzichten, indem wir anderen erlauben, Kontrolle über uns auszuüben, machen wir uns kleiner, und die Erfüllung unserer Wünsche wird vereitelt. Oft bemerken wir jedoch gar nicht, dass wir genau das getan haben. Der einzige Hinweis darauf können die folgenden, stets wiederkehrenden Gefühle sein: Wir fühlen uns benutzt, kontrolliert, beherrscht, verängstigt, manipuliert, hilflos, verärgert oder zornig. Das sind die Gefühle, die in diesem Zentrum verarbeitet werden. Wenn wir diese Gefühle jedoch unterdrücken und sie nicht wahrnehmen wollen, wie es so häufig vorkommt, dann bemerken wir nicht einmal, dass wir so empfinden.

Abhängigkeit führt dazu, dass wir auf unsere Macht verzichten – wir sind unfähig, echte Autonomie in unserem Inneren zu aktivieren. Obwohl wir in der westlichen Welt in einer

Gesellschaft leben, die auf individueller Freiheit basiert, sind wir weit davon entfernt, unsere emotionale Freiheit geltend machen zu können. Wir sind auf zahllose Weisen, die wir gar nicht vermuten, emotional abhängig oder süchtig. Insofern könnte man spirituelles Wachstum auch als Überwindung von Abhängigkeiten definieren.

Emotionale Abhängigkeit bedeutet, dass wir auf Unterstützung von außen angewiesen sind. Diese Unterstützung ist eine Art von *Energie*, die wir aufnehmen. Alle Formen von Abhängigkeit einschließlich der emotionalen sind durch einen Energiestrom in nur eine Richtung charakterisiert: Wir nehmen, aber wir geben nicht. Wenn wir emotional reifer werden, erlangen wir die Fähigkeit, Beziehungen zu führen, in denen wir uns *gegenseitig unterstützen*, zu gleichen Teilen geben und nehmen. Das ist eine notwendige und wünschenswerte Entwicklung, die von stärkerer Erleuchtung zeugt, aber immer noch eine Form von Abhängigkeit. In dem Maße, in dem wir unser spirituelles Selbst entwickeln – was sich aus unserer emotionalen Arbeit an uns selbst ergibt –, finden wir mehr und mehr in unserem Inneren die Energie, die wir vorher in der äußeren Welt gefunden haben. Indem wir zunehmend eins werden mit unserer inneren Energiequelle, brauchen wir immer weniger von anderen. Wir brauchen nicht mehr zu suchen und zu nehmen, sondern wir empfinden nur noch Erfüllung und fühlen uns vollständig.

Im Machtzentrum erleben wir, wie wir Bindungen mit anderen Menschen eingehen. Viele dieser Bindungen sind wesentliche Bestandteile der menschlichen Entwicklung, beispielsweise die Beziehung zwischen Eltern und Kindern oder zwischen Liebenden. Dennoch handelt es sich hier um Abhängigkeiten; wir sollen sie erleben, daran wachsen und daraus unser individuelles Selbst entwickeln. Wenn wir uns weigern oder nicht fähig sind, über solche abhängigen Beziehungen hinauszuwachsen, dann endet unser Wachstum, und unsere Lebenserfahrungen werden schwierig; unser Karma präsentiert uns immer wieder Lektionen, die dazu geschaffen sind, uns aus unseren Abhängigkeiten zu befreien.

In abhängigen Beziehungen bilden wir komplexe feinstoffliche Netzwerke, in denen wir uns verstricken. Hellsichtige können solche energetischen Fesseln sehen, die Menschen miteinander oder mit Gruppen und Institutionen verbinden. Das ist ein Teil unseres evolutionären Wachstums, und ich will hier weder behaupten, dass es falsch ist, noch dass wir es vermeiden könnten. Ein wichtiger Aspekt unseres Wachstums ist jedoch die Entwicklung zu mehr Individualität. Wachstum bedeutet, dass wir den instinktiven Impuls zu abhängigen Beziehungen überwinden.

Abhängigkeiten sind auch im Hinblick auf jedes andere Chakra möglich, aber das Machtzentrum ist ihr psychologisches Zuhause. Unsere blinde, instinktive, unintegrierte Haltung gegenüber Abhängigkeiten ist Kontrolle. Wir meinen einfach, wenn wir die Objekte unseres Begehrens unter Kontrolle hätten, dann wäre alles in Ordnung. Wir erkennen nicht, dass jeder Versuch, etwas oder jemanden zu kontrollieren, letztlich selbstzerstörerisch ist. Je stärker wir kontrollieren, desto mehr geraten die Dinge außer Kontrolle – das ist das Gesetz des Dualismus.

Das Machtzentrum liegt am unteren Ende des Rumpfes, genau oberhalb der Stelle, die als Perineum bezeichnet wird. Dass es an solch einem prosaischen, tabuisierten Ort angesiedelt ist, hat damit zu tun, dass dieses lebenswichtige Zentrum so unbekannt ist. Gleichzeitig ist es ein Hinweis auf seine Verbindung zur sexuellen Energie, die oft in engem Bezug zu unserer Kontrollneigung steht. Wenn wir das Zentrum ans Licht bringen, indem wir die negativen Gefühle verarbeiten, die auftauchen, wenn das Objekt unserer Abhängigkeit nicht verfügbar ist, bereiten wir den Boden für den positiven Ausdruck des Machtzentrums und für eine nicht zwanghafte sexuelle Beziehung, die für beide Partner erfüllend ist.

Wenn wir das Machtzentrum integriert haben, verzichten wir nicht auf Beziehungen zu anderen Menschen, sondern ändern einfach unser Verhalten. Wir arbeiten harmonisch mit anderen zusammen, nicht aus Abhängigkeit oder Zwang heraus, sondern aus Freude an der Gemeinschaft. Ein integriertes Machtzentrum ist der Beginn der Sozialisation und echter *Kooperation*.

Sinnliche Wahrnehmung

Das Zentrum der sinnlichen Wahrnehmung, das im Unterbauch liegt, ist das nächste größere Chakra, das im Verlauf unserer Evolution aktiviert wird. Die Welt wird zur Quelle von Vergnügen und Genuss, wenn wir sie von diesem Zentrum aus betrachten, und andere Menschen sind dann Objekte, die wir benutzen können.

Obwohl Sex die hauptsächliche Manifestation sinnlicher Bedürfnisse darstellt, können sie auch andere Formen annehmen, beispielsweise das Verlangen nach Berührung, Unterhaltung, Fernsehen, Musik, Luxus oder jedes andere sinnliche Vergnügen. All diese Aktivitäten stimulieren das betreffende Zentrum und können zum Brennpunkt von Suchtverhalten werden, wenn das Zentrum nicht integriert ist. Sinnliche Begierden sind deshalb in gewisser Weise austauschbar und aus diesem Grund kann man bei sexueller Frustration die Energie durch Unterhaltung oder Essen gewissermaßen abarbeiten.

Sinnlicher Genuss dient oft als Entlastung für die beiden darunter liegenden Chakras. Wenn man im Überlebens- oder Machtzentrum nicht integriert ist, kann man sich in sinnliches Vergnügen flüchten. Auf dieser höheren Ebene vergessen Sie Ihre Unsicherheit und haben das Gefühl, dass im Moment alles unter Kontrolle ist. In unserer Gesellschaft spielen Unterhaltung und Sex eine wichtige Rolle, um Angst- und Ohnmachtsgefühle unterdrückt zu halten.

Ein Mangel an Integration zeigt sich hier gewöhnlich im sexuellen Bereich. Der sexuelle Impuls wird fundamental und unbewusst abgelehnt, und daraus resultiert eine sexuelle Verdrängung. Das führt zu sexueller Sucht mit dem Ergebnis, dass keine Befriedigung möglich ist. Sexuelle Sucht kann in zwei Formen auftreten. Im ersten Fall finden wir, ganz gleich, wie viel Sex wir haben, nicht die Befriedigung, die wir suchen, und wollen deshalb ständig mehr. Unsere sexuellen Bedürfnisse werden zwanghaft. Vielleicht merken wir nicht einmal, dass wir sexuelle Probleme haben, weil wir in diesem Bereich so aktiv sind. Die zweite Variante der sexuellen Sucht ist die Unfähigkeit zum Sex, weil wir uns selbst blockieren.

Zu den Gefühlen, die in diesem Zentrum verarbeitet werden müssen, gehören sexuelles Verlangen, Frustration, Zwanghaftigkeit, Vergewaltigung, sexuelle Hemmungen, Ekel, Begierden und enttäuschtes Verlangen nach Sinnlichkeit, Körperkontakt, Unterhaltung, Fernsehen und die entsprechenden körperlichen Empfindungen, die solche Frustrationen auslösen können.

Wenn das Zentrum der Sinnlichkeit integriert ist, gehen wir mit Sex auf harmonische und vernünftige Weise um, und unsere Sexualität beginnt sich in das Herzzentrum zu verlagern, wo sie sich mit Liebe verbindet. Dieses Chakra ist auch das soziale Zentrum, und wir alle haben das Bedürfnis zu spielen, Feste zu feiern und uns künstlerisch zu betätigen, was sich ebenfalls in diesem Bereich vollzieht. Die erfolgreiche Integration führt zu einer *kultivierten* Gesellschaft.

Fürsorge

Das am Nabel liegende Fürsorgezentrum des Bewusstseins hat mit der Fähigkeit zu tun, emotional empfänglich zu sein und generell fühlen zu können. Genauer gesagt regiert es die Gefühle, versorgt zu werden, körperlich und emotional genährt zu werden, zu bemuttern und eine Mutter zu sein. Unser Hunger nach solchen Erfahrungen, der Schmerz, wenn sie uns fehlen oder nicht angemessen vermittelt werden, einschließlich der Begierden nach Nahrung, Alkohol, Drogen und Nikotin und ein allgemeines Empfinden von emotionaler Bedürftigkeit sind die Gefühle, die wir verarbeiten müssen, um dieses Zentrum zu integrieren.

Bei ihren Versuchen, den Ursprung emotionaler Muster zu erklären, schaut sich die westliche Psychologie gewöhnlich unsere Kindheitserfahrungen an. Wenn das Kind nicht genügend Mutterliebe bekommen hat, wenn die Mutter sich emotional verweigert hat, dem Kind nicht genügend liebevollen Körperkontakt gewährt hat, wenn sie nicht alle seine Gefühle akzeptiert hat und hat gelten lassen, dann wird davon ausgegangen, dass sich das Kind zu einem Erwachsenen mit emotionalen Problemen entwickelt, der, meist unbewusst, versucht, sich an einen Partner zu klammern, und sich von diesem abhängig macht, um die Fürsorge und Zuwendung zu erhalten, die ihm als Kind verwehrt wurde. Viele psychologische Schulen empfehlen als Therapie eine Behandlung, die einen Ausgleich für die mütterliche Zuwendung schafft, die dem Kind gefehlt hat. Der Therapeut verhält sich dann als Ersatzmutter besonders fürsorglich und unterstützend, emotional stark, warmherzig und präsent; vielleicht werden auch geführte Meditationen eingesetzt, um die Kindheitserfahrungen positiv zu »reprogrammieren«.

Leute, die sich einer Therapie unterziehen, wissen diese Art von Behandlung zu schätzen. Schließlich haben sie danach unbewusst immer schon gesucht. Aber dieser Ansatz kann nur begrenzte Erfolge bringen. Das Problem liegt nicht darin, dass die Mutterfigur abwesend ist oder war, sondern dass der Klient nicht fähig war und ist, sich der Fürsorge zu öffnen, weder als Kind seinen Eltern noch als Erwachsener seinem Therapeuten gegenüber, und auch innerlich keinen Zugang zu seinen eigenen fürsorglichen Eigenschaften findet. Was deshalb angesprochen werden muss, ist die Fähigkeit zur Fürsorge, denn der Mangel daran hat dazu geführt, dass das Kind sich Eltern mit eingeschränkten emotionalen Begabungen ausgesucht hat.

Die Wende kommt, wenn wir den Schmerz darüber verarbeiten, dass wir nicht offen dafür sind, Zuwendung zu empfangen, dass wir keine Fürsorge erfahren, dass wir hungrig und emotional bedürftig sind, und auf diese Weise gelingt es, die Fähigkeit zur Fürsorge zu entwickeln. Diese innere Bedürftigkeit wird als eine Art psychisches Vakuum empfunden, und ich glaube, hier gibt es einen Bezug zu der generellen Erfahrung von Leere, die wir so oft zu füllen versuchen. Wenn wir Bedürftigkeit und Leere willkommen heißen, akzeptieren und erleben, durchbrechen wir die Blockaden, die uns daran hindern, selbst für uns zu sorgen.

Gut für sich selbst zu sorgen ist ein Schlüsselelement der emotionalen Reife. Meist merken wir gar nicht, dass wir diese Fähigkeit nicht besitzen und zwanghaft danach trachten, Fürsorge von anderen zu erlangen. Aber wir werden damit nie zufrieden sein, denn selbst wenn wir diese Fürsorge finden, können wir uns nicht dafür öffnen. Wenn wir jedoch lernen, gut für uns selbst zu sorgen, brauchen wir nicht mehr verzweifelt in der äußeren Welt danach zu suchen; wir sind dann gewissermaßen autark.

All diese Themen haben einen Bezug zu den verschiedensten Essstörungen. Wir essen zwanghaft in dem Versuch, unsere emotionalen Bedürfnisse in diesem oder anderen Zentren zu befriedigen. Wenn Essstörungen ein Problem für Sie darstellen, dann sollten Sie lernen, die Gefühle zu verarbeiten, denen Sie durch Ihr Essverhalten entfliehen wollen. Wenn Sie diese Gefühle im Rahmen der Verarbeitung auflösen, dann verschwinden auch Ihre Essstörungen. Die Gefühle, die Sie zu verarbeiten haben, können zu diesem Zentrum gehören, wie beispielsweise ein generelles Gefühl von emotionalem Hunger oder der Schmerz auf Grund mangelnder Fürsorge in der Kindheit; es kann sich aber auch um jedes andere Gefühl handeln, das Teil Ihrer Arbeit an sich selbst ist.

Wenn wir dieses Zentrum integriert haben, finden wir einen harmonischen Zugang zum Archetyp des Weiblichen in unserem Inneren und den dazugehörigen Eigenschaften von Empfänglichkeit, Fürsorge, Weichheit und Mitgefühl. Wir erleben, wie wir für uns selbst sorgen. Sowohl Männer als auch Frauen können von ihrer inneren Weiblichkeit abgeschnitten sein, aber da Männer diesem Teil ihres Selbst gewöhnlich stärker entfremdet sind, ist diese Entwicklung für sie dringender als für viele Frauen. Wir finden Zugang zu unserer inneren Weiblichkeit, wenn wir die negativen Aspekte dieses Chakras verarbeiten. In dem Maße, in dem wir in dieses Zentrum hineinwachsen, aktivieren wir unsere Fähigkeit zum echten *Fühlen*.

Bedeutung

Das fünfte Chakra ist das Bedeutungszentrum und liegt im Solarplexus. Dieses Zentrum ist das psychologische Zuhause des Ego und hat einen Bezug zu den Bedürfnissen nach Anerkennung, Selbstbild, Selbstwert, Status, Autorität, Kompetenz und Identität. Unser Streben nach Bedeutung ist sehr mächtig und darf wohl als einer der drei ursprünglichen Triebe gelten, zusammen mit Überleben und Sex. In der niederen Manifestation dieses Zentrums identifizieren wir uns mit Besitz, Menschen,

Talenten, Leistungen oder irgendetwas, das unser Ansehen scheinbar erhöht.

Wenn wir auf der Bedeutungsebene besonders schlecht integriert sind, ist uns vielleicht gar nicht bewusst, wie sehr wir uns nach Anerkennung von anderen sehnen und uns selbst antreiben, um sie zu bekommen. Wir werden süchtig nach Erfolg oder Leistung, weil wir uns nach Anerkennung verzehren. Aber auch die höchste Wertschätzung kann uns nicht wirklich befriedigen. Ständig haben wir das Bedürfnis nach mehr und versuchen weiterhin zwanghaft, das Unmögliche zu erreichen. In diesem Zentrum müssen wir lernen, dass »wir genug sind«, einfach so, wie wir sind.

In diesem Chakra werden wir typischerweise von einem Mangel an Selbstwertgefühl angetrieben. Wir fühlen uns unzulänglich, wertlos, unbedeutend, leer. Wir tappen in die Falle zu denken, wir könnten diese Gefühle durch Leistung heilen. Aber statt uns unbewusst von unserer Bedeutungslosigkeit motivieren zu lassen, müssen wir lernen, an diesem Gefühl zu arbeiten und es zu integrieren. Wir müssen uns klar machen, dass alle Menschen Gefühle von Unzulänglichkeit haben. Uns selbst zu akzeptieren bedeutet, diese Gefühle zu akzeptieren und uns nicht mehr davon antreiben zu lassen – nicht mehr zu denken, dass wir irgendjemandem irgendetwas beweisen müssen. Das verzerrte Bedürfnis nach Bedeutung kann bei allen unseren Aktivitäten zu Tage treten: Intellektuelle, Wissenschaftler, Künstler, sogar – und vielleicht ganz besonders – spirituelle Sucher können unbewusst vom Hunger nach Bedeutung angetrieben werden: dem Wunsch, »mehr« zu sein.

Ich möchte hier ausdrücklich hervorheben, dass es mir nicht darum geht, Leistung, Erfolg, Besitz oder Anerkennung, die wir uns ehrlich verdient haben, zu verdammen. Ich will nur deutlich machen, wie wichtig es ist, die zwanghaften und destruktiven Impulse nach Anerkennung zu kontrollieren, die ihren Ursprung in einem unintegrierten Bedeutungszentrum haben. Die meisten Leute werden davon stärker angetrieben, als ihnen bewusst ist.

Das Bedeutungszentrum entspricht dem Archetyp der männlichen Rolle. Männer geraten hier stark unter Druck, wenn dieses Zentrum nicht ausreichend integriert ist, weil ihre maskuline Identität dann bedroht wird. Wenn sie ein stärker androgynes Selbstgefühl entwickeln können, fällt es ihnen leichter, mit nicht integrierten Gefühlen aus diesem Bereich umzugehen. Frauen müssen dieses Zentrum entwickeln, um ihre innere männlich/weibliche Polarität ins Gleichgewicht zu bringen. Damit meine ich nicht, dass sie sich nur darauf programmieren sollten, aggressiver nach Leistung zu streben; vielmehr sollten sie die Gefühle in das Zentrum integrieren, damit sie zu einer echten, nicht dominierenden Stärke finden.

Die Integration dieses Zentrums beginnt mit der Erkenntnis, dass der Versuch, unintegrierte Bedürfnisse nach Bedeutung zu befriedigen, zu nichts führt. Wenn wir diese Bedürfnisse verarbeiten, statt uns von ihnen motivieren zu lassen, finden wir zu einem integrierten Gleichgewicht von Selbstbestätigung und sozialen Absichten. Zu den Gefühlen, die hier integriert werden müssen, gehören: Zorn, Aggressivität, Feindseligkeit, Frustration, Wertlosigkeit, Unzulänglichkeit, Schwäche, Zweifel, die Erfahrung, beschuldigt oder misshandelt zu werden, nicht die verdiente Anerkennung zu bekommen; des Weiteren zu nennen sind das Verlangen nach Bedeutung, Wichtigkeit, Zustimmung, Anerkennung und Aufmerksamkeit, der Schmerz darüber, wenn uns die Erfüllung dieser Bedürfnisse versagt wird, Gefühle, die einen Bezug zum Vater oder zu männlichen Charaktereigenschaften im Allgemeinen haben, sowie der Schmerz darüber, dass wir nicht den Vater hatten, den wir gebraucht hätten.

Mit zunehmender Integration dieses Zentrums erkennen wir, dass es ein echtes Leistungsbedürfnis gibt, dass wir aber die Arbeit nicht mit unserem Namen versehen müssen, um ein Gefühl der Erfüllung zu empfinden. Wir streben nicht vorwiegend nach Anerkennung, sondern möchten einen sinnvollen Beitrag leisten. Es wird jedoch immer die menschliche Seite geben, die Anerkennung von anderen sucht und braucht. Wir sollten diesen Aspekt unseres Selbst nicht ablehnen, uns aber auch nicht davon motivieren lassen. Versuchen Sie, bei der Verarbeitung nichts zu ändern. Akzeptieren Sie sich, wie Sie sind, mit allen Ihren Ego-Anhaftungen, aber machen Sie diese nicht zur Grundlage Ihres Handelns. Die Integration des Bedeutungszentrums wird zu einem harmonischen Ausdruck Ihres SELBST führen.

Herz

Das Herzchakra liegt mitten in der Brust. Es ist das erste der höheren Zentren, in denen das Potenzial für wirkliche Menschlichkeit beginnt. Hier können wir unsere tiefe emotionale Verbindung mit anderen wahrnehmen.

Das Herz ist das Zentrum der bedingungslosen Liebe. Die meisten Menschen stimmen mir sicher zu, dass bedingungslose Liebe höchst erstrebenswert ist, aber dann kritisieren wir uns selbst, weil wir nicht fähig sind, einem solchen Ideal entsprechend zu leben. Das Problem liegt jedoch nicht darin, dass wir in unserem Leben diesem Ideal nicht entsprechen könnten, sondern dass wir falsche Vorstellungen von diesem Ideal haben. Wir müssen unser Verständnis von bedingungsloser Liebe erweitern.

Wir meinen, jemanden zu lieben, bedeute, diesen Menschen sehr gerne zu haben. Das beinhaltet jedoch, dass wir den anderen nicht mehr gerne hätten, wenn er bestimmte Bedingungen nicht erfüllen würde. In Beziehungen haben wir eine ganze Liste von Voraussetzungen, die erfüllt sein müssen, damit wir weiterhin »verliebt« sind. Das nennt man »abhängige« Liebe, weil sie von Bedingungen abhängig ist, aber auch, weil wir psychologisch von unserem jeweiligen Partner abhängig sind. Abhängige Liebe ist an die niederen Zentren gebunden und selbstorientiert. Sie wird dualistisch erfahren, und deshalb ist sie nie von Dauer. Im realen Leben werden wir bei unseren engsten Beziehungen wahrscheinlich immer ein gewisses Maß an abhängiger Liebe empfinden, aber wenn wir wachsen, werden diese Abhängigkeiten und auch unsere dualistischen Umschwünge geringer. Wir nehmen uns selbst und unser Verhalten in Beziehungen bewusster wahr.

Aber was ist dann wirkliche Liebe? Liebe ist Akzeptanz, und bedingungslose Liebe ist bedingungslose Akzeptanz. Jemanden bedingungslos zu lieben bedeutet, dass Sie diesen Menschen und die Gefühle, die Sie ihm gegenwärtig entgegenbringen, annehmen können, auch wenn Ihnen die Art, wie Sie den anderen derzeit wahrnehmen, vielleicht nicht gefällt. Sich selbst bedingungslos zu lieben bedeutet, die eigenen Gefühle – angenehme wie unangenehme – jederzeit annehmen zu können. Das Bejahen Ihrer Gefühle, so wie sie sind, führt zur Selbstliebe und erstreckt sich natürlicherweise auch auf andere, die Sie dann ebenfalls akzeptieren und lieben können. Selbstakzeptanz ist eine Fähigkeit, die man verstehen und entwickeln muss. Sie ergibt sich aus einem höheren Bewusstsein, kann aber auch kultiviert werden und führt dann ihrerseits zu einem höheren Bewusstsein.

Das Herzchakra ist ein weibliches Zentrum. Frauen empfinden die liebevollen Aspekte des höheren Herzens leichter als Männer und können sie besser ausdrücken. Gleichzeitig sind sie wahrscheinlich im Hinblick auf die niederen Aspekte des Herzens, Abhängigkeit und Emotionalität, verwundbarer. Männer müssen als wichtigsten Teil ihrer Arbeit an sich selbst lernen, dieses Zentrum zu aktivieren und zu integrieren.

Das Herzzentrum ist der Ort, an dem wir uns einsam fühlen.

Wir müssen verstehen, dass Einsamkeit nur das dualistische Gegenstück zu den angenehmen Gefühlen darstellt, die wir aus abhängiger Liebe beziehen. Wenn Sie Einsamkeit integrieren können, werden Sie die Dualität von abhängiger Liebe/Einsamkeit überwinden und allmählich in der Lage sein, echte Liebe zu erfahren. Wenn Sie Einsamkeit nicht integrieren können, bleiben Sie an den zwanghaften Kreislauf der abhängigen Liebe gebunden.

Zu den auf das Herzzentrum bezogenen Gefühlen, die verarbeitet werden können, gehören: Einsamkeit, Sehnsucht, Traurigkeit, Scham, ein gebrochenes Herz, Gewissensbisse, Eifersucht, Ablehnung, Ärger, Verlegenheit, Mutlosigkeit, Gram über den Verlust anderer Menschen, das Gefühl, verlassen worden zu sein und nicht die Liebe zu bekommen, die man verdient, gehasst zu werden oder andere zu hassen sowie Sehnsucht nach Liebe, Akzeptanz und Zugehörigkeit.

Wenn Sie das Herzzentrum integrieren, erleben Sie bedingungslose Selbstbejahung. Sie sind nicht länger davon abhängig, von anderen akzeptiert zu werden, sondern fühlen sich innerlich vollständig. Während die Liebe ohne Abhängigkeit oder äußere Ursachen in Ihrem Inneren wächst, erkennen Sie die höheren Aspekte des Herzens. Ihre Liebe wächst, bis Sie auf natürliche Weise das Verlangen empfinden, anderen zu helfen. Sie geben ohne Anhaftung; Sie sind emotional nicht abhängig von den Resultaten des Gebens. Andere werden spüren, dass Sie ohne Bedingungen geben. Sie erwecken *bedingungslose Liebe*.

Ausdruck

Das Ausdruckszentrum liegt im Hals. Es ist das Zentrum der Kommunikation, des Selbstausdrucks, des »Ausstrahlens« in das Universum. Die Tatsache, dass das Zentrum des Ausdrucks auf das Herzzentrum folgt, beinhaltet, dass echter Selbstausdruck nur möglich ist, wenn wir das Herzzentrum integriert haben. Gleichwohl gibt es, beispielsweise im öffentlichen Leben, viele Menschen, die sich geschickt auszudrücken wissen, aber nicht aus ihrem Herzen heraus handeln. Das ist möglich, weil die *niederen* Aspekte des Ausdruckszentrums immer noch mächtig sein können. Unintegriert dient der Ausdruck den niederen Chakras, besonders den Zentren von Macht und Bedeutung. Daraus ergeben sich stark egoistisch ausgerichtete Ausdruckskräfte.

Wenn das Herzzentrum aktiv und integriert ist, beginnt das Ausdruckszentrum auf seiner höheren Stufe zu funktionieren. Von Liebe motiviert, handeln wir in selbstloser Weise, ohne an unseren eigenen Vorteil zu denken, nicht einmal an den subtilen Gewinn, den man bisweilen bei selbstlosem Handeln erlangt. Von Liebe motiviert finden wir eine neue Beziehung zum Universum, und eben weil wir keine eigenen Interessen verfolgen, bekommen wir ein Vielfaches von dem zurück, was wir geben. Wir gewinnen, ohne etwas erwartet zu haben. Wir aktivieren das Gesetz des Wohlstands, die höhere Funktion des Ausdruckszentrums. Das Gesetz des Wohlstands besagt, dass wir das, was wir geben, vermehrt zurückerhalten.

Zu den Gefühlen, die in diesem Zentrum verarbeitet werden können, gehört die Unfähigkeit, sich effektiv auszudrücken oder mit anderen zu kommunizieren, und das Gefühl, nicht gehört zu werden. Wenn Sie das Ausdruckszentrum mit dem Herzchakra verbinden, stimmen Sie sich auf die höheren Prinzipien der evolutionären Kraft ein. Wenn Sie aus den niederen

Zentren wie dem Bedeutungszentrum heraus handeln, fallen Sie zurück in die dualistische Erfahrung von Vergnügen und erleben, dass Sie Anerkennung für Ihre Arbeit empfangen, aber Schmerz empfinden, wenn Ihr Hunger nach Bestätigung unerfüllt bleibt. Sie schränken Ihre Möglichkeiten zum echten *Selbstausdruck* ein.

Intuition

Das achte Chakra bezeichnet man als das Zentrum der Intuition oder des Zeugen. Es liegt auf der Stirn, direkt über den Augenbrauen – der klassische Punkt für das »Dritte Auge«. Hier wird die Fähigkeit zu intuitivem Wissen aktiviert.

Das Dritte Auge repräsentiert die harmonische Verbindung der Funktionen der linken und rechten Gehirnhälfte. Die Fähigkeiten der linken Gehirnhälfte liegen im Bereich des logischen, argumentierenden, rationalen Verstandes, den wir normalerweise einsetzen. Die rechte Gehirnhälfte ist unsere intuitive, kreative und fühlende Seite, die in unserer Kultur oft ungenutzt bleibt. Wir finden Zugang zur rechten Gehirnhälfte und aktivieren sie mit Hilfe des Dritten Auges. Vernunft hat weiterhin ihren Platz in unserem Leben, aber wir setzen Fühlen und Denken jetzt *gleichgewichtig* ein. Wir versuchen nicht, rational zu argumentieren, wenn wir intuitiv sein sollten. Zu den negativen Gefühlen, die in diesem Zentrum verarbeitet werden können, gehören Abgehobenheit, Bindungsmangel, Verwirrung und mangelnde Erdung.

Das Zeugenbewusstsein dieses Zentrums ist eine besondere Eigenschaft, die den Beginn dessen kennzeichnet, was man das »transzendentale« Bewusstsein des Höheren Selbst nennen könnte. Die Konzentration auf das Dritte Auge wird den Zeugen wecken. Im Zeugenbewusstsein nehmen wir uns nicht mehr als isoliertes Ego wahr. Wir haben nicht mehr das Gefühl, dass etwas im Hinblick auf einen bestimmten Menschen getan wird, sondern es wird einfach getan. Der Handelnde und die Handlung werden eins. Das mag zunächst seltsam klingen, aber das Zeugenzentrum ist bei unserer Arbeit an uns selbst im Grunde das bedeutsamste von allen. Der Zeuge wird unser wichtigster Aussichtspunkt. Wir »erwecken« ihn zunächst und nähern uns dann erst den unterdrückten Inhalten der niederen Zentren. Das Material aus den niederen Zentren lässt sich leichter integrieren, wenn wir über die Fähigkeit zur *Nichtidentifikation* und die heilende Kraft verfügen, die durch das aktivierte Zeugenzentrum realisiert wird. Wie man den Zeugen erweckt, wird in Kapitel 11 genauer beschrieben.

Sobald Sie sich mit den entsprechenden Prinzipien vertraut gemacht haben, werden Sie feststellen, dass die Aktivierung des Zeugen nicht eine abgehobene mystische Möglichkeit darstellt, sondern eine konkrete, praktische und zugängliche Form des Bewusstseins, die wir problemlos in unserem Alltag nutzen können. Die Aktivierung des Herzzentrums öffnet uns den Weg zur Selbstliebe, aber der Zeuge markiert den wahren Beginn der *Transzendenz*.

Kreativität

Das Kreativitätszentrum liegt auf der Rückseite des Schädels. Seine Aktivierung weckt unsere Kräfte für Kreativität, Erfindungsreichtum, Originalität, Radikalität und Rebellion.

Wenn dieses Zentrum aktiv, aber nicht integriert ist, werden wir dazu neigen, seine niederen Qualitäten auszudrücken. Wir werden nur um der Rebellion willen rebellisch sein, schlecht geerdet und unrealistisch im Hinblick auf unsere Grundwerte, und wir werden uns im gesellschaftlichen Leben sogar exzentrisch verhalten. Wir werden das Gefühl haben, als würden wir von anderen unterdrückt und zurückgehalten. Unser Verstand wird rasch, unkonventionell und nonkonformistisch arbeiten. Wir werden uns missverstanden fühlen. Menschen, die in diesem Zentrum stark sind, führen das Rennen an und wecken das Potenzial der Menschheit für die Zukunft. Als solche werden sie von der engstirnigen Masse zwangsläufig missverstanden oder sogar verlacht.

Wenn Ihnen jedoch klar wird, dass diese Probleme lediglich die negative dualistische Seite der besonderen Funktion und der Vorzüge sind, die Ihnen dieses Zentrum verleiht, und wenn Sie akzeptieren können, dass Sie diese negativen Erfahrungen als eine Art »Gebührenzahlung« verarbeiten müssen, dann können Sie das Zentrum integrieren und die außergewöhnliche Kraft manifestieren, die es Ihnen verleiht. Diese Macht kann sich durch innovative Gedanken in allen Lebensbereichen äußern: in der Kunst, in sozialen Veränderungen, in der Industrie, der Heilkunde, im Erziehungsbereich, im Geschäftsleben und so weiter.

Eine besonders problematische negative Manifestation dieses Zentrums ist die kritische Stimme. Sie ist einfach die negative Seite, die jenem Teil unseres Selbst innewohnt, der sich zur Freiheit aufschwingen möchte. Sie hat die Funktion, uns im Gleichgewicht zu halten. Wenn wir die kritische Stimme ablehnen und unterdrücken, fängt sie an, verrückt zu spielen, und wir kritisieren uns selbst und andere ohne Ende. Wenn die Unterdrückung ein bestimmtes Maß erreicht hat, ziehen wir Leute an, die uns hart kritisieren, ganz gleich, ob wir es verdient haben oder nicht.

Um mit der kritischen Stimme zurechtzukommen, müssen Sie erkennen, dass sie aus Ihrem eigenen Inneren stammt, egal, aus welcher Richtung, innen oder außen, sie zu kommen scheint. Übernehmen Sie die Verantwortung dafür und verarbeiten Sie ihre Aussagen. Hören und spüren Sie, was die Stimme sagt, aber geben Sie ihr nicht nach; machen Sie sich klar, dass es sich hier lediglich um den Ausdruck eines Ungleichgewichtes handelt.

Der entscheidende Schlüssel zum effektiven Einsatz des Kreativitätszentrums liegt darin, es dem Dienst an anderen zu weihen. Dieses Zentrum repräsentiert das Ideal der selbstlosen Hingabe, die ein Werkzeug zur Kultivierung des höheren Bewusstseins und gleichzeitig das Ergebnis eines höheren Bewusstseins ist. Voll verwirklicht schenkt uns dieses Zentrum eine echte *Erneuerung* der Gesellschaft.

Spiritualität

Das spirituelle Zentrum oder Kronenchakra liegt am Scheitelpunkt des Kopfes knapp außerhalb des Körpers. Es ist das Zentrum des kosmischen Bewusstseins, wo das individuelle Selbst seine Einheit mit dem universellen Selbst erkennt. Die Vision, die uns dieses Zentrum beschert, entspricht dem, was große spirituelle Lehrer und Künstler immer schon zu vermitteln versucht haben.

Um Zugang zum spirituellen Zentrum zu finden, müssen alle darunter liegenden Zentren integriert sein, und wir müssen vollkommen im gegenwärtigen Augenblick leben. Jedes Verlangen reicht aus, um uns aus dem Moment heraus und in unsere zeitgebundene Existenz zurückzuversetzen. Die negativen Seiten dieses Zentrums, die integriert werden müssen, sind Isolation, Getrenntsein, Chaos und allgemeine Depression.

Sie können sich glücklich schätzen, wenn Sie das kosmische Bewusstsein auch nur für kurze Zeit erleben. Es liegt für die meisten von uns in der Zukunft. Jeder Versuch, diese ihrem Wesen nach unbeschreibliche Erfahrung zu beschreiben, wäre vergebliche Mühe. Es genügt zu wissen, dass es ein solches Bewusstsein gibt und dass es den Gipfel der menschlichen Evolution darstellt, die Erfahrung der *Einheit*.

Teil 2:

Integrative Verarbeitung

Die Stufen der integrativen Verarbeitung

I. Wahrnehmung
- Konzentrieren Sie sich auf die Gegenwart
- Versuchen Sie nicht zu verstehen
- Fördern Sie Ihr inneres Wahrnehmungsvermögen
- Identifizieren Sie Ihre Gefühle
- Identifizieren Sie das dualistische Muster
- Machen Sie sich Ihre Erfahrungen zu Eigen
- Bekräftigen Sie, dass Sie sich im Prozess der Verarbeitung befinden

II. Akzeptanz
- Akzeptieren Sie sich selbst
- Akzeptieren Sie Ihre Gefühle
- Akzeptieren Sie die äußere Welt
- Seien Sie nicht-reaktiv
- Identifizieren Sie Selbstablehnung
- Aktivieren Sie Ihr Herzzentrum

III. Direkte Erfahrung
- Verarbeiten Sie Ihre Gefühle
- Benutzen Sie Atem und Körperarbeit
- Integrieren Sie die Gefühle, die hinter der Sucht stehen
- Verarbeiten Sie Ihre Gefühle während der Meditation
- Machen Sie sich unverarbeitete Themen aus der Vergangenheit bewusst
- Akzeptieren Sie Widerstände
- Treiben Sie Ihre Gefühle in eine Krise
- Beobachten Sie Ihren Toleranzpunkt

IV. Transformation

- Aktivieren Sie Ihr Zeugenzentrum
- Aktivieren Sie heilende Energien
- Gestatten Sie den feinstofflichen Energien, ins Gleichgewicht zu kommen
- Öffnen Sie sich für die Transformation
- Vertrauen Sie
- Entwickeln Sie Verständnis für die feinstoffliche Reinigung
- Erkennen Sie Hindernisse
- Nehmen Sie an Gruppenarbeit teil

*Ich nehme meine Gefühle vollständig
wahr. Ich erkenne, dass viele meiner Gefühle
negativ und schmerzhaft sind.
Ich übernehme die Verantwortung für meine
Gefühle, denn ich verstehe, dass alles,
was in meinem Leben geschieht,
nur den Zweck hat, mir meine unbewussten
Gefühle bewusst zu machen.
Ich entscheide mich, mit diesen Gefühlen
zu arbeiten, wenn sie auftauchen,
und sie nicht wieder zu unterdrücken.*

6.

Wahrnehmung

Wahrnehmung ist eine Fähigkeit, die sich nicht nur auf unsere Gedanken, sondern auch auf unsere Gefühle bezieht. Als erster der vier Schritte der integrativen Verarbeitung gehört die Wahrnehmung auf die intellektuelle Ebene unserer Individualität.

Viele Leute verwirren die Funktionen von Verstand und Intellekt und unterscheiden nicht sauber zwischen beiden. Der Verstand ist der Teil von uns, der auf eine etwas unpersönliche Weise denkt und argumentiert, fast wie eine Maschine. Der Intellekt ist dagegen der Teil von uns, der weiß. Der Intellekt steht unserer wirklichen Identität näher, auch wenn man nicht davon ausgehen kann, dass eine dieser Funktionen die wahre Person repräsentiert.

Wahrnehmung ist kein eigenständiges Ziel, wie manche Leute vielleicht glauben. Sie mögen Ihre wirklichen Gefühle wahrnehmen, aber wenn Sie nicht wissen, wie Sie mit dieser Wahrnehmung umgehen sollen, dann stecken Sie immer noch fest in Selbstablehnung und Unterdrückung und können nicht zulassen, dass die Gefühle ihren Kreislauf vollenden und aufgelöst werden. Wahrnehmung ist lediglich eine intellektuelle Funktion. Der Intellekt hat keine Verbindung zur Lebenserfahrung. Er kann *nicht im gegenwärtigen Augenblick* sein, erkennen und spontan reagieren. Ungeachtet dessen können Sie bei der

Arbeit an sich selbst keine echten Fortschritte machen, solange Sie nicht lernen, Ihre Gedanken und Gefühle bewusst wahrzunehmen. Das ist der erste Schritt.

Konzentrieren Sie sich auf die Gegenwart

In der traditionellen Psychotherapie beschäftigen wir uns viel mit der Vergangenheit und versuchen, unterdrückte Gefühle aufzudecken, aber bei unserer Arbeit steht die Gegenwart im Vordergrund. Denn unsere gegenwärtigen Gefühle sind ja in der Tat durch die Vergangenheit geprägt. Unsere frühere unterbewusste Konditionierung entscheidet darüber, wie wir das empfinden, was uns heute geschieht, und welche Art von Ereignissen und Menschen wir anziehen. Durch den Mechanismus der Projektion übertragen wir unterdrückte Emotionen auf gegenwärtige Situationen. Deshalb eröffnet uns der Blick in die Gegenwart auch einen Blick in unser eigenes Unterbewusstsein.

Wenn Sie sich das eingehend klar machen, wird die Welt zu einem faszinierenden Ort, denn Sie verstehen, dass Ihre unterbewusste Programmierung in eben diesem Augenblick offen vor Ihnen liegt. Es ist gar nicht nötig, sich mühsam in das Unterbewusstsein zu drängen. Im Gegenteil, Sie können ihm gar nicht entgehen. Ihr Verhalten gegenüber der Welt und sogar gegenüber sich selbst ist der Stimulus, der Ihre Blockaden zu Tage fördert. Sie erleben Ihre energetischen Muster in der Gegenwart. Auch wenn die Blockaden in der Vergangenheit aufgebaut wurden, ist es nicht nötig, sie bis zu ihren Ursprüngen zurückzuverfolgen. Verarbeitung ist eine *auf die Gegenwart bezogene* Selbsttherapie. Das bedeutet jedoch nicht, dass wir niemals mit Erinnerungen an die Vergangenheit arbeiten. Vor allem wenn sie spontan auftreten, verarbeiten wir sie ebenfalls, wobei wir uns klar machen, dass wir mit gegenwärtigen Gefühlen über vergangene Ereignisse arbeiten.

Versuchen Sie nicht zu verstehen

Früher ging man in der Psychologie davon aus, dass es für die Beseitigung von Blockaden entscheidend war, deren Ursachen zu verstehen. Akzeptanz galt als wesentlich für die Auflösung der Situation, aber man nahm an, dass der Klient verstehen musste, bevor er etwas akzeptieren konnte. So wurden die Schulen der Psychoanalyse gegründet, und man verbrachte Jahre damit, das Unterbewusstsein zu erforschen. Die Leute, die sich einer Analyse unterzogen, konnten ihre Blockaden intellektuell nachvollziehen, sie konnten darüber reden und wussten alles darüber, aber sie blieben blockiert, weil sie keinen Zugang zu der Gefühlsebene hatten, auf der die Integration stattfindet. So zeichneten sich Analytiker und Klienten durch Leblosigkeit und einen Mangel an Spontaneität aus.

❗ Wahrnehmung oder Akzeptanz
brauchen kein Verstehen

In der zeitgenössischen Psychologie herrschen die humanistischen und transpersonalen Richtungen vor. Diese Schulen betreiben, von einigen Ausnahmen abgesehen, weit weniger Analyse und konzentrieren sich hauptsächlich auf andere Formen der Therapie, die unterdrückte Emotionen an die Oberfläche holen und erfahrbar machen, ohne dass deren Ursache oder Ursprung unbedingt herausgearbeitet werden muss. Für die Akzeptanz und Auflösung von Emotionen ist es nicht unbedingt erforderlich, die Ursache zu verstehen. Sie mögen beispielsweise glauben, dass Sie verstehen, warum Sie auf Grund ihrer Kindheitserfahrungen nicht zur Liebe fähig sind, aber das trägt nichts zur Lösung des Problems bei. Erst die Integration des feindseligen, hasserfüllten Selbst bringt die Katharsis und versetzt Sie in die Lage, Ihre Blockaden auf der Ebene von Liebe/Hass zu überwinden.

Dennoch machen viele Leute immer noch den Fehler zu glauben, sie müssten sich bei der Arbeit an sich selbst in die – ältere oder jüngere – Vergangenheit begeben und verstehen, was damals geschehen ist. Der Drang zu verstehen ist in unserer Kultur weit verbreitet, weil wir den Intellekt so stark überbetonen und zu wenig Verständnis für die Gefühlsseite aufbringen. Sogar erfahrene spirituelle Reisende sind sich über die angemessene Rolle des Verstehens manchmal nicht ganz klar.

Verwechseln Sie Verstehen nicht mit Wahrnehmung. Wahrnehmung bedeutet, sich eines Gefühls bewusst zu sein, beinhaltet jedoch nicht, dass man den Ursprung oder die Geschichte dieses Gefühls kennen muss. Verstehen hat durchaus seinen Wert, aber es ist nicht wesentlich für die Integration und Heilung. Integration ergibt sich als Folge von Akzeptanz, nicht von Verstehen. Das Verstehen kommt wahrscheinlich spontan und mühelos zur rechten Zeit als *Ergebnis* der Integration, mit der oft eine Katharsis der blockierten Energie einhergeht. Verstehen kann einem dann helfen, die erforderlichen Veränderungen vorzunehmen oder sicherzustellen, dass frühere Fehler nicht wiederholt werden.

Sie sollten deshalb nicht erwarten, dass sich Integration aus Verstehen ergibt, und sie sollten sich auch nicht direkt um Verstehen bemühen. Dieses Bemühen als solches bindet ihre mentalen Energien, so dass keine Integration stattfinden kann. Ihr Verstand trägt eine enorme und vergebliche Bürde, wenn Sie unbedingt verstehen wollen. Außerdem behindert das Ihre klare Wahrnehmung. Nehmen wir an, Sie versuchen, die Ursache eines aktuellen psychischen Problems zu verstehen, das Sie belastet. Vielleicht versuchen Sie, sich an Ihre Kindheit zu erinnern. Aber da Sie nach einer besonderen Verbindung suchen, werden Sie von all Ihren Kindheitserinnerungen diejenigen auswählen, die als Ursache in Frage kommen könnten. Wahrscheinlich hatten Sie als Kind viele starke Erlebnisse, die kein gegenwärtiges Problem »verursacht« haben. Warum haben Sie auf bestimmte Ereignisse traumatisch reagiert? Sie ignorieren die Möglichkeit, dass Ihr Problem bereits latent vorhanden war und durch das Ereignis lediglich aktiviert wurde.

Wenn es darum geht, Ursachen bis zu einem früheren Leben zurückzuverfolgen, an das wir uns gewöhnlich nicht bewusst erinnern, dann wird deutlich, dass es oft gar nicht möglich ist, die ursprünglichen Ursachen eines Problems aufzudecken. Ihre gegenwärtigen Gefühle sind genau dieselben, die Sie irgendwann in der Vergangenheit unterdrückt haben, vielleicht in der fernen Vergangenheit eines früheren Lebens. Sie tauchen nun unter scheinbar ganz anderen Umständen wieder auf, aber die unterdrückte Energie, die nach Bereinigung strebt, ist dieselbe. Es gibt deshalb keine Veranlassung, die Vergangenheit zu analysieren oder verstehen zu wollen, was damals geschehen ist. Wenn Sie *jetzt* Zugang zu Ihren Gefühlen haben, dann verfügen Sie über alle Informationen, die nötig sind, um die Heilung einzuleiten, und das geschieht, wenn Sie diese Gefühle einfach nur akzeptieren und erfahren.

Fördern Sie Ihr inneres Wahrnehmungsvermögen

Wenn wir an uns selbst arbeiten, achten wir hauptsächlich auf unsere Gefühle. Inneres Wahrnehmungsvermögen ist die Fähigkeit, unsere Gefühle zu spüren, uns bewusst zu sein, *was* in unserer inneren Welt *vor sich geht*, während wir in der äußeren Welt aktiv sind. Es geht darum, die Gefühle zu erkennen, wenn sie auftreten. Dies mag einfach erscheinen, aber es ist in Wirklichkeit für viele Menschen eine schwierige Angelegenheit. Dabei können uns die Einsichten eines Therapeuten oft weiterhelfen.

▌ *Selbstwahrnehmung muss Vorrang haben*

Ein Hauptgrund, warum wir unsere Gefühle ignorieren, ist unsere kulturelle Konditionierung. Männer werden dazu erzogen, »männlich« zu sein – zarte Gefühle zu haben oder ihnen eine Bedeutung beizumessen, gilt als ein Zeichen von Schwäche. Frauen werden ebenfalls dazu erzogen, ihre Gefühle abzuwerten, oft im Namen der Kooperation und der Leistungsfähigkeit oder immer dann, wenn die Gefühle scheinbar zu heftig sind oder weil die Angehörigen schlecht damit umgehen können.

Ein weiterer Grund, warum wir mit der inneren Wahrnehmung solche Schwierigkeiten haben, ist unser Sinn für Prioritäten. Im Alltag bleibt den meisten Menschen nur wenig Zeit für Selbstwahrnehmung. Unser Leben ist unaufhörlich mit Aktivitäten angefüllt, weil wir ständig damit beschäftigt sind, unsere Süchte zu befriedigen, und das erfordert Zeit, Energie und Geld. Vielleicht haben wir auch den Eindruck, dass unsere Familienpflichten uns nicht genügend Freiräume lassen. In jedem Fall werden wir leistungsorientiert, auch wenn es so aussieht, als gehe es lediglich um die Befriedigung von Bedürfnissen.

Gefühle werden verdrängt. Sie treten auf, aber sie werden nicht wahrgenommen. Die Folge ist Stress. Wir müssen unsere Prioritäten ändern und mehr Sensibilität für unsere inneren Gefühle entwickeln. Oft lernen wir das nur nach einem Zusammenbruch, zu dem es kommt, weil wir ausgebrannt sind, etwa im Zusammenhang mit einem Herzinfarkt oder einer anderen Gesundheitskrise, durch Alkohol- oder Drogensucht, die eine Folge dieser Art von innerer Vernachlässigung ist. Dann verstehen wir endlich die Botschaft. Und während wir unseren Gefühlen nun Aufmerksamkeit schenken, ihnen den Vorrang einräumen, den sie verdienen, entdecken wir viel mehr, als wir erwartet hatten, und wir stellen fest, dass unsere emotionale Verwirrung sehr tief geht.

Es ist nicht nur unser Leistungsstreben, das uns den Gefühlen gegenüber so unsensibel macht. Die schlichte und oft unfreiwillige Angewohnheit, Unannehmlichkeiten zu vermeiden, untergräbt allmählich sowohl die Bereitschaft als auch die Fähigkeit zum engen Kontakt mit uns selbst. Ein weiterer Grund für die zunehmende Unsensibilität uns selbst gegenüber ist die Tatsache, dass wir nicht wissen, was wir mit negativen Gefühlen anfangen sollen, wenn wir sie tatsächlich wahrnehmen. Vielleicht meinen wir, wir könnten sie einfach ignorieren oder uns davon ablenken, aber stattdessen unterdrücken wir sie.

Manche Leute halten sich auch für selbstsüchtig, wenn sie auf ihre eigenen Gefühle achten, manche sind bewusst oder unbewusst stolz auf ihre »Selbstlosigkeit«, wenn sie ihre eigenen Gefühle missachten. Manche Frauen stellen beispielsweise ihre Kinder oder ihren Partner an die erste Stelle und nehmen ihre eigenen Gefühle nicht so wichtig. Eine solche Märtyrerhaltung ist bisweilen ein unbewusstes Machtmanöver, das bei den anderen Schuldgefühle auslösen soll, aber das gilt nicht in allen Fällen. Manchmal ist es einfach eine andere Art, den eigenen Gefühlen auszuweichen.

❗ *Verleugnen Sie nicht Ihre wirklichen Gefühle*

Verleugnung ist weit verbreitet und eine der wichtigsten Hürden für die Therapie und emotionales Wachstum, ganz gleich, ob Sie alleine oder mit einem Therapeuten arbeiten. Bei der Verleugnung wissen Sie einfach nicht, dass Sie bestimmte Gefühle haben. Die Gefühle werden verdrängt oder kommen nicht ins Bewusstsein. Sie müssen sehr darauf achten, Ihre wahren Gefühle nicht zu verleugnen. Sich seiner Gefühle bewusst zu werden ist eine Kunst, die man mit zunehmender Übung entwickelt, aber mit dieser Übung müssen Sie beginnen.

Sie müssen damit rechnen, dass Sie beim Blick nach innen auf Schmerz und Chaos stoßen. Wenn Sie jedoch wissen, wie Sie mit diesem Durcheinander umgehen müssen, haben Sie genug Selbstvertrauen, um sich der Situation mutig und ohne Zweifel zu stellen. Wenn Sie Schmerzen nicht mehr unterdrücken, sondern sie in dem Moment bereinigen, in dem sie auftreten, dann werden Sie die Hochstimmung erleben, in die man sich versetzt fühlt, wenn sich unterdrückte und traumatische Spannungen lösen.

Wichtig ist, dass Sie ein Gespür für die richtigen *Prioritäten* entwickeln. Wenn Sie Ihren inneren Gefühlen Priorität einräumen, beginnen Sie mit der Integration; sie werden gefühlsorientiert statt leistungsorientiert. Diesen Wertewandel können Sie sich als Beginn des spirituellen Lebens und Abkehr vom materialistischen Leben vorstellen. Sie lernen, dass das, was in Ihrem Inneren vorgeht, am wichtigsten ist, dass Sie Zwänge und Schmerzen auflösen können, die Sie früher unterdrückt, aber nicht aus Ihrem Leben beseitigt haben.

Identifizieren Sie Ihre Gefühle

Bisher habe ich in diesem Buch jede innere Bewegung von Energien als »Gefühl« bezeichnet. Nun wollen wir die verschiedenen Arten von Gefühlen etwas genauer betrachten:

KERNGEFÜHLE
EMOTIONEN
STIMMUNGEN
EINSTELLUNGEN
IMPULSE
BEGIERDEN
ZWANGHAFTE SÜCHTE
KÖRPEREMPFINDUNGEN
MEINUNGEN

KERNGEFÜHLE sind dualistisch auftretende, reine Gefühle, die nicht durch persönliche Überzeugungen gefiltert werden und physischer, physiologischer oder psychologischer Natur sein können. Sie sind vielleicht müde oder hellwach, hungrig oder satt; sie erleben Gewinn oder Verlust, Ablehnung oder Bestätigung; sie empfinden Hass oder Liebe, Nutzlosigkeit oder Erfüllung. Kerngefühle sind keine Emotionen, sondern konkrete gefühlsmäßige Reaktionen auf objektive/subjektive Erfahrungen. Wenn Sie für ein Kerngefühl offen sind, es wahrnehmen und akzeptieren, dann gibt es nichts zu verarbeiten; sie befinden sich mitten in der Erfahrung des Augenblicks und haben keinen Stress. Wenn Sie für Ihre Kerngefühle nicht offen sind, werden diese unterdrückt; sie später aufzudecken bildet die Grundlage der psychologischen Arbeit, mit deren Hilfe die emotionale Stabilität wiederhergestellt werden soll.

EMOTIONEN treten auf, wenn Kerngefühle durch nicht zutreffende Überzeugungen gefiltert werden. Emotionen sind immer Anzeichen für einen Konflikt zwischen Körper und Geist. Unsere gedanklichen Überzeugungen stehen im Widerspruch zu den Erfahrungen, die wir in unserem Körper fühlen. Ein Gefühl mag ein vollkommen natürlicher Teil des Lebens sein, aber es passt nicht in unsere Vorstellungen darüber, wie die Dinge sein sollten, wir halten es für falsch und lehnen es deshalb ab. Die Ablehnung stört den Fluss der feinstofflichen Energie durch die Chakras; eine »Blockade« wird aufgebaut. Was daraus entsteht, bezeichnen wir als eine Emotion. Weil Sie meinen, Sie sollten nicht müde sein, werden Sie entmutigt; weil Sie meinen, Sie sollten nicht abgelehnt werden, reagieren Sie eifersüchtig und verletzt; weil Sie meinen, Sie sollten nicht eingeschränkt werden, reagieren Sie zornig. Dieselbe Blockade, die eine Emotion erzeugt, hindert uns daran, diese angemessen zu erleben, und so wird sie zusammen mit dem ursprünglichen Gefühl unterdrückt.

Wenn Emotionen immer wieder mit Macht zurückkehren, weisen Sie darauf hin, dass dahinter eine bedeutsame Überzeugung steckt. Sie können den Zusammenhang klären, indem Sie einen Bezug zu dem Bewusstseinszentrum herstellen, das sie hervorbringt. Wenn Sie erkennen, wie Sie Emotionen erzeugen, indem Sie Ihre Kerngefühle durch bestimmte Anschauungen filtern und dann die Gefühle ablehnen, wird Ihnen das helfen, Ihre Emotionen zu integrieren. Zur rechten Zeit tritt diese Einsicht spontan auf; normalerweise lohnt es sich jedoch nicht, solche Nachforschungen in ein Programm der emotionalen Heilung aufzunehmen, und ich empfehle Ihnen nicht, von Ihrem Weg abzuweichen, um es zu versuchen.

Überzeugungen sind tief in unserem Unterbewusstsein verankert. Um sie aufzudecken, müssen Sie Ihr Gefühlszentrum verlassen, und das erschwert die Integration. Sogar wenn Sie eine Überzeugung aufdecken, ist die unterdrückte Energie immer noch vorhanden und muss durch Verarbeitung aufgelöst werden. Bei unserem Konzept geht es aber gar nicht darum, dass wir uns auf der intellektuellen Ebene mit bestimmten Anschauungen auseinander setzen und sie verändern. Wir wollen vielmehr die Emotionen integrieren, die durch diese Anschauungen erzeugt werden. Die Integration der Emotionen führt zur Bereinigung der unterdrückten negativen Energie, die dafür verantwortlich ist, dass eine bestimmte Anschauung ständig weiterexistiert, und dadurch kann die Anschauung ganz zwanglos aufgegeben werden. Während das geschieht, mag es sein, dass Sie sich dieser Anschauung bewusst werden oder auch nicht.

STIMMUNGEN sind vage Gefühle von Unbehagen oder Stress, die nicht so gravierend sind, dass sie ein größeres Problem darstellen würden, aber doch immer wieder auftauchen. Vielleicht haben Sie das Gefühl, dass Sie nicht gut aussehen, dass Sie sich nie wirklich wohl fühlen, dass Sie nicht selbstsicher sind, sich in Gegenwart anderer Menschen gehemmt fühlen, dass Sie es hassen, Geld auszugeben, außergewöhnlich hungrig, nervös, nie zufrieden sind und so weiter. Scheinbar harmlose Stimmungen repräsentieren andere, grundlegendere Energiemuster. Stimmungen sollte man nicht einfach abtun. Meist lassen sie sich bis zu den niederen Energiezentren zurückverfolgen und haben einen Bezug zu unbewussten Themen wie Unsicherheit, sexuelle Unausgeglichenheit, geringes Selbstwertgefühl, Einsamkeit und dergleichen mehr. Die Arbeit mit Stimmungen wird wahrscheinlich ebenso viel zur Selbstintegration beitragen wie die Arbeit mit intensiven emotionalen Ereignissen in Ihrem Leben. Die Meditation ist die beste Gelegenheit, sich solchen wiederkehrenden Stimmungen zuzuwenden.

EINSTELLUNGEN basieren auf Energien und können folglich verarbeitet werden. Sie repräsentieren unsere Schutzmechanismen, Meinungen und im Allgemeinen unterdrückte Muster. Sie sind weitgehend unbewusst, aber wenn Sie stetig an sich arbeiten, werden Sie Ihnen mehr und mehr zu Bewusstsein kommen.

IMPULSE UND BEGIERDEN haben einen Bezug zur Motivation. Sie entsprechen dem inneren Drang, wahrgenommene Bedürfnisse zu befriedigen. Statt ihnen nachzugeben und der Illusion der Befriedigung hinterherzulaufen, können Sie die Energie eines Impulses oder einer Begierde durch Verarbeitung auflösen. Impulse sind im Allgemeinen irrationaler als Begierden. Bei Begierden glauben wir zu verstehen, warum wir etwas brauchen, auch wenn viele unserer Bedürfnisse zwanghaft sind und nie wirklich befriedigt werden können. Wir können beispielsweise den Impuls verspüren, etwas zu kaufen, was wir nicht brauchen, oder mit einem Menschen zusammen zu sein, den wir nicht mögen. Bei Begierden haben wir dagegen keine Zweifel, warum wir uns etwas wünschen, mit einer bestimmten Person zusammen sein oder ein bestimmtes Ziel erreichen wollen: Wir versprechen uns davon Erfüllung.

SUCHTARTIGE ZWÄNGE sind Impulse, die eine Sucht betreffen. Wir suchen zwanghaft nach dem Objekt unserer Sucht, weil wir damit andere Gefühle vermeiden wollen, aber die Verarbeitung eröffnet uns eine Alternative. Wenn wir das *Gefühl, das hinter dem Zwangverhalten steckt,* verarbeiten, können wir Erleichterung finden, ohne unserem Suchtmuster nachgeben zu müssen. Wenn Sie beispielsweise unter chronischen Ängsten leiden, sobald Sie alleine sind, und deshalb den Impuls verspüren, ständig mit anderen Menschen zusammen zu sein, dann können Sie zu dem Schluss kommen, dass dieser Impuls zwanghaft und süchtig ist. Wenn Sie nun Ihre Ängste verarbeiten, statt sich davon motivieren zu lassen, werden Sie schließlich von Ihrer Sucht frei sein.

KÖRPEREMPFINDUNGEN sind eine eigene Klasse von Gefühlen. Man kann sie sich als etwas Physisches vorstellen, aber in Wirklichkeit spielen sie sich im feinstofflichen Körper ab.

Folglich zeigen Körperempfindungen einen Energiezustand an, und eine immer wiederkehrende Empfindung zeigt eine Energieblockade an. Wenn wir stärkere Empfindungen haben, bezeichnen wir sie als »Symptome«. Dabei sollten wir uns unbedingt klar machen, dass Körperempfindungen Gelegenheiten zur Reinigung des feinstofflichen Körpers sind, die sich ergeben, wenn wir einfach dasitzen und die Empfindungen verarbeiten. Die Verarbeitung wird außerdem zu einem unerwarteten Ausmaß an emotionaler Reinigung führen.

Körperwahrnehmung ist ein zentraler Bestandteil bestimmter spiritueller Disziplinen, deren Praxis darin besteht, dazusitzen und Zeuge der Körperempfindungen zu werden. Die Arbeit mit Körperempfindungen ist eine große Hilfe, wenn Sie Ihre Fähigkeit zu fühlen entwickeln wollen, denn Gefühle spielen sich im Körper ab. Mit zunehmender Sensibilität werden Sie feststellen, dass Emotionen und Körperempfindungen gemeinsam auftreten. Die Umrisse eines Musters erkennen Sie zunächst entweder im emotionalen Bereich oder im Körper. Wenn Sie sich auf den Teil konzentrieren, der ihnen bewusst ist, werden Sie auch den anderen Teil zu Tage fördern.

Das Nabelchakra spielt beispielsweise eine Rolle bei Verdauungsstörungen, dem Verlangen nach bestimmten Nahrungsmitteln und allgemeiner emotionaler Bedürftigkeit. Die Wahrnehmung und Verarbeitung einer dieser Erfahrungen führt zu den anderen und lässt alle heilen. Das Halschakra hat einen Bezug zu Einschränkungen im Selbstausdruck, die man anfangs vielleicht in Form von ständigen Nackenschmerzen wahrnimmt.

Andere Empfindungen oder Schmerzen können in jedem Teil des Körpers auftreten und eine Verbindung zu bestimmten blockierten Emotionen haben, wobei eine logische Verknüpfung nicht immer offensichtlich sein muss.

MEINUNGEN bilden die einzige Kategorie von Gefühlen, deren Verarbeitung im Allgemeinen keinen Nutzen bringt, aber auch nicht schädlich ist. Meinungen sind *emotionale Urteile* über andere, ursprünglichere Gefühle und repräsentieren keine unterdrückte Negativität. Wir sind erfreut oder entrüstet, betroffen oder apathisch, entzückt oder besorgt, amüsiert oder gelangweilt über unsere Erfahrungen. Meinungen haben auch einen Bezug zum *emotionalen Idealismus*. Wir halten Heldentum für besser als Feigheit, schätzen Ehrfurcht mehr als Entweihung, Prachtvolles mehr als Profanes, Fürsorge mehr als Gleichgültigkeit.

Obwohl Meinungen eine wichtige Rolle in unserem inneren Leben spielen, werden sie zu einem Problem, wenn wir sie mit dem Gipfel des Glücks gleichsetzen. Wir werden abhängig von der positiven Meinung, lehnen die negative ab und geraten wieder in die dualistische Falle. Wir müssen verstehen, dass Meinungen das Resultat unbewusster Vorstellungen, Werte und Überzeugungen sind, aber selbst keine wesentlichen Qualitäten beinhalten, die um jeden Preis erlangt werden müssten. Wir müssen der negativen Seite jeder Meinung einen Platz einräumen, wo sie mit der positiven Seite gemeinsam existieren kann. Vor allem aber müssen wir das Gefühl verarbeiten, das hinter der Meinung steckt.

❗ *Unterscheiden Sie zwischen Gedanken und Gefühlen*

Gefühle werden nicht immer von äußeren Ereignissen veranlasst. Manchmal treten sie auch nur im Zusammenhang mit einem Gedanken auf, und bisweilen können wir einen Gedanken gezielt benutzen, um ein bestimmtes Gefühl auszulösen, das wir verarbeiten wollen. Der Gedanke ist dann genau wie ein äußeres Ereignis der Auslöser für das Gefühl. Dabei soll jedoch nicht in erster Linie der Gedanke, sondern das Gefühl verarbeitet werden. Es ist zweckmäßig, zwischen Gedanken und Gefühlen zu unterscheiden und sich darüber klar zu sein, dass wir mit Energien arbeiten, die sich in Form von Gefühlen manifestieren. Ein Gedanke, der nicht mit Gefühlen beladen ist, würde uns nicht einmal interessieren. Gefühle haben eine energetische Basis. Sie treten in den Chakras auf und werden dort blockiert. Der letztendliche Zweck jeder Wachstumstherapie besteht darin, Energieblockaden zu lösen. Die nachfolgenden Aussagen drücken beispielsweise Gedanken aus:

- Ich habe Rechnungen, die ich nicht bezahlen kann.
- Hier in der Gegend gibt es keine freien Arbeitsplätze.
- Ich habe den Eindruck, dass die Menschen auf mich herabsehen.

Die nächsten Sätze sind Ausdruck von Gefühlen:
- Ich habe Angst, dass mein Geld nicht reicht.
- Ich bin entmutigt, weil ich keine Arbeit finde.
- Ich fühle mich wertlos.

❗ *Identifizieren und lokalisieren Sie das Gefühl*

Nachdem Sie die Gefühle isoliert haben, mit denen Sie arbeiten wollen, sollten Sie sie mit möglichst schlichten Ausdrücken identifizieren und auch die Chakras oder anderen Körperzonen benennen, die vom Auftreten dieser Gefühle betroffen sind. Anfangs gelingt es Ihnen vielleicht noch nicht, die Gefühle einem bestimmten Körperteil zuzuordnen, aber mit zunehmender Praxis werden Sie diese Sensibilität entwickeln. Denken Sie daran, dass Sie nicht nach Erklärungen suchen, sondern einfach bei Ihrer Wahrnehmung bleiben sollen: Ich spüre Zorn im Solarplexus, wenn ich mit meinem Chef rede. Ich spüre Einsamkeit im Herzen, wenn mein Partner nicht für mich da ist. Ich spüre Geldsorgen in meinem Überlebenszentrum und einen

Kloß im Hals, wenn schon wieder neue Rechnungen zu bezahlen sind. Ich spüre sexuelle Impulse und Frustration im Zentrum der sinnlichen Wahrnehmung und Anspannung im Rücken, wenn ich an eine bestimmte Person denke, oder sogar die ganze Zeit. Versuchen Sie, das Gefühl oder die Empfindung zu klären und zu dem Auslöser in Verbindung zu setzen, wenn es einen solchen gibt – entweder ein äußeres Ereignis oder einen inneren Gedanken. Suchen Sie nach dem Gefühl hinter dem Ereignis.

Ein Ereignis mit emotionaler Bedeutung sollte Vorrang haben. Manchmal nehmen Sie vielleicht ein Gefühl wahr, halten es dann jedoch für unwichtig. Wenn Sie sich auf den Weg nach innen begeben, werden Sie feststellen, dass diese Gefühle, die Sie vielleicht über lange Zeit hatten, tatsächlich Probleme darstellen, die Ihre Aufmerksamkeit erfordern. Ihre Bedeutung war Ihnen nur noch nicht klar. Wenn Sie aufhören, diese Gefühle wahrzunehmen und zu integrieren, dann unterdrücken Sie sie.

Die meisten unserer Gefühle sind Versuche des Unterbewusstseins, sich zu reinigen. Es gibt keine bedeutungslosen Gefühle. Wenn Gefühle hochkommen, dann sollten Sie sich angewöhnen, automatisch innezuhalten und sich klar zu machen, dass hier etwas geschieht, das Ihrer Aufmerksamkeit wert ist. Verarbeitung ist nicht unbedingt zeitaufwändig; sie können lernen, sich Ihren Gefühlen rasch zuzuwenden, damit sie nicht unterdrückt werden.

Ein Therapeut kann Ihnen anfangs dabei helfen, Ihre Gefühle zu ordnen, und er kann Sie bei der Verarbeitung anleiten, aber es besteht eindeutig keine Notwendigkeit, sich über längere Zeit an jemanden zu binden. Sie lernen, das *Leben* so zu betrachten wie der Therapeut, und das Leben ist dazu geschaffen, Ihnen mit absoluter Präzision genau das zu präsentieren, was aus dem Unterbewusstsein ins Bewusstsein hervorgeholt werden muss. Das ist der Zweck des Lebens auf dieser Erde. Sie müssen nur lernen, die Umstände so zu nutzen, dass sie ein therapeutisches Resultat fördern.

Chakras und Gefühle

Bei der Verarbeitung beginnen wir mit jedem beliebigen Gefühl, das wir wahrnehmen. Dabei handelt es sich gewöhnlich um solche, die wir als *Gefühle der ersten Ebene* bezeichnen. Dies sind die oberflächlichsten und offensichtlichsten. Sie sind vielleicht Teil unseres unterdrückten Unterbewussten, vielleicht auch nicht. Es ist wichtig, sie in den Verarbeitungsprozess einzubeziehen, auch wenn sie möglicherweise nicht endgültige Themen betreffen. Wenn wir an den Gefühlen der ersten Ebene arbeiten, führt uns das zu unseren *Kerngefühlen*. Das sind jene, die tief im Unterbewusstsein begraben sind und aufgelöst werden müssen. Kerngefühle sind der Ort, wo die Energie anfängt; sie entsprechen unseren Lebensthemen und Verhaltensmustern.

Gewöhnlich sind die Gefühle der ersten Ebene emotionaler als die Gefühle, die dahinter stehen. Manchmal kann die erste Ebene unseren Widerstand gegen Kerngefühle repräsentieren. Die wichtigsten Gefühle der ersten Ebene sind unterdrückte Emotionen, und deshalb spielen sie bei unserer Arbeit eine so wichtige Rolle, aber die Gefühle der ersten Ebene enthalten bisweilen auch Stimmungen, Einstellungen, Impulse, Begierden, Zwänge und körperliche Empfindungen. Wir sollten uns klarmachen, dass es um mehr als nur die Auflösung dieser Gefühle der ersten Ebene geht; unser eigentliches Ziel muss es sein, an die Kerngefühle heranzukommen, welche die treibende Kraft im Hintergrund bilden.

❗ *Identifizieren Sie Gefühle der ersten Ebene und Kerngefühle*

Die folgende Tabelle wird Ihnen helfen, Ihre Gefühle der ersten Ebene und Kerngefühle zu identifizieren und den Chakras zuzuordnen. Ich habe die Kerngefühle mit ihren dualistischen Gegenstücken aufgeführt. Das soll Ihnen helfen, positive Gefühle zu identifizieren, nach denen Sie vielleicht in dem unbewussten Bemühen, die negative Seite zu meiden, süchtig sind. In der Tabelle stehen die positiven Gefühle auf der linken und die negativen auf der rechten Seite. In jedem Chakra kann jedes beliebige dualistische Kerngefühl, das abgelehnt wird, jede der damit verbundenen Emotionen der ersten Ebene hervorrufen. Zwischen den Zentren gibt es einige Überschneidungen; ein Gefühl in einem Chakra kann eine Emotion in einem anderen auslösen, abhängig von der persönlichen Geschichte.

❗ *Eine Emotion tritt auf, wenn ein Gefühl abgelehnt wird*

Es ist wichtig zu verstehen, woher unsere Emotionen kommen. Sehen wir uns beispielsweise das Überlebenszentrum in der ersten Tabelle an. Wir empfinden vielleicht Furcht als Emotion der ersten Ebene, wenn wir das Kerngefühl von Mangel, Unsicherheit oder Verletzlichkeit ablehnen. Erkennen Sie, dass es durchaus möglich und vernünftig ist, Mangel, Unsicherheit oder Verletzlichkeit zu empfinden, ohne sich davor zu fürchten? Furcht kommt nur auf, wenn wir das Gefühl infolge unserer unbewussten Überzeugungen ablehnen und zurückweisen. Um alle Gefühle in diesem Komplex zu bereinigen, würden wir mit der Verarbeitung der Furcht als einer Emotion der ersten Ebene beginnen.

Wenn wir einen Teil der Furcht verarbeitet haben, wird das

Chakras und Gefühle

1. Überleben (Basis der Wirbelsäule/Saturn)

Negative Schlüsselemotionen der ersten Ebene: **Furcht**, Panik, Ängstlichkeit, Nervosität, Paranoia, Strenge

Dualistische Kerngefühle:

positiv	und	negativ
Überfluss		Mangel
Sicherheit		Unsicherheit
Unverwundbarkeit		Verletzlichkeit
Gesundheit		Krankheit
Gewinn		Verlust
Wohlbefinden		Schmerz
Grenzen		Grenzverletzung
Leben		Tod
Unendlichkeit		Endlichkeit

2. Macht (Perineum/Pluto)

Negative Schlüsselemotionen der ersten Ebene: **Nutzlosigkeit**, Mutlosigkeit, Zorn, Wut, Verachtung, Machtlosigkeit

Dualistische Kerngefühle:

fähig	und	hilflos
dominant		untergeordnet
angesehen		benutzt
kontrollierend		kontrolliert
Selbstbestimmung		Manipulation
Freiheit		Unfreiheit
energiegeladen		ermüdet
Unabhängigkeit		Abhängigkeit
uneingeschränkt		autoritär eingeschränkt

3. Sinnliche Empfindung (Unterbauch/Mars)

Negative Schlüsselemotionen der ersten Ebene: **Frustration**, Lust, Demütigung

Dualistische Kerngefühle im Hinblick auf Sex, Berührung, Sinnlichkeit, Unterhaltung, Fernsehen, Luxus:

Befriedigung	und	Verlangen
Genuss		Verzicht

4. Fürsorge (Nabel/Mond)

Negative Schlüsselemotionen der ersten Ebene: emotionales **Verlangen** nach Nahrung, Drogen, Rauchen; allgemeine emotionale Bedürftigkeit

Dualistische Kerngefühle:

genährt	und	ausgehungert
gefördert		überfordert
Leben spendend		Leben zurückhaltend
empfänglich		fordernd
Mutterliebe		Mangel an Mutterliebe

5. Bedeutung (Solarplexus/Sonne)

Negative Schlüsselemotionen der ersten Ebene: **Wertlosigkeit**, Zorn, Einschüchterung, Leere, Neid

Dualistische Kerngefühle:

Kompetenz	und	Unzulänglichkeit
Bedeutung		Bedeutungslosigkeit
Überlegenheit		Unterlegenheit
Anerkennung		Abwertung
Erfolg		Versagen
Verehrung		Verachtung
Identität		Konformismus
Stärke		Schwäche
Billigung durch Autorität		Missbilligung
väterliche Führung		Abwesenheit des Vaters

6. Herz (Brust/Venus)

Negative Schlüsselemotionen der ersten Ebene: **Einsamkeit**, **Sehnsucht, Traurigkeit**, Verletzung, Besitz ergreifendes Verhalten, Scham, Eifersucht, gebrochenes Herz, Reue, Verlegenheit

Dualistische Kerngefühle:

Akzeptanz	und	Ablehnung
Gemeinsamkeit		Einsamkeit
Mitgefühl		Gleichgültigkeit
Sorgfalt		Missbrauch
Zusammengehörigkeit		ausgeschlossen sein
Loyalität		Betrug
geschätzt werden		verlassen werden
abhängige Liebe		abhängiger Hass

7. Ausdruck (Hals/Merkur)

Negative Schlüsselemotionen der ersten Ebene: **Stumpfsinn**, blockierte Ausdrucksfähigkeit, Langeweile

Dualistische Kerngefühle:

ausdrücken	und	für sich behalten
gehört werden		ignoriert werden

8. Intuition (Drittes Auge/Neptun)

Negative Schlüsselemotionen der ersten Ebene: **Zweifel**, Überspanntheit, Bindungslosigkeit, Mangel an Erdung

Dualistische Kerngefühle:

Verbindung zum inneren Selbst	und	Verbindung zur äußeren Welt
Intuitive Führung		Abhängigkeit von Vernunft

9. Kreativität (Schädelbasis/Uranus)

Negative Schlüsselemotionen der ersten Ebene: **Selbstkritik**

Dualistische Kerngefühle:

kreativer Fluss	und	kreative Blockade
Individualismus		Konformismus

10. Spiritualität (Krone/Jupiter)

Negative Schlüsselemotionen der ersten Ebene: **Isolation**, Verzweiflung, Selbstsucht, unerfüllt sein

Dualistische Kerngefühle:

Verwirklichung von Einssein	und	Selbstorientierung
Frieden		Chaos
Klarheit		Verwirrung
bedingungslose Liebe		abhängige Liebe

dualistische Kerngefühl deutlich, in dem wir gefangen sind: Wir lehnen Mangel ab und sind süchtig nach Überfluss; wir lehnen Unsicherheit ab und sind süchtig nach Sicherheit; wir lehnen Verletzlichkeit ab und sind süchtig nach Unverwundbarkeit. Nun müssen wir die negativen Gefühle selbst verarbeiten, statt ihnen nachzugeben, indem wir zwanghaft nach dem jeweiligen Gegenteil streben. Wenn wir das Gefühl als Resultat unserer Verarbeitung integrieren können, also an den Punkt kommen, an dem wir in unserem inneren und äußeren Leben einen Platz dafür finden, ohne es abzulehnen, werden wir uns nicht mehr fürchten.

Benutzen Sie die Tabelle, um sich mit den potenziellen Gefühlen und Emotionen vertraut zu machen; es kann ein wichtiger Schritt sein, sie in sich selbst zu finden. Sie können die Tabelle auch benutzen, um Ihre wesentlichen Lebensthemen zu suchen und zu identifizieren. Wenn eins Ihrer Themen beispielsweise Fürsorge ist, dann haben Sie vielleicht die *Emotion* allgemeiner emotionaler Bedürftigkeit, basierend auf dem *Gefühl*, dass Ihnen in Ihrer Kindheit die Mutterliebe gefehlt hat. Wenn eins Ihrer Themen mit dem Herzen zu tun hat, dann spüren Sie vielleicht die Emotion der Einsamkeit, weil Sie Ihr Alleinsein nicht akzeptieren. Oder Ihr Thema betrifft das Bedeutungszentrum; sie spüren dann die Emotion der Wertlosigkeit, weil Sie Ihr Gefühl des Versagens ablehnen. Aber versuchen Sie, an diesem Punkt nicht zu sehr in die Tiefe zu gehen, sondern beschäftigen Sie sich zunächst mit dem, was leicht zu erkennen ist. Die meisten Ihrer Lebensthemen sind unbewusst. Sie werden Ihnen im Verlauf Ihrer Arbeit deutlich werden.

Identifizieren Sie das dualistische Muster

Die Grundlage von emotionalem Stress ist ein Mangel an Integration. Wir werden süchtig nach der einen Seite eines beliebigen dualistischen Kerngefühls, um die andere Seite zu vermeiden, und entwickeln dabei ein *Muster*. Muster funktionieren meist auf einer unbewussten Ebene. Gleichwohl haben sie einen enormen Einfluss auf uns, verzerren unsere Wahrnehmung der Wirklichkeit und veranlassen uns generell zu Handlungen, mit denen wir uns selbst einschränken.

Wenn wir die Gefühle verarbeiten, die einen Bezug zu einem unserer Lebensthemen haben, erreichen wir damit zweierlei. Erstens befreien wir uns von unterdrückten negativen Energien, die sich in Gestalt einer Emotion manifestiert haben. Zweitens wird auf diese Weise gewöhnlich das dualistische Kerngefühl aufgedeckt, das die Emotion hervorgebracht hat. Das geschieht spontan, während wir an unseren Emotionen arbeiten, und wir brauchen uns nicht aktiv darum zu bemühen. Die Suche nach dem Muster kann sogar dazu dienen, das betreffende Gefühl zu vermeiden.

❗ *Die Identifizierung von Mustern ist hilfreich, aber nicht wesentlich*

Auch wenn Sie soeben die Tabelle der Kerngefühle und Emotionen geprüft haben, sind Ihnen dabei wahrscheinlich einige Ihrer wichtigeren Muster entgangen, weil sie Ihnen nicht bewusst sind. Nachdem Sie mit Ihren Gefühlen gearbeitet habe, werden Ihnen einige Ihrer Muster und möglicherweise auch die zu Grunde liegenden Überzeugungen bewusst werden. Die Identifikation von Mustern ist für eine effektive Verarbeitung jedoch nicht unbedingt nötig und tritt vielleicht auch erst auf, nachdem Sie schon eine ganze Reihe von Emotionen bereinigt haben.

Stellen Sie sich beispielsweise vor, dass ein Mann Probleme mit der Autorität hat. Ständig befindet er sich in Konflikten mit verschiedenen Autoritätspersonen, weil er solche Situationen unbewusst sucht oder anzieht oder sie sogar unbewusst erzeugt. Er parkt sein Auto vielleicht an Stellen, wo Parken verboten ist, und wird ausfallend, wenn er einen Strafzettel bekommt. Noch schlimmer wäre, wenn er immer wieder Konflikte am Arbeitsplatz hätte, etwa bei jeder Gelegenheit ärgerlich würde und das Gefühl hätte, kontrolliert, eingeschränkt oder benutzt zu werden. Kraft unseres Geistes sind wir fähig, Konflikte aus unserem Unterbewusstsein nach außen zu projizieren, so dass sie eine objektive Basis haben.

Autoritätsprobleme gehören zum Machtzentrum. Die unbewusste und irrationale Überzeugung, die dem Konflikt zu Grunde liegt, ist vielleicht die, dass jedes Nachgeben gegenüber Autoritäten ein Anzeichen von Schwäche darstellt, welches um jeden Preis zu vermeiden ist, wenn man nicht übervorteilt werden will. Diese Überzeugung führt zur Ablehnung der Kerngefühle, kontrolliert, eingeschränkt und benutzt zu werden. Bei dem Versuch, diese Gefühle zu vermeiden, fällt der Mann in das dualistische Muster einer zwanghaften rebellischen Selbstbestimmung. Er versucht, in die »Freiheit« zu fliehen, indem er jegliche Autorität ablehnt. Eine integriertere Wahrnehmung dieser Dualität wäre eine vernünftige Selbstautonomie, ausgeglichen durch den Respekt vor der Autorität, welche das kooperative Wesen der Gesellschaft repräsentiert.

Seine Emotionen der ersten Ebene sind Wut darüber, dass er von anderen kontrolliert wird, gepaart mit Verachtung gegenüber Autoritäten. Normalerweise hätte er nicht die Einsicht oder den Hintergrund, um die Grundlage des Konfliktes zu verstehen, und es wäre leicht möglich, dass er sein ganzes Leben verbringt, ohne sich darüber klar zu werden, was der Ursprung für seinen Schmerz ist. Wahrscheinlich hat er viel Zorn unterdrückt, so dass sein Zustand chronisch geworden ist. Zorn kann übrigens auch durch andere Muster verursacht werden; chronischer Zorn bedeutet nicht zwangsläufig, dass ein Autoritätsproblem vorliegt.

Wenn der Mann nun eine effektive Methode erlernt, mit deren Hilfe er seine unterdrückten Emotionen bereinigen kann, dann wäre es möglich, dass er davon profitiert, ohne die Ursache seiner Verhaltensmuster zu verstehen. Das Wissen, dass er einen Autoritätskonflikt hat, wird erst an einem bestimmten Punkt seiner Entwicklung bedeutsam. Möglicherweise hat er die Information schon früher erhalten, ohne sie jedoch zu verstehen. Die Wahrnehmung des Musters wird auf natürliche Weise erreicht, während er die Verarbeitungstherapie fortsetzt. Wenn er das Muster erkennt, wird er nicht automatisch frei davon. Die Therapie muss weitergeführt werden, aber jetzt wird er wahrscheinlich schneller vorwärts kommen, weil er sich auf das Muster selbst beziehen kann.

Sie sollten mit Ihrer Selbstwahrnehmung auf ähnliche Weise umgehen. Während Sie die Gefühle verarbeiten, deren Sie sich bewusst sind, machen Sie echte Fortschritte in Ihrer Entwicklung. Wenn die Zeit reif ist, werden die zu Grunde liegenden dualistischen Kernmuster und schließlich auch die dahinter stehenden Überzeugungen erkennbar werden.

Sobald Sie sich Ihrer Verhaltensmuster bewusst sind, können Sie auch darüber meditieren. Dadurch werden Sie die Muster besser kennen lernen und unterdrückte Energie freisetzen. Andere, damit verbundene Emotionen, werden auftauchen, um integriert zu werden. Sie können Ihre Wahrnehmung, wie die Muster Ihr Verhalten beeinflussen, vertiefen, und diesen Einfluss durch Akzeptanz verringern.

Wenn Sie beginnen, sich Ihrer Muster bewusst zu werden, spüren Sie auch besser, wenn eine Emotion auftritt, noch ehe sie sich verfestigen kann. Wenn Sie wollen, können Sie nun die wahrgenommene Emotion neutralisieren, indem Sie das Gefühl nicht ablehnen. Verarbeitung ist dann nicht mehr nötig, weil sich keine Energie aufbaut, keine unterdrückten Emotionen zum Vorschein kommen oder weil sie schon bereinigt worden sind. Dennoch müssen Sie darauf achten, dass Sie nicht zu intellektuell werden und denken, Sie könnten Ihre emotionalen Reaktionen kontrollieren, weil Sie Ihre Muster kennen. Es ist besser, jedes aufkommende Gefühl zu verarbeiten, als anzunehmen, es sei neutralisiert worden, weil man das Muster erkannt hat.

▌ *Muster spiegeln sich im Geburtshoroskop*

Auch wenn die Astrologie von Psychotherapeuten meist nicht ernst genommen wird, sollten wir uns daran erinnern, dass Jung selbst sie für aussagefähig hielt und nach einem Weg suchte, wie man sie in die psychologische Arbeit integrieren konnte. Ich habe festgestellt, dass die Astrologie mit der integrativen Verarbeitung gut vereinbar ist. Da ich mich viel mit Astrologie beschäftigt habe, nehme ich oft das Geburtshoroskop eines Klienten zu Hilfe, um die Muster zu identifizieren, die integriert werden müssen. Die Geburtsstellung der Planeten repräsentiert die energetischen Potenziale des inneren Selbst und entspricht den energetischen Verhältnissen zwischen den Chakras. Blockaden in den Chakras können sofort identifiziert und direkt durch Atemübungen, Körperarbeit und eine präzise Verarbeitung beeinflusst werden. Transite und Progressionen im Horoskop zeigen, zu welchen Zeitpunkten wichtige Lebensthemen aktuell werden – das sind die Phasen, in denen wir an diesen Themen arbeiten müssen. Das Horoskop ist auch ein Beleg für die eigenen Erfahrungen. Wenn man ein Potenzial für sexuelle Zwanghaftigkeit hat, für Angstthemen oder Zorn, zu bestimmten Beziehungsstrukturen neigt oder anfällig für Drogenmissbrauch im weitesten Sinne ist, dann macht die psychologische Interpretation des Horoskops das deutlich. Diese Fähigkeit der Astrologie hilft uns enorm, Verantwortung für uns selbst zu übernehmen, statt der Überzeugung anzuhängen, dass andere oder unsere Kindheit unsere jetzige Situation »verursacht« hätten. Es ist offensichtlich, dass wir schon mit diesen Mustern geboren wurden.

Gleichwohl enthält die Astrologie keine Lösung; sie identifiziert nur das Problem – die Verarbeitung bietet die Lösung. Bevor ich anfing, mich mit den Prinzipien der Verarbeitung zu beschäftigen, benutzte ich die Astrologie als ein System, das mich vor Problemen warnen konnte, die in meinem eigenen Charakter oder dem einer anderen Person lagen und zu meiden waren; ich hatte keine Vorstellung von Akzeptanz. Die Folge war eine Unterdrückung von Gefühlen und Erfahrungen. Wenn wir die Astrologie einsetzen, dürfen wir nicht vergessen, dass es uns vor allem darum geht, Muster zu integrieren, nicht sie zu vermeiden. Aber die Astrologie ist nicht unbedingt wesentlich; die Verarbeitungstherapie kommt auch gut ohne sie aus. Die Muster werden früh genug erkennbar. Ich empfehle Ihnen, die Astrologie nur zu benutzen, wenn Sie ein Interesse daran haben. Wenn nicht, beginnen Sie einfach mit der Arbeit an der emotionalen Energie, die Sie spüren.

Wir kommen auf die Welt mit einigen wenigen maßgeblichen Mustern. Unsere Lebensaufgabe besteht darin, diese Muster, die uns so viel Schmerz bereiten, zu integrieren. Wir müssen verstehen, dass wir dabei nur allmähliche Fortschritte machen. Langsame, aber stetige Erfolge sind im Grunde die wirkungsvollste Art der Transformation, denn Ergebnisse, die wir über Nacht erzielen, verschwinden meist genauso schnell, wie sie gekommen sind.

Machen Sie sich Ihre Erfahrung zu Eigen

Zu den wichtigsten Prinzipien der Verarbeitung gehört die Notwendigkeit, sich seine Erfahrung zu Eigen zu machen. Durch die Unterdrückung der Vergangenheit haben wir unser Karma erschaffen, das unterbewusste Reservoir negativer Energien, die wir nach außen projizieren, um dann die Erfahrung zu machen, dass sie von anderen Personen oder Umständen auf uns gerichtet werden. Diese äußeren Quellen sind wie Spiegel, die unsere eigenen Negativitäten reflektieren. Sie sind die Schauspieler in dem Theaterstück, bei dem wir Regie führen. Sie wirken exakt so, dass sie die unterdrückten Gefühle, die wir in uns tragen, an die Oberfläche bringen. Das ist der Zweck, den wir ihnen unbewusst zuweisen.

Das zu verstehen und die Verantwortung für jede Art von Negativität zu übernehmen, mit der wir konfrontiert werden, bedeutet, uns unsere Erfahrung zu Eigen zu machen. Sie werden kein Gefühl und keine Situation transformieren können, solange Sie es sich nicht zu Eigen gemacht haben. Zugegeben, das kann eine große Herausforderung und eine schwierige Angelegenheit sein. Vielleicht denken Sie, dass Sie unfair behandelt werden; vielleicht empfinden Sie Zorn, Bitterkeit oder haben das Gefühl, Ihr Herz würde brechen; aber wenn Sie nicht die Verantwortung dafür übernehmen, verfehlen Sie den entscheidenden Punkt. Sie müssen von der Annahme ausgehen, dass Sie Ihre negative Erfahrung durch die Projektion von unterdrückten Energien selbst geschaffen haben.

! *Machen Sie sich klar, dass Sie projizieren*

Die Erkenntnis, dass Sie projizieren, ist der wichtigste Aspekt der Wahrnehmung. Bis zu diesem Moment schlafen Sie einfach. Sie reagieren blind auf Ihre Projektionen. Wenn Sie bewusst werden, hören Sie auf zu reagieren. Sie machen sich Ihre Erfahrungen zu Eigen, statt sie abzulehnen und von ihnen getrieben zu werden.

Beim ersten Schritt der Verarbeitung werden Sie die Verantwortung für Ihre Erfahrungen wahrscheinlich nur ansatzweise übernehmen können – Sie werden Ihre Gefühle wahrscheinlich nicht im Bauch wahrnehmen können, weil Sie sich immer noch im Intellekt befinden, und Ihr Gespür für Ihre eigene Verantwortung wird sich zwangsläufig auf eine intellektuelle Annahme beschränken, aber das reicht erst einmal aus. Sie müssen die

Theorie, die dahinter steht, von Grund auf erfassen, damit Sie mit dem nötigen Vertrauen weitermachen können, besonders in Zeiten von emotionalem Stress, wenn es nicht leicht ist, eine klare Perspektive zu bewahren.

Wann immer Sie mit der Verarbeitung beginnen, gehen Sie von der Annahme aus, dass Sie für das verantwortlich sind, was Sie vor sich sehen. Mit anderen Worten, geben Sie keinem anderen Menschen, keiner Sache oder Situation die Schuld daran. *Beschuldigen Sie sich auch nicht selbst dafür.* Weil der Prozess, sich seine Erfahrungen zu Eigen zu machen, ein so wichtiger Teil der Arbeit an sich selbst ist, wollen wir uns jetzt etwas genauer ansehen, wie wir durch Projektion die Negativität erzeugen, der wir begegnen. Es gibt fünf verschiedene Arten von Projektion.

Dualistische Projektion

In der einfachen dualistischen Erfahrung wirkt kein unterbewusstes Karma. Die negative Seite der Wahrnehmung ist untrennbar mit der positiven verbunden; beide müssen erlebt werden. Vergnügen verliert beispielsweise rasch seinen Glanz. Es ist nicht von Dauer und scheint andere negative Aspekte mit sich zu bringen, die wir nicht erwartet haben. Wir erzeugen diese anderen Aspekte und weisen ihnen dann negative Werte zu, um damit ein Gleichgewicht herzustellen.

Jede Erfahrung enthält das Negative zusammen mit dem Positiven, sogar dann, wenn wir schon beträchtlich daran gearbeitet haben, unser persönliches Unterbewusstsein zu reinigen. Integrative Verarbeitung kann man sich so vorstellen, dass sie zwei Ebenen der Anwendung hat. Die erste ist die Ebene der Heilung – uns von den aufgestauten unterdrückten Gefühlen zu befreien, die zu Fehlfunktionen und akutem Stress führen. Wenn wir das getan haben, bringen wir uns ins Gleichgewicht, was eine ausgewogene Erfahrung von Dualität bedeutet. Im

Gleichgewicht zu sein heißt nicht, dass wir vom Negativen befreit sind. Wir erleben es weiter als Teil der normalen, dualistischen Lebenserfahrung. Die Techniken der Verarbeitung dienen uns dann auf der zweiten Ebene der Anwendung, der Integration ausgewogener Dualitäten. Wir arbeiten immer noch mit dem Negativen, aber die erfolgreiche Arbeit führt nun zur endgültigen Integration und Überwindung des Dualismus. Wenn wir dieses Stadium erreicht haben, geht es uns nicht mehr so sehr um Heilung, sondern um die Weiterentwicklung unseres Bewusstseins.

Schattenprojektion

Weil wir uns von Teilen unseres inneren Selbst abgeschnitten haben, indem wir bestimmte Gefühle ablehnen, werden wir sensibel für und sogar angezogen von Eigenschaften anderer Menschen, welche uns an unsere unterdrückten emotionalen Anteile erinnern, die wir vermissen. Das ist damit gemeint, wenn wir sagen, dass man *sich selbst in anderen sieht*. Weil wir diese inneren Eigenschaften jedoch nachdrücklich verdammt haben – durch den Akt der Unterdrückung, aus dem unser persönlicher Schatten erwächst –, ächten wir dann gewöhnlich auch die äußere Reflexion. Wir werden verurteilend und intolerant; wir verabscheuen den Spiegel.

Wenn wir beispielsweise unsere Sexualität unterdrücken, dann verurteilen wir Sexualität im äußeren Leben. Wir unterdrücken unseren inneren Zorn, um dann jene zu verurteilen und zu bestrafen, die gewalttätig werden, statt ihnen Mitgefühl entgegenzubringen. Gleichzeitig sind wir fasziniert von allem, was wir unterdrückt und projiziert haben – denken Sie nur an Sex und Gewalt im Fernsehen. Wir befinden uns in der unmöglichen Situation, dass wir lebenswichtige Teile unserer selbst ablehnen und unterdrücken, diese in anderen erkennen und davon angezogen werden und die betreffenden Eigenschaften gleichzeitig verurteilen.

Reinigende Projektion

Die nächste Stufe der Projektion ist die, wenn wir starke Gefühle entwickeln und denken, eine bestimmte Situation oder Person würde diese Gefühle in uns auslösen. Wir reagieren nicht nur empfindsamer auf äußere Anreize, sondern überlagern einfach die Realität mit dem, was wir in unserem Inneren unterdrückt haben; wir sehen Dinge, die nicht wirklich da sind. Wir nehmen das wahr, was wir in unserem Inneren tragen – was wir unbewusst projizieren, um uns davon zu befreien.

Unser Partner muss eines Abends Überstunden machen, und wir denken, er hätte uns verlassen. Alle unsere Verlustängste und ihre Folgen kommen an die Oberfläche; wir fühlen uns hilflos, wütend und einsam. Wir geben unserem Partner die Schuld, streiten mit ihm und stellen Forderungen. Wir erkennen nicht, dass das Ereignis lediglich die Gefühle anspricht, die wir in unserem Inneren vergraben haben. Wir sehen nicht die wirkliche Welt, sondern filtern sie durch unsere Schichten unterdrückter Energien und denken, unsere Gefühle würden von außen verursacht. Diesen Zusammenhang zu verstehen ist wichtig und grundlegend für Ihre Arbeit. Ihre Erkenntnis, wie Sie dieser Art von Projektionen auf den Leim gegangen sind, wird sich vertiefen und Sie in Erstaunen versetzen.

Solche Gefühle werden bereinigt, weil sie zuvor unterdrückt waren. Sie kommen an die Oberfläche, *wenn die Bedingungen dafür richtig sind* – wenn ein Ereignis oder die negative Seite einer dualistischen Erfahrung die Projektion fördert. Ihre Reaktion darauf ist zwangsläufig unverhältnismäßig. Sie überreagieren.

In weiter fortgeschrittenen Fällen provozieren wir unbewusst andere und gehen dann auf deren Verhalten ein. Sie stellen eine unangemessene Forderung an Ihren Partner und sind dann verärgert und verzweifelt, wenn er sich dagegen wehrt. Sie sorgen selbst dafür, dass eine bestimmte Situation eintritt. Solche Fälle sind schwierig zu erkennen, wenn man sie gerade erlebt. Deshalb müssen Sie bei Problemen stets davon ausgehen, dass Sie gerade negative Emotionen projizieren und bereinigen.

Diese Stufe der Projektion wird von der westlichen Psychologie im Allgemeinen erkannt und verstanden. Die nächste Stufe wird im Westen nicht voll verstanden, wohl aber im Osten.

Manifestierende Projektion

Diese Stufe wird erreicht, wenn sich die unterdrückte Energie so weit aufgebaut hat, dass wir Ereignisse und Menschen anziehen, welche dieser Energie entsprechen. Wir erzeugen tatsächlich die Bedingungen, denen wir in der scheinbar »äußeren« Welt begegnen. Wenn wir ständig die Emotionen unterdrückt haben, die in früheren Phasen an die Oberfläche gekommen sind, gelangen wir schließlich zu dieser Stufe, wie es den meisten von uns auf vielen Gebieten ergangen ist.

Wir ziehen einen Menschen an, der uns wirklich verlässt, angefangen bei unserer Mutter oder unserem Vater bis hin zum ersten und zweiten Ehepartner. Und sogar wenn uns das Muster bewusst wird, sind wir anscheinend nicht fähig, es zu durchbrechen. Wir prüfen äußerst sorgfältig jede Beziehung, auf die wir uns einlassen, geraten aber anscheinend immer wieder in dieselbe Situation; anfangs fällt uns das nur nicht auf. Wir sind in eine so genannte *zwanghafte Wiederholung* geraten. Wir können das Muster nicht durchbrechen, weil wir die Gefühlsenergie nicht aufgelöst haben, die immer wieder dazu führt, dass wir diese Art von Person oder Situation anziehen.

In unserer Arbeit erkennen wir die *zwanghafte Wiederholung* als eine Art von Projektion. Wir ziehen immer wieder dieselbe Situation an, um die Gefühlsenergie aus dem Inneren an die Oberfläche zu bringen und zu bereinigen. Man könnte sagen, dass unser Höheres Selbst uns zu unserem eigenen Besten immer wieder in diese Situationen bringt, oder man könnte sagen, dass die Gefühlsenergie ausstrahlt und ähnliche Energien auf die unbewussten inneren Ebenen zieht. Im Osten kennt man dieses Phänomen seit vielen Jahrhunderten und nennt es Karma.

Über die manifestierende Projektion wird im Umfeld des New Age viel gesprochen. Ich bin sicher, Sie haben schon den Satz gehört: »Du bist, was du denkst« oder: »Ändere dein Denken, und dein Leben wird sich ändern«. Unsere Überzeugungen erschaffen unsere Welt. Das Problem besteht jedoch darin, dass die meisten unserer Überzeugungen auf einer unterbewussten Ebene bleiben und gar nicht so leicht zu erkennen und zu verändern sind, nicht einmal mit irgendwelchen Techniken zur Reprogrammierung, von denen Sie vielleicht gehört haben.

Es sind nicht die Überzeugungen selbst, sondern die unterdrückten unbewussten Energien, die aus den Überzeugungen resultieren, welche in die Welt hinausgehen, unsere Erfahrung prägen und zu uns zurückkehren. Wir ziehen genau dieselben Energien an, die wir unterdrücken, um sie zu bereinigen. Ein sehr zorniger Mensch unterdrückt seinen Zorn vielleicht bis zu dem Punkt, an dem er zum Opfer wird, wenn jemand anders einen irrationalen Ausbruch hat und Gewalt anwendet oder wenn sich ein scheinbar unpersönlicher Autounfall ereignet. Die Tatsache, dass unterdrückte Energien aus früheren Leben mitgebracht werden, hilft uns zu erklären, warum ein offensichtlich unschuldiger Mensch in solche Schwierigkeiten gerät.

Dies ist die Essenz der Karmatheorie in Bezug auf die Ereignisse, die uns aus keinem erkennbaren Grund treffen. Wir werden in Armut geboren, führen ein hartes Leben, sind einsam, haben Pech und so weiter – all diese Bedingungen sind die Folge von Energien, die wir nicht richtig aufgelöst, sondern in unserem Inneren bewahrt haben.

Zwischenmenschliche Beziehungen sind in besonderer Weise für karmische Übertragungen anfällig. Man kann davon ausgehen, dass größere Schwierigkeiten, die wir miteinander haben, eine Folge davon sind, dass wir uns mit derselben Person in einem früheren Leben nicht vollständig ausgetauscht haben. Die Verbindung bleibt bestehen, weil wir uns gegenseitig durch dualistische Liebe/Hass anziehen und dazu neigen, die Dynamik einer bestimmten Beziehung zu wiederholen, bis ihre Energie angemessen aufgelöst wird. Es gibt inzwischen Psychotherapeuten, die Ihren Klienten bei der Aufarbeitung vergangener Leben helfen. Sie gehen von der Voraussetzung aus, dass das erneute Empfinden der unterdrückten Schmerzen die Blockaden auflösen wird.

Diese Form der Therapie ist logisch und effektiv, aber ich bin der Meinung, dass man nicht unbedingt in die Vergangenheit zurückgehen muss, sei es nun die Kindheit oder ein früheres Leben, um unterdrückte Emotionen freizusetzen. Die Vergangenheit hat die Gegenwart geformt, und die Probleme und Gefühle, denen Sie sich heute gegenübersehen, sind dieselben wie damals. Entscheidend ist, dass Sie die betreffenden Energien auflösen, indem Sie sie akzeptieren und erfahren, und dass Sie die Selbstablehnung beenden, die eine solche Auflösung verhindert. Das lässt sich auf ziemlich effektive Weise erreichen, indem Sie mit den negativen Gefühlen arbeiten, wie Sie sie heute wahrnehmen. Auf der anderen Seite können Sie in ein früheres Leben zurückgehen, die Selbstablehnung aufrechterhalten und dadurch weiterhin versäumen, Ihre Gefühle aufzulösen oder zu integrieren. Wichtig ist, ganz gleich, ob in einem früheren oder im gegenwärtigen Leben, dass Sie als ersten Schritt zur Bereinigung die Verantwortung für Ihre Erfahrung übernehmen.

Spontane Reinigung

Letztlich schaffen wir unsere Erfahrungen nicht durch Handeln in der äußeren Welt, sondern bei der Meditation, Körperarbeit, bei Atemübungen oder zu jeder beliebigen Zeit. Sobald wir mit der Arbeit an uns selbst beginnen, erzeugen wir die Bedingungen, unter denen Gefühle spontan bereinigt werden.

Bei der spontanen Bereinigung treten negative Emotionen ohne einen besonderen Grund auf. Traurigkeit, Zorn, Depression, sexuelle Gefühle, Stimmungen, was auch immer – diese Gefühle können vorübergehend sogar schlimmer werden als zu der Zeit, bevor Sie mit der Arbeit an sich selbst begonnen haben. Das ist durchaus üblich, sobald man mit der inneren Arbeit anfängt. Sie sollten es positiv sehen, denn Sie erkennen daran, dass Sie sich von Ihrem psychischen Müll befreien. Wenn diese Gefühle an die Oberfläche kommen, müssen Sie sie erleben. Wenn Sie sich dagegen wehren, führt das nur zu erneuter Unterdrückung.

Wie lange dauert diese Reinigungsphase? Sobald Sie verstehen, was Sie sich selbst angetan haben – vielleicht während Ihres gesamten Lebens und auch schon in früheren Leben – und die Wende zu einer spirituellen oder gefühlsmäßigen Orientierung vollziehen, können Sie nicht mehr dieselbe Person bleiben. Sie werden unsicher in dieser Welt, weil Sie sich von den alten materialistischen Zielen nicht mehr angezogen fühlen, aber noch unter dem Einfluss der freigesetzten psychischen Gifte aus Ihrem Inneren stehen. Außerdem haben Sie noch keine echte Vorstellung davon, wie Ihr Leben in Zukunft aussehen könnte, wenn Ihr höheres Bewusstsein entwickelt ist. Dieses Erwachen ist in der Tat eine sehr empfindliche Phase, und Sie müssen sanft und fürsorglich mit sich umgehen. Wie lange? So lange es nötig ist.

Bekräftigen Sie, dass Sie gerade verarbeiten

Der Intellekt ist der Ort, an dem wir unsere Entscheidungen treffen. Eine wichtige intellektuelle Funktion besteht darin, dass wir uns bewusst entscheiden, mit der Verarbeitung fortzufahren und nicht in die Unbewusstheit und Selbstablehnung zurückzufallen, die eine Integration unmöglich macht.

Wenn Sie bekräftigen, dass Sie bei der Verarbeitung Fortschritte machen, werden Sie automatisch von den Fertigkeiten Gebrauch machen, die Sie gelernt haben. Es ist nicht nötig, über den nächsten Schritt nachzudenken; beobachten Sie einfach, wie die Probleme sich der neuen Perspektive anpassen, die zur Integration führt.

*Ich akzeptiere mich selbst,
meine Gefühle und meine Lebensumstände,
wie sie sind. Ich gebe niemandem die Schuld daran,
denn ich verstehe, dass ich selbst geschaffen habe,
was ich wahrnehme. Indem ich nicht mehr versuche,
meinen Erfahrungen auszuweichen, ermögliche
ich eine allmähliche Transformation.
Meine Selbstliebe wächst, weil ich den Mut habe,
mich selbst so zu bejahen und zu sehen,
wie ich bin.*

7.

Akzeptanz

Akzeptanz ist der zweite Schritt bei der integrativen Verarbeitung. In dieser Phase sind wir uns eines negativen Gefühls oder einer Situation bewusst geworden und zu der intellektuellen Annahme gelangt, dafür verantwortlich zu sein. Vielleicht können wir die Zusammenhänge noch nicht in ihrer vollen Tiefe und Bedeutung verstehen, aber wir sind uns bewusst, dass etwas Schmerzliches aufgelöst werden muss.

Die schmerzlichen Gefühle sind nicht bereinigt worden; sie bleiben stark, weil wir sie gewohnheitsmäßig ablehnen. Die Ablehnung von Gefühlen ist eine Selbstablehnung, weil wir auf einer bestimmten Ebene unsere Gefühle *sind*. Wir befinden uns in einem endlosen Teufelskreis aus Schmerz und Selbstablehnung, dem Gegenteil der Selbstliebe. Die Zurückweisung von Gefühlen führt auch zur Unterdrückung. Der Schmerz bleibt unterdrückt, und wann immer er uns bewusst wird, unterdrücken wir ihn erneut durch Selbstablehnung. In diesem Kapitel werden wir uns ansehen, wie wir uns selbst ablehnen, sogar wenn wir das gar nicht wollen. Selbstablehnung ist ein wichtiges Thema, und wir werden es in allen Einzelheiten untersuchen.

Es gibt in unserem Inneren fast eine Art Automatik, die uns zur Selbstablehnung oder Unterdrückung neigen lässt. Der Grund dafür ist nicht festzustellen, sondern es scheint sich um einen

Teil der menschlichen Natur zu handeln. Unterdrückung gehört zu unserem Dasein. Hätten wir nicht unser Karma, unser unterdrücktes Unterbewusstsein, dann gäbe es aus metaphysischer Sicht keinen Grund für die Existenz der Welt. Die Welt ist unsere Projektion, und jede Projektion enthält zwangsläufig unterdrückte Inhalte. Diese Sichtweise hat sich für mich als hilfreich erwiesen; sie erleichtert es mir, Gleichmut zu bewahren und mich nicht davon entmutigen zu lassen, dass es im Unterbewusstsein so viel aufzuarbeiten gibt.

❗ *Selbstablehnung ist eine Funktion des Verstandes*

Der Verstand ist das Tor, das sich öffnet oder schließt und dadurch direkte Erfahrungen zulässt oder verhindert. Jede Aktivität des Verstandes, die eine direkte Erfahrung blockiert, bedeutet Selbstablehnung. Auf der anderen Seite bedeutet jede Aktivität des Verstandes, die eine direkte Erfahrung zulässt, Selbstakzeptanz.

Selbstbejahung ist eher eine passive als eine aktive oder aggressive Eigenschaft. Sie tritt in Erscheinung, wenn die mechanische Verstandesreaktion der Selbstablehnung aufgehört hat. Folglich haben wir dabei eigentlich nichts zu tun, sondern müssen nur aufhören, etwas zu tun. Wir sind darauf konditioniert, aggressiv unsere Ziele in der Welt zu verfolgen. Oft wenden wir uns dem inneren Wachstum mit derselben Aggression und Ungeduld zu und wollen unbedingt Resultate sehen. Genau diese Haltung ist eine Form von Selbstablehnung. Akzeptanz geschieht, wenn wir nicht aktiv suchen, wenn es keine Erwartungen und kein Streben gibt und der Verstand zur Ruhe gekommen ist.

Wenn wir etwas zulassen, werden die Barrieren des Verstandes gegenüber der direkten Erfahrung – dem Fühlen des Ereignisses – abgebaut. Wenn Sie fühlen, unterdrücken Sie nicht; Sie leben im gegenwärtigen Augenblick. Ob Sie intellektuell mit diesem Augenblick, so wie er ist, einverstanden sind, hat nichts mit Ihrer Akzeptanz zu tun. Wenn Sie sich selbst bejahen, blockiert Ihr Verstand nicht Ihre Gefühle. Dem Intellekt steht es frei, bestimmte Vorlieben zu haben. Sie können etwas akzeptieren, auch wenn es Ihnen nicht gefällt. Wenn Ihnen die Situation, so wie sie ist, nicht gefällt, dann können Sie sich aktiv für ihre Veränderung einsetzen, aber das hat keinen Einfluss auf Ihre Akzeptanz.

Akzeptieren Sie sich selbst

Als ich anfing, mich für die Arbeit an mir selbst zu interessieren, fühlte ich mich von Lehrern und Methoden angezogen, deren Ansatz mir zu helfen schien, mich in einen besseren Menschen zu verwandeln, ohne die »Fehler«, die ich für anstößig hielt. Ich versuchte auch, Fertigkeiten zu entwickeln, die mir helfen sollten, das zu erlangen, wovon ich glaubte, es würde mich glücklich machen. Ich fühlte mich angezogen von Wachstumstherapien als Mittel zur Selbstverbesserung. Auch heute noch finde ich solche Therapien attraktiv, aber mein Motiv hat sich geändert. Heute versuche ich, zu akzeptieren und zu integrieren, nicht zu verändern. Indem ich sie annehme, werde ich mir der Teile meiner selbst bewusst, die ich vorher nicht wahrgenommen habe; meine Individualität erweitert sich und wird gefördert; Muster werden ausgeglichen; Wachstum geschieht.

Ich hoffe, ich habe Ihnen vermitteln können, dass jeder Versuch, etwas zu meiden oder zu verändern, das als negativ wahrgenommen wird, jeder Versuch, besser zu sein oder sogar liebevoller, am Ende selbstzerstörerisch wirkt. Sie können versuchen, sich zu verändern, aber Sie stärken das Negative nur, wenn Sie dagegen ankämpfen. Beim Kampf gegen das Negative kämpfen Sie gegen sich selbst und können nicht gewinnen. Sie unterdrücken nur die negativen Energien durch Selbstablehnung. Unbewusste Konflikte werden nicht gelöst, und die entsprechenden Bedingungen treten zu einer anderen Zeit und an einem anderen Ort erneut auf. Das rechtfertigt natürlich nicht, dass wir weiterhin unsere Negativitäten *ausagieren*; wir verzichten einfach darauf, Veränderungen erzwingen zu wollen.

Wachstum geschieht durch Integration, nicht durch Veränderung. Wachstum lässt sich nicht auf direktem Weg erreichen. Auch persönliche Veränderungen lassen sich nicht auf direktem Weg erreichen. Integration geschieht, nachdem Sie wirklich akzeptiert haben, wer und was Sie *in diesem Augenblick* sind, *ohne den Versuch, irgendeinen Teil Ihrer selbst zu verändern*. Der Wunsch nach Veränderung ist der subtile Geisteszustand der Selbstablehnung.

Akzeptieren Sie Ihre Gefühle

Um integriert zu werden und zu wachsen, müssen Sie Ihre Gefühle so akzeptieren und wahrnehmen, wie sie sind, ganz gleich, um welche Art von Gefühlen es sich handelt. Wenn Sie in einer Situation versagt haben und enttäuscht sind, dann müssen Sie Ihre Enttäuschung zulassen und wahrnehmen. Wenn Sie sich vor etwas fürchten, dann müssen Sie Ihre Furcht bejahen und empfinden. Wenn Sie zwanghaft sind, dann müssen Sie Ihre Zwanghaftigkeit annehmen und empfinden. Beachten Sie, dass ich nicht sage, Sie sollten auf irgendeine dieser Emotionen reagieren oder sich davon motivieren lassen; ich sage nur, Sie sollten dem Fühlen der Emotionen keinen Widerstand entgegenbringen.

Mit anderen Worten: Gefühle sind nie ein Ausdruck von Selbstablehnung oder Akzeptanz, nicht einmal das Gefühl, sich selbst zu hassen. Es ist die Einstellung gegenüber den Gefühlen, die Annahme oder Ablehnung ausdrückt. Wenn Sie unterbewusste Gefühle von Missbilligung, Ärger oder Hass gegen sich selbst entdecken, dann müssen Sie behutsam damit umgehen. Natürlich kann man solche Gefühle als einen Ausdruck von Selbstablehnung verstehen; paradoxerweise stimmt das jedoch nicht, wenn Sie die Gefühle akzeptieren können. Erst wenn Sie die Gefühle nicht zulassen wollen und sich davon in irgendeiner Form motivieren lassen, wird daraus Selbstablehnung. Gefühle von Selbsthass sind das, was wir in die Welt hinausprojizieren. Wir meinen dann, andere würden uns hassen, oder wir hassen sie.

Selbstverurteilung repräsentiert, genauso wie andere negative Emotionen, aufgestaute negative Energien. Sie müssen auf irgendeine Weise aufgelöst werden. Wenn wir die Energie bewusst akzeptieren und erleben, kann die Bereinigung stattfinden. Lassen Sie Gefühle von Selbsthass zu, ohne dabei Schuld zu empfinden. Machen Sie sich diese Gefühle bewusst, und gestatten Sie ihnen, ihren Energiekreislauf zu vollenden. Wenn Sie die Gefühle akzeptieren und sie direkt erfahren, werden sie sich auflösen. Sie werden eine Katharsis der gestauten Energie erleben, die sich vorher negativ auf Sie ausgewirkt hat. Sie werden spontan die Geschichte des Gefühls verstehen und erkennen, wie sich das Muster hinter dem Hass gebildet hat, das vielleicht sogar in ein früheres Leben zurückreicht. Aber das geschieht nur, wenn Sie mit Akzeptanz beginnen.

❗ *Akzeptanz bedeutet, dass Sie sich gestatten,*
■ *manchmal unglücklich zu sein*

Unglücklich sein ist leichter zu akzeptieren, wenn Sie die dualistische Natur der Existenz erfassen können. Dualismus bedeutet, dass glücklich und unglücklich sein immer zusammengehören. Wenn Sie beide Seiten dieses Dualismus bejahen können, öffnen Sie die Tür zur wirklichen Transformation. Sie beginnen zu wachsen und das Problem zu transzendieren. Paradoxerweise fangen Sie nun an, auf eine andere, nicht dualistische Art glücklich zu sein, die nicht von äußeren Bedingungen abhängig ist. Glücklich sein wird *bedingungslos.*

Dies ist das Muster für echte Veränderung. Eine echte und dauerhafte Transformation geschieht, wenn Sie die dualistische Erfahrung innerlich integrieren. Dann klammern Sie sich nicht mehr an die eine Seite der Dualität, während Sie die andere Seite ablehnen und unterdrücken und dabei sich selbst ablehnen. Sie setzen unterdrückte Energien frei und finden zum Gleichgewicht.

Jung war vermutlich der Erste, der die Vorstellung der Integration von Dualität in die zeitgenössische Psychologie einführte. Er hat das so formuliert, dass wir unseren *Schatten* akzeptieren müssen, den dunklen und negativen Aspekt, den wir unterdrücken, weil er schmerzhaft ist. Jung war der Ansicht, dass wir alle eine solche Schattenseite haben. Mit ihr Frieden zu schließen stand im Mittelpunkt seiner Arbeit. Die integrative Verarbeitung ist ein Ansatz, der Ihnen genau das ermöglicht.

Wenn Sie Ihre negative Seite akzeptieren sollen – Ihr Elend, wenn Sie so wollen –, wie können Sie dann sicher sein, dass es sich auflöst? Die Frage selbst beinhaltet das Motiv der Vermeidung. Dieses Motiv wird Akzeptanz und Integration erschweren. Das entspricht dem empfindlichen Wesen der Akzeptanz.

Sie können nicht akzeptieren, um etwas loszuwerden; sie müssen akzeptieren, um es zu einem Teil Ihrer selbst zu machen.

❗ *Ergeben Sie sich in das, was ist*

Akzeptanz ist ein moderner Ausdruck für das, was in der klassischen Terminologie als Ergebung bezeichnet wird. Ergebung ist eine komplizierte Angelegenheit, und ich habe Leute getroffen, deren Vorstellung davon meines Erachtens verzerrt war. Bedeutet Ergebung blinden Gehorsam gegenüber einem Guru, vollständige Unterwerfung unter äußere Ereignisse und Personen, Resignation gegenüber persönlichen Umständen, den Versuch, das persönliche Ego durch Verzicht zu zerstören, oder einfach Gleichgültigkeit? Oder bedeutet es totale Willfährigkeit gegenüber den eigenen Impulsen? Es ist nichts von alledem, aber jede dieser Alternativen ist eine Falle, in die man geraten kann.

Ergebung ist eine persönliche Vorstellung, die im Verlauf einer aktiven spirituellen Praxis wie der integrativen Verarbeitung wachsen und sich verändern wird. Im Grunde handelt es sich darum, dass Sie *den Widerstand gegen das, was ist, aufgeben*, sowohl im Hinblick auf Ihre inneren Gefühle als auch in Bezug auf die äußeren Ereignisse. Wir hegen Widerstände auf tiefen Ebenen, ohne einen rationalen Grund dafür zu haben.

Ich habe festgestellt, dass es am einfachsten ist, mit dem Kultivieren der Ergebung auf der körperlichen Ebene zu beginnen. Die Wahrnehmung körperlicher Empfindungen, bei denen wir in Wirklichkeit Energie empfinden, und ihr wahlloses Annehmen lehrt uns, wie wir Emotionen akzeptieren können.

Das Ergeben in Emotionen fällt Ihnen im Verlauf der Arbeit an sich selbst zunehmend leichter. Ich erinnere mich, wie ich bei meiner eigenen Arbeit an den Punkt gekommen bin, an dem ich erkannte, dass es unvermeidlich ist, schmerzliche Erfahrungen zur Kenntnis zu nehmen und zu akzeptieren. Während ich mich in die Annahme ergab, vielleicht zornig zu sein – das Thema, an dem ich gerade arbeitete –, löste ich meine Widerstände auf einer tieferen Ebene auf, und das urteilende, analytische, fürsorgliche Ego lockerte sich. Ich fürchtete mich nicht mehr vor meinem Zorn. Ich hielt es nicht mehr für so wichtig, ob ich zornig war oder nicht, und ich erkannte, wie befreiend ein Zustand absoluter Gleichgültigkeit sein würde. Mein Zorn wäre damit nicht zwangsläufig verschwunden, aber wenn ich mir keine Gedanken mehr darüber machen würde, dann wäre ich nicht länger daran gefesselt. Ich schuf den richtigen Rahmen für eine mögliche endgültige Reinigung, aber ich verließ mich nicht darauf, denn ich wusste, dass sie vielleicht nie stattfinden würde.

Das letzte Stadium der Ergebung haben wir erreicht, wenn wir keiner inneren oder äußeren Erfahrung mehr einen Widerstand entgegensetzen. Wir haben dann alle Vorstellungen fallen lassen, die uns diktieren, wie die Dinge sein sollten; es gibt kein kritisches Selbst mehr, das die Ereignisse des Lebens bewertet, bestimmte Aspekte zu meiden versucht und sich an anderen festklammert. Natürlich haben wir immer noch eine persönliche Identität und bestimmte Vorlieben, aber unsere Gefühle werden nicht behindert – wir gestatten ihnen, so zu sein, wie sie sind, ohne darauf reagieren zu müssen. Wir sind *echt*.

Echt zu sein ist ein wichtiger Teil der emotionalen Selbstakzeptanz. Es bedeutet, dass wir unseren wahren Gefühlen taktvoll erlauben, sich zu zeigen, wenn es angemessen ist – wir erlauben uns zu sein, was wir sind, und versuchen nicht mehr, das zu sein, was anderen lieber wäre oder was sie von uns erwarten. Echt können wir nur sein, wenn wir die Verantwortung für unsere Gefühle übernommen haben. Bis dahin werden andere befremdet sein oder sich bedroht fühlen, wenn Sie negative Gefühle zeigen, weil sie spüren, dass sie Ihnen oder den äußeren Umständen die Schuld für Ihren Zustand geben. Wenn Sie die Verantwortung für Ihre Gefühle übernehmen, empfinden andere Ihre Ehrlichkeit nicht mehr als bedrohlich, sondern wissen sie zu schätzen. Sie müssen die Tatsache, dass Sie die Verantwortung übernommen haben, auch nicht ausdrücklich übermitteln. Andere werden das ebenfalls spüren.

Akzeptieren Sie die äußere Welt

Erfahrungen lassen sich in zwei große Bereiche unterteilen: innere und äußere. Häufig setzt sich ein Erlebnis aus beiden Elementen zusammen. Es sieht dann vielleicht so aus, als würden äußere Ereignisse die innere Erfahrung verursachen. Etwas geschieht und wir reagieren darauf anscheinend mit einer Emotion. Wir wissen jedoch, dass wir unser Erleben durch die Mechanismen der Projektion selbst erzeugen; das äußere Ereignis ist lediglich der Anreiz. Weil wir auf einen geeigneten Bildschirm projizieren, gibt es stets ein Element dessen, was wir projiziert haben, in der Person oder Situation, die uns als Leinwand dient. Wir versuchen nicht, dies vor der Verarbeitung herauszufinden; es wäre in unserem subjektiven Zustand zu schwierig und würde die Integration behindern, weil es uns auf der Verstandesebene festhalten würde. Deshalb gehen wir davon aus, dass wir alles, was wir wahrnehmen, projiziert haben. Später, im Anschluss an die Integration, erlangen wir ein objektiveres Verständnis der Anteile, die jede Partei in das Ereignis eingebracht hat.

❗ *Akzeptanz der äußeren Welt ist Selbstakzeptanz* Ja

Da wir alles, was wir in der äußeren Welt wahrnehmen, durch Projektion selbst erschaffen haben, bedeutet das Annehmen

183

der Ergebnisse Selbstakzeptanz. Wenn Sie beispielsweise bei anderen Menschen Eigenschaften wahrnehmen, die Ihnen nicht gefallen, dann projizieren Sie diese Eigenschaften weitgehend als eine Art von *Schattenprojektion*. Wenn Sie die Eigenschaften akzeptieren können, ohne den Versuch, sie oder das, was Sie dabei empfinden, zu verändern, dann ist das Selbstakzeptanz. Um sie zu praktizieren, müssen Sie vielleicht Ihr Missfallen zulassen.

Mit anderen Worten: Versuchen Sie nicht, sich selbst dazu zu zwingen, etwas schön oder gut zu finden, das Ihnen eigentlich nicht gefällt, um es zu akzeptieren. Denken Sie daran: Akzeptanz bedeutet, dass Sie sich Ihren Gefühlen öffnen, ganz gleich, welcher Art sie sind. Lassen Sie Ihre Gefühle zu, so wie sie sind, lassen Sie Ihr Missfallen zu, aber reagieren Sie nicht darauf. Da Ihr Missfallen das Ergebnis Ihrer Projektion ist, sollten Sie nicht einen anderen Menschen dafür verantwortlich machen. Wenn Sie selbst die Verantwortung für Ihr Missfallen übernehmen können, werden Sie zu einer konstruktiven Beziehung zu dem anderen Menschen fähig sein, bei der Sie Ihr Missfallen überwinden.

Ähnliches gilt für jedes andere Ereignis oder Erlebnis, das Sie betrifft: Sie akzeptieren sich selbst, wenn Sie das Ereignis akzeptieren. Beschuldigen Sie niemand anders dafür und flüchten Sie auch nicht in den Gedanken, es sei Ihnen einfach nur »passiert«. Unsere unbewussten feinstofflichen Energien formen die Umstände so, dass sie genau zu unseren Bedürfnissen passen. Sie projizieren Ihre unterdrückte Energie in die Welt und nehmen sie so wahr, als würde sie von außen auf Sie zukommen. Daraus folgt, dass Sie sich selbst ablehnen, wenn Sie das ablehnen, was Ihnen geschieht oder einfach *vorhanden ist*. Wenn Sie gegen das Ereignis kämpfen, kämpfen Sie gegen sich selbst.

Wenn wir das verstehen, sehen wir unser gesamtes Ringen aus einer anderen Perspektive. Wenn wir das Ereignis durch

Projektion erzeugt haben, entspricht jedes Ankämpfen dagegen einer Art von Selbstzerstörung. Wer kann dabei gewinnen, wenn wir uns selbst bekämpfen?

❚ Akzeptanz beinhaltet keine Selbstgefälligkeit

Sie sollten nicht selbstzufrieden sein, wenn Sie sich Situationen stellen, die eine kreative Antwort verlangen. Akzeptanz bedeutet nur, dass Sie die Situation *jetzt* bejahen, nicht etwa, dass Sie sie auch in Zukunft ertragen werden. Akzeptieren Sie Ihre Verantwortung für die Situation und die damit verbundenen Schmerzen, aber unternehmen Sie, falls nötig, auch etwas, um diese Situation zu verbessern oder zu verändern.

Viel von unserem Karma ist so beschaffen, dass Konfrontation und Veränderung erforderlich sind. Wir stehen realen Problemen gegenüber und müssen sie auf konstruktive Weise bewältigen. Die Schwierigkeit liegt darin, dass wir ohne eine Reinigung unseres Unterbewusstseins durch unser Handeln immer wieder dieselben Situationen erzeugen oder anziehen. Wenn wir an ein Problem mit Akzeptanz herangehen, findet die erforderliche Veränderung ohne Kampf statt. Sie müssen deshalb zu einem vernünftigen Gleichgewicht zwischen Handeln und Akzeptanz finden, wobei die Betonung auf der Akzeptanz liegt.

Ich möchte in diesem Zusammenhang einen Punkt hervorheben, den viele Leute missverstehen. Sie meinen, Akzeptanz würde bedeuten, dass sie sich in negative Situationen ergeben und sich dann zwingen müssten, Gefallen daran zu finden. Das stimmt aber nicht. Auf der intellektuellen Ebene steht es Ihnen frei, Vorlieben zu haben. Was Sie zulassen müssen, sind die *Gefühle* im Hinblick auf die Situation, *so wie sie sind*.

Wenn Sie schmerzliche Gefühle in Bezug auf ein bestimmtes Ereignis akzeptieren, schalten Sie Selbstablehnung aus, auch wenn Sie diese Gefühle vielleicht lieber nicht hätten. Das Ereignis darf Ihnen weiterhin missfallen, und das wäre in vielen Situationen selbstverständlich angemessen. Wenn Sie jedoch Ihre Gefühle in Bezug auf ein äußeres Ereignis zulassen, akzeptieren Sie es in gewisser Weise, und das führt schließlich zur Integration des Ereignisses. Sie landen bei dem Paradox, dass Ihnen etwas zwar nicht gefällt, Sie es aber gleichzeitig doch akzeptieren. Es missfällt Ihnen auf der intellektuellen Ebene; sie akzeptieren es auf der Verstandesebene; sie fühlen es auf der Körperebene; aber Sie unternehmen auch die nötigen Schritte, um Veränderungen herbeizuführen. Diese höchst pragmatische metaphysische Position sollte der Punkt sein, zu dem Sie schließlich in Ihrer Selbstakzeptanz im Hinblick auf Ereignisse gelangen, die eindeutig destruktiv sind.

Wenn Sie beispielsweise als Kind missbraucht worden sind, sollten Sie *nicht* versuchen, diesen Missbrauch intellektuell zu akzeptieren. Stattdessen müssen Sie Ihre Gefühle im Hinblick auf den Missbrauch zulassen. Sie haben Schmerz, rasende Wut, Erniedrigung, Verlassenheit, Traurigkeit empfunden – das sind die Gefühle, die Sie akzeptieren müssen. Diese Gefühle waren schon in Ihrem Unterbewusstsein verborgen, und Ihre Erfahrung hatte nur den Zweck, sie ins Bewusstsein zu bringen, um sie zu bereinigen. Wenn Sie Ihre Gefühle verarbeiten, können Sie sie auflösen.

Bei Ereignissen, die nicht offenkundig destruktiv, sondern nur ärgerlich oder Besorgnis erregend sind, werden Sie feststellen, dass ein Zulassen der dabei aufkommenden Gefühle Ihre Meinung über die Ereignisse verändern wird. Sie werden sie nicht mehr als Probleme betrachten. Ihre Meinung wird sich auf natürliche Weise verändern, während Sie die negativen Energien durch Ihre Arbeit an sich selbst auflösen; es handelt sich dabei nicht um etwas, das Sie direkt tun können.

Mit anderen Worten: Ob Ihnen etwas gefällt oder nicht, hat nichts mit Ihrer Akzeptanz von Gefühlen zu tun. Gefallen oder

Missfallen ist für das Fühlen nicht von Bedeutung. Bei der Selbstakzeptanz geht es ausschließlich darum, dass Sie Ihre Gefühle so akzeptieren, wie sie sind.

Verhalten Sie sich nicht-reaktiv

Nicht-reaktives Verhalten ist die notwendige Ergänzung zur Akzeptanz. Es ist nicht möglich, negative Gefühle zu akzeptieren und dann zu denken, dass Sie frei sind, diese Gefühle auszuagieren oder sie auf irgendeine Weise in das Universum auszudehnen. Das wäre ein schwerer Fehler. Akzeptanz ist nur sinnvoll, wenn Sie sich nicht-reaktiv verhalten.

Nicht-reaktives Verhalten bedeutet, dass Sie sich von negativen Gefühlen *nicht motivieren* lassen. Es bedeutet *nicht*, dass Sie versuchen sollten, diese Gefühle abzulehnen, einzuschränken, zu kontrollieren oder gar nicht zu haben. Gefühle treten spontan auf, und jeder Versuch, sie zu kontrollieren, bedeutet Unterdrückung. Sie sollten die Gefühle zulassen und sich auch jeden körperlichen Ausdruck gestatten, der zu ihrer inneren Auflösung gehört – beispielsweise Lachen oder Weinen –, aber dann sollten Sie nicht weiter auf die Gefühle reagieren.

Nicht-reaktives Verhalten führt nicht zur Unterdrückung, weil Sie dem Gefühl gestatten, sich voll in Ihrem Bewusstsein auszudrücken, wenn Sie sich auf die direkte Erfahrung einlassen. Direkte Erfahrung des Gefühls ist alles, was nötig ist, um eine Unterdrückung auszuschließen. Wenn Gefühle aufkommen, befinden Sie sich in einer prekären Situation. Sie haben die damit verbundenen Spannungen noch nicht durch Verarbeitung aufgelöst und sind deshalb versucht, auf das Gefühl zu reagieren, um die Spannung abzubauen.

Tun Sie das nicht. Lassen Sie sich nicht von dem Gefühl motivieren. Entlassen Sie die Negativität nicht ins Universum, indem Sie irgendetwas tun oder ausdrücken, was sich langfristig vielleicht als zerstörerisch erweisen würde. Sie lernen ausgeklügelte Techniken, die es Ihnen ermöglichen, negative Gefühle aufzulösen, ohne sie auszuagieren, aber Sie müssen sich in Willenskraft und Selbstdisziplin üben. Der Wille ist eine wichtige Funktion des Intellekts, die jetzt eingesetzt werden muss.

Nicht-reaktives Verhalten ist entscheidend im Hinblick auf aktive Emotionen wie Zorn, Besitz ergreifendes Verhalten, Eifersucht oder Lust, wird aber auch benötigt, wenn wir mit passiven Emotionen wie Furcht, Traurigkeit oder Einsamkeit arbeiten. Wenn wir negativen Emotionen nachgeben und uns davon motivieren lassen, geben wir ihnen mehr Macht über uns und verstärken das negative Muster. Indem wir nicht reagieren und uns nicht von ihnen motivieren lassen, lockern wir das Muster.

Nicht zu reagieren ist am schwierigsten, wenn wir angegriffen werden und uns verteidigen müssen. Wenn Sie nicht-reaktives Verhalten zu anderen, meditativeren Zeiten geübt haben, werden Sie auch fähig sein, unter Stress dabeizubleiben. Sie können Ihre Rechte sehr viel wirkungsvoller verteidigen, weil Ihre Emotionen Sie nicht behindern, obwohl Sie sie immer noch empfinden.

Nicht-reaktives Verhalten bedeutet nicht, dass Sie die Aggression eines anderen Menschen passiv hinnehmen müssen; es bedeutet nur, dass Sie dem anderen nicht die Schuld daran geben. Auch wenn Sie das vielleicht noch nicht erkennen, haben Sie selbst das erzeugt oder angezogen, was Ihnen jetzt durch die andere Person geschieht. Das sollten Sie intellektuell erkennen, aber dabei nicht auf die Verteidigung Ihrer Rechte verzichten.

So gesehen blockieren Sie sich selbst, wenn eine andere Person Sie scheinbar blockiert. Sie empfinden Zorn, weil das Machtzentrum frustriert ist, denken aber nicht, dass der andere Sie zornig gemacht hat. Übernehmen Sie die Verantwortung für

Ihren Zorn und lösen Sie ihn durch Verarbeitung auf. Dann können Sie den nächsten Schritt tun und mit der anderen Person arbeiten, um die nötigen kreativen Veränderungen in Bezug auf die Situation vorzunehmen. Sie werden diese Veränderungen wesentlich effektiver durchführen können, weil Sie dem anderen keinen Zorn entgegenbringen. Wahrscheinlich hätte sich die Situation auf Grund Ihrer Verarbeitung ohnehin automatisch verändert.

❗ *Halten Sie das Gefühl zurück*

Reaktives Verhalten geht immer einher mit dem Versuch, die Energie eines Gefühls loszuwerden. Wir lehnen es ab, wir agieren es aus, wir beschuldigen andere, wir lassen uns davon motivieren und so weiter. Es fühlt sich so an, als würden wir die Energie freisetzen, aber das ist nicht so. Wir verteilen sie nur, unterdrücken sie, schütten sie über andere aus. Wir nutzen die Erfahrung nicht zum Wachstum.

Verhalten wir uns dagegen nicht-reaktiv, dann versuchen wir nicht, durch irgendwelche Mechanismen der Selbstablehnung die Energie loszuwerden oder uns davon abzuwenden. Das Gefühl wird *zurückgehalten* und nicht ausgebreitet. Wir behalten das Gefühl im Körper, in reiner, konzentrierter Form, bereit für eine direkte Erfahrung. Das ermöglicht uns die Verarbeitung des Gefühls und gestattet uns, die Erfahrung zur Reinigung und zum Wachstum zu benutzen.

❗ *Schuldzuweisungen lösen Negativität nicht auf*

Psychologen stimmen im Allgemeinen der Aussage zu, dass der ungehemmte, beschuldigende Ausdruck negativer Emotionen kontraproduktiv im Hinblick auf die Auflösung dieser Emotionen ist. Mit Schuldzuweisungen meine ich die Konfrontation mit anderen, streiten, anklagen, beschuldigen, anbrüllen, Rache nehmen und so weiter. Wenn man sich ansieht, welche Auswirkungen ein solches Verhalten hat, muss man es zweifellos als selbstzerstörerisch bezeichnen.

Erstens verstärkt es das Missverständnis, dass der andere verantwortlich sei; sie betrachten sich selbst als Opfer. Zweitens kehrt das, was Sie ausstrahlen, zu Ihnen zurück, meist in verstärkter Form; es gibt jede Menge unbewusste Menschen in Ihrer Umgebung, die nur auf jemanden warten, mit dem sie negative Energien austauschen können. Drittens trägt die Konfrontation wirklich nichts zur Auflösung der Emotion bei, die sich weiterhin und noch aufgewühlter in Ihrem Inneren befindet. Viertens verletzen Sie andere durch einen solchen Angriff, und das führt zur Entfremdung, die manchmal irreparabel ist.

Ich habe sogar Zweifel, ob das »Freisetzen« von Energien in Therapiesitzungen zweckmäßig ist, in denen die Klienten ihre Emotionen ausagieren, indem Sie auf Kissen einschlagen und so weiter. Wenn man beispielsweise über seine Eltern verärgert ist, dann wird einem gewöhnlich nicht erklärt, dass die Eltern im Grunde nicht für die Verletzungen verantwortlich sind, unter denen das Kind gelitten hat; das Kind selbst wählt die Bedingungen, die seinen Charakter in Übereinstimmung mit dem unterdrückten Unterbewusstsein aktivieren. Diese Therapie führt vielleicht nur dazu, dass Schuldzuweisungen bestärkt und verschärft werden, was der Hauptgrund dafür sein kann, dass es dem Klienten nicht gelingt, den unterdrückten Ärger aufzulösen. Dennoch wird nach einer energetischen Therapiesitzung, in der es zur Katharsis gekommen ist, auch die Schuldzuweisung aufgelöst sein. Aber wie oft wird eine echte Katharsis erreicht, und was kommt zuerst, die Katharsis oder der Verzicht auf Schuldzuweisungen?

Der erste Schritt zur Vermeidung von Problemen, die mit einem ungehemmten Ausdruck von Gefühlen einhergehen, ist ein nicht-reaktives Verhalten. Denken Sie nicht, dass Sie dadurch weniger spontan oder stärker gehemmt würden. Spontan zu sein bedeutet, dass man in positiver und kreativer Weise auf jedes Ereignis reagieren kann und nicht an einen feststehenden emotionalen Reflex gebunden ist wie ein Roboter, der springt, wenn ein bestimmter Knopf gedrückt wird. So im eigenen Drama verloren zu sein, dass man den Ausdruck negativer Emotionen nicht mehr unter Kontrolle hat, ist nichts weiter als unbewusste Emotionalität. Wenn Sie nicht-reaktives Verhalten praktizieren, üben Sie sich darin, die Art von Person zu werden, die Sie sein möchten. Wenn es Ihnen nicht gelingt, bei Ihrem nicht-reaktiven Verhalten zu bleiben, lehnen Sie sich selbst ab.

Identifizieren Sie Selbstablehnung

Oft sind wir uns eines bestimmten Gefühls bewusst, oder wir erleben eine bestimmte Situation immer wieder, aber wir werden mit der Sache nicht fertig. Manchmal quälen wir uns jahrelang mit bestimmten Emotionen und wissen einfach nicht, wie wir sie loswerden sollen. Diese Gefühle und Situationen bleiben bestehen, weil sie nicht bereinigt werden. Wenn wir etwas direkt erfahren, wird es bereinigt. Der Kreislauf der Energie wird aufgelöst und beendet. Direkte Erfahrung bedeutet, dass wir lange genug und auf die richtige Weise bei einem Gefühl bleiben, so dass die Bereinigung stattfinden kann. Selbstablehnung verhindert jedoch eine direkte Erfahrung, und das Gefühl kann nie bereinigt werden. Wir »suhlen« uns in unserem Elend und in Selbstablehnung. Das Gefühl steigt immer wieder in uns auf und wird immer wieder unterdrückt.

❗ *Sie müssen Ihre Gedanken sorgfältig beobachten*

Selbstablehnung ist eine Folge der Aktivität unseres Verstandes. Wir reagieren gedanklich auf unsere Gefühle, statt nichtreaktiv zu bleiben. Natürlich führt nicht jede Aktivität des Verstandes zur Unterdrückung, aber oft missbrauchen wir unsere Gedankenkräfte, weil wir unbewusst versuchen, Gefühle zu vermeiden. Da Selbstablehnung ein Produkt des Verstandes ist, kann der Intellekt – eine höhere Funktion – sie identifizieren und beschließen, sie zu beenden, indem er seine Unterscheidungsfähigkeit einsetzt. Wir hören auf, uns selbst abzulehnen, einfach weil wir uns bewusst dazu entschlossen haben.

Aber um die Selbstablehnung zu beenden, müssen wir zunächst erkennen, wie sie wirkt und was sie uns antut. Wir müssen sehr aufmerksam beobachten, wie unser Verstand arbeitet. Dies ist die »Achtsamkeit« des Buddhismus. Selbstablehnung ist ein Teil unserer grundlegenden Konditionierung und kann durch Erziehung und Gewahrsein verändert werden. Wenn wir bewusst wahrnehmen, wie wir uns selbst ablehnen, verhilft uns dies zur Befreiung, und wir können über die Mechanismen der Selbstablehnung hinauswachsen.

Die Prinzipien, um die es hier im Hinblick auf die Selbstablehnung geht, waren auf dem traditionellen Weg zur Erleuchtung immer von zentraler Bedeutung. Auch in der heutigen Gesellschaft bleiben diese Prinzipien dieselben, aber der Akzent hat sich gegenüber früheren Zeiten vielleicht verschoben. Dennoch bleibt ein Problem stets gegenwärtig: Die Prinzipien scheinen ihrer Natur nach negativ zu sein.

Es kann langweilig werden, genau herauszufinden, wie wir uns selbst ablehnen. Wenn wir in gewohnheitsmäßige Selbstablehnung verfallen, neigen wir außerdem dazu, abhängig von der gedanklichen Konditionierung zu werden, die unsere Unterdrückung aufrechterhält. Wenn diese Konditionierung in Frage gestellt wird, reagieren wir möglicherweise so ängstlich und besorgt, dass wir unsere Ohren lieber verschließen. Wir wollen nichts hören, weil unsere grundlegenden Egostrukturen bedroht sind. Wir leugnen weiterhin. Es ist gleichgültig, wie unglücklich wir mit uns selbst sind, weil wir uns an unser Elend klammern. Wir fürchten, wir könnten zum Nichts werden, wenn man uns unsere selbstzerstörerische Konditionierung nimmt.

Das ist nicht ganz irrational. Unsere gewohnheitsmäßige Selbstablehnung stützt uns; sie setzt uns Grenzen, aber sie lässt uns auch durchhalten. Wenn sie beseitigt wird, haben wir keine Unterdrückungsmechanismen mehr, mit denen wir uns gegen die vielleicht überwältigende Negativität wehren können, die dicht an der Grenze zur bewussten Wahrnehmung liegt. Wir haben den Eindruck, der Boden würde uns unter den Füßen weggezogen, unsere Anker würden nicht mehr halten und wir würden vorübergehend die Orientierung verlieren, bis ein neuer Bezugsrahmen aufgebaut ist.

! *Bleiben Sie guten Mutes, um Ihre Selbstablehnung sanft zu durchbrechen*

Widerstand gegen die Lockerung von Gedankenmustern der Selbstablehnung wird zum sekundären Problem, wenn Sie mit der inneren Arbeit beginnen. Falls Sie mit einem Therapeuten arbeiten, wird dieser es für selbstverständlich halten, dass Widerstände auftreten; sie zu bewältigen gehört zu seinen Aufgaben und Fähigkeiten. Vielleicht werden wir defensiv und ärgerlich gegenüber unserem Therapeuten oder einem anderen Menschen, der unsere Selbstablehnung beim Namen nennt. Wenn Sie alleine arbeiten, müssen Sie daran denken, dass unbewusste Widerstände Sie an Fortschritten hindern können und dass Sie an Ihrer Absicht festhalten müssen, die Voraussetzungen der Selbstablehnung aufzuheben. Sobald Sie verstanden haben, dass gewohnheitsmäßige Selbstablehnung Sie in Ihrem Elend hält, werden Sie den »Kampfgeist« entwickeln, der nötig ist, um Fortschritte bei Ihrer inneren Suche zu erzielen.

Vielleicht haben Sie den Eindruck, dass unsere Diskussion über die verschiedenen Verhaltensweisen der Selbstablehnung keine Bedeutung für die Arbeit hat, mit der Sie Ihr inneres Wachstum fördern möchten. Vielleicht meinen Sie, dass Sie eine bestimmte Art von tief wirkender Arbeit benötigen. Diese Vorstellung mag gerechtfertigt sein, kann aber auch nur eine andere Form von Widerstand darstellen. Verhaltensweisen, auch wenn sie in bestimmter Hinsicht noch so profan sind, haben eine tief gehende Wirkung auf uns. Es ist die *Einstellung* hinter dem Verhalten, die uns beeinflusst, und eben diese Einstellung übersehen wir gerne und halten sie für unbedeutend. Wir sehen den Wald vor lauter Bäumen nicht.

Wir erkennen nicht, dass wir uns selbst fast jede Minute des Tages ablehnen, kaum dass wir morgens aufgestanden sind. Wir sind konditioniert und konditionieren uns selbst immer wieder neu zur Selbstablehnung, und dabei verstehen wir überhaupt nicht, warum es uns so schlecht geht. Vielleicht meinen Sie, eine bestimmte Einstellung, die Sie haben, sei kein Problem, Sie könnten damit leben, und das sei nur menschlich, aber denken Sie daran: Sie können Selbstablehnung nicht akzeptieren.

! *Selbstakzeptanz bedeutet nicht, dass Sie Selbstablehnung zulassen dürfen*

Mit Selbstablehnung müssen wir freundlich und liebevoll umgehen. Die unterstützenden Verhaltensmuster müssen aufgebrochen werden, und das ist oft mit echten Schmerzen verbunden. Sie müssen verstehen, was dabei vor sich geht, und dürfen beim Aufgeben der unterstützenden Muster weder zu lange zögern, noch sollten Sie sich dabei zu sehr unter Druck setzen. Sie müssen mit sich selbst ebenso freundlich umgehen wie mit anderen. Auch wenn wir in allen Einzelheiten über Selbstablehnung sprechen, kann es doch schwierig sein, unser eigenes Verhalten objektiv zu beurteilen. Dies ist ein weiterer Bereich, in dem uns ein qualifizierter Therapeut oder sogar ein sensibler Freund sehr helfen kann.

Wenn wir also über Selbstablehnung sprechen, dann bedenken Sie bitte, dass wir dabei nicht negativ sind, obwohl es hier um negative Verhaltensmuster geht. Viele der hier dargelegten Vorstellungen stellen vielleicht eine Herausforderung für Sie dar. Aber bei der weiteren Auseinandersetzung mit diesen Ideen wird Ihnen deren Logik allmählich klar werden.

Formen der Selbstablehnung

Verdrängung

Verdrängung ist eine unbewusste Unterdrückung. Bei der Unterdrückung weiß ein Teil von uns immer, dass wir unterdrücken. Chronische Unterdrückung entwickelt sich zur Verdrängung, bei der wir weder die Gefühle noch den Akt ihrer Vermeidung bewusst wahrnehmen. Verdrängung ist die schwerwiegendste Art von Selbstablehnung, weil wir dabei völlig den Kontakt zu uns selbst verlieren. Die Negativität staut sich immer mehr und führt schließlich zu neurotischen Verhaltensweisen und Selbstzerstörung, beispielsweise in Form chronischer Depression oder Feindseligkeit; man wird krank, erleidet Unfälle oder wird zum Opfer von Gewalt.

Die meisten Menschen verdrängen ihre Gefühle bis zu einem gewissen Grad, vor allem, wenn sie ein aktives Leben führen. Ich halte das jedoch nicht für einen Grund zur Sorge, sofern wir mit der Arbeit an uns selbst beginnen. Wenn wir damit anfangen, uns mit den Problemen und Gefühlen auseinander zu setzen, die uns bewusst sind, verändern wir allmählich unsere Wahrnehmungsschwelle, und bisher verdrängtes Material kommt an die Oberfläche und kann integriert werden.

Ablehnung von Gefühlen

Die erste Art und Weise, wie wir unsere Gefühle bewusst unterdrücken, ist die Ablehnung. Da wir eine instinktive Aversion gegen Schmerzen haben, ist es nicht schwer zu verstehen, warum wir negative Erfahrungen vermeiden möchten. Wir nehmen an, wir könnten Schmerzen aus dem Weg gehen, indem wir uns von ihnen abwenden. Die Ablehnung von Gefühlen ist wahrscheinlich die Hauptursache für deren Unterdrückung, die zur Erzeugung des Unterbewusstseins führt. Dies ist eine der Fallen der Natur, die dafür sorgt, dass wir unser Karma schaffen, um die Welt zu projizieren.

Wir müssen uns einfach bewusst machen, welche Auswirkungen die Ablehnung unserer Gefühle hat. Trotzdem müssen Sie nicht ständig auf der Hut sein und voller Sorge auf den nächsten Moment warten, in dem Sie wieder etwas unterdrücken. Sie sollten sich nur jederzeit Ihrer Tendenz zur Ablehnung bewusst sein und sich allmählich immer mehr darauf einstellen, sich mit Ihren Gefühlen auseinander zu setzen, sie zu akzeptieren und vollständig zu erleben. Achten Sie auf die wichtigeren Themen, die dabei an die Oberfläche kommen.

Während Sie sich daran gewöhnen, Ihre Gefühle nicht mehr abzulehnen, sondern aktiv zu bearbeiten, werden sich Ihre persönlichen Grenzen erweitern. Wenn Sie Schmerz akzeptieren, statt ihm aus dem Weg zu gehen, ändert sich seine Natur, und er wird neutralisiert. Indem Sie Ihre Schmerzschwelle anheben, können Sie das Ausmaß des Leidens in Ihrem Leben effektiv verringern. Wenn Sie vor dem Schmerz weglaufen und die Schwelle senken, können Sie dem Leiden nie entkommen.

Schuldzuweisungen

Andere zu beschuldigen ist die nächste verbreitete Art und Weise der Selbstablehnung. Wir geben anderen die Schuld, weil wir keine Verantwortung übernehmen wollen. Wenn wir irgendeiner Person, einem Gegenstand oder einer Situation die Schuld für unsere Erfahrung geben, werden wir im Grunde blind für die Realität. Selbstakzeptanz ist dann unmöglich, und in unserem Inneren schwelt ständig die Selbstablehnung. Dazu gehört auch, dass wir uns selbst schuldig fühlen, was eine besondere Form der Selbstablehnung ist. Schuldzuweisungen bedeuten im Grunde nichts anderes, als dass man sich beklagt.

Andere zu beschuldigen ist so verbreitet, dass wir dieses Verhalten selten in Frage stellen. Es ist bei bestimmten Menschen fast eine Art von Bindungsritual, jedes Mal, wenn sie den Mund aufmachen, um eine andere Person für irgendetwas zu beschuldigen. Wenn Sie Ihre Freunde unterstützen wollen, dann unterstützen Sie deren Schuldzuweisungen. Die Leute geben ihrem Job die Schuld, Autoritätspersonen, der Regierung, der Wirtschaft – die Liste ist endlos. Beschuldigungen sind häufig ein Element, das Ehepaare, Liebende oder Partner aneinander bindet. Wenn ich jemandem begegne, der häufig andere beschuldigt, kommt es mir fast so vor, als würde ich eine wüste Comic-Szene beobachten, die sich dauernd wiederholt.

Intelligente und gebildete Menschen glauben, ihr Partner oder ihre Partnerin würde Dinge tun, die sie wütend machen. Oder ihre Kinder. Oder ihre Angestellten oder ihr Chef. Das sind alles Fälle projizierter Emotionen. Es gibt keinen Grund zu der Annahme, dass ein beliebiger Auslöser Ihrer Emotionen auch deren Ursache ist. Sie haben nur die Gelegenheit ergriffen, sich Ihre Gefühle bewusst zu machen.

! *Sie können nicht an sich selbst arbeiten, wenn Sie andere beschuldigen* ~~Keine Schuld~~

In der östlichen Philosophie betrachtet man jemanden, der andere beschuldigt, als unbewusst. Bewusst wird dieser Mensch erst, wenn er die Schuldzuweisungen hinter sich lässt und die wirkliche Ursache des Problems versteht. Wie wir schon ausführlich diskutiert haben, ist *die Person* die Ursache. Wenn man das versteht, ist das Problem noch nicht automatisch gelöst; es bedeutet nur, dass die Arbeit beginnen kann.

Wenn wir die Verantwortung für unsere Gefühle übernehmen, fängt damit eine entscheidende Wendung zur inneren Heilung an, aber die Schwierigkeit besteht darin, dass wir weiterhin *unbewusst* andere beschuldigen, auch wenn wir uns unsere Erfahrung intellektuell zu Eigen machen. Wir bleiben in der Selbstablehnung stecken und verhindern dadurch echte Akzeptanz, Integration und die Auflösung von Negativität. Eine der wichtigsten Herausforderungen jeder Therapie besteht darin, unbewusste Schuldzuweisungen zu überwinden.

Vielleicht gelingt es Ihnen, Ihre Gefühle direkt zu erleben, und Sie meinen, Sie hätten die Schuldzuweisungen hinter sich gelassen, aber die betreffenden Energien sind nicht aufgelöst, weil Sie auf einer tieferen Ebene immer noch andere beschuldigen. Der freie Fluss der Energien ist behindert. Statt zu integrieren, schmoren Sie in Ihrer Negativität. Ich rate Ihnen, besonders auf diese Möglichkeit zu achten, wenn Sie an Gefühlen arbeiten, bei denen es um zwischenmenschliche Beziehungen geht. Gelegentlich habe ich den Eindruck, dass ich mit meiner

Verarbeitung keinen Schritt weitergekommen bin, bis mir schließlich meine Schuldzuweisungen bewusst werden, von denen ich mich erst gezielt befreien muss, weil sie die Energien zurückhalten. Aber mit fortschreitender Integration wird es leichter, auf Beschuldigungen zu verzichten.

Unbewusste Schuldzuweisungen sind nicht wie unterdrückte Energien Teil des unterbewussten Karma. Andere zu beschuldigen ist eine Konditionierung des Verstandes, nicht des auf Energie basierenden Gefühls. Achten Sie deshalb darauf, dass Sie nicht versuchen, Schuldzuweisungen zu akzeptieren oder zu verarbeiten, um sie zu überwinden; dieses Verhalten würde die Beschuldigungen nur verstärken, statt sie aufzulösen. Auf Schuldzuweisungen muss man gezielt verzichten. Die Gefühle, die dahinter stecken, sind jedoch eindeutig karmischer Natur und müssen verarbeitet werden. Unbewusste Schuldzuweisungen müssen wir uns bewusst machen, weil sie einen Einfluss darauf haben, wie wir die Realität wahrnehmen, indem sie einen Kreislauf der Unterdrückung von Schuldzuweisungen erzeugen: Wir nehmen ein Gefühl wahr, beschuldigen unbewusst andere dafür, Selbstakzeptanz ist nicht möglich, und wir lehnen uns selbst ab. Wir unterdrücken das Gefühl und auch unsere Schuldzuweisung. Dasselbe Szenario existiert bei Selbstanklagen. Es ist weitgehend unbewusst, und deshalb finden wir nur schwer Zugang dazu.

Dies sind sensible und schwierige Themen in der Psychotherapie. In der traditionellen Therapie geht man davon aus, dass die Schuldzuweisungen im Verlauf der Behandlung allmählich verschwinden. Ich kenne Therapeuten, die ihre Klienten nicht darauf hinweisen, dass sie die Verantwortung für ihre Gefühle und Erfahrungen übernehmen sollten, weil der Klient das ablehnen würde. Stattdessen schlagen sie Vergebung vor.

▮ Vergebung ist die Erkenntnis, dass die Schuldzuweisung ein Fehler ist

Vergebung ist natürlich sehr erstrebenswert, aber oft missverstehen wir, was sie bedeutet. Vergebung bedeutet letztlich die Erkenntnis, dass der andere Mensch nicht wirklich die Verantwortung für das trägt, was uns durch ihn geschehen ist. Manchmal versuchen wir, uns selbst zur Vergebung zu zwingen, weil wir meinen, wir wären dann spirituell oder liebevoll, oder weil wir einfach den Schmerz vermeiden wollen. Wir glauben weiterhin, der andere sei für das verantwortlich, was uns geschehen ist, aber nun haben wir ihm sein Verhalten vergeben.

Solche Art von »Vergebung« ist intellektuell, »pseudo« und eine Selbsttäuschung. Sie entfernt uns von unserer inneren Erfahrung. Sie kann sogar das Ego aufblähen, weil wir meinen, wir seien großzügig genug, anderen zu vergeben. Echte Vergebung bedeutet zu verstehen, dass die ursprüngliche Schuldzuweisung falsch war. Das ist etwas völlig anderes, als einem anderen Verzeihung zu gewähren für etwas, wovon wir fälschlicherweise meinen, er habe es uns angetan.

Schuldzuweisungen spielen eine besonders wichtige Rolle in der Eltern/Kind-Dynamik, die oft im Mittelpunkt der traditionellen Therapie steht. Wir werden ermutigt, unseren Eltern zu vergeben, oft ohne verstanden zu haben, dass wir uns unsere Vergangenheit zu Eigen machen sollten. Diese Art von Therapie kann langfristig wirken, aber es fragt sich, ob nicht ein anderer, realistischerer Ansatz effektiver wäre? Wir wählen unsere Eltern und unsere frühen Lebensbedingungen als Katalysatoren für unseren Charakter. Die Ereignisse der Kindheit aktivieren lediglich die Inhalte, die im kindlichen Unterbewusstsein latent vorhanden sind – ein Gesichtspunkt, der von Vertretern der transpersonalen Psychologie heute diskutiert und unterstützt wird.

Oft wollen wir aus reinem Stolz nicht auf unsere Schuldzuweisungen verzichten. Unbewusst verstehen wir die Wahrheit, dass wir für unsere Erfahrungen selbst verantwortlich sind. Das bewusste Ego will jedoch jemanden beschuldigen, weil es sich selbst verteidigt. Es wehrt sich gegen das Gefühl, es könnte dumm genug sein, sich selbst zu schaden. Das Wesen des Ego und besonders sehr egozentrischer Menschen ist der Art, dass es immer Recht haben will, und Schuldzuweisungen dienen gewöhnlich dazu, die Selbstgerechtigkeit zu bewahren.

Selbstanklagen

Selbstanklagen sind eine Variante der grundlegenden Dynamik von Schuldzuweisungen. Es handelt sich dabei um einen Mechanismus, der darauf angelegt ist, die Verantwortung für die eigenen Gefühle und deren Wahrnehmung auf einer tieferen Ebene zu meiden. Indem wir uns selbst beschuldigen, schützen wir uns davor, so wie wir durch die Beschuldigung anderer unser Ego vor der Erkenntnis schützen, dass es für seine Erfahrungen selbst verantwortlich ist.

! *Selbstbeschuldigung ist nicht dasselbe wie Verantwortung zu übernehmen*

Wenn spirituelle Sucher zu erkennen beginnen, dass sie für ihre Erfahrungen selbst verantwortlich sind, tappen sie vielleicht in die Falle, nicht andere, sondern sich selbst zu beschuldigen. Das Resultat ist immer noch Selbstablehnung, die verhindert, dass sie bei ihrer Arbeit weiterkommen. Sie müssen erkennen, dass Ihr Karma aus Ignoranz und nicht aus Absicht gebildet wurde; es ist einfach das Ergebnis Ihrer gegenwärtigen evolutionären Entwicklungsstufe.

Wenn Sie Schuldgefühle empfinden, weil Sie meinen, Sie

seien für die Situation eines anderen Menschen verantwortlich, dann reagieren Sie unangemessen. Beziehungen beruhen immer auf Gegenseitigkeit, was bedeutet, dass es ein gegenseitiges Einverständnis gibt. Andere haben ebenfalls ihr Karma und die Beziehung gewählt, um sich ihre Erfahrungen anzueignen. Das gibt Ihnen natürlich nicht das Recht, andere absichtlich zu misshandeln.

Selbstanklagen können aufkommen, weil wir eigentlich einen anderen Menschen beschuldigen wollen, das aber nicht möglich ist. Da wir sonst kein Ventil haben, richten wir die Schuldzuweisung gegen uns selbst. In der Gestalttherapie bezeichnet man das als »Retroflektion«, die auch zusammen mit anderen aggressiven Impulsen auftreten kann. Wenn ein Kind beispielsweise nicht geliebt wird, kann es sich schuldig fühlen, weil es für seine Eltern nicht liebenswert genug ist. Die Überzeugung »Das ist mein Fehler« wird aktiviert. Außerdem empfindet das Kind Frustration, weil es nicht geliebt wird, und möchte seinen Eltern die Schuld daran geben. Es ist jedoch zu bedrohlich, die Eltern zu beschuldigen, weil sie zornig werden und dem Kind die Lebensgrundlage entziehen könnten. Also klagt sich das Kind selbst an und entwickelt dadurch noch mehr Schuldgefühle.

Das Kind erzeugt seine Schuldgefühle unbewusst, um sich vor der tieferen Erkenntnis zu schützen, keine Liebe für andere Menschen zu empfinden. Es ist vielmehr eingeschlossen in einem karmischen Muster aus Abhängigkeit/Ärger, das aus einem früheren Leben stammt. Der Ärger ist nicht bewusst, weil er unterdrückt wurde, aber er war einer der Faktoren, die das Kind ursprünglich in eine Beziehung mit diesen Eltern brachten. Das Kind projiziert den unbewussten Ärger auf die Eltern und erlebt sie als lieblos oder sogar hasserfüllt.

Wenn ein Mensch mit diesem Karma geboren wird, dann ist das Karma schwerer zu akzeptieren als die Vorstellung, dass die Eltern lieblos sind. Wenn das Kind den Eindruck hat, von seinen Eltern gehasst zu werden, dann wird das Ego vor der Erkenntnis geschützt, dass der Hass aus dem eigenen Inneren kommt; die Wahrnehmung von Hass im Inneren bleibt unterdrückt. Das Ego des Kindes greift nach der Vorstellung, dass die Eltern ihm keine Liebe schenken werden, und sucht sich Eltern aus, die dieser Vorstellung entsprechen, oder es wird ein Verhalten zeigen, das von den Eltern nicht gebilligt werden kann. Das Kind projiziert ihre Lieblosigkeit und entzieht sich dann der Verantwortung, indem es Schuldgefühle entwickelt. Dasselbe Beziehungsmuster findet man dann auch bei dem erwachsenen Menschen.

Vor allem intellektuell orientierte Therapien brauchen lange, um unbewusste Schuldgefühle aufzulösen. Wie sollen wir damit bei der Verarbeitung umgehen? Die Schuldgefühle müssen auf der gedanklichen Ebene rekonditioniert werden; wir dürfen sie nicht akzeptieren. Das Prinzip der Affirmation, das wir in Kapitel 13 behandeln, kann dabei effektiv eingesetzt werden.

Die letzte und vielleicht wichtigste Erkenntnis über Schuldzuweisungen ist die, dass wir, wenn wir andere beschuldigen, unser Recht auf Autonomie aufgeben. Wenn ein anderer Mensch tatsächlich verantwortlich für unsere Gefühle ist, dann sind wir dessen Sklave und haben in dieser lebenswichtigen Frage kein Selbstbestimmungsrecht. Wenn wir schließlich die Verantwortung für unsere Gefühle und das, was uns geschieht, übernehmen, dann werden wir eindeutig nicht mehr von außen kontrolliert. Wir geben unsere Macht nicht mehr an andere ab. Verantwortung zu übernehmen bedeutet, dass wir die Kontrolle über unser eigenes Leben haben. Wir sind keine Opfer mehr.

Anklagen gegen andere

Der uneingeschränkte Ausdruck von Schuldzuweisungen löst keine negativen Gefühle auf. Auch wenn es ein natürlicher Impuls zu sein scheint, unseren Unmut auszudrücken und unseren Schmerz gegen den vermeintlichen Urheber zu wenden, entsteht dieser Eindruck nur, weil wir unbewusst handeln. Wenn wir schließlich verstehen, dass der andere nicht für unsere Erfahrungen verantwortlich ist, wird deutlich, dass es völlig unangemessen ist, unsere Emotionen auszuagieren. Vielleicht hatten Sie das Gefühl, jemand habe Sie zornig »gemacht«, aber jetzt, da Sie besser verstehen, was wirklich geschieht, ist Ihnen hoffentlich klar, dass Schuldzuweisungen eine Verzerrung der Wahrheit darstellen und ihr Ausdruck einfach lächerlich ist. In unserer Leidenschaft verlieren wir jedoch oft die Objektivität.

! *Sich mit anderen zu streiten, sie anzubrüllen und die eigenen Emotionen auszuagieren, als seien andere daran schuld, ist völlig falsch und bringt Sie nicht weiter*

Andere offen zu beschuldigen gibt Ihnen nicht einmal das Vergnügen, sich abzureagieren. Wenn Sie versuchen, Ihrem Ärger Luft zu machen, indem Sie sich auf eine emotionale Konfrontation einlassen, führt das zu einer gewissen Bewegung der Energie, und deshalb mag es so aussehen, als könnten Sie dabei vorübergehend Erleichterung finden. Aber das Endergebnis einer ungehemmten Streiterei ist weitere Unterdrückung und nicht die Auflösung von Energien. Wenn Sie sich selbst und andere beobachtet haben, ist Ihnen vielleicht schon aufgefallen, dass emotionale Ausbrüche, sobald sie einmal begonnen haben, immer schlimmer werden, sogar wenn Sie Ihrem Unmut auf ruhige Weise »Ausdruck verleihen«. Außerdem nimmt dabei die Beziehung Schaden, und letztlich schädigen Sie sich selbst.

Wenn Sie Negativität ausdrücken, indem Sie anderen die Schuld geben und sie anklagen, unterminieren Sie das Vertrauen, das in jeder engen Beziehung herrscht. Der andere ist manchmal tief verletzt. Er kann sich vielleicht nur noch zurückziehen, wenn Sie ihn ständig beschuldigen und barsch behandeln. Und vielleicht erkennt der andere sogar, was Sie nicht sehen können: dass Sie selbst Ihre verzerrte Wahrnehmung der Wirklichkeit erzeugen und darauf reagieren. Am Ende vertreiben Sie die Menschen, die Sie lieben.

Wenn Sie negative Energie ins Universum entlassen, indem Sie sie ausdrücken, schaffen Sie außerdem die Bedingungen dafür, dass diese Energie zu Ihnen zurückkehrt, und das wird sie in verstärktem Umfang tun. Es ist der körperliche Ausdruck, der den Kreislauf in Bewegung setzt. Vorher befindet sich die Negativität in einer eher potenziellen Form, die leichter zu handhaben ist. Der konkrete Ausdruck von Schuldzuweisungen *bestätigt* die Negativität. Wenn die Person, gegenüber der Sie Ihre Negativität ausgedrückt haben, unbewusst und rachsüchtig ist, dann kommt Ihre Negativität durch diese Person zu Ihnen zurück. Ist sie das nicht, dann findet die Negativität einen anderen Weg zu Ihnen zurück, oft überraschend schnell. Das bezeichnet man als »sofort wirksames Karma«.

Natürlich können Sie ohne Schuldzuweisungen mit einem anderen Menschen, der verständnisvoll genug ist, sich nicht bedroht zu fühlen und eine Verteidigungshaltung einzunehmen, über Ihre Gefühle sprechen. Aber das ist etwas ganz anderes, als wenn Sie Ihren Beschuldigungen Ausdruck verleihen. Andere zu beschuldigen ist ein rachsüchtiger Angriff. Auf der feinstofflichen Ebene senden wir feindliche Energien aus, welche die Aura der angegriffenen Person durchdringen sollen. Deshalb ist beispielsweise eine wütende Auseinandersetzung so schmerzhaft. Dabei ist uns nicht klar, dass wir, um einen anderen durch Beschuldigungen zu verletzen, erst einmal uns selbst verletzen müssen. Der Angriff schwächt denjenigen, der die Energien aussendet, genauso wie den Empfänger, und rachsüchtige Menschen zerstören sich am Ende selbst.

Dennoch kann es uns so vorkommen, als sei es leichter, andere zu beschuldigen, als nicht zu reagieren, denn wenn wir unsere Gefühle ausdrücken, verzichten wir darauf, uns wirklich mit ihnen auseinander zu setzen und sie zu spüren – wir unterdrücken sie. Das ist das eigentliche Motiv hinter den Schuldzuweisungen und der Grund dafür, dass es uns so vorkommen kann, als würde es uns erleichtern, wenn wir unsere Gefühle »ausdrücken«. Aber die negative Energie wird dabei nur tiefer ins Unterbewusstsein getrieben. Wenn Sie die Wirkung bei sich selbst beobachten können, werden Sie wichtige Schritte unternehmen, um Kontrolle über Ihre Emotionen zu erlangen.

Wenn wir starke Emotionen empfinden, bewegen sich im feinstofflichen Körper Energien; das ist das Wesen einer Emotion. Wenn der Ausdruck von Negativität letzten Endes selbstzerstörerisch ist, wie sollen wir dann mit diesen Energiebewegungen umgehen?

❗ Starke Emotionen müssen durch Verarbeitung aufgelöst werden

Dazu werden Atemübungen und Körperarbeit eingesetzt, welche uns die Energie direkt erfahren lassen. Jede auftauchende Emotion wird nicht gemieden, sondern einfach gefühlt, und dadurch können wir sie auflösen, statt sie zu unterdrücken. Das fällt uns bisweilen vielleicht schwer, aber dies sind genau die Zeiten, in denen wir am meisten gewinnen können: wenn Schmerzen aus den Tiefen des Unterbewusstseins an die Oberfläche kommen. Das ist der Augenblick, in dem bedeutsame Veränderungen stattfinden können.

Eins ist dabei entscheidend: Wenn Sie in Gedanken weiterhin

anderen die Schuld geben, auch wenn Sie vielleicht darauf verzichten, diese Beschuldigungen auszusprechen, dann unterdrücken Sie Ihre Emotionen weiter, statt sie zu bereinigen. Sie bleiben in Schuldzuweisungen gefangen und können nicht an sich selbst arbeiten, obwohl die Tatsache, dass Sie Ihre Emotionen nicht mehr impulsiv ausdrücken, auf ein fortgeschrittenes Bewusstsein hinweist. Zur Selbstakzeptanz finden Sie erst dann, wenn Sie die Schuldzuweisungen durchschauen und verstehen, wie zerstörerisch ihr Ausdruck wirkt.

Ausagieren

Ausagieren bedeutet, dass negative Energien ins Universum ausgedehnt werden, indem wir sie in unser persönliches Verhalten einbeziehen. Statt Negativitäten wahrzunehmen, sie zu akzeptieren und nicht darauf zu reagieren, bestätigen wir sie und ihre Macht, uns zu beeinflussen, indem wir sie ausagieren. Wir bleiben unbewusst, selbstablehnend und reaktiv.

Wenn Sie beispielsweise Furcht ausagieren, werden Sie in unnötige Extreme verfallen, indem Sie mehrere Sicherheitsschlösser anbringen, nicht im Dunkeln aus dem Haus gehen, sehr argwöhnisch sind und so weiter. Sie projizieren Ihre Furcht unnötigerweise und fürchten sich vor den Dingen, auf die Sie projiziert haben. Sie reagieren auf diese Dinge und nehmen nicht wahr, dass Sie auf sich selbst reagieren.

Ein gesteigertes inneres Wahrnehmungsvermögen würde Ihnen helfen zu erkennen, dass die Furcht aus Ihrem Inneren kommt und dass Sie sie unbewusst projizieren. Akzeptanz würde Ihnen helfen, nicht mehr den Versuch zu machen, Ihre Furcht zu meiden, indem Sie vor ihr davonlaufen. Nicht-reaktives Verhalten würde Ihre Fähigkeit zur Integration und zur allmählichen Auflösung der Furcht fördern.

Die Motivation deckt ein weites Feld menschlicher Bedürfnisse ab, die überwiegend aus den niederen Zentren stammen. Unsere Motivation lässt uns negative Impulse ausagieren; wir versuchen, sie zu befriedigen, statt uns mit ihnen auseinander zu setzen und sie aufzulösen. Die Motivation ist ein weites Forschungsfeld, aber schwierig zu ergründen, weil der größte Teil unbewusst bleibt. Aber wir können uns unserer Motivation bewusst werden, wenn wir uns sorgfältig beobachten und bei dem beginnen, was wir wahrnehmen. Während wir solche wahrgenommenen Impulse verarbeiten, beginnen wir auch unsere tiefer verborgenen Motive aufzudecken.

All unseren Motivationen ist gemeinsam, dass sie aus einem Gefühl des *Mangels* hervorgehen. Wir haben den Eindruck, dass etwas fehlt, und machen uns auf, es zu bekommen. Dabei nehmen wir an, dass wir eine Art von Gleichgewicht oder Glück empfinden werden, wenn wir das fehlende Etwas erlangt haben. In ihrer logischen Schlussfolgerung hat diese Einstellung uns die Konsumgesellschaft beschert. Die Motivation, die auf einem Gefühl des Mangels basiert, wird nicht in Frage gestellt. Genauso wenig fragen wir, ob unsere Bedürfnisse echt sind oder nicht. Natürlich haben wir echte Grundbedürfnisse, die erfüllt werden müssen, aber ich habe ja schon darauf hingewiesen, dass viele unserer Bedürfnisse inzwischen künstlich und zwanghaft geworden sind.

! *Das Gefühl des Mangels kann niemals befriedigt, sondern nur überwunden werden*

In welcher Beziehung steht die Motivation zur Akzeptanz? Das ist eine subtile Frage, über die Sie vielleicht eine Weile nachdenken müssen. Wenn Sie motiviert sind, ein Verlangen zu befriedigen, das aus einem Gefühl des Mangels hervorgeht, dann lehnen Sie sich im Grunde selbst ab, weil Sie versuchen, das Gefühl des Mangels zu meiden. Das Wesen der dualistischen Erfahrung ist der Art, dass kein noch so hohes Maß an »Befriedigung« ausreichen wird, und der Mangel wird bestätigt und endlos fortgesetzt, statt schließlich überwunden zu werden.

Oft merken wir gar nicht, dass wir dem Mangel entgehen wollen, indem wir ihn auf die eine oder andere Weise befriedigen. Wir finden unser Verhalten normal, wir denken, wir hätten Bedürfnisse, wir rationalisieren unser Verhalten, aber die Wahrheit ist, dass wir versuchen, Gefühle zu meiden und uns selbst dabei ablehnen. Nach den Schuldzuweisungen ist die falsche Motivation das nächst größere Gebiet, auf dem unsere Blindheit uns in der Unterdrückung festhält.

Diese Art von Motivation bezeichnet man in der klassischen Literatur als Begierde. Man geht davon aus, dass uns die meisten Begierden Fesseln anlegen. Die Auflösung von Begierden, nicht deren Befriedigung, hat einen großen Anteil an der Befreiung. Die Auflösung von Begierden erreicht man, indem man die betreffenden Impulse oder negativen Gefühle, die dahinter stehen, verarbeitet, statt sich von ihnen motivieren zu lassen.

Nehmen Sie beispielsweise an, Sie seien einsam. Wenn Ihre gewohnheitsmäßige Reaktion auf dieses Gefühl darin besteht, es zu unterdrücken, indem Sie sich ständig mit Menschen umgeben, dann werden Sie von Ihrer Einsamkeit oder dem wahrgenommenen Mangel an Beziehungen motiviert. Indem Sie versuchen, der Einsamkeit zu entgehen, lehnen Sie sie ab und lehnen damit auch sich selbst ab. Die Integration des Gefühls ist nicht möglich, und Sie werden Ihre Einsamkeit nicht oder höchstens vorübergehend loswerden. Würden Sie sich Ihrer Einsamkeit stellen und anfangen, sie zu integrieren, dann würde sie allmählich ins Gleichgewicht kommen. Sie würde nicht sofort verschwinden, weil Sie wahrscheinlich eine Menge unterdrückter Gefühle haben, die erst aufgelöst werden müssen.

Dieselbe Logik kann man auf alle Bewusstseinszentren anwenden. Wir versuchen, der Unsicherheit zu entgehen, indem wir gierig nach psychologischen oder materiellen Dingen greifen. Wir versuchen, Hilflosigkeit zu meiden, indem wir nach Macht streben. Wir flüchten vor sexuellen Spannungen, indem wir gedankenlos hinter Sex herjagen. Wir versuchen, Gefühle der Unzulänglichkeit zu meiden, indem wir nach Anerkennung und Ansehen streben. Unsere Bemühungen sind alle selbstzerstörerisch, weil sie genau das bestätigen und verewigen, was wir meiden wollen. Wir versuchen, der einen Seite einer dualistischen Erfahrung zu entgehen, indem wir in die andere flüchten.

Wenn wir von unserer Begierde motiviert sind, die körperlichen Empfindungen loszuwerden, die wir als »Schmerz« klassifizieren, lehnen wir uns ebenfalls selbst ab, auch wenn das vielleicht schwerer zu verstehen ist. Unsere körperlichen Empfindungen und Symptome entsprechen unseren energetischen ebenso wie unseren emotionalen Ungleichgewichten. Wenn Sie körperliche Empfindungen akzeptieren, indem Sie den Schmerz, so weit es vernünftig ist, zulassen und aushalten, tun Sie Ihr Möglichstes, um das energetische Ungleichgewicht zu integrieren. Wenn Sie den Schmerz ablehnen, stärken Sie ihn, indem Sie ihn mit zusätzlicher Energie nähren.

Wir lehnen uns selbst auch ab, wenn wir uns durch Stimmungen wie Unsicherheit, Rastlosigkeit, Reizbarkeit und dergleichen motivieren lassen. Das verführt uns zu allen möglichen Arten von selbstzerstörerischem Fluchtverhalten. Nehmen Sie Ihre negativen Stimmungen einfach wahr; akzeptieren und erleben Sie sie. Die Stimmungen lösen sich auf, wenn Sie sich weder dagegen wehren noch sich von ihnen motivieren lassen.

Wenn Sie verstehen, dass Sie das Negative nicht vermeiden können, werden Sie aufhören, sich davon motivieren zu lassen.

Sie werden es akzeptieren und seinen zwanghaften Einfluss beenden.

Sorge

Sorge ist ein Zustand, bei dem wir über Gefühle nachdenken, statt sie wirklich zu empfinden. Oft schwingt dabei ein erhebliches Maß an Schuldzuweisungen mit. Sorge verzehrt feinstoffliche Energie, erschöpft uns und fördert die Tendenz zum Suchtverhalten, um den Energiespeicher wieder aufzufüllen.

Sie können aufhören, sich Sorgen zu machen, indem Sie zunächst Ihre Sorgen wahrnehmen und dann bewusst auf die damit verbundenen Gedanken und Schuldzuweisungen im Hinblick auf Ihre Gefühle verzichten. Lassen Sie sich voll auf Ihre Gefühle ein, egal wie schwierig das sein mag. Wenn Sie aufhören, über Ihre Gefühle nachzudenken, beenden Sie die Selbstablehnung, weil Denken die direkte Erfahrung verhindert.

Aktivität/Erregung

Wir brauchen ein ausgewogenes Maß an Aktivität einschließlich körperlicher Bewegung, um zu verhindern, dass unsere Energie lethargisch wird, aber manchmal stürzen wir uns nur deshalb in Aktivitäten, weil wir uns selbst aus dem Weg gehen wollen, was zu Selbstablehnung und Unterdrückung führt. Weil wir ständig beschäftigt sind, ist unsere Aufmerksamkeit immer nach außen gerichtet, weg von der inneren Wahrnehmung. Da es um kein wirkliches Ziel geht, wird die »Geschäftigkeit« zwanghaft. Oder wir setzen uns überflüssige Ziele und werden zu Workaholics. Wir stürzen uns in die Arbeit, und wenn der Reiz des Neuen vorbei ist, meinen wir, wir müssten etwas anderes unternehmen. So rennen wir allen möglichen Attraktionen hinterher, aber in Wirklichkeit laufen wir nur vor uns selbst davon. In unserer Kultur gehören Einkäufe und Geld ausgeben inzwischen zu den häufigsten »schicken« Aktivitäten, mit deren Hilfe wir unsere Gefühle unterdrücken.

Erregung lenkt uns ebenfalls von der inneren Wahrnehmung ab. Wir sind ständig auf der Suche nach dem Nervenkitzel. Weil Erregung die Unterdrückung von Gefühlen fördert, sorgt sie dafür, dass unser Schmerz und unsere Ängste verschwinden. Wir vibrieren mit dem Nervenkitzel und werden süchtig nach Erregung. Wir schwingen hin und her zwischen dem Hochgefühl des Nervenkitzels und dem Tief, das auftritt, wenn wir unsere Energien erschöpft haben, und dann versuchen wir, aus dem Tief durch noch mehr Erregung wieder herauszukommen. Da das Alte nicht mehr aufregend ist, sind wir gezwungen, etwas Neues zu finden, und unsere Suche wird immer verzweifelter. Wir werden süchtig nach lauter Rockmusik, gefährlichen Sportarten, Gewaltdarstellungen zur Unterhaltung und so weiter. Wir bringen uns selbst in gefährliche Situationen, nur um den Nervenkitzel zu spüren, und werden selbstzerstörerisch.

Wenn wir uns das moderne Leben ansehen, ist es schwierig, sich des Gedankens zu erwehren, dass das übliche hektische Tempo zu diesen Beschreibungen passt. Wir sind tatsächlich nicht mehr fähig, uns einfach hinzusetzen und nichts zu tun, also zu meditieren. Wenn wir versuchen, still zu werden, steigen Ängste oder andere Gefühle auf, die oft als Langeweile maskiert sind. Die Notwendigkeit, uns mit diesen Gefühlen auseinander zu setzen, ist das erste Hindernis auf jeder spirituellen Reise, das die meisten Leute nicht überwinden.

Wenn zwanghafte Aktivität oder Erregung ein Problem für Sie darstellen, müssen Sie sich klar machen, dass die Gefühle, die Sie zu meiden versuchen, das Resultat früherer Unterdrückung sind. Ständige Unterdrückung wird am Ende zur Stagnation führen, und kein noch so großes Maß an Aktivität oder

Erregung kann das verhindern. Sie haben keine andere Möglichkeit, wieder Kontakt zu sich selbst zu finden, als sich mit diesen Gefühlen auseinander zu setzen, indem Sie sie akzeptieren und erfahren.

Ehrgeiz

Ehrgeiz gehört zu den häufigsten Eigenschaften des isolierten Ego. Man empfindet den Schmerz der Isolation und nimmt an, er würde durch persönlichen Erfolg, Reichtum, Besitz oder Ruhm gelindert. Das ist die Essenz des Materialismus und des immer noch populären amerikanischen Traumes. Ehrgeiz ist gesellschaftlich höchst akzeptabel. Wir werden von Kindheit an darauf konditioniert, uns selbst und unsere gegenwärtige Lebenssituation abzulehnen, ganz gleich, wie sie sein mag, und mehr zu wollen. Wir beginnen ein Rennen nach nirgendwo, und mancher wacht aus diesem Irrsinn niemals auf.

Ehrgeiz gehört zu den akuteren Formen der Selbstablehnung und allmählichen Zerstörung des Selbst, weil sehr viel Energie mobilisiert wird, um Ziele zu erreichen. Dieselbe Energie dient dann dazu, die unterdrückenden Schutzwälle um unsere Gefühle zu errichten. Wir werden extrem zielorientiert und verlieren den Kontakt zu uns selbst. Beachten Sie, dass Ehrgeiz nicht daraus besteht, konkret auf ein Ziel hin zu arbeiten; wir müssen bestimmte Ziele erreichen, um zu überleben. Ehrgeiz ist die Sucht des Ego, Ziele zu erreichen. Das Ego denkt, es würde durch Erfolge größer. Ziele werden unmenschlich. Wir werden selbstsüchtig und isoliert. Aber Ehrgeiz scheint ein Teil des Erwachsenwerdens zu sein.

Vielleicht geben wir uns der Illusion hin, wir hätten den Ehrgeiz überwunden, wenn wir lediglich die Ziele verändert haben. Wir streben dann nicht mehr nach materiellen Dingen, sondern entwickeln Ehrgeiz im Hinblick auf künstlerischen Ausdruck, Anerkennung oder spirituelles Wachstum – ebenfalls eine weit verbreitete Falle für spirituelle Sucher. Diese Art von Ehrgeiz führt genauso zur Selbstablehnung. Auf Ehrgeiz zu verzichten bedeutet, dass wir lernen, so wie wir sind, glücklich zu sein, in diesem Augenblick und ohne Projektionen in die Zukunft.

Ungeduld

Ungeduld ist eine weitere Form der Selbstablehnung, die kaum auffällt. Ungeduld beinhaltet die Ablehnung dessen, was gerade geschieht. Aber das, *was ist*, ist unsere Projektion, und wenn wir es ablehnen, lehnen wir folglich uns selbst ab. Ungeduld ist dasselbe wie *Eile*. Wenn wir uns klar machen, dass wir den größten Teil unseres Lebens damit verbringen, eilig irgendwelchen Zielen nachzujagen, erkennen wir deutlich, welches Ausmaß an Selbstablehnung in unserer Gesellschaft üblich ist. Wenn wir ständig in Eile sind, um irgendwohin zu kommen, verlieren wir die Fähigkeit, im Augenblick zu verweilen, wo die direkte Erfahrung stattfindet.

Wie sehr wir die Fähigkeit verloren haben, den Augenblick zu genießen, wird besonders bei unserer Haltung zur Arbeit deutlich. Die Vorstellung, dass man Arbeit genießen könnte, gibt es heute fast nicht mehr. Freude an der Arbeit kommt selten auf, weil wir dauernd unter Druck stehen; aber wie viel von diesem Druck haben wir selbst erzeugt? Hinter Ungeduld und Eile verbergen sich unterdrückte Gefühle von Furcht, Unzufriedenheit oder Frustration. Wir stehen unter dem Zwang solcher Gefühle und meinen, wir könnten ihnen entkommen, wenn wir uns beeilen, aber wir lernen unvermeidlich, dass das nicht möglich ist.

Wenn Sie sich selbst sorgfältig beobachten, sobald negative Gefühle auftauchen, wird Ihnen etwas auffallen, das man als »zweite Reaktion« bezeichnen könnte. Die erste Reaktion ist das Gefühl, an dem Sie arbeiten – Ihr unterbewusstes Material, Ihr Karma –, das durch die Umstände bedingt an die Oberfläche kommt. Sie haben keine Kontrolle über die erste Reaktion und sollten nicht versuchen, ihr Widerstand entgegenzusetzen. Die erste Reaktion ist körperlicher Art; sie hat ihren Ursprung in den blockierten Chakras.

Die »zweite Reaktion« ist die des Verstandes. Die auftauchenden Gefühle bringen Sie aus der Fassung. Wenn Sie Zorn empfinden, werden Sie noch zorniger und ungeduldig, weil Sie sich Zeit nehmen müssen, um mit dem ursprünglichen Zorn oder der Situation umzugehen. Sie werden zornig über den Zorn, aber Sie könnten genauso bedrückt oder rachsüchtig reagieren. Auf ähnliche Weise können Sie furchtsam auf die Furcht reagieren, traurig über die Traurigkeit sein und so weiter. Mit der zweiten Reaktion reagieren Sie innerlich auf Ihre Gefühle und lehnen sich selbst ab.

Wenn Sie sich gestatten, auf Ihre Gefühle zu reagieren, entsteht Selbstablehnung, weil Sie sich nicht erlauben, Ihre Gefühle frei in das Bewusstsein zu entlassen. Die Reinigung kann nicht stattfinden.

Wenn unser Verstand durch die Gefühle, die er wahrnimmt, in Aufruhr gerät, beurteilt er und entscheidet, dass ihm nicht gefällt, was er sieht. Der Verstand lehnt die Gefühle ab und gestattet nicht, dass wir sie direkt wahrnehmen. Wenn Sie Zorn empfinden und dann zornig über den Zorn werden, dann richtet sich der zweite Zorn außerdem gegen Sie selbst. Sie ärgern sich über sich selbst, weil Sie sich erlaubt haben, wütend zu werden. Sie glauben fälschlicherweise, Sie könnten und sollten

Ihre Gefühle kontrollieren, und Zorn sei schlecht, weil er schmerzhaft ist.

Die Verarbeitung basiert auf der Voraussetzung, dass wir keine wirkliche Kontrolle über unsere Gefühle haben. Sie kommen und gehen spontan, während wir unbewusst unsere Welt projizieren und erzeugen. Sich darein zu ergeben, dass wir unsere Gefühle nicht kontrollieren können, und sich nicht-reaktiv zu verhalten ist ein wesentlicher Bestandteil der Selbstakzeptanz.

Machen Sie sich bitte klar, dass mit der zweiten Reaktion Ihre Reaktion auf Ihre Gefühle gemeint ist, nicht die ursprünglichen Gefühle selbst. Ich will Ihnen hier auf keinen Fall sagen, Sie sollten nicht gefühlsmäßig auf die Ereignisse in Ihrem Leben reagieren. Gefühle sind das, was Sie lernen müssen zu integrieren. Ein nicht-reaktives Verhalten bedeutet, dass Sie Ihre Gefühle spontan kommen und gehen lassen, ohne darauf zu reagieren. Akzeptieren Sie Ihre Gefühle, ohne sie zu beurteilen, und werden Sie ein gelassener Zeuge der direkten Erfahrung. Lernen Sie, zwischen dem ursprünglichen Gefühl und der zweiten Reaktion zu unterscheiden. Da die zweite Reaktion vom Verstand eingeleitet wird, können Sie diese kontrollieren und bewusst ausschalten, ohne dabei etwas zu unterdrücken. Diese Technik kann als solche schon ausreichen, um Selbstakzeptanz zu lernen.

Wenn Sie feststellen, dass Sie die zweite Reaktion nicht so einfach ausschalten können – wenn Sie sich beispielsweise weiterhin über sich selbst ärgern, weil Sie zornig werden –, dann verarbeiten Sie die zweite Reaktion ebenfalls. Dadurch wird sie effektiv integriert, weil Sie nun die Dynamik dessen wahrnehmen, was Sie sich selbst antun. Sich von der zweiten Reaktion beeinflussen zu lassen bezeichnet man auch als »Selbstbestrafung«. Wenn Sie die Fähigkeit kultivieren, nicht auf Ihre Gefühle zu reagieren, und ihnen einfach gestatten, so zu sein, wie sie sind, dann beginnt die Integration. Sie öffnen die Tür zur direkten Erfahrung von Gefühlen und zur allmählichen Transformation.

Wenn Sie der zweiten Reaktion gewohnheitsmäßig nachgeben, trägt das dazu bei, dass Sie chronisch »überemotional« reagieren. Wir meinen, wir seien in Kontakt mit unseren Gefühlen, aber in Wirklichkeit erlauben wir uns nur, emotional auf sie zu reagieren. Wir dringen nicht zu unseren Kerngefühlen vor, sondern bleiben in unserer Reaktion blockiert.

Die zweite Reaktion hat auch einen Bezug zu Meinungen. Wir schätzen ein positives Gefühl und verurteilen ein negatives, statt beide zu akzeptieren und das negative Gefühl zu verarbeiten.

Drama

Wir dramatisieren, wenn wir übermäßig emotional sind und dann unsere Emotionen ausdrücken. Dramatisieren kann man sich als *emotionales Ausagieren* vorstellen. Anderen und uns selbst mag es so vorkommen, als würden wir unsere Gefühle »ausdrücken«, aber das ist nicht der Fall. Wir schwelgen einfach im Drama, weil es uns vor der tieferen inneren Erfahrung unserer echten Gefühle bewahrt. Wir bleiben im Drama stecken und können schließlich unsere wahren Gefühle nicht mehr finden, weil sie durch die Gewohnheit der Dramatisierung verschleiert sind. Wir verlieren mehr und mehr den Kontakt mit uns selbst.

Wenn Ihr Partner beispielsweise versucht, taktvoll zu kritisieren, wie Sie gerade mit den Kindern umgegangen sind, dann fühlen Sie sich vielleicht verletzt. Wenn Sie daraufhin entrüstet und leidenschaftlich all das Gute aufzählen, das Sie für die Kinder getan haben, die Opfer, die Sie gebracht haben, dass sie Ihnen mehr als alles auf der Welt bedeuten, dass Sie einfach nicht verstehen können, warum Ihr Partner das nicht anerkennt und warum er nicht weiß, dass Sie immer nur das absolut Beste für die Kinder tun, dann dramatisieren Sie Ihre Verletzung, statt sie in Ihrem Inneren zu halten und Schritt für Schritt zu verarbeiten.

Menschen, die eine Fähigkeit zur Dramatisierung entwickelt haben, werden oft als mächtig und emotional wahrgenommen und können andere, welche diesen Persönlichkeitszug nicht kultiviert haben, leicht einschüchtern. Aber in Wirklichkeit sitzen diese Leute in der Falle und sind tragische Opfer ihrer selbst. Gefangen in der Illusion, dass sie sich selbst ausdrücken, sehen sie keine Notwendigkeit zur Innenschau. Sie bleiben von ihren wahren Gefühlen abgeschnitten, isoliert und verzweifelt.

Wann immer Sie den Impuls zur Dramatisierung spüren, sollten Sie sich fragen, welches Gefühl Sie damit zudecken wollen. Übernehmen Sie die Verantwortung dafür und lernen Sie, es in Ruhe zu verarbeiten. Wenn Sie besonders stark zur Dramatisierung neigen, sollten Sie vor allem lernen, nach innen zu schauen.

Kontrolle

Kontrolle kann für manche Leute ein zentrales Thema werden. Wir möchten alles überwachen, wovon unsere Bedürfnisse abhängig sind. Geraten die Dinge außer Kontrolle, werden wir ängstlich und besorgt. Die Bereiche, um die es dabei geht, kann man grob in innere Gefühle und äußere Umstände aufteilen. Die meisten Leute konzentrieren sich auf die Kontrolle der äußeren Umstände, versuchen damit aber eigentlich ihr Innenleben zu beeinflussen.

Im Hinblick auf die äußeren Umstände möchten wir alles im Griff haben, was nicht in unsere gedankliche Vorstellung darüber passt, wie die Dinge sein sollten. Das führt zur Selbstablehnung, weil die Wahrnehmung der Außenwelt immer unsere Projektion ist; wenn wir die Projektion zurückweisen, lehnen wir uns selbst ab. Menschen, die ihre Umgebung stark kontrollieren müssen, sind unterdrückt und fühlen sich bedroht, wenn die Ereignisse ihre Unterdrückung offenbaren.

Im Hinblick auf unser Innenleben ist es schwer zu akzeptieren, dass wir keine echte Kontrolle über unsere Emotionen, Stimmungen oder Begierden haben. Wir versuchen, unsere Gefühle in den Griff zu bekommen, weil sie schmerzlich sind und nicht zu unseren Überzeugungen und Vorstellungen, unserem Selbstbild und unseren Zielen passen, welche allesamt konditionierte Gedankengebilde sind, die uns davon abhalten, uns selbst so zu erleben, wie wir sind. Wir lehnen uns selbst ab, wenn wir versuchen, unsere Gefühle zu kontrollieren oder zu zensieren, weil wir meinen, wir sollten bestimmte Gefühle nicht haben, oder wenn wir versuchen, die äußeren Umstände oder andere Menschen zu überwachen.

Wenn wir süchtig sind, haben wir das Bedürfnis, Kontrolle über unsere Abhängigkeiten auszuüben. Das Suchtverhalten erstreckt sich vielleicht nur auf einen bestimmten Bereich. Man kann sich selbst oder anderen leicht weismachen, man sei auf nichts angewiesen, wenn man nur von einer einzigen Sache abhängig ist: einem bestimmten Besitz, einer Person oder einem Selbstbild beispielsweise. Oft sind wir uns einer Abhängigkeit gar nicht bewusst, einfach weil sie so groß ist.

Urteile

Es ist normal, Wahrnehmungen und Gefühle durch eine Art Bewertungsraster zu filtern. Manches finden wir gut, anderes schlecht. Wann immer wir die Dinge auf diese Weise kategorisieren, lehnen wir uns im Grunde selbst ab, weil allein schon die Aktivität des Verstandes bei der Unterscheidung unsere direkte Erfahrung blockiert. Auch wenn wir etwas als »gut« beurteilen – die direkte Erfahrung wird dennoch unterbunden. Zudem bestätigen wir bei allem, was wir als »gut« beurteilen, sei es nun ein inneres Gefühl oder ein äußeres Ereignis, dessen dualistische Natur und machen uns auf diese Weise bereit für die komplementäre »schlechte« Erfahrung.

Beurteilen, Bewerten und Vergleichen basieren auf der Empfindung eines isolierten Selbst. Indem wir urteilen, bestätigen und bestärken wir das isolierte Selbst – wir urteilen in unserem eigenen Interesse. Das ist in unserem gegenwärtigen Bewusstseinszustand selbstverständlich, aber wir können es vermeiden, unsere Isolation zu verstärken, indem wir unser »Ichgefühl« erweitern, so dass es andere einschließt. Die Empfindung eines isolierten Selbst ist das grundlegende Missverständnis, auf das sich die spirituelle Praxis bezieht.

Vorstellungen/Erwartungen

Vorstellungen und Erwartungen spielen immer dann eine Rolle, wenn wir uns ein Bild davon machen, wie etwas sein sollte, statt zu akzeptieren, wie es ist. Das gilt gewöhnlich für die Zustände in der äußeren Welt, aber wir haben auch bestimmte Vorstellungen über unser Innenleben. Wir meinen, wir sollten stets glücklich sein, und wir lehnen uns ab, wenn wir es nicht sind.

Statt uns zu helfen, setzen unsere Idealbilder uns in Wirklichkeit Grenzen. Wir schließen die Realität aus, weil sie nicht zu unseren Wunschvorstellungen passt. Das Leben ist spontan und verändert sich ständig; unsere Vorstellungen können damit nie Schritt halten, und wir lehnen das Leben einfach deshalb ab, weil es nicht zu dem passt, was wir wissen oder erwarten. Wenn wir uns stark von unseren Wunschbildern beeinflussen lassen, werden wir in unserem Verhalten rigide. Unsere Wahrnehmung verengt sich; wir haben kein Interesse daran, das Leben zu erfahren, weil wir ständig damit beschäftigt sind, alles daraufhin zu analysieren, ob es gut oder schlecht für uns ist. Wir sind selbst-zentriert statt realitäts-zentriert.

Idealvorstellungen basieren immer auf Zwängen. Wenn Sie sich beispielsweise zwanghaft mit Überlebensfragen beschäftigen, dann geht es bei Ihren Idealvorstellungen um Sicherheit. Sie werden das Gefühl haben, Sie müssten bestimmte Dinge besitzen, die Ihnen als Schutz dienen. Ihre Sicherheit ist von diesen Dingen abhängig. Sie haben Angst, sie zu verlieren, und sind von ihnen besessen.

Selbstbild

Idealvorstellungen, die das Bedeutungszentrum betreffen, bilden die besondere Kategorie des *Selbstbildes*. Das Selbstbild ist eine grundlegende Ego-Vorstellung, die oft unbewusst und deshalb schwer zu erkennen ist. Wir machen uns gedankliche Bilder von uns selbst und darüber, wie wir sein sollten, und lehnen jeden Teil von uns ab, der nicht dazu passt. Das Selbstbild führt zu den »Masken«, die wir aufsetzen.

Den Einfluss des Selbstbildes können wir auf den grundlegendsten Ebenen spüren. Wir sehen uns selbst als stark und lehnen unsere Schwächen ab. Gefühle der Schwäche werden dann unterdrückt und dürfen nicht existieren und ein integriertes Gleichgewicht finden. Wir erzeugen das neurotische Bedürfnis, stark zu sein, um das unterdrückte, aber unbewusst immer noch empfundene Gefühl der Schwäche auszugleichen. Außerdem definiert das Selbstbild genau, worin starkes und schwaches Verhalten besteht, jeweils abhängig von den individuellen und kulturellen Vorstellungen. Das Selbstbild kann uns besonders einschränken, wenn wir versuchen, persönliche Wachstumsziele aufzustellen. Wir denken, wir sollten stets glücklich und erfolgreich sein, und wir unterdrücken Unglücklichsein und Versagen. Der freie Fluss der Energie wird verhindert. Unsere Wahrnehmung dessen, *was ist*, wird eingeschränkt.

Eine besondere Falle für spirituelle Sucher ist das Selbstbild: »Ich sollte stets liebevoll sein.« Wenn wir nicht liebevoll sind, meinen wir, wir hätten versagt. »Liebe« wird eine gezwungene Sentimentalität, die später an uns abprallt, wenn wir das komplementäre Gegenstück erfahren. Das Problem besteht darin, dass unsere Vorstellung von Liebe ebenfalls nur ein Gedankengebilde ist, keine echte Liebe. Ich sage damit nicht, dass Sie Ärger ausdrücken sollten, wenn Sie ihn empfinden. Es ist nur so, dass man als spiritueller Sucher leicht in die zur Selbstablehnung führende Gewohnheit verfällt, die eigenen Gefühle zu bewerten und die Fassung zu verlieren, wenn man Negativitäten entdeckt, von denen man meint, man sollte sie nicht haben. Das ist nichts weniger als Unterdrückung, und ich habe »spirituelle« Menschen erlebt, die sich weiterhin selbst abgelehnt haben, obwohl sie schon seit Jahren Mitglieder spiritueller Zirkel waren. Das Resultat sieht so aus, dass sie keine Fortschritte machen und sich selbst gegenüber unkritisch werden, weil sie sich für »liebevoll« halten, wenn sie ständig aus ihrem unterdrückten Unterbewusstsein Botschaften senden, die genau vom Gegenteil zeugen. Sie versuchen, sich dem spirituellen Ideal anzupassen, das sie gedanklich konstruiert haben.

Immer wenn Sie irgendetwas oder irgendjemandem gleichen möchten, egal wie schön oder erhaben, dann lehnen Sie sich selbst ab. Sie versuchen, mit dem Bild eines anderen zu verschmelzen, und das kann nie funktionieren. Wenn die Person, die Sie bewundern, ein großartiger Mensch ist, dann ist er das nicht geworden, weil er versucht hat, einem anderen nachzueifern, sondern weil er er selbst ist. »Man selbst« zu sein ist das, worum es hier geht – nicht der Versuch, sich mit aller Gewalt einem gedanklichen Idealbild anzupassen.

Die Aufgabe besteht darin, zu erkennen, was Sie wirklich sind, statt sich Ihre Idealbilder überzustülpen. Dies ist eine weitere Möglichkeit, das Wesen der spirituellen Suche zu beschreiben. Gedankliche Selbstbilder sind ein Teil unserer unbewussten mentalen Konditionierung. Wenn Sie genauer verstehen, was Sie nicht sind, werden weitere Konditionierungen an die Oberfläche kommen, um aufgelöst zu werden. Durch die Verarbeitung aller negativen Gefühle, die Sie wahrnehmen, werden Sie allmählich die zu Grunde liegenden Vorstellungen entdecken. Sie können den Faden an jedem beliebigen Punkt aufgreifen, und allmählich wird das vollständige Muster klar werden.

Identifikation

Identifikation bezieht sich auf den Versuch, sich selbst zu verlieren, indem man mit etwas verschmilzt, was außerhalb von einem selbst liegt. Das kann fast alles sein – eine Organisation, ein anderer Mensch, eine Idee, ein Zweck, eine Karriere, Rolle, Schöpfung oder ein Besitz. Obwohl die meisten von uns wahrscheinlich mit der Vorstellung von Identifikation vertraut sind, gehört sie immer noch zu den häufigsten Formen der Selbstablehnung. Wir identifizieren uns mit etwas, weil wir uns selbst entfliehen wollen. Wir versuchen, dem Schmerz zu entkommen, den wir empfinden, beispielsweise dem Schmerz der Isolation oder Leere.

Wenn wir uns an etwas binden, das außerhalb von uns selbst liegt, fühlen wir uns größer, als wir sind. Wir sind nicht mehr nur unser kleines Selbst mit unseren Schmerzen. Ich glaube, dass dabei ein Energietransfer stattfindet, und wir nähren uns in unserer Abhängigkeit von dem betreffenden Objekt, sogar wenn wir es selbst geschaffen haben. Beispiele dafür sind große Unternehmen, Gruppen oder ein kleines eigenes Geschäft, die jeweils als eigenständige Einheiten mit entsprechenden Energiepotenzialen und Grenzen existieren.

Identifikation erzeugt ein falsches Gefühl von Wichtigkeit und hat einen Bezug zum Bedeutungszentrum. Im Identifikationssyndrom versuchen wir, Bedeutung zu erlangen, haben damit aber nie Erfolg. Wir sagen, »meine« Frau oder »mein« Mann, »meine« Karriere, »mein« Haus, »mein« Wissen. Alles, was diese Dinge bedroht, wird als persönlicher Angriff wahrgenommen: Wenn unsere Arbeit kritisiert wird, haben wir das Gefühl, wir würden kritisiert; wenn unsere Mühe erfolglos war, haben wir versagt.

Eine besonders heimtückische Art der Identifikation besteht darin, dass wir uns mit unseren eigenen Mustern der Selbstablehnung identifizieren. Wenn wir beispielsweise viel Zorn unterdrückt haben, was über die Projektion zu einem ständigen Kampf mit Autoritäten führt, dann identifizieren wir uns mit diesem Kampf. Wir sehen uns selbst als Kreuzritter; wir meinen, es sei unsere Bestimmung, Reformen durchzusetzen; das gibt uns einen Grund, morgens aus dem Bett aufzustehen. Uns ist nicht klar, dass wir vollständig in der Rolle aufgehen, die wir in dem unbewussten Versuch, uns gegen unsere Projektion zu verteidigen, übernommen haben.

Identifikation führt zur Selbstablehnung, denn wann immer wir uns mit etwas identifizieren, meiden wir uns selbst durch das Verschmelzen mit dem Objekt. Gleichzeitig grenzen wir alles andere aus und lehnen es ab. Da wir gewöhnlich stark auf das projizieren, was wir ausgrenzen, lehnen wir uns selbst ab. Das kann zu extremen Verhaltensweisen wie Rassismus führen, wobei die unterdrückten Negativitäten auf eine Gruppe von Menschen projiziert werden, die wir als die »anderen« wahrnehmen.

In den ersten Phasen der Identifikation empfinden wir vielleicht eine Begeisterung, die verhindert, dass wir die Abhängigkeit objektiv wahrnehmen. Die Begeisterung ist umso größer, wenn man bisher ein sinnloses Leben geführt hat, denn nun kommt es einem so vor, als hätte man endlich etwas gefunden, das dem eigenen Leben Bedeutung verleiht. Die dualistische Erfahrung, die darauf folgen wird, spüren wir nicht. Denn das ist das Problem bei jeder Identifikation: Am Ende ist sie stark dualistisch. Wir sind völlig abhängig von dem jeweiligen Objekt. Wir werden unsere negative Erfahrung erzeugen, wie wir die positive erzeugt haben. Bald folgt der Absturz.

Sobald Sie die Mechanismen der Identifikation wahrnehmen, werden Sie sie auch in sich selbst erkennen. An einem bestimmten Punkt muss sie wie eine Sucht behandelt werden. Die Identifikation aufzubrechen ist mit Schmerzen verbunden, denn Sie haben den Eindruck, als würden Sie einen Teil Ihrer selbst verlieren. Sie fühlen sich verloren und leer. Frühere negative Gefühle, welche durch die Identifikation unterdrückt wurden, kommen an die Oberfläche. All dies muss verarbeitet werden, und schließlich finden Sie Ihr Gleichgewicht.

Der Ausdruck »Identifikation« beschreibt auch die Tendenz zu denken, wir seien dasselbe wie unsere Emotionen, die positiven wie die negativen. Das Ziel der spirituellen Praxis oder Therapie hat immer darin bestanden, emotionale Identifikation aufzubrechen. Paradoxerweise können wir uns dann unsere Gefühle zu Eigen machen, ohne uns mit ihnen zu identifizieren. Wir erkennen, dass die Gefühle zum niederen Selbst gehören, während unsere Empfindung von Identität auf die Ebene des Höheren Selbst transferiert worden ist.

Zukunftsorientierung/Hoffnung

Unsere Kultur hat die Menschen immer ermutigt, Hoffnungen, Ideale und Ziele zu verwirklichen. Manchmal ist es durchaus nötig, die Lebensbedingungen zu verbessern, aber wenn wir ständig nur von der Zukunft träumen, wird deutlich, dass wir versuchen, der Gegenwart zu entfliehen. Die unerfreuliche Gegenwart wird gemieden, indem wir über die Zukunft fantasieren, sogar dann, wenn wir von dem motiviert werden, was wir für unsere höchsten Ideale halten. Wir können uns natürlich auch vorstellen, wie *furchtbar* die Zukunft sein wird, und uns dabei ganz unseren Ängsten hingeben. Entscheidend ist, dass wir in der Zukunft leben, um der Gegenwart zu entfliehen, die aus all unseren Gefühlen besteht, so wie sie sind.

! *Hoffnung führt uns aus dem gegenwärtigen*
Augenblick heraus

Aus Fantasien und Hoffnungen über die Zukunft kann man eine bestimmte Art von Stärke beziehen. Wenn Sie ein wichtiges Ziel vor Augen haben, können Sie Situationen von Not und Elend ertragen, die Sie normalerweise nicht aushalten würden, weil Sie denken, dass Sie für etwas arbeiten, das Sie oder einen anderen Menschen, der Ihnen nahe steht und mit dem Sie sich identifizieren, in der Zukunft glücklich machen wird. Die Hoffnung macht Sie stark. Aber die Stärke, die aus der Hoffnung kommt, ist eine falsche Stärke. Wir beziehen sie eher aus der *Anspannung* als aus der Konzentration.

Wenn wir uns daran gewöhnen, diese Art von Energie einzusetzen, führt das zu einer chronischen Zukunftsorientierung, und wir werden unfähig, hier und jetzt glücklich zu sein. Man wird »zeitgebunden« – konditioniert, die Erfüllung allein in der Zukunft zu suchen. Sie werden rastlos und süchtig nach ständiger Aktivität, weil Sie stets denken, die Erfüllung warte hinter der nächsten Ecke; aber die Zukunftsorientierung gestattet Ihnen niemals wirklich, das Vergnügen (oder den Schmerz) des Augenblicks zu empfinden. Wenn Sie schließlich in der Zukunft ankommen, denken Sie schon wieder über ein anderes zukünftiges Ziel nach und verpassen erneut die Gegenwart.

Sich an zukünftige Ziele, Ideale und Hoffnungen zu klammern ist so weit verbreitet, dass es zu einem Bereich ständiger Selbst-Entdeckung wird. Wir denken, alles wird gut, wenn wir nur erst unser Examen bestanden haben, den richtigen Partner finden, genug Geld verdienen, uns einer Therapie unterziehen und so weiter. Wir finden ständig neue Ziele, die wir vorher noch nicht gesehen haben. Gleichwohl müssen wir uns bisweilen auf die Hoffnung verlassen, um eine Situation zu überstehen. Uns selbst und anderen alle Hoffnung zu nehmen kann sinnlos oder sogar grausam sein. Wenn es um Selbstablehnung geht, sind Behutsamkeit und Urteilsvermögen gefragt, und wir dürfen die Grenzen dessen, was wir ertragen können, nicht überschreiten.

Vergangenheitsorientierung/Idealisierung

In der Vergangenheit zu leben, ständig daran zu denken, wie gut oder schlecht es uns damals ging, und sich an Menschen oder Situationen aus der Vergangenheit zu klammern sind ebenfalls Möglichkeiten, die Wahrnehmung der Gegenwart auszublenden, es sei denn, wir erleben ein vergangenes Ereignis noch einmal, um es zu integrieren. In diesem Fall arbeiten wir mit gegenwärtigen Gefühlen über das vergangene Ereignis, wobei es sich gewöhnlich um dieselben Gefühle handelt, die wir damals unterdrückt haben.

Wenn wir ständig daran denken, wie schön es früher war, entziehen wir uns der Gegenwart; aber manchmal kann die Motivation sogar noch subtiler sein. Gewöhnlich waren die angenehmen Ereignisse der Vergangenheit dualistischer Art. Als diese Ereignisse stattfanden, wurde die negative Seite unterdrückt. Die unterdrückte Negativität bleibt und taucht im-

227

mer wieder in Gedanken auf, die uns zu der fraglichen Episode zurückziehen. Uns ist nicht klar, dass das Unterbewusstsein sich zu reinigen versucht, und wir beschäftigen uns weiterhin mit den positiven Seiten der Erfahrung, die ja auch nur eine Projektion waren. Die Unterdrückung bleibt bestehen. Das geschieht, wenn wir eine Person aus der Vergangenheit idealisieren: einen Elternteil, einen Partner oder ein Kind, das wir »heilig gesprochen« haben. Wir klammern uns an die Projektion und stellen uns nicht unseren wirklichen Gefühlen.

Trauma

Gelegentlich bemerken wir, dass wir negative, traumatische Ereignisse aus der Vergangenheit nicht loslassen können. Wir verweilen dabei, manchmal in einem solchen Ausmaß, dass unsere Spontaneität durch die stets wiederkehrenden Gedanken an das Ereignis behindert wird. Das kann bei Opfern von Verbrechen, Missbrauch, Gewalt, Krieg und bei schweren psychischen Schocks oder Schmerzen geschehen.

Ein Trauma ist eigentlich eine Form von Unterdrückung, bei der wir die Gefühle unfreiwillig ablehnen, wodurch die Auflösung der Energien blockiert wird. Dieser Mechanismus scheint ein Teil unserer instinktiven Verteidigungsreaktionen zu sein. In der traditionellen Psychologie hat die Behandlung traumatischer Reaktionen immer eine große Rolle gespielt. Das Trauma entsteht, weil wir uns dem mit dem Ereignis verbundenen Schmerz nicht gestellt und ihn nicht erlebt haben, so dass er sich nicht auflösen konnte. Stattdessen verharren wir auf der Verstandesebene und denken ständig über das Ereignis nach. Ironischerweise werden unsere Gedanken zum Schutzschild gegen unsere Gefühle. Obwohl wir dauernd über das Ereignis nachdenken, integrieren wir doch nicht die Gefühle, die uns weiterhin verfolgen.

Traumatische Gefühle lassen sich nur abbauen, wenn wir unseren Widerstand dagegen aufgeben und sie erleben – was wir damals, als das Ereignis stattfand, nicht getan haben. Sie müssen sorgfältig darauf achten, auf welche Weise Sie Ihre Gefühle ablehnen und ihnen Widerstand leisten. Praktizieren Sie Meditation, aktivieren Sie den Zeugen und geben Sie Ihren Widerstand auf; gestatten Sie Ihren Gefühlen, einfach da zu sein. Erlauben Sie ihnen, ihren Kreislauf zu vollenden und sich schließlich aufzulösen. Versuchen Sie, zwischen Ihren Gedanken und Gefühlen zu unterscheiden. Oft spielen bei den Gedanken Schuldzuweisungen eine starke Rolle. Das reicht schon, um Akzeptanz zu verhindern. Und dann sind Sie nicht fähig, die Gefühle aufzulösen, die sich in ihrem feinstofflichen Körper gestaut haben.

Verstehen wollen/untersuchen/ analysieren/rationalisieren

Verstehen wollen führt zu unaufhörlicher mentaler Aktivität, die wir Denken nennen; Denken verhindert das direkte Erfahren von Gefühlen und kann deshalb mit Selbstablehnung gleichgesetzt werden. Übermäßiges Denken galt immer als ein Hindernis auf dem Weg zu spiritueller Erleuchtung oder mentaler und emotionaler Gesundheit – egal, wie Sie es betrachten.

Das Hauptziel spiritueller Disziplinen besteht darin, die Gedanken zur Ruhe zu bringen, und nicht darin, intellektuelle Antworten zu liefern. Wenn der Verstand beruhigt ist, werden die Antworten kommen, aber sie werden nicht aus unserem Denken kommen. Der Verstand kann nie über das hinausgehen, was er weiß, und dieses Wissen liefert uns nicht das, was wir brauchen. Wenn die Gedanken zur Ruhe kommen, wird direkte Erfahrung möglich. Wir begeben uns in den Augenblick hinein, und die Antwort kommt spontan.

Dennoch müssen wir bestimmte Dinge verstehen. Der Schlüssel dazu ist ein korrekter Gebrauch, nicht Missbrauch, von Verstand und Intellekt. Wir müssen verstehen, wie unser Energiesystem arbeitet, und dazu gehört auch das Verständnis für seine Grenzen. Außerdem müssen wir unsere eigenen Muster bewusst wahrnehmen, unsere Überzeugungen und Motivationen. Wir müssen wissen, wie wir mit unseren Problemen umgehen und an uns selbst arbeiten können.

Wir missbrauchen den Verstand, wenn wir nach der Antwort suchen, die alles in Ordnung bringen soll. Eine solche Antwort gibt es nicht und es wird niemals alles in Ordnung sein. Das ist es, was wir akzeptieren müssen. Dann wird die Integration geschehen. Übermäßige Suche dient nur der Verteidigung und der Flucht.

Wir rationalisieren, wenn wir unser Denken missbrauchen, um uns aus unseren Gefühlen herauszureden. Wir sagen uns selbst, diese oder jene Person habe uns nicht wirklich verletzt, es spiele keine Rolle, dass wir etwas verloren haben, das uns kostbar war, wir hätten es nicht mehr nötig, um Anerkennung zu ringen und so weiter. Damit leugnen wir immer wieder unsere wahren Gefühle.

Fluchtverhalten/Langeweile

Wenn Sie sich mit der bewussten oder unbewussten Absicht, Ihren Gefühlen zu entgehen, in Aktivitäten stürzen, versuchen Sie zu flüchten. Zu diesem Zweck kann alles eingesetzt werden. Am offensichtlichsten ist Unterhaltung: Fernsehen, Filme, Nachrichten, Radio, Zeitschriften, Bücher und Musik; die betreffenden Industrien bilden einen gewaltigen Geschäftszweig in unserer Kultur. Sie können sich in Arbeit flüchten, in Sex, Beziehungen, humanistische Aktivitäten, Kunst – was auch immer. Es kommt nicht darauf an, was wir tun, sondern wie wir die betreffende Aktivität nutzen. Natürlich ist es hin und wieder legitim, eine Ablenkung vom Druck der Alltagsroutine zu brauchen. Wenn wir uns bewusst und in Maßen ablenken, richtet das keinen Schaden an. Die Selbstablehnung beginnt, wenn wir im Übermaß und zwanghaft vor unserer Gefühlswirklichkeit fliehen.

Langeweile ist eins der Gefühle, denen wir oft zu entkommen versuchen. Langeweile maskiert eine ganze Reihe negativer Gefühle, die sich dahinter verbergen: Beklemmungen, Depression, sexuelle Frustration, alle möglichen Ängste beispielsweise. Wenn Sie versuchen, der Langeweile zu entfliehen, lehnen Sie sich selbst ab. Sie unterdrücken weiterhin die negativen Gefühle, die sich dahinter verbergen. Langeweile ist ein Zeichen dafür, dass eine Menge Unterdrückung stattfindet.

Oft kommt Langeweile in der Meditation oder bei der Atemarbeit auf. Das bedeutet, dass Sie sich von unterdrückten Energien gestört fühlen und sich mit Langeweile unbewusst dagegen verteidigen. Geben Sie sich der Langeweile gegenüber nicht geschlagen, sondern transformieren Sie sie. Langeweile zu verarbeiten kann fruchtbar sein; es führt Sie zu den Gefühlen, die sich dahinter verbergen. Sehen Sie das aber nicht zu eng und glauben Sie nicht, Sie müssten auf alle Aktivitäten verzichten, um nicht in Fluchtverhalten zu verfallen. Halten Sie einfach Maß und sorgen Sie für ein Gleichgewicht.

Eine gute Faustregel besteht darin, sich zu fragen, ob Sie etwas tun, um dadurch glücklich zu werden oder um das Glück, das Sie empfinden, auszudrücken. Gewöhnlich tun wir nur selten etwas, um unser inneres Glück auszudrücken. Wir bleiben gefangen in der dualistischen Welt, ohne die spirituelle Realität wahrzunehmen, dass Glück von innen kommen muss, durch die Versöhnung und Transzendenz von Dualitäten.

Abhängigkeit von Suchtmitteln

Sucht und Abhängigkeit von Substanzen, ganz gleich ob Drogen, Alkohol, Tabak oder Nahrungsmitteln, ist eine Form von Flucht. Der Suchtkreislauf versorgt uns mit feinstofflicher Energie, die benutzt wird, um die Unterdrückung aufrechtzuerhalten und weiterzufunktionieren. Wir kommen in diesen Zustand, weil wir aus Gewohnheit zu flüchten versuchen. Weil wir uns ständig von uns selbst abwenden, bauen sich Blockaden auf, die uns von unseren natürlichen inneren Energiequellen abschneiden, und das führt zu extremer Selbstablehnung und echter Abhängigkeit von den Substanzen.

Die Energie, zu der wir im Suchtkreislauf Zugang finden, besteht aus zwei grundlegenden Typen: jener, die von innen kommt, und jener, die von außen kommt. Bei jeder Art von Suchtmittel-Missbrauch finden wir Zugang zu inneren Energien. Dabei handelt es sich jedoch um eine Art von Energiereserve. Wir brauchen unsere Reserven auf, und am Ende kommt es zu einer vollständigen Erschöpfung auf der feinstofflichen und grobstofflichen Ebene.

Alkoholsucht und Medikamentensucht grassieren in unserer Gesellschaft, auch wenn viele Leute sich nicht für abhängig halten, weil ihr Konsum durchaus als normal gilt. Sie werden zu »sozialen« Trinkern oder Tablettenkonsumenten. Wenn Sie jeden Abend nach der Arbeit einen oder mehrere Drinks brauchen, dann sollten Sie genau hinsehen, ob hier nicht schon eine Abhängigkeit besteht. Bei anderen Suchtformen zapfen wir Energien von außen an. Das geschieht beispielsweise bei Gewaltanwendung oder sexuellen Zwängen, wenn andere Menschen beteiligt sind.

Alle Suchtformen sind trügerisch. Wir denken, die Sucht würde uns einen Vorteil bringen, weil wir uns entspannter fühlen oder besser funktionieren, wenn wir »high« sind. Dabei vergessen wir, dass jedem Hoch ein Tief folgt, das ebenfalls durch den Suchtkreislauf erzeugt wird.

❗ *Die Sucht nach bestimmten Nahrungsmitteln kann wichtig sein*

Nahrung ist ein lebenswichtiger Bestandteil des Programms zur emotionalen Heilung. Den meisten Menschen ist heute nicht bewusst, welche Bedeutung eine gesunde Ernährung hat. Als Teil der Konzentration auf den Körper, über die wir schon gesprochen haben, müssen Sie deshalb sorgfältig auf Ihre Ernährung achten. Sie sollte frei von Giftstoffen und schädlichen Nahrungsmitteln sein. Viel Gemüse, Vollkornprodukte und Hülsenfrüchte sowie gelegentlich ein Stück Huhn oder Fisch ist alles, was Sie brauchen.

Den meisten Leuten ist jedoch nicht klar, welche Rolle die Sucht nach bestimmten Nahrungsmitteln bei der andauernden Unterdrückung von Gefühlen spielt. Es gibt einen Grund, warum es so schwer sein kann, auf rotes Fleisch, Milchprodukte, Zucker, Weizen, Fett, Limonaden, Fastfood, Fertiggerichte, Koffein und Nikotin zu verzichten. All diese Nahrungs- und Genussmittel können süchtig machen, und wahrscheinlich führen bestimmte Nahrungsmittel zur Unterdrückung bestimmter Gefühle. Wenn wir versuchen, darauf zu verzichten, kommen die Gefühle an die Oberfläche wie ein Drache, der seinen Kopf hebt, und wir greifen wieder nach dem Suchtmittel.

Sie müssen die Abhängigkeit von Nahrungsmitteln wie jede andere Sucht behandeln. Während Sie an den damit zusammenhängenden Gefühlen arbeiten, lässt Ihr zwanghaftes Bedürfnis nach dem Stoff allmählich nach. Das Ausmaß, in dem Sie sich an Ihren gesunden Ernährungsplan halten können, ist ebenfalls ein Hinweis auf Ihren inneren psychischen und emotionalen Zustand.

Beziehungen

Die Abhängigkeit von Beziehungen ist eine besondere Art von Sucht, bei der wir in anderen die Energien der Eigenschaften suchen, die wir in uns selbst blockiert haben. Liebesbeziehungen können eine effektive Form von Selbstablehnung sein. Es ist durchaus möglich, vor uns selbst in die Neulust und Erregung einer Romanze zu flüchten und die Beziehung zu beenden, wenn die Spannung nachlässt. Diese Form von Selbstablehnung und das Verlangen danach sind in unserer Kultur epidemisch. Damit will ich natürlich nicht sagen, dass Sie keine Beziehungen eingehen sollten. Das Bedürfnis nach allen erdenklichen Beziehungen ist uns angeboren. Aber wenn man die Beziehung benutzt, um vor sich selbst zu fliehen, entsteht daraus Selbstablehnung. Wir werden über dieses Thema später noch eingehender sprechen.

Affirmationen

Affirmationen können uns helfen, den Kreislauf der Selbstablehnung zu durchbrechen. Um zu erklären, wie Affirmationen wirken, möchte ich zunächst unseren Ansatz der Selbsttherapie zusammenfassen: Die Verarbeitung ist eine Technik zur Aufdeckung, Integration und kontrollierten Auflösung traumatischer und negativer Gefühle, die in der Vergangenheit unterdrückt worden sind und uns immer noch quälen. Unterdrückte Gefühle bestehen aus Energien, die in latenter Form im Körper eingeschlossen sind.

Selbstablehnung ist jedoch kein Gefühl, das auf Energie basiert; ihr Ursprung ist mental und nicht körperlich. Selbstablehnung ist eine Konditionierung des Verstandes, ein Mittel, das dazu dient, Erfahrungen auszuschließen. Die Verarbeitungstechniken, die Emotionen auflösen, können uns folglich nicht dabei helfen, konditionierte Gedankenmuster wie Schuldzuweisungen oder Schuldgefühle zu verändern. Der Versuch, solche Muster zu verarbeiten, kann nicht gelingen, und wenn Sie solche Gedanken in Ihrem Bewusstsein festhalten, wie wir es mit den Gefühlen bei der Verarbeitung machen, dann werden Sie die Schuldzuweisungen oder Schuldgefühle nur verstärken.

Verändern kann man konditionierte Denkmuster durch Affirmationen. Aber Affirmationen eignen sich nicht, um unterdrückte Gefühle zu integrieren oder zu verändern. Auch wenn Sie sich noch so oft sagen, dass Sie sich großartig fühlen, werden Sie deprimiert bleiben, wenn dies das Gefühl ist, das gerade an die Oberfläche kommt. Wenn die Affirmation überhaupt etwas bewirkt, dann wird sie nur dazu dienen, das negative Gefühl zu *unterdrücken*. Gefühle müssen jedoch erfahren werden. Wir werden den richtigen Einsatz von Affirmationen in Kapitel 13 besprechen und näher darauf eingehen, wie man unbewusste Gedanken neu konditioniert, um zur Selbstakzeptanz zu finden. Im Augenblick sollten Sie nur daran denken: Verarbeitung integriert Gefühle; Affirmationen programmieren unsere Gedanken um.

Aktivieren Sie Ihr Herzzentrum

Wir alle leiden unter vielen Formen von Selbstablehnung. Manchmal sind wir in den meisten Bereichen mit uns selbst im Reinen, lehnen uns auf irgendeinem Gebiet jedoch selbst vollständig ab. Dies ist das Gebiet, auf dem wir uns vor uns selbst zu verteidigen versuchen, und das hält uns davon ab, unsere Selbstbeschränkung zu durchbrechen.

Sie müssen sich der Akzeptanz allmählich nähern. Arbeiten Sie jeweils nur an einem Aspekt. Während Sie in einem Bereich lernen, sich selbst zu akzeptieren, sollten Sie sorgfältig darauf achten, dass Sie Ihre Selbstablehnung nicht auf andere Gebiete übertragen. Die Selbstablehnung zu beenden erfordert höchsten Mut. Sie widmen sich damit wirklich einer Lebensaufgabe, die Ihre ganze innere Kraft erfordert. Aber Sie wissen nun, dass Selbstakzeptanz die Aufgabe ist, die Sie erfüllen müssen.

Der Mut, sich Ihren wahren Gefühlen zu stellen, wird Ihnen den ersten Schimmer von Selbstliebe bringen, die Geburt eines echten Selbstwertgefühls. Selbstliebe gehört in das Herzzentrum, das Sie aktivieren können, indem Sie sich auf Ihr Herz konzentrieren und in das Herz hineinatmen, während Sie sich selbst und Ihre Gefühle akzeptieren. Sie müssen wissen, dass Selbstliebe nicht von irgendeinem Objekt abhängt. Sie ist nur davon abhängig, dass Sie sich selbst akzeptieren und andere diese Selbstakzeptanz widerspiegeln.

Selbstliebe kann Ihnen helfen, sich jeder negativen Situation zu stellen. Außerdem entsteht Selbstliebe, *während Sie sich der Situation stellen*. Sie werden wissen, dass das, was Sie tun, echten Wert hat, und dieser Wert kann Ihnen nie verloren gehen. Sie bauen Ihren spirituellen Körper auf, der das einzige ist, was wir mit uns nehmen, wenn wir diese Erde verlassen.

Während Ihre Selbstachtung wächst, weil Sie den Mut haben, sich selbst ins Gesicht zu sehen, wächst auch Ihr Respekt vor anderen Menschen, denn er ist eine Erweiterung Ihrer Selbstachtung. Dasselbe gilt für die Liebe: Während Ihre Selbstliebe wächst, empfinden Sie auch immer mehr Liebe – echte Liebe – für andere. Wahre Liebe kann man sich nicht denken, vormachen oder vorstellen; sie entsteht durch Ihre Selbstakzeptanz.

Ich lasse mich darauf ein,
meine Gefühle direkt zu erleben.
Mir ist klar, dass ich mich in vollem Umfang
mit dem auseinander setzen muss, was ich früher
gemieden habe, denn nur so kann ich mein Inneres
ins Gleichgewicht bringen.
Ich erlebe die Gefühle, die sich hinter meinem
Suchtverhalten und meinen Zwängen verbergen.
Ich lasse mich während der Meditation
direkt auf meine Gefühle ein und beobachte,
wo meine Toleranzgrenze liegt.

8.

Direkte Erfahrung

Wenn Sie die Selbstablehnung aufgeben, beenden Sie die gedankliche Aktivität, die Sie daran hindert, innere und äußere Ereignisse klar wahrzunehmen. Sie akzeptieren sich selbst, und Ihr Geist wird transparent; er ist zwar immer noch vorhanden, aber da er ruhig ist, können Sie durch ihn hindurchsehen. Die Wahrnehmung ist nicht mehr von Gedanken gefärbt. Nun wird *direkte Erfahrung* möglich. Was wir jetzt direkt und klar erleben, ist dem Wesen nach Energie – das, was wir als Gefühle und Emotionen bezeichnet haben. Energetische Muster und der Austausch von Energien formen unser Dasein. Wenn Sie sich der Energie öffnen, öffnen Sie sich dem Leben.

Direkte Erfahrung wird möglich, weil Sie sich nun »im gegenwärtigen Augenblick« befinden. Dies ist der Zustand, der auftritt, wenn die selbstablehnende Aktivität unserer Gedanken endet. Bis dahin gab es immer ein Zeitgefühl, denn wir blickten entweder in die Zukunft oder in die Vergangenheit. Unsere Gedanken sind die Schöpfer der Zeit. Sich im gegenwärtigen Augenblick zu befinden bedeutet, dass der Geist sich nicht mehr an das Bewusstsein der Zeit klammert und sich damit begnügt, das Leben so zu nehmen, wie es sich jetzt darstellt. Es gibt keinen Widerstand und kein Verlangen, dem zu entfliehen, *was ist*.

Das ist der Moment, in dem die Integration beginnt. Integration bedeutet, dass Sie bei Ihren Gefühlen und Erfahrungen verweilen und dass Ihr Geist diese akzeptiert. Im gegenwärtigen Augenblick zu sein ist das letztendliche Ziel aller psychologischen, spirituellen und echten religiösen Lehren. Man nennt es das höchste Glücksgefühl, kosmisches Bewusstsein, Selbstverwirklichung oder Gottbewusstsein, aber all diese Namen beziehen sich auf dasselbe: die Erfahrung des ewigen »Jetzt«.

Der Augenblick ist vollkommen schlicht und deshalb verpasst man ihn so leicht. Sie können sich jederzeit in den gegenwärtigen Augenblick begeben, indem Sie die selbstablehnende Aktivität Ihrer Gedanken einstellen, die suchen, urteilen, sich anklammern und vermeiden. Der Augenblick ist ein Bewusstseinszustand, ein neues Gefühl. Das bedeutet nicht zwangsläufig, dass Sie sich nicht mehr auf die Zukunft vorbereiten, sondern nur, dass Sie nicht in der Zukunft leben. Achten Sie auch sorgfältig darauf, dass Sie das Leben im Augenblick nicht mit dem Leben *für* den Augenblick verwechseln, denn das könnte dazu führen, dass Sie verantwortungslos, selbstsüchtig oder rücksichtslos gegen andere werden.

Erfahrung, nicht Ausdruck

Integrative Verarbeitung ist eine Therapie, die auf einem neuen psychologischen Paradigma basiert. Seit Freud wissen wir, dass unterdrückte Gefühle aufgelöst werden müssen. Vielleicht weil es so nahe liegend scheint, ist man davon ausgegangen, das Gegenteil von Unterdrückung sei Ausdruck; statt das Gefühl im Inneren zu halten, müsse man es hinauslassen, gewissermaßen »die Seele davon befreien«. Die verschiedenen psychotherapeutischen Schulen, die sich im Laufe der Zeit entwickelten, unterschieden sich im Hinblick auf die Art und Weise, wie sie die Auflösung unterdrückter Gefühle herbeiführen wollten.

Freud selbst schlug die freie Assoziation vor. Reich führte die radikale Idee der Körperarbeit ein, die von den Bioenergetikern, die ihre Klienten auf Kissen einschlagen ließen, aufgegriffen und erweitert wurde. Die Gestalttherapie gliederte das Psychodrama ein und ließ die Patienten Rollen spielen. Die Primärtherapie führte ihre Patienten an den Punkt, an dem der tief sitzende Schmerz durch einen spontanen, markerschütternden Schrei ausgedrückt wurde. Die humanistische Psychologie ermutigt den Patienten einfach, mit Unterstützung des Therapeuten über seine Gefühle zu sprechen.

Natürlich konnten diese verschiedenen Ansätze, die alle auf der Idee des »Ausdrucks« basierten, Erfolge verzeichnen. Ganz gleich, auf welche Weise Katharsis erzeugt wird, sie setzt in jedem Fall Gefühle frei. Dennoch ist es Zeit für ein neues Paradigma, das besser zum Stand der gesellschaftlichen Entwicklung passt und noch effektiver den psychologischen Nutzen maximiert.

! *Denken Sie nicht, Sie müssten ein Gefühl*
»ausdrücken«, um es aufzulösen

Was man bisher vermutlich nicht erkannt hat, ist die dualistische Natur von Unterdrückung/Ausdruck. Ausdruck ist die dualistische Ergänzung zur Unterdrückung, aber kein geeignetes Gegenmittel. Wenn wir in »Ausdruck« schwelgen, suchen wir einfach nach dem positiven dualistischen Pol, um der negativen Seite zu entgehen, genauso wie bei jeder anderen dualistischen Manifestation.

Wir beseitigen nicht die Unterdrückung; vielmehr kann der Ausdruck, gemäß den Prinzipien des Dualismus, die wir aufgestellt haben, dazu beitragen, dass wir unsere Gefühle noch stärker unterdrücken. Wir stecken weiter in der Falle des dualistischen Syndroms, erreichen keine echte Auflösung der Gefühlsenergie und verstärken unser zwanghaftes Bedürfnis nach Ausdruck.

Statt unsere verlorenen Gefühle auszudrücken, müssen wir sie *erfahren*. Die Gefühle wurden ursprünglich unterdrückt, weil wir ihnen nicht gestattet haben, angemessen in unser Bewusstsein zu treten. Wir haben sie nicht erfahren, als sie aufkamen. Der Grund für die Unterdrückung war nicht die Tatsache, dass wir sie nicht »ausgedrückt« haben.

❗ *Erfahrung, nicht Ausdruck ist das Gegenmittel der Unterdrückung*

Wenn wir einem Gefühl ohne Abwehr gestatten, in unser Bewusstsein zu treten, beginnt die Reinigung. Um das Gefühl aufzulösen, ist es nicht erforderlich, dass wir es verbal oder durch aktives Handeln ausdrücken. Die Auflösung wird gelegentlich von Geräuschen, Körperbewegungen oder Weinen begleitet, was vollkommen in Ordnung ist, aber glauben Sie nicht, Sie müssten Ihre Gefühle verbal oder körperlich ausdrücken, um sich davon zu befreien. Um Gefühle aufzulösen, müssen wir sie uns nur *mit vollkommener Akzeptanz* bewusst machen.

Ich finde es bedauerlich, dass viele Psychologen immer noch den Eindruck erwecken, unterdrückte Gefühle müssten auf irgendeine Weise »ausgedrückt« werden, um sie aufzulösen. Oft wird dabei nicht ausreichend erklärt, was es genau bedeutet, ein Gefühl »auszudrücken«.

Sollen wir emotionaler sein? Sollen wir wild um uns schlagen, sollen wir den Leuten wehtun, die uns verletzt haben? Sollen wir immer ganz offen mit allen unseren Gefühlen umgehen und anderen genau vermitteln, was wir gerade empfinden? Sollen wir ständig unsere Gefühle abreagieren? Sollen wir unsere Gefühle durch körperliche Aktivitäten abarbeiten? Sollen wir bei allem, was wir tun, stets unseren Gefühlen folgen? Wir haben schon darüber gesprochen, dass alle diese Möglichkeiten kontraproduktiv sind.

Wenn der Schwerpunkt der Therapie auf der Erfahrung statt auf dem Ausdruck liegt, kann es doch immer noch Raum für therapeutische Techniken geben, die auf Ausdruck basieren. Was diese Techniken bewirken, ist das Aufwühlen der Gefühle – sie werden ins Bewusstsein gebracht. Wenn man sich darüber klar ist, dass Gefühle anschließend verarbeitet werden müssen, um sie aufzulösen, können solche Techniken durchaus hilfreich sein. Notwendig ist es jedoch nicht, Methoden wie Psychodrama oder das Einschlagen auf Kissen zu praktizieren. Bei der integrativen Verarbeitung setzen wir Atmung, Körperarbeit und Meditation ein, lassen unsere Gehirnwellen im Alpha-Zustand schwingen und nutzen die Ereignisse unseres Lebens, um uns Gefühle bewusst zu machen, die dann verarbeitet – akzeptiert und erfahren – und aufgelöst werden.

Anderen seine Gefühle mitzuteilen ist eine weitere Form des Ausdrucks. Ich bin selbstverständlich nicht dagegen, dass Sie mit Ihrem Therapeuten oder einem engen Freund über Ihre Gefühle reden. Solche Gespräche können zur rechten Zeit eine Hilfe sein, aber glauben Sie nicht, Sie müssten über Ihre Gefühle reden, um sie zu integrieren. Gespräche können auch missbraucht werden, uns abhängig machen und eine weitere Möglichkeit darstellen, vor seinen eigenen Gefühlen davonzulaufen.

> **!** *Wir müssen unsere Gefühle erfahren,*
> *ohne sie dabei gedanklich zu verändern*

Entscheidend ist die Erkenntnis, dass wir unsere Gefühle erfahren müssen, ohne dabei »rational« oder »kognitiv« vorzugehen, also den Versuch machen, das Gefühl durch Umdenken oder mentale »Moderation« zu verändern. Solche Versuche sind meines Erachtens naiv und gefährlich – sie führen lediglich zur Unterdrückung von Gefühlen. Wenn Sie damit scheinbar Erfolg haben, dann täuschen Sie sich. Sie durchtrennen damit die Verbindung zu Ihrer Seele und wirklicher Heilung, und am Ende bringt Ihr Karma Sie wieder dazu, sich erneut mit den unterdrückten Energien auseinander zu setzen, die sich in Ihrem Unterbewusstsein aufgebaut haben.

Verarbeiten Sie das Gefühl

Gefühle werden verarbeitet, indem wir sie ohne Abwehr in unserem Bewusstsein halten, vollständig erleben, ihre Zeugen werden, ohne uns von ihnen zum Handeln motivieren zu lassen. Die Energie des Gefühls darf ihren natürlichen Weg vollenden. Wenn man Gefühle meidet oder ablehnt, dann werden sie unterdrückt. Indem wir einfach im gegenwärtigen Augenblick bei unseren Gefühlen bleiben und ihnen gestatten, so lange wie nötig *da zu sein*, wird die emotionale Ladung aufgelöst.

Wenn Sie Ihren Gefühlen ohne Abwehr gestatten zu existieren, dann kann die Energie ihren Kreislauf schließlich vollenden. Bleiben Sie bei der Erfahrung, das Gefühl zu verarbeiten, bis Sie eine Veränderung spüren, eine Verlagerung der Energie – das Gefühl wird nicht mehr dieselbe Dringlichkeit haben. Vertrauen Sie darauf, dass die Auseinandersetzung mit dem Gefühl schließlich dazu führt, das Thema zu integrieren und hinter sich lassen zu können.

Wenn das Gefühl, an dem Sie arbeiten, mit einem äußeren Ereignis zu tun hat, beispielsweise im Zusammenhang mit einer anderen Person steht, dann halten Sie das Ereignis zusammen mit dem Gefühl in Ihrem Bewusstsein. Verzichten Sie auf alle Formen der Selbstablehnung wie etwa Schuldzuweisungen. Stellen Sie sich einfach die betreffende Szene vor, öffnen

Sie sich für die Gefühle, die dabei aufkommen, und erfahren Sie sie vollständig.

❗ *Aktive oder meditative Verarbeitung*

Man kann Gefühle entweder durch Aktivität oder im Rahmen der Meditation erfahren. Beide Möglichkeiten haben ihren Wert. Bei aktivem Handeln treten Gefühle meist auf heftige Weise zu Tage, wenn sie durch einen bestimmten Reiz ausgelöst werden – beispielsweise durch die Interaktion mit einer anderen Person. Wenn es Ihnen dann gelingt, das Gefühl zu verarbeiten, nutzen Sie die Gelegenheit am besten. Ideal wäre es, die Interaktion taktvoll zu beenden und sich dann still zurückzuziehen, um innerlich an den Gefühlen zu arbeiten, solange sie noch stark und frisch sind.

Wenn ein Rückzug nicht möglich ist, können Sie auch versuchen, die Gefühle während der Interaktion zu verarbeiten. Das ist jedoch nicht einfach, und es wird Ihnen wahrscheinlich erst gelingen, wenn Sie über einige Übung mit den Verarbeitungstechniken verfügen. Die Alternative zur Verarbeitung während der Interaktion besteht darin, das Gefühl durch nicht-reaktives Verhalten zu bewahren, bis Sie es später in der für die Meditation vorgesehenen Zeit verarbeiten können. Wenn Sie sich zur Meditation hinsetzen, rufen Sie sich das Ereignis in Erinnerung, um die damit verbundenen Gefühle zu aktivieren und zu verarbeiten.

❗ *Machen Sie sich klar, welche Art von Gefühl Sie gerade verarbeiten*

Das Gefühl, das Sie gerade verarbeiten, kann in jede der in Kapitel 6 genauer dargestellten Gruppen gehören. Vielleicht arbeiten Sie mit einer sehr aktiven Emotion der ersten Ebene, die

Sie mit irgendeinem Muster von Kerngefühlen in Verbindung bringen können – oder auch nicht. Vielleicht haben Sie mit der Emotion begonnen und sie zu einem Kerngefühl oder einer anderen Emotion in Beziehung gesetzt. Sie können auch mit einer Stimmung, einer körperlichen Empfindung oder einem »Symptom« arbeiten, ebenso mit einer Sucht oder einem Zwang. Versuchen Sie nicht, darauf Einfluss zu nehmen, welche Art von Gefühlen an die Oberfläche kommen; ergeben Sie sich dem Strom der Energien und bleiben Sie dort, wo er Sie hinführt.

❗ *Suchen Sie nach dem Gefühl hinter dem Ereignis*

Gefühle treten gewöhnlich im Zusammenhang mit einem Ereignis oder bestimmten Umständen in unser Leben. Ein immer wiederkehrendes oder starkes Gefühl zeigt an, dass unterdrücktes Material an die Oberfläche kommt und verarbeitet werden sollte. Achten Sie stets darauf, das Gefühl zu identifizieren, welches *hinter* dem Ereignis steht.

Wenn Sie sich beispielsweise in einer Notsituation befinden, müssen Sie die Gefühle integrieren, welche diese Not in Ihnen wachruft. Vielleicht empfinden Sie Schmerz darüber, dass Ihnen bestimmte lebensnotwendige Dinge fehlen, aber dahinter steht die Emotion der Furcht. Sowohl das Gefühl des Mangels als auch die Emotion der Furcht müssen verarbeitet werden. Wenn Sie beruflich versagt haben, empfinden Sie vielleicht die Emotion der Wertlosigkeit in Verbindung mit dem Kerngefühl des Versagens. Beides muss verarbeitet werden.

❗ *Erfahren Sie die Gefühle auf der körperlichen Ebene im gegenwärtigen Augenblick*

Während Sie ein beliebiges Gefühl verarbeiten, bleiben Sie mit Ihrer Wahrnehmung im Körper, wo Gefühle ihren Ursprung haben. Mit einer akzeptierenden Geisteshaltung wird es Ihnen gelingen, Ihren Körper mit einer Klarheit und Sensibilität zu spüren, wie es nie möglich war, solange Sie sich selbst abgelehnt haben. Akzeptieren Sie die Gefühle im Körper. Öffnen Sie sich dafür. Erleben Sie sie ohne Widerstand. Werden Sie Zeuge dieser Gefühle. Gestatten Sie sich selbst, einfach dabeizubleiben. Machen Sie *keinen Unterschied*, ob Sie die Gefühle haben möchten oder nicht.

Gefühle können in den Chakras ebenso wie in jedem anderen Teil des Körpers auftreten. Versuchen Sie, sich auf den Teil des Körpers zu konzentrieren, in dem Sie das Gefühl spüren. Wenn Sie es nicht genau lokalisieren können, konzentrieren Sie sich auf Ihre allgemeinen körperlichen Empfindungen. Gefühle können komplex sein und sich aus dem Zusammenspiel von zwei oder mehreren Chakras ergeben; es kann schwierig sein, ein bestimmtes Gefühl genau festzulegen. Im Laufe der Zeit wird Ihre Sensibilität zunehmen, und dann werden Sie in der Lage sein, verschiedene Gefühle ihren jeweiligen Körperregionen zuzuordnen.

Prüfen Sie immer wieder, ob Ihr gesamter Körper wirklich entspannt ist. Wenn wir uns mit starken Gefühlen beschäftigen, neigen wir oft dazu, unseren Körper zu verspannen. Achten Sie darauf und entspannen Sie bewusst jeden Teil des Körpers, der sich verkrampft hat. Atmen Sie gleichzeitig in den Teil des Körpers hinein, in dem Sie Verspannungen spüren oder in dem die Gefühle ihren Ursprung haben könnten. Das muss nicht unbedingt ein Chakra sein; dafür kann jeder Teil des Körpers in Frage kommen.

❗ *Gestatten Sie den Gefühlen, Verbindungen herzustellen*

Wenn Sie mit der Verarbeitung von Gefühlen der ersten Ebene beginnen, die mit einem Ereignis zusammenhängen, dann treten während der Integration dieser Gefühle gewöhnlich andere an die Oberfläche, die damit verbunden sind – eine neue Emotion wird auftauchen, von deren Existenz Sie gar nichts geahnt haben; ein weiteres Kerngefühl wird Ihnen schlagartig bewusst werden. Es ist wichtig, solche Verbindungen zuzulassen und sämtliche miteinander verbundenen Gefühle zurückzuverfolgen, bis man zu dem dahinter stehenden Ereignis oder Zustand vorgedrungen ist. Auf diese Weise können wir wachsen und finden Zugang zu unserem Unterbewusstsein. Gefühle, die miteinander in Verbindung stehen, können jedoch gewöhnlich nicht intellektuell aufgedeckt werden. Man muss ihnen gestatten, sich während der Verarbeitung nach und nach zu offenbaren.

Wenn Sie sich beispielsweise mit jemandem gestritten haben, sind Sie vielleicht ungeduldig und zornig, aber hinter diesen Gefühlen verbergen sich andere, grundlegendere. Unter Umständen ist Ihr Selbstwertgefühl in Frage gestellt worden – das Gefühl der Unzulänglichkeit taucht auf und muss verarbeitet werden. Dann spüren Sie, wie die Emotion der Traurigkeit an die Oberfläche kommt. Während Sie dabeibleiben, entdecken Sie vielleicht ein Kerngefühl, das einen Bezug zu dieser Traurigkeit hat. Es könnte mit dem Verlust Ihres Vaters oder mit anderen, noch grundlegenderen Gefühlen zu tun haben.

Gefühle können sich zwar rasch während einer einzigen Phase der Verarbeitung miteinander verbinden, aber wahrscheinlicher ist es, dass sich die Zusammenhänge im Verlauf eines längeren Zeitraumes – Wochen, Monate oder sogar Jahre – allmählich erschließen. Der Prozess verläuft individuell sehr unterschiedlich. Überlassen Sie sich einfach dem Strom Ihrer Energien, bleiben Sie bei Ihrer Erfahrung, so wie sie ist, seien Sie geduldig und vertrauen Sie der Führung, die Sie empfangen.

❗ *Versuchen Sie nicht, die Gefühle zu analysieren*

Achten Sie darauf, dass Sie nicht in die Versuchung kommen, die Gefühle zu analysieren oder verstehen zu wollen. Versuchen Sie nicht zu verstehen, warum sich etwas ereignet hat, warum Sie ein bestimmtes Gefühl empfunden haben und so weiter. Diese Einsichten ergeben sich spontan *als Resultat* der Integration, die mit der direkten Erfahrung einhergeht. Zunächst geht es darum, die mit dem Ereignis verbundenen Gefühle einfach voll zu erleben. Wenn Sie unbedingt versuchen wollen, sie zu analysieren, wird die Integration verhindert.

❗ *Unterscheiden Sie klar zwischen Gefühlen und Gedanken der Selbstablehnung*

Auch wenn Sie im zweiten Schritt des Akzeptierens Gedanken der Selbstablehnung aufgegeben haben, werden Sie wahrscheinlich immer noch zwischen Selbstablehnung und Akzeptanz hin und her schwanken. Nehmen wir beispielsweise an, Sie integrieren ein schmerzliches Gefühl, das Sie zuvor abgelehnt haben, indem Sie einem anderen die Schuld daran gegeben haben. Während Sie an dem Gefühl arbeiten, werden Sie wahrscheinlich immer wieder in Schuldzuweisungen verfallen.

Solange Sie aber über Schuldzuweisungen nachdenken, können Sie das Gefühl nicht direkt erfahren. Sie sind in die Selbstablehnung zurückgefallen. Sie versuchen, die Schuldzuweisung zusammen mit dem Gefühl zu verarbeiten, aber denken Sie daran, Selbstablehnung, wie sie etwa in Form von Schuldzuweisungen stattfindet, kann nicht verarbeitet werden. Verarbeiten lassen sich nur unterdrückte Energien. Selbstablehnung ist eine Funktion unserer Gedanken, nicht des Energiekörpers, und wir müssen sie einfach aufgeben.

Wenn Sie sich dabei ertappen, dass Sie in Selbstablehnung

zurückfallen, müssen Sie Ihre Aufmerksamkeit bewusst wieder auf das Gefühl richten, weg von den selbstablehnenden Gedanken. Tun Sie das, wann immer es nötig ist. Trennen Sie Ihre Schuldzuweisungen immer von den Gefühlen. Sie könnten sich auf das eine wie auf das andere konzentrieren, aber wenn Sie sich auf das Gefühl konzentrieren, ist für die Schuldzuweisungen kein Platz in Ihrem Bewusstsein. Sie können diese Fähigkeit mit einem Minimum an Praxis entwickeln und werden dann fähig sein, bei ihren Erfahrungen zu bleiben, sie zu integrieren und nicht in Selbstablehnung zu verfallen.

Verarbeiten Sie die Gefühle, die hinter der Sucht stehen

Sich der Sucht zu stellen ist zentral für die innere Arbeit. Zunächst müssen Sie erkennen, dass Sie tatsächlich süchtig sind. Vielleicht denken Sie, Sie hätten nur Bedürfnisse, aber es gibt einen subtilen Unterschied zwischen Bedürfnis und Sucht. Jede Sucht ist zwanghaft; Sie sind von dem betreffenden Suchtmittel abhängig. Sie flüchten in das Suchtmittel und entwickeln eine Gier danach, wenn es nicht zur Verfügung steht, sei es nun eine Person, ein Gegenstand, den Sie besitzen, eine bestimmte Substanz oder eine Verhaltensweise. Echte Bedürfnisse sind mehr im Einklang mit den natürlichen Zyklen des Daseins und haben ihren Ursprung im Körper, nicht in den Gedanken. Eine Sucht entwickelt sich gewöhnlich im Hinblick auf die niederen Zentren. Die am weitesten verbreiteten Arten sind:

1. Überleben: Alles, was Sicherheit repräsentiert und dazu dient, Furcht oder Angst zu maskieren: Reichtum, materieller Besitz.
2. Macht: Der Impuls, andere Menschen oder Situationen zu kontrollieren, um Abhängigkeiten aufrechtzuerhalten.

3. Empfindung: Taktile und sinnliche Empfindungen einschließlich Sex, Luxus, Unterhaltung.
4. Fürsorge: Substanzen wie Alkohol, Drogen, Tranquilizer, Tabak, Nahrungsmittel.
5. Bedeutung: Status, Selbstbild, Bedeutung, Einfluss, Ansehen, Leistung, Zustimmung.
6. Herz: Abhängigkeit in Beziehungen.

Wenn Sie in einem dieser Bereiche süchtig sind, wird es viele Gelegenheiten geben, bei denen Sie den Impuls verspüren, Ihre Sucht zu befriedigen. Dann haben Sie jeweils auch die Möglichkeit, sich davon zu befreien. Leider können Sie dabei nur Fortschritte machen, wenn Sie sich dem Schmerz und den Ängsten stellen, die nun aufkommen. Nutzen Sie die Prinzipien, die wir besprochen haben. Akzeptieren Sie Angst, Depression und Schmerz. Verweigern Sie sich der Selbstablehnung, indem Sie diese Gefühle nicht mehr ablehnen. Gehen Sie mitten hinein, erfahren Sie die Gefühle, um sie zu integrieren und aufzulösen. Nutzen Sie die Techniken des wissenden Zeugen, um die Negativität zu absorbieren, statt ihr nachzugeben und sich davon zum Suchtverhalten motivieren zu lassen.

! *Unterscheiden Sie zwischen dem Impuls,*
eine Sucht zu befriedigen, und dem Gefühl,
das hinter der Sucht steht

Nehmen wir an, Sie sind esssüchtig. Die Gier nach bestimmten Nahrungsmitteln ist der Impuls, die Sucht zu befriedigen. Hinter der Sucht stehen die Gefühle, die Sie mit Hilfe der Sucht unterdrücken. Vielleicht sind Ihnen diese Gefühle nicht einmal bewusst. Es könnte sich beispielsweise um eine unbewusste Furcht handeln, die Sie mit der Esssucht unterdrücken.

Beginnen Sie, indem Sie mit dem Impuls arbeiten, die Sucht zu befriedigen. Dieser Impuls ist eine Art von energetischer Spannung, die auf die Techniken reagieren wird, die Sie lernen. Eine starke Konzentration auf den Impuls wird ihn verringern, ohne dass Sie ihm nachgeben müssen. Wenn Sie die Gier nach Nahrungsmitteln oder irgendwelchen anderen Substanzen spüren, gestatten Sie dieser Gier einfach, da zu sein, ohne ihr nachzugeben. Kämpfen Sie nicht gegen die entsprechenden Gefühle; kämpfen verleiht den Begierden nur noch mehr Macht. Versuchen Sie auch nicht, den Begierden zu entfliehen, indem Sie sie ignorieren oder sich davon ablenken. Stellen Sie sich Ihren Begierden und integrieren Sie sie, indem Sie die mächtige Hilfe von Atemübungen und Körperarbeit nutzen. Sie können die Begierden durch Akzeptanz besiegen. Begierden treten zyklisch auf. Wenn Sie ihnen für eine kurze Zeit die Stirn bieten, werden sie für eine Weile nachlassen, bis sie wieder erscheinen. Die Phasen zwischen den Anfällen werden länger, und Sie bekommen allmählich die Oberhand.

Wenn der Impuls so stark ist, dass Sie ihm nicht widerstehen können, praktizieren Sie für eine Weile Akzeptanz, bevor Sie ihm nachgeben, und steigern Sie allmählich die Zeit der direkten Erfahrung. Ersetzen Sie das Suchtmittel durch irgendetwas Harmloses. Wenn Sie ein starkes Suchtproblem haben, wird eine Selbsthilfegruppe von unschätzbarem Wert sein, aber am Ende läuft doch alles auf die Konfrontation hinaus. Wir müssen uns den Gefühlen stellen.

Im Laufe der Zeit werden Sie sich der Gefühle bewusst, die Sie mit Ihrer Sucht unterdrücken, und Sie können beginnen, damit zu arbeiten. Wenn Sie an diesen Punkt kommen, machen Sie echte Fortschritte. Manchmal reicht es schon, diese Gefühle nur wahrzunehmen, um die Katharsis einzuleiten, die nötig ist, um die Sucht zu durchbrechen, aber gewöhnlich wird eine weitere Integration der Gefühle erforderlich sein. Es ist keine leichte Aufgabe, sich seiner Sucht zu stellen, aber denken Sie daran, wie wesentlich diese Arbeit ist. Immerhin geht es hier um Ihre Evolution zu einem höheren Bewusstsein.

Praktizieren Sie Atemübungen und Körperarbeit

Wenn Sie an der Integration eines ernsten Themas arbeiten, werden Sie das Bedürfnis haben, sich etwas Zeit für Atemübungen und Körperarbeit zu reservieren. Wir haben darüber seit dem vierten Kapitel nicht mehr gesprochen, aber das soll nicht heißen, dass diese Techniken zweitrangig sind. Tatsächlich können sie für die Integration von entscheidender Bedeutung sein.

❗ *Körperarbeit bringt uns unseren Gefühlen näher*

Gefühle bestehen aus Energie und spielen sich im Körper ab. Wenn die Energie im Körper, in den Chakras, stecken bleibt, kommt es zu emotionalen Problemen. Körperarbeit kann ein gutes Instrument sein, um die gestauten Energien wieder fließen zu lassen und die Gedanken der Selbstablehnung zur Ruhe zu bringen. Sie können jede beliebige Technik einsetzen, die Ihnen angenehm ist, solange sie Ihnen dazu verhilft, sich in den Körper hinein zu entspannen. Nicht geeignet sind sportliche Aktivitäten oder Gymnastik. Techniken der Körperarbeit, zu denen Sie einen Therapeuten benötigen, können zusätzlich eingesetzt werden, wenn Sie das Bedürfnis danach haben, aber ich halte das nicht für unbedingt erforderlich.

Ich würde Ihnen als Grundlage tägliche Yogaübungen empfehlen, die ich für eine effektive und angenehme Form der Körperarbeit halte. Bestimmte Yogastellungen können Blockaden in bestimmten Chakras lösen, und wenn es Ihnen gelingt, das betreffende Chakra zu identifizieren, können Sie die passenden

Stellungen einnehmen, während Sie die jeweiligen Gefühle erleben, und damit die Effizienz der Reinigung erhöhen. Eine Yogasitzung kann von zehn Minuten bis zu einer Stunde oder auch zwei dauern, aber selbst eine kurze Sitzung hilft enorm, Sie in Ihren Körper hineinzubringen.

Nachdem Sie den Fluss der Energie durch Körperarbeit erleichtert haben, wird Ihnen bewusstes Atmen helfen, Energieblockaden aufzubrechen. Eine grundlegende Strategie besteht darin, in das Gefühl oder Chakra hineinzuatmen; das kann aber auch mit jeder der Atemtechniken kombiniert werden, die in Kapitel 11 dargestellt werden. Während Sie atmen, fahren Sie fort, das Ereignis zu integrieren, indem Sie ohne Widerstand dabei bleiben. Das Prana, das Sie durch den Atem hervorbringen, geht direkt in die Energieblockade. Das erfüllt einen doppelten Zweck: Erstens bringt die richtige Atmung unterdrückte Themen ins Bewusstsein, so dass Sie sie wahrnehmen und mit der bewussten Integration beginnen können. Zweitens wird der Atem die Integration des Themas bewirken, was mit Akzeptanz alleine nicht immer so schnell geschieht.

Verarbeiten Sie Gefühle während der Meditation

Viele von uns reagieren leider allergisch auf das Wort »Meditation«. Vielleicht haben Sie es schon versucht und sind damit nicht weitergekommen, oder Sie fühlen sich von den Begleitumständen nicht angezogen. Meines Erachtens besteht ein großer Teil des Problems darin, dass Meditation oft nicht richtig erklärt wird. Wir erwarten dann unrealistische Ergebnisse und fühlen uns entmutigt, wenn sie nicht eintreten.

Für mich bedeutet Meditation, dazusitzen und nichts zu tun. Es handelt sich nicht um eine andere Art von Aktivität, sondern um *Inaktivität*, wobei ich mich vorzugsweise nicht auf körperliche, sondern *geistige* Aktivität beziehe. Gewöhnlich meinen wir, wir müssten mit unseren Gedanken etwas tun, um zu meditieren. Wir beschäftigen uns mit diesem Tun, und schon haben wir uns wieder in Gedanken verfangen. Wenn Sie sich einfach in Ihren Lieblingssessel fallen lassen können, an nichts mehr denken und sich in Ihre Gefühle hineintreiben lassen, dann meditieren Sie. Aber wir sind so an unsere Gedanken und geistigen Aktivitäten gebunden, dass wir gar nicht mehr fähig sind, uns treiben zu lassen, und diesen Zustand auch nicht mehr zu schätzen wissen.

Meditation wird nötig, weil unsere Gedanken ständig aktiv sind: handelnd, strebend, fragend, planend, denkend, suchend, abschätzend, sorgend, vielleicht sogar betend. Unsere Gedanken brauchen einfach eine Pause. Diese Fähigkeit zu kultivieren ist ein wesentlicher Teil des inneren Wachstums. Wenn Sie in den Zustand des Nichthandelns eintauchen, gestatten Sie Ihrem Geist, sich wieder aufzuladen und zu reinigen, was beides wichtig für eine optimale innere Gesundheit ist. Wenn Sie diesen Zustand regelmäßig pflegen, kann daraus leicht Ihre liebste Zeit des Tages werden. Sofern Sie nicht meditieren, bleibt Ihnen als Alternative zur Reinigung nur der Mechanismus der Projektion, der zu einer verzerrten Wahrnehmung der Welt führt.

❗ *Benutzen Sie einen Konzentrationspunkt*

Daran zu denken, dass Meditation Nichtstun bedeutet – die Gedanken zur Ruhe zu bringen –, wird Ihnen helfen, in diesen Zustand einzutreten. Manchmal ist jedoch ein Konzentrationspunkt nützlich, um die Aktivität der Gedanken zu beenden. Sie können zu diesem Zweck auf Ihren Atem achten, im Geiste das Wort »om« oder irgendein anderes Wort wiederholen oder innerlich ein visuelles Symbol betrachten. Diese Art von Konzentration ist für die Meditation nicht unbedingt erforderlich und muss auch nicht immer eingesetzt werden; sie ist lediglich ein Werkzeug, mit dessen Hilfe man den Geist trainiert. Konzentrieren Sie Ihre Aufmerksamkeit auf den betreffenden Punkt, wenn Sie sich zur Meditation hinsetzen. Schon bald werden Ihre Gedanken abschweifen. Bringen Sie Ihre Aufmerksamkeit dann wieder sanft auf den Konzentrationspunkt zurück.

Bei dem Konzentrationspunkt geht es nicht um die inhaltliche Bedeutung. Wenn Sie Ihren Atem beobachten, achten Sie darauf, dass Sie den Atemrhythmus nicht verändern. Beobachten Sie nur, wie Sie auf völlig natürliche Weise ein- und ausatmen. Wenn Sie ein Wort verwenden, sollten Sie sich nicht auf dessen Inhalt konzentrieren, beispielsweise »Liebe« oder »Frieden«. Wenn Sie das tun, enden Sie schließlich bei dem Versuch, Ihre Gedanken und Gefühle entsprechend einer dualistischen Vorstellung zu konditionieren, statt ihnen zu erlauben, sich so zu offenbaren, wie sie sind, was die Grundlage der Verarbeitung darstellt. Es ist besser, ein Wort zu benutzen, das keine intellektuelle Bedeutung hat, sondern einfach ein abstrakter Klang ist, auf den Sie sich konzentrieren. Auf ähnliche Weise sollte ein visuelles Symbol in diesem Stadium der Meditation nicht emotional besetzt sein. Später können Sie sich emotional aufgeladene Symbole vorstellen, um bestimmte Gefühle hervorzurufen. In diesem Anfangsstadium schaffen wir lediglich die Bedingungen für den Eintritt in den Alpha-Zustand und das *nicht direktive* Leeren des Unterbewusstseins.

❗ *Werden Sie Zeuge der Gefühle in der Meditation*

Es gibt noch eine weitere wichtige Anforderung für die Meditation. Wenn Sie in den Zustand eintreten, in dem Ihre Gedanken ruhen, oder wenn Sie einen Konzentrationspunkt benutzen, dann müssen Sie sich Ihr Selbstgefühl bewahren. Gemeint ist damit ein Gefühl von »Ich«, ein Gefühl, dass Sie in der Meditation wach, aufmerksam und anwesend sind. Wenn Sie dieses Identitätsgefühl verlieren, dann verlieren Sie sich selbst in der Meditation. Sie identifizieren sich mit Ihren Gedanken und werden sogar schläfrig. Der Zustand, in den Sie dann geraten, unterscheidet sich kaum vom Schlaf. Wenn Sie dagegen Ihr Identitätsgefühl bewahren, dann kann Ihr Körper in einem bestimmten Stadium der Meditation einschlafen, was heißt, dass Sie ihn nicht mehr wahrnehmen, aber Sie werden vollkommen wach sein, sogar wacher als im normalen Bewusstsein, und zu Ebenen Zugang haben, die jenseits des Körperlichen liegen. Als Erstes kommt die emotionale oder astrale Ebene. Wenn Sie Ihr »Ichgefühl« während des Träumens aufrechterhalten, nennt man das einen *luziden* Traum.

Dieses Gefühl des »Ich« ist dasselbe wie das des Zeugen. Im Zeugenbewusstsein sind Sie losgelöst, bewusst, wach, konzentriert. Dieses Zeugenbewusstsein ist eine grundlegende Voraussetzung für Meditation und Verarbeitung.

❗ *Gestatten Sie den unterdrückten Gefühlen, an die Oberfläche zu kommen*

In der Meditation verlangsamt sich die Frequenz der Gehirnwellen bis zur Alpha-Schwingung oder sogar noch darunter, was zur Entspannung und Heilung führt. Wenn Sie im Alpha-Zustand an sich arbeiten, haben Sie einen enormen Vorteil. Die Integration vollzieht sich fast von alleine, und das Zeugenbewusstsein ist leicht zu aktivieren. Die direkte Erfahrung von Gefühlen erreicht man am besten im Alpha-Zustand während der Meditation (obwohl sie auch im aktiven Zustand möglich ist, wenn das Ereignis gerade stattfindet). Wenn Sie sich zum ersten Mal zur Meditation hinsetzen, sind Sie sich Ihrer Gefühle vielleicht nicht bewusst, weil sie unterdrückt sind. Wenn Sie sich gestatten, auf die beschriebene Weise in den Zustand der Meditation einzutreten, werden Ihnen unterdrückte Gefühle spontan bewusst werden, und das Unterbewusstsein kann sich reinigen. Indem Sie einfach dasitzen, geben Sie Ihrem Unterbewusstsein die Gelegenheit, seine unterdrückten Inhalte an die Oberfläche zu bringen.

Zwei Dinge geschehen, wenn Sie still dasitzen. Zunächst werden Ihre Gedanken wieder aktiv: handeln, streben, planen, denken, sich Sorgen machen. Gewöhnlich geht diese Art von oberflächlicher Aktivität nicht mit einem besonders intensiven Gefühl einher. Wenn Sie diese oberflächlichen Gedankenbewegungen feststellen, sollten Sie ihnen sanft ein Ende setzen, indem Sie sich daran erinnern, dass es jetzt nichts zu tun gibt, oder indem Sie wieder zu Ihrem Konzentrationspunkt zurückkehren.

Anschließend wird ein unterdrücktes Gefühl an die Oberfläche kommen. Das erkennen Sie daran, dass eine starke Emotion auftritt. Genau das ist erwünscht. Machen Sie sich klar, dass jetzt die Reinigung stattfindet. Wenden Sie sich nicht von dem Gefühl ab und kehren Sie auch nicht zum Konzentrationspunkt zurück. Bleiben Sie bei dem Gefühl und den damit verbundenen Gedanken oder Bildern, etwa der Interaktion mit einem anderen Menschen. Gehen Sie dann zur Verarbeitung über – zu Eigen machen, akzeptieren, erfahren, den Zeugen aktivieren. Gestatten Sie dem Gefühl, in Ihrem Bewusstsein zu bleiben, bis Sie eine Veränderung spüren – bis das Gefühl sich mit einem anderen, damit zusammenhängenden verbindet oder vergeht.

**❗ *Unterdrücken Sie nicht die Gefühle,
die in der Meditation auftauchen***

Wenn Gefühle während der Meditation an die Oberfläche kommen, müssen sie auf angemessene Weise behandelt werden, damit eine effektive Reinigung stattfinden kann. Als ich zu meditieren anfing, habe ich das nicht verstanden. Ich wollte durch die Meditation meine Gedanken zur Ruhe bringen, mein Bewusstsein erweitern und Zustände von Glückseligkeit empfinden – mit anderen Worten, ich wollte entkommen.

Wann immer störende Emotionen auftauchten, nahm ich an, ich hätte eine schlechte Meditation. Ich versuchte die Gefühle zu vermeiden, indem ich meine Aufmerksamkeit wieder auf meinen Konzentrationspunkt richtete. Ich wurde aufgeregt, zornig über meinen Zorn, fürchtete meine Furcht und so weiter. Die Meditation wurde ein Kampf darum, meine Gedanken und Gefühle zu kontrollieren. Heute verstehe ich, dass ich negative Energien, die zur Reinigung an die Oberfläche kamen, wieder zu unterdrücken versuchte. Ich hatte keine Vorstellung von Integration, wie wir sie hier besprochen haben. Ich dachte, irgendwann würde ich die negativen Störungen schließlich überwinden, aber so weit kam ich nie, und ich wurde pessimistisch im Hinblick auf die Meditation. Unbewusst praktizierte ich das, was man als »unterdrückende Meditation« bezeichnet.

Schließlich begann ich zu verstehen, dass mein Ansatz das Problem war. Diese Erkenntnis ist ein Hauptgrund für meine Entscheidung, dieses Buch zu schreiben, denn ich nehme an, dass andere Leute wahrscheinlich denselben Fehler machen. Indem man Integration und Reinigung in den Mittelpunkt stellt, kann man der Falle der unterdrückenden Meditation vielleicht entgehen. Wenn negatives Material an die Oberfläche kommt, während der Aktivität ebenso wie in der Meditation, versucht das Unterbewusstsein, sich zu reinigen. Sie müssen sich Zeit nehmen, was immer auftauchen mag, zu akzeptieren und zu erfahren. Obwohl ich fast während meines ganzen Lebens meditiert habe, habe ich am meisten in den letzten Jahren davon profitiert, nachdem ich den Prozess der Reinigung verstanden hatte und den negativen Gefühlen keinen Widerstand mehr entgegensetzte. Ich verbringe immer noch einen großen, wenn nicht den größten Teil meiner Meditationszeit damit, an meinen negativen Gefühlen zu arbeiten.

Wenn ich mich heute zur Meditation hinsetze, begebe ich mich zunächst in den Alpha-Zustand und das Zeugenbewusstsein. Ich gehe in meinen Körper hinein. Ich beginne, sanft zu atmen, und beobachte, welche Körperempfindungen auftreten. Ich gehe davon aus, dass jedes körperliche Unbehagen lediglich ein Ausdruck der negativen Energien ist, die nun frei werden. Ich beobachte sie als Zeuge. Wenn ich eine Emotion empfinde, lenke ich mein Bewusstsein in das entsprechende Chakra und atme in das Zentrum hinein, um die Energie freizusetzen. Ich gestatte der Emotion oder dem Gefühl, sich aufzubauen, ohne dass ich darauf reagiere – ich beobachte und fühle einfach nur. Das betreffende Gefühl löst sich dann bald auf, und ein anderes kann an seine Stelle treten. Nach einer Weile haben sich die Gefühle und Emotionen verausgabt. Ich beginne, die Körperwahrnehmung zu lockern und trete in andere Stadien der Meditation ein. Es gibt keinen Kampf, keine Kontrolle, keine Absicht, keine Erwartung. Ich bin einverstanden mit allem, was geschieht.

Wenden Sie sich unverarbeiteten Themen aus der Vergangenheit zu

Auch wenn wir uns hauptsächlich auf die Gefühle konzentrieren, die aktuell durch unsere gegenwärtigen Lebenserfahrungen ausgelöst werden, ist es manchmal hilfreich, mit Gefühlen zu arbeiten, die Ereignisse aus der Vergangenheit betreffen. Viele schmerzliche, ungelöste Probleme haben einen Bezug zur Vergangenheit. Wir haben in unserem früheren Leben Verletzungen und Verluste erfahren, und diese Gefühle müssen bereinigt werden. Im Grunde arbeiten wir auch dabei mit gegenwärtigen Gefühlen, aber da sie eine Verbindung zur Vergangenheit haben, können wir ihr Auftreten beschleunigen, indem wir uns an frühere Ereignisse erinnern. Das ist einfach eine therapeutische Technik und bedeutet nicht, dass wir in der Vergangenheit leben.

Sie können zu jedem schmerzlichen Vorfall zurückkehren, ganz gleich, ob er sich kürzlich oder vor langer Zeit ereignet hat, und ihn während der Meditation in ihr Wahrnehmungsfeld bringen. Sehen Sie die Situation vor sich. Lassen Sie zu, dass die Geschichte erzählt wird. Erleben Sie den Vorfall noch einmal vom Zeugenstandpunkt aus. Rufen Sie sich während der Meditation die Personen ins Gedächtnis, die wichtig sind. Visualisieren Sie emotional aufgeladene Szenen. Der fest sitzende, unterdrückte Schmerz wird dadurch gelöst. Wenn die Gefühle an die Oberfläche treten, heißen Sie sie willkommen. Wenn Sie meinen, dass bestimmte Themen zu schmerzlich sind, um sich damit auseinander zu setzen, dann sind das genau diejenigen, die Aufmerksamkeit benötigen. Wahrscheinlich beeinflussen sie Sie auf eine Weise, die Sie nicht erwarten. Andere wichtige Felder der Vergangenheit werden dadurch für Sie erkennbar. Sie werden spontan verstehen, wie frühere Ereignisse mit gegenwärtigen Problemen zusammenhängen.

Achten Sie darauf, dass Sie sich nicht erinnern, weil Sie etwas verstehen wollen. Sie holen die Gefühle an die Oberfläche, um sie zu akzeptieren, zu erfahren und zu integrieren. Lassen Sie zu, dass das Verständnis als Ergebnis der Integration kommt. Wenn Sie während der Meditation versuchen, etwas zu verstehen, dann hindert Sie das daran, in die Meditation, den Alpha-Zustand und das Zeugenbewusstsein einzutauchen. Achten Sie auch darauf, den Unterschied zwischen dem Gefühl und der Selbstablehnung, die es ursprünglich unterdrückt hat, wahrzunehmen. Verzichten Sie bewusst auf Selbstablehnung. Sitzen Sie nicht da und unterdrücken das Gefühl erneut, indem Sie Ihre Selbstablehnung noch einmal erleben.

❗ *Stellen Sie den Wahrheitsgehalt Ihrer Erinnerungen nicht in Frage*

Vielleicht fragen Sie sich, ob die Rückkehr in die Vergangenheit für Ihr heutiges Leben überhaupt relevant ist. Sie ist es, denn die Vergangenheit wird zum Symbol der Gegenwart. In gewisser Weise macht es keinen Unterschied, ob Ihre Erinnerungen genau zutreffen oder nicht, und gewöhnlich werden sie das nicht tun; Sie rufen sich Ihre eigene subjektive Sicht der Dinge ins Gedächtnis, und die mag sich von der Sicht anderer Leute erheblich unterscheiden. Dennoch ist sie durchaus effektiv, denn Ihre Erinnerung ist ein symbolisches Drama, eine Metapher, die das Unterbewusstsein anregt.

Mit dieser Technik therapieren Sie sich selbst. Haben Sie keine Angst davor, tief in traumatische Themen einzusteigen. Vergangene Ereignisse sind die häufigste Erscheinungsform, in der Gefühle während der Meditation auftauchen. Bringen Sie den Erinnerungen keinen Widerstand entgegen – sie bedeuten, dass etwas in Ihnen nach Befreiung schreit. Akzeptieren Sie die Erinnerung, ganz gleich, wie schmerzlich sie sein mag, und bleiben Sie dabei, bis alle Negativität bereinigt ist. Sie können davon ausgehen, dass dies erreicht ist, wenn die Erinnerung nicht mehr emotional belastet ist. Wenn Ihnen die Auseinandersetzung mit einem Thema besonders schwer fällt, ist es besonders wichtig für Sie und repräsentiert sehr viel mehr, als Sie wahrscheinlich erkennen. Die Arbeit daran wird mehr integrieren, als Sie erwarten.

In der Therapie gleicht dieser Ansatz der Desensibilisierung, die man bei Phobien, Besessenheiten und Zwängen benutzt. Sie steigern sanft und allmählich das Ausmaß, in dem Sie sich auf bedrohliche Themen einlassen, und öffnen sich für die Gefühle, die dabei aufkommen.

Wir haben schon besprochen, dass wir unseren Eltern nicht die letzte Verantwortung für Kindheitstraumata anlasten sollten. Gleichwohl kann das erneute Durchleben von Kindheitsereignissen bei Bedarf ein wertvolles Instrument sein, um unterdrückte Gefühle an die Oberfläche zu bringen. Die Arbeit mit dem verletzten inneren Kind kann für manche Leute beispielsweise ein wichtiger Teil der Selbstheilung sein, auch wenn sie keineswegs entscheidend ist.

Finden Sie das Kind in Ihrem Inneren, das immer noch an schmerzlichen Gefühlen festhält. Versuchen Sie nicht, die Gefühle des Kindes zu ändern oder neu zu programmieren, sondern seien Sie einfach bei dem Kind, während es die Gefühle erlebt. Helfen Sie dem Kind, die Selbstablehnung aufzugeben, die ursprünglich zur Unterdrückung des Gefühls geführt hat, und zu verstehen, dass es in Ordnung ist, so zu empfinden, und dass das Kind daran keine Schuld hat.

Akzeptieren Sie Blockaden

Manchmal, wenn wir versuchen, ein Gefühl direkt zu erfahren, bleiben wir stecken, und es sieht so aus, als kämen wir nicht weiter. Wenn das geschieht, stehen wir gewöhnlich unseren inneren Blockaden direkt gegenüber. Blockaden kommen unbewusst zustande; deshalb ist es schwierig, sie gezielt aufzulösen. An diesem Punkt müssen wir zur Akzeptanz der Blockade übergehen.

Wir erlauben uns selbst, dort zu bleiben, wo wir in der Meditation sitzen – festgefahren. Wir akzeptieren, dass wir feststecken. Wir beobachten den Zustand. Wir werden zu Zeugen der Situation. Wir verarbeiten sie. Wir wenden uns nicht davon ab und regen uns nicht darüber auf. Wir wünschen uns nicht, in unserem Prozess irgendwo anders zu sein.

Die Akzeptanz der Blockade ist entscheidend für ihre Auflösung. Wenn wir uns bemühen, sie zu überwinden, wird sie nur stärker, genau wie jedes andere Hindernis, auf das wir treffen. Während wir die Blockade genauer kennen lernen, indem wir ihr gestatten, uns immer stärker bewusst zu werden, wird sie sich schließlich öffnen, ganz ohne unser Zutun, und wir werden die dahinter verborgenen Gefühle direkt erfahren.

Treiben Sie Ihre Gefühle in eine Krise

Wenn Sie sich auf das Erleben einer negativen Emotion einlassen und nicht dem Bedürfnis nachgeben, sie auszudrücken oder das Gefühl auf irgendeine andere Weise zu vermeiden, dann kann es sich in Ihrem Inneren aufbauen. Sie beginnen dann vielleicht zu zittern und spüren, wie die Energie in Ihrem Körper kreist. Sie können sich in der Emotion verlieren; Ihr Identitätsgefühl kann sich ändern; vielleicht beginnen Sie zu weinen. Indem Sie die Emotion nicht vermeiden, sondern sie akzeptieren, gestatten sie ihr, sich bis zur Krisis aufzubauen. Dies ist eine Heilkrise. Sie sollten die Krise nicht zu sehr forcieren, aber wenn sie eintritt, sollten Sie wissen, was zu tun ist.

Wenn Sie Ihren Gefühlen gestatten, zu einer Krise zu kommen, dann bedeutet das nicht, dass Sie Ihre Gefühle nicht »herauslassen«. Natürlich müssen Gefühle freigesetzt werden und dürfen sich nicht im Energiekörper aufstauen. Oft jedoch, ganz gleich, für welche Methode wir uns entscheiden, ist das Freisetzen von Gefühlen mit Selbstablehnung verbunden. Die Gefühle werden erneut unterdrückt und nicht wirklich herausgelassen.

Wenn man seine Gefühle akzeptiert, werden sie nicht unterdrückt. Allein dadurch, dass wir sie in unserem Bewusstsein halten, vollzieht sich die Reinigung. Wenn man sie so lange im Bewusstsein halten kann, dass sich eine Krise aufbaut, folgt anschließend eine Katharsis und die Heilung. Wenn wir zulassen, dass sich eine Krise aufbaut, fordern wir unseren Kampfgeist heraus. Versuchen Sie es, wenn sich die Gelegenheit ergibt. Ich kann Ihnen versichern, dass Sie einige Ihrer persönlichen Grenzen dadurch erweitern werden.

Meditation ist der beste Weg, eine Krise herbeizuführen. Sie sollten diese Krise nicht über die Meditationszeit hinaus verlängern, aber Sie können sich aus Ihrer Sitzhaltung lösen und jede spontane Stellung einnehmen, nach der Ihr Körper verlangt. Wechseln Sie zwischen dieser Stellung und der Sitzhaltung ab. Jetzt wird die Kontrolle der Atmung wichtig. Benutzen Sie die integrierende Atmung, die wir in Kapitel 11 besprechen werden. Sie wird dafür sorgen, dass Sie mit den Energien umgehen können. Durch die Atmung bekommen Sie leichter Zugang zum Zeugenbewusstsein, das Ihnen einen ruhigen Standpunkt vermittelt, von dem aus Sie beobachten können, wie sich die Krise ereignet, gewöhnlich in einem der unteren Chakras. Die Atmung muss nicht unbedingt schnell oder tief sein, sondern nur stetig.

Die Krise wird immer vorübergehen, und das Zittern wird aufhören. Anschließend fühlen Sie sich so, dass Sie wissen, dass Sie nun ein beträchtliches Maß an Negativität aus Ihrem Unterbewusstsein abgebaut haben. Es hat mir nie geschadet, wenn ich meinen Gefühlen gestattet habe, sich zu einer Krisis aufzubauen, und ich habe auch noch von niemandem gehört, dem das geschadet hätte. Unsere Furcht vor emotionalen Krisen ist meist unbegründet, aber Sie müssen selbst entscheiden, ob diese Art von intensiver Arbeit für Sie geeignet ist. Wenn es in Ihrem Leben Phasen ausgesprochener geistiger oder emotionaler Instabilität gegeben hat, dann ist es für Sie wahrscheinlich nicht ratsam, solche Krisen zuzulassen, und Sie sollten darüber erst einmal mit einem Therapeuten sprechen. Vorsicht beim Zulassen emotionaler Krisen ist auch geboten, wenn Sie mit aktiven Emotionen wie Wut oder Zorn arbeiten. Ihr Körper produziert dann Adrenalin, um zum Kampf oder zur Flucht bereit zu sein. Das körperliche Ausagieren durch Einschlagen auf Kissen, Sport oder anstrengende körperliche Arbeit kann in solchen Fällen hilfreich sein, wenn Sie die Fähigkeit zur inneren Auflösung noch nicht vollständig entwickelt haben.

Ich habe jedoch festgestellt, dass aktive Emotionen durch körperliches »Ausagieren« nicht nachhaltig beeinflusst werden, sondern dadurch werden nur die oberflächlichsten Aspekte der Energie berührt. Mehr an körperlicher/emotionaler Befreiung konnte ich mit Hilfe von Yoga erreichen. Ich habe eine beträchtliche Zeit damit verbracht, dem Zorn zu gestatten, dass er sich während der Meditation zu einer Krise aufbaut, und habe dabei substanzielle Reinigungsprozesse erlebt. Das Adrenalin konnte dabei stets abgebaut werden, und ich glaube, es hat sogar geholfen, die gestaute Energie im Solarplexus aufzubrechen. Andere, mehr passive Emotionen wie Furcht, sexuelle Impulse, Einsamkeit und Suchtimpulse haben nicht die starke Motivationskraft wie Zorn und können ohne Risiko zu einer inneren Krise gebracht werden.

Beobachten Sie Ihren Toleranzpunkt

Auch wenn eine Heilkrise zur Integration führen kann, sollten Sie sich doch bewusst machen, wie viel Sie persönlich ertragen können.

In dem Maße, in dem Sie Ihre gewohnheitsmäßige Selbstablehnung aufgeben, öffnen Sie sich für die Möglichkeiten echten Wachstums, aber Wachstum vollzieht sich nicht ohne einen gewissen Stress. Wenn Sie nach innen blicken, werden Sie wahrscheinlich ein Chaos sehen. Furcht, Zorn, sexuelle Frustration, Einsamkeit, alles, was Sie unterdrückt haben, kommt nun an die Oberfläche, um integriert zu werden. Sie können sogar den Eindruck bekommen, es gehe Ihnen nicht besser, sondern schlechter; das geschieht häufig auf dem Weg zu Heilung und Wachstum. Aber in Wirklichkeit geht es Ihnen nicht schlechter, sondern Sie erkennen einfach, was in Ihrem Unterbewusstsein verborgen war. Es gibt keinen Weg zurück in den glückseligen Zustand der Unwissenheit über sich selbst; Sie müssen vorwärts gehen, mitten durch die Negativität, die nun auftaucht.

Wenn Sie Ihre Selbstablehnung beenden, stehen Sie der Negativität gegenüber, die normalerweise durch Selbstablehnung unterdrückt wird. Sie lernen gerade, diese Negativität zu integrieren, aber weil Sie noch dabei sind zu lernen, ist es vielleicht nicht möglich, so schnell zu integrieren, wie es nötig wäre, um mit allem fertig zu werden, was an die Oberfläche kommt. So geraten Sie schließlich in einen Zustand der *Überlastung*. Das ist mit Stress verbunden, und um diesem Stress zu entkommen flüchten Sie wieder in die Selbstablehnung, diesmal vielleicht in anderer Form als früher.

❗ *Tauschen Sie nicht eine Form der Selbstablehnung gegen eine andere aus*

Nachdem Ihnen beispielsweise bewusst geworden ist, wie Sie sich selbst abgelehnt haben, indem Sie anderen die Schuld gaben, könnten Sie sich nun selbst die Schuld geben, um die Energien wieder zu unterdrücken, die Sie noch nicht integrieren können. Oder Sie könnten übermäßige Aktivitäten entwickeln oder versuchen, sich in Unterhaltung durch Filme und Romane zu flüchten. Ein Wechsel in den Methoden der Selbstablehnung ist weit verbreitet und geschieht oft unbewusst. Sie überschreiten Ihren Toleranzpunkt für die Integration und kompensieren das, indem Sie Ihre alten Gewohnheiten der Selbstablehnung durch neue ersetzen.

Sich dieses Syndroms bewusst zu sein hilft Ihnen, es zu vermeiden. Sie sollten versuchen, ein Gespür dafür zu entwickeln, wann Sie sich Ihrem Toleranzpunkt nähern, und ihn nicht überschreiten. Vielleicht müssen Sie Ihre innere Arbeit unterbrechen und in alte Gewohnheiten der Selbstablehnung zurückfallen, aber das ist besser, als unbewusst neue zu entwickeln. Allein schon die Wahrnehmung der betreffenden Muster wird Ihnen helfen, sie zu lockern. Allmählich nimmt dann Ihre Fähigkeit zur Integration zu. Werden Sie nicht ungeduldig mit sich selbst, weil Sie an solche Grenzen stoßen. Wenn Sie die Grenzen akzeptieren und sich bei Ihrer Arbeit daran halten, können Sie eine Basis entwickeln, die von großem Wert ist.

Ich beschwöre die heilende Kraft
und Selbstliebe des Zeugenbewusstseins.
Ich spüre seine Gegenwart, während ich mich
Ergebnissen unterwerfe, die mir meine Erfahrung
mit dem Höheren Selbst vermittelt. Ich gestatte
dem Höheren Selbst, zu meinem Besten
zu wirken. So vollzieht sich eine Transformation,
die ich nicht vorhersehen konnte, und ich gelange
auf eine höhere Ebene des Daseins.
Ich habe meine Grenzen transzendiert.
Ich bin gewachsen.

9.

Transformation

Transformation ist der vierte Schritt bei der integrativen Verarbeitung. Um diese Stufe zu erreichen, muss man die vorherigen überwunden haben: Sie müssen sich Ihrer Gefühle im Hinblick auf ein Ereignis oder einen Zustand bewusst geworden sein und die Verantwortung dafür übernommen haben; Sie müssen die Selbstablehnung in Bezug auf diese Gefühle beendet haben; und Sie müssen sich auf die direkte Erfahrung von Gefühlen eingelassen haben.

Transformation beinhaltet die spirituelle Komponente unserer Individualität, die man in der zeitgenössischen Psychologie als *transpersonales* Bewusstsein bezeichnet. Denken Sie nun aber nicht, es gehe dabei um etwas, das außerhalb von Ihnen liegt. Für mich bedeutet transpersonal nur, dass es sich um jenen Teil meiner selbst handelt, der außerhalb der alltäglichen Wahrnehmung liegt. Das Höhere Selbst ist das Transpersonale. Wenn wir nicht in direktem Kontakt mit dem Höheren Selbst stehen, projizieren und erleben wir es als eine Macht außerhalb unserer selbst. Dagegen ist nichts zu sagen; es entspricht einem Stadium des evolutionären Wachstums. Ein wichtiger Aspekt der Selbstverwirklichung ist jedoch die Wahrnehmung, dass sich diese Macht in unserem Inneren befindet. Es ist die innere Kraft des Höheren Selbst, welche die Transformation lenkt.

Es gibt einen Unterschied zwischen Veränderung und Transformation. Veränderung beinhaltet eine willentliche und absichtliche Bewegung. Der Intellekt entscheidet, dass etwas anders sein soll, und wir handeln entsprechend. Manchmal sind Veränderungen nötig. Aber es gibt auch Zeiten, in denen die Aggressivität gezielter Veränderungen nicht effektiv ist und sein kann. Schließlich erkennt der Intellekt, dass er neue Erfahrungen machen und sich auf das Unbekannte einlassen muss, um Erfüllung zu finden. Willentliche Entschlossenheit versagt, weil der Intellekt uns nur den Weg in bekannte Gebiete weisen kann.

Transformation wird nun unsere Zuflucht. Transformation beinhaltet ein natürliches Herauswachsen aus bestimmten Umständen in andere, geführt durch das Höhere Selbst. Man kann es nicht erzwingen, etwas zu sein, das attraktiver oder wertvoller erscheint. Sich der Gegenwart zu unterwerfen bringt unfehlbar die Transformation in die Zukunft. Wachstum vollzieht sich mühelos; das Herz öffnet sich ohne Wissen; Transformation kommt ungefragt.

Aktivieren Sie den Zeugen

Zeugenbewusstsein ist der traditionelle Ausdruck, mit dem man die distanzierte Haltung beschreibt, die mit der Veränderung des Bewusstseins vom niederen zum Höheren Selbst einhergeht. Der Zugang dazu kann durch die Aktivierung des Dritten Auges erleichtert werden, wie es in Kapitel 11 beschrieben wird. Zeugenbewusstsein darf wörtlich verstanden werden. Wir kultivieren eine gleichgültige Haltung gegenüber allem, was geschieht. Wir werden zum Beobachter, betrachten ohne Unterschied und ohne Kommentar den Strom der Ereignisse. Zeugenbewusstsein bezieht sich auf innere Gefühle ebenso wie auf äußere Ereignisse und beinhaltet, dass wir zwar schmerzliche Gefühle »haben«, aber nicht eins mit ihnen sind.

Die selbstablehnenden Aktivitäten des Geistes, die gewöhnlich als Gedanken auftreten, müssen beendet werden, bevor der Zeuge ins Dasein treten kann. Einige Lehrer haben erklärt, die Gedanken sollten aus dem Zeugenbewusstsein heraus betrachtet werden. Aber ich glaube, sie meinen damit eigentlich, dass wir die Gefühle aus dem Zeugenbewusstsein heraus wahrnehmen sollten. Ich habe immer wieder festgestellt, dass Gedanken einem den Zugang zum Zeugen versperren. Wenn Sie in das Zeugenbewusstsein hinüberwechseln, maximieren Sie das transformative Potenzial der direkten Erfahrung. Sie kommen weiter *in den Augenblick* hinein, die Heimat des Zeugen, und in die dem Körper innewohnende Gefühlsnatur.

Der Wechsel in das Zeugenbewusstsein ist eine Fähigkeit, die mit zunehmender Praxis wachsen wird. Anfangs sind Sie vielleicht nicht sicher, ob das, was Sie spüren, wirklich das Zeugenbewusstsein ist. Ihre Empfindungen werden zunächst wahrscheinlich subtil sein, aber Sie sollten ihnen gestatten, sich aufzubauen. Die Menschen erleben das Zeugenbewusstsein unterschiedlich. Bald werden Sie ein genaues Gespür dafür entwickeln und es zu schätzen wissen – es ist fast eine körperliche Empfindung.

❗ *Unterscheiden Sie zwischen dem niederen*
und dem Höheren Selbst

Das niedere Selbst ist das, mit dem wir vertraut sind und über das wir schon gesprochen haben, das persönliche Ego. Es umfasst unsere Gedanken, den Körper und die Gefühle. Dieses Selbst kann man durch Psychologie und Wachstumstechniken erreichen. Das Höhere Selbst ist etwas anderes – es ist das, was wir entdecken, wenn wir nach innen gehen. Es ist unsere wahre Identität, die wir durch die Identifikation mit unserem niederen Selbst aus den Augen verlieren. Aus praktischen Erwägungen können wir davon ausgehen, dass das Höhere Selbst dem Zeugen entspricht.

Während wir lernen, unser Identitätsgefühl vom niederen zum Höheren Selbst zu verlagern, werden wir zunehmend von materiellen Bindungen befreit. Wenn wir uns im Zeugenbewusstsein befinden, werden wir nicht mehr von Zwängen beherrscht oder von dualistischen Präferenzen getrieben. Wir verstehen, dass Vergnügen und Schmerz zwei Seiten einer Medaille sind. Man kann das eine nicht ohne das andere bekommen. Wir akzeptieren beide Seiten. Das niedere Selbst mag zwar immer noch in der dualistischen Welt wirken, gewinnen und verlieren, aber der Zeuge ist damit zufrieden, das alles einfach zu beobachten.

Es gibt eine geringe Möglichkeit, den Zeugen mit einer klinischen Störung zu verwechseln, die man als *Disassoziation* bezeichnet. Gemeint ist damit ein chronischer Mangel an Verbindung zwischen dem bewussten Ego und dem fühlenden Selbst, hervorgegangen aus ständiger Selbstablehnung. Der Betroffene kann auch das Gefühl haben, sich außerhalb seines Körpers zu befinden, abgetrennt davon und in einer anderen Welt; die Blockade von Gefühlen ist unvollständig; oft leiden die Patienten unter dauernder Angst. Das Zeugenbewusstsein beinhaltet nicht die Abwesenheit von Gefühlen, denn das niedere Selbst, in dem sich die Gefühle abspielen, ist von der Ebene des Höheren Selbst voll zugänglich, und das Gefühl von Distanz löst keine Ängste aus.

❗ *Das Wesen des Zeugen ist euphorisch*

Der Zeuge hat keine Wünsche oder Bedürfnisse; es reicht ihm, einfach *da zu sein*. Wenn wir in diesem euphorischen, friedlichen Zentrum des Bewusstseins leben, empfinden wir transzendentale Liebe. Unser Wohlbefinden fließt über, und die Menschen in unserer Nähe können gar nicht anders, als dieses Gefühl zu teilen. Der Versuch oder die Entscheidung zu lieben sind mit keiner Mühe verbunden. Wir sind wirklich losgelöst von den egozentrischen Interessen des niederen Selbst. Die Aktivierung des Zeugen ist ein Hauptziel esoterischer Lehren.

Es ist außerordentlich wichtig, die Idee des Zeugen zu verstehen. Große Psychologen wie Jung und Perls haben gesagt, dass wir leiden müssen, um heil und ganz zu werden. Sie meinen damit genau das, worüber wir auch gesprochen haben – die Notwendigkeit, unsere unterdrückten schmerzlichen Gefühle zu integrieren. Die Idee des Zeugen bringt das alles jedoch auf eine neue Ebene. Wir verstehen, dass wir unseren unterdrückten Schmerz erleben müssen, ja, aber auf der Ebene des niederen Selbst. Wenn der Zeuge aktiviert ist, befinden wir uns auf der Ebene des Höheren Selbst, und von dort betrachten wir unseren Schmerz mit Distanz, Liebe und sogar Euphorie.

Einfach zu leiden hat nichts mit Magie zu tun. Das Leiden hat eine transformierende Kraft, wenn wir es umarmen und nicht ablehnen oder aufs Neue unterdrücken, wenn wir es vom Standpunkt des Zeugen aus betrachten, wenn wir es mit Liebe erleben.

❗ *Akzeptieren Sie mit Liebe?*

Sie können die Qualität Ihrer Verarbeitung unter anderem dadurch überprüfen, dass Sie feststellen, ob Sie mit Liebe akzeptieren. Ganz gleich, womit Sie sich auseinander setzen, Sie können stets die höheren Zentren aktivieren, das Herz und den Zeugen, und alles vom Standpunkt des Höheren Bewusstseins erleben. Wenn Sie nicht mit Liebe akzeptieren, haben Sie noch nicht Ihr volles Potenzial und Ihre volle Effektivität erreicht.

Ich meine damit nicht die Liebe des niederen Selbst, die an ihrem Objekt haftet und dualistisch ist, sondern die Liebe des Höheren Selbst, die distanziert und gleichgültig ist. Sie können sogar dann Liebe empfinden, wenn Sie ein schmerzliches Ereignis integrieren. Das mag unmöglich erscheinen, weil wir normalerweise jeweils nur eine Emotion empfinden. Wie können wir Liebe und Schmerz zusammen spüren?

Die Liebe, die aus dem Höheren Selbst kommt, ist keine Emotion. Sie ist ein Seinszustand, der offen ist für das kosmische, sich ständig verändernde Jetzt. Die euphorische Natur des Zeugen ist die echte Erfahrung von Liebe. Sie basiert auf dem Prinzip der Akzeptanz, nicht der Auswahl. Sie ist nicht von irgendeinem Objekt abhängig, sondern *ist* einfach da. Wenn Sie den Zeugen aktivieren, wecken Sie die heilende Kraft der Liebe, die aus dem Inneren kommt. Sie können Sie auf jede innere oder äußere Bedingung lenken. Leugnen Sie nicht die Negativität der Situation, der Sie gegenüberstehen, fühlen Sie sie, aber fühlen Sie auch die Liebe und den Frieden des Höheren Selbst, die den Schmerz des niederen Selbst auflösen. Liebe wird die Transformation herbeiführen.

Die feinstofflichen Energien ins Gleichgewicht bringen

Die direkte Erfahrung negativer Energien im Zeugenbewusstsein schafft optimale Bedingungen für die Reinigung und Heilung. Dies geschieht automatisch unter der Leitung der unbewussten Intelligenz des Höheren Selbst. Es erfordert nicht mehr Nachdenken als unsere vegetativen Körperfunktionen wie Kreislauf oder Verdauung. Tatsächlich macht erst das Ende des Nachdenkens die Integration möglich. Wir beenden die Gedankenaktivität, wenn wir auf Selbstablehnung verzichten und in das

Zeugenbewusstsein eintreten. Bis zu diesem Moment verhindern die Gedanken den natürlichen Zyklus der Heilung.

❗ *Die für die Heilung entscheidende Haltung des Zeugen ist Nichtidentifikation*

Der Zweck jeder spirituellen Praxis besteht darin, die Identifikation mit dem niederen Selbst und seinen Begierden aufzubrechen. Beachten Sie, dass wir nicht versuchen, das niedere Selbst zu zerstören oder zu verändern. Wir verschieben lediglich das Identitätsgefühl, das durch das Zeugenbewusstsein beeinflusst wird. Das mag als Widerspruch zu dem erscheinen, was wir vorher besprochen haben – die Notwendigkeit, uns unsere Erfahrungen zu Eigen zu machen. Aber es ist kein Widerspruch, denn diese Funktionen finden auf verschiedenen Ebenen unseres Daseins statt.

Was immer sich manifestiert, gleich welche Emotion, welches Verlangen, welche Sucht, welches körperliche Symptom – das alles ist Teil unseres niederen Selbst. Unsere wahre Identität liegt aber im Höheren Selbst, in dem Teil, der Zeuge ist. Wenn wir das Gefühl der Nichtidentifikation mit den negativen Seiten des niederen Selbst kultivieren, erlauben wir dem Gespür für das Höhere Selbst zu wachsen. Wir geben zwar die Identifikation mit den negativen Zuständen auf, gestatten ihnen aber immer noch, in unserem Bewusstsein zu existieren. Wir erleben den Zustand mit Liebe. Wir fühlen uns so, als wären wir »dabei«, Zeugen des Augenblicks, nicht selbst betroffen.

Die Zeit spielt eine Rolle bei der Integration, obwohl unser Zeitgefühl im Zeugenbewusstsein ein anderes ist. Die Integration findet gewöhnlich nicht sofort statt. Wenn Sie erkennen, dass Sie mit Material arbeiten, das möglicherweise über mehrere Leben unterdrückt worden ist, werden Sie mit diesem Zeit-

277

faktor geduldiger umgehen. Unser Karma erschließt sich uns Stück für Stück. Wir erleben Ereignisse, Emotionen und Stimmungen, die alle durch die unbewussten Energien verursacht werden, die wir unterdrückt haben. Jeder Vorfall ist eine Gelegenheit, die negative Energie entweder zu integrieren oder erneut zu unterdrücken. Jedes Mal, wenn wir ein negatives Muster erfolgreich integrieren, erleichtern wir unsere unbewusste Last ein wenig, aber es bleibt noch viel zu tun, bevor wir alles aufgelöst haben. Manchmal verbringen wir eine längere Zeit unseres Lebens damit, an einem bestimmten unterdrückten Aspekt unserer selbst zu arbeiten.

Aber jedes Mal, wenn Sie einen Vorfall erfolgreich integriert haben, werden Sie die Ergebnisse spüren. Sie werden Ihre Grenzen ausgedehnt haben. Sie werden mehr Freiheit gewonnen haben. Sie werden nicht mehr so zwanghaft sein. Sie werden nicht mehr so leicht auf negative Muster reagieren oder sich davon motivieren lassen. Sie werden Ihre Abhängigkeiten allmählich unter Kontrolle bekommen. Dinge, die vorher schwer zu ertragen waren, werden kein so großes Problem mehr sein. Sie werden nicht mehr so viel in bestimmte Ereignisse projizieren; Sie haben begonnen, Negativitäten aufzulösen. Sie merken, dass Ihr Leben besser läuft oder dass andere Ihnen nicht mehr so viel Ärger machen. Aber in Wirklichkeit haben Sie selbst sich verändert.

Wenn Sie damit fortfahren, Ereignisse zu integrieren – primär durch die Verarbeitung der damit verbundenen Gefühle –, dann werden Sie die Dinge objektiver betrachten können. Sie werden die andere Seite leichter erkennen. Sie werden die positive Seite eines Vorfalls sehen, der Ihnen bisher ausschließlich negativ erschienen ist. Situationen werden spontan einen *neuen Rahmen* erhalten, was bedeutet, dass Sie den richtigen Kontext für jedes Ereignis finden, damit es eher positiv als negativ wahrgenommen werden kann. Wenn dieser Prozess automatisch abläuft, ist das ein Zeichen dafür, dass Integration stattgefunden hat. Aber Sie sollten sich davor hüten, die Dinge gezielt mit einem neuen Rahmen zu versehen, denn daraus kann leicht eine neue Methode zur Unterdrückung von Gefühlen werden. Reden Sie sich selbst niemals Ihre Gefühle aus.

Öffnen Sie sich für die Transformation

Wenn Sie den Energien gestatten, ins Gleichgewicht zu kommen, laden Sie die transformierende Kraft des Höheren Selbst ein, in Ihrem Interesse zu wirken. Diese Kraft kann man nicht kommandieren, kontrollieren oder antizipieren. Sie ist die »Gnade«, die uns zuteil wird, wenn wir nicht darum bitten – wenn unsere Gedanken ruhen und wir uns im Zustand der Akzeptanz befinden. Das Höhere Selbst übernimmt dann die Führung und bestimmt das Geschehen, sowohl im Hinblick auf unsere Gefühle als auch auf die Umstände, in die wir uns ergeben. Das geschieht automatisch, wenn Sie Ihre Erfahrung so akzeptieren, wie sie ist. Auf diese Weise wirkt das Höhere Selbst auf den inneren feinstofflichen Ebenen und beeinflusst dadurch die materielle Ebene. Transformation wird auf eine Weise erreicht, die uns wunderbar und magisch vorkommt. Die Gestaltung von Ereignissen wird auf eine praktische und kreative Weise gelenkt, die man nicht vorhersehen kann.

! *Wir sind auf den feinstofflichen Ebenen*
miteinander verbunden

Auf Grund der feinstofflichen Verbindung zwischen Menschen müssen wir uns mit niemandem direkt auseinander setzen, wenn wir Ereignisse verarbeiten, um die betreffenden Gefühle aufzulösen. Dies zu verstehen kann ein wichtiger Schritt sein, um wieder zur eigenen Kraft zurückzufinden: Sie brauchen kein Einverständnis, keine Entschuldigung, kein Bekenntnis, keine Vergebung oder Billigung von irgendjemandem. Und Sie brauchen auf der anderen Seite auch niemanden zu verletzen.

Aber der Hauptgrund, warum ich gewöhnlich empfehle, bei dem Versuch der emotionalen Klärung auf eine direkte Konfrontation mit anderen zu verzichten, ist die Tatsache, dass wir dabei in den meisten Fällen unser Gegenüber beschuldigen. Wenn Sie das tun, egal wie taktvoll, dann werden die Ergebnisse stets unbefriedigend sein. Stattdessen sollten Sie erst mit sich selbst ins Reine kommen, bevor Sie mit der anderen Person sprechen. Wenn Sie Emotionen integrieren, die andere Menschen betreffen, wird sich die Beziehung spontan verändern. Das wird Auswirkungen auf die andere Person haben und sie wird ihr Verhalten verändern, vielleicht ohne selbst den Grund dafür zu kennen, so dass ein Gespräch wahrscheinlich überflüssig wird.

Wenn Sie aufhören, anderen die Schuld zu geben, strahlen Sie auch nicht mehr die negative feinstoffliche Energie aus, die Ihre Mitmenschen unbewusst spüren. Sie spielen deren Spiel nicht mehr mit. Und Sie nehmen Ihre eigenen Projektionen auch nicht mehr für bare Münze. Indem Sie andere nicht mehr bekämpfen, nehmen Sie deren Energie auf, während Sie sie empfangen. Sie schicken sie nicht zurück, vermischt mit Ihrer eigenen Feindseligkeit, die nur die Aggressionen der anderen anheizt. Sie lassen sich nicht von anderen ausnutzen, aber Sie vergelten Negativität auch nicht mit noch mehr Negativität. Die negative Energie der anderen, die Sie aufnehmen müssen, entspricht Ihrer eigenen karmischen Schuld – sie ist Bestandteil Ihrer Projektion. Ärgern Sie sich nicht darüber. Werden Sie nicht zornig über den Zorn. Wenn die Schuld beglichen ist, wird die Negativität der anderen Person, die sich gegen Sie richtet, verschwinden.

❗ Sie müssen den Ergebnissen gegenüber eine gleichgültige Haltung haben

Eine der Voraussetzungen für die Transformation besteht darin, dass Sie kein persönliches Interesse an den Ergebnissen haben dürfen. Wenn Sie Begierden, Erwartungen, feste Vorstellungen, ein bestimmtes Selbstbild oder Eigeninteressen damit verbinden, dann verhindern Sie das Wirken der ausgleichenden Kräfte. Ich habe jedoch die Erfahrung gemacht, dass das Ergebnis stets befriedigend war, auf eine Weise, die ich nicht vorhersehen konnte. Ich überwinde die jeweilige Dualität, integriere das »Negative« und klammere mich nicht mehr an das »Positive«. Eine bestimmte Grenze wird damit erweitert.

Wenn Sie an eine problematische Situation herangehen und dabei eine bestimmte Lösung im Kopf haben, lassen Sie nicht zu, dass sich echtes Wachstum vollzieht. Ihre Lösung basiert auf dem, was Sie schon wissen, und ist wahrscheinlich nur das angenehme dualistische Gegenstück zu dem, was Sie gerne vermeiden möchten. Um darüber hinauszugehen, müssen Sie den Schritt ins Unbekannte wagen. Wenn Sie alle Vorstellungen aufgeben, wie das Ergebnis sein sollte, erlauben Sie der höheren Intelligenz, die angemessene Transformation zu vollbringen. Sie schaffen Raum für Neues, und echtes Wachstum wird möglich.

Viele Leute glauben, hier komme eine religiöse Kraft ins Spiel. Das ist eine persönliche Angelegenheit, aber ich empfinde es eher so, dass wir einfach Zugang zu einem anderen Teil unserer selbst finden – eine neue Fähigkeit erschließen. Das bedeutet nicht zwangsläufig, dass nun eine Macht außerhalb unserer selbst für uns arbeitet; vielleicht wäre eine erweiterte Vorstellung davon, wer wir wirklich sind, angemessener. Wie Sie es auch betrachten mögen, die zeitgenössische Psychologie gelangt mehr und mehr zu der Überzeugung, dass das transpersonale Element eine wesentliche Rolle bei der Heilung spielt.

Vertrauen

Wenn wir beginnen, im Bewusstsein des Höheren Selbst zu handeln, erkennen wir, dass Vertrauen oder Glauben zu den wichtigsten Einstellungen gehört, die wir brauchen. Wenn wir vertrauen, gibt es keinen Zweifel. Zweifel ist die negative Orientierung des Verstandes, welche die innere Arbeit erschwert. Wenn wir zweifeln, sind wir eingeschränkt, wie bei jeder anderen Art von Selbstablehnung. Zweifel wirken sich auf unsere feinstofflichen Energien aus und schließen uns ein, statt uns für das Höhere Selbst zu öffnen, wie Vertrauen es tut. Aber worauf genau soll sich unser Vertrauen nun richten? In vieler Hinsicht macht es keinen Unterschied, worauf Sie vertrauen, solange es sich dabei im Wesentlichen um eine positive Kraft handelt. Wenn Sie Ihr Vertrauen auf etwas richten, das sich außerhalb Ihres bewussten Selbst befindet, öffnen Sie sich, um intelligente Führung und Energie von einer Quelle zu empfangen, die das bewusste Ego Ihnen nicht zur Verfügung stellen kann.

Wenn Sie religiös sind, können Sie auf Gott vertrauen. Wenn Sie den richtigen Guru finden, richten Sie Ihr Vertrauen vielleicht auf diese Verbindung und beziehen allmählich Ihren inneren Guru mit ein. Wenn Ihnen die Vorstellung des Höheren Selbst zusagt, vertrauen Sie vielleicht auf diese führende und intelligente Kraft oder auf die Idee der Gnade. Sie können Ihr Vertrauen auch auf das intelligente und unterstützende Universum richten. Wenn Ihnen das alles nicht geeignet erscheint, können Sie auf die wissenschaftlichen Prinzipien der Verarbeitung und der Psychologie im Allgemeinen vertrauen.

Wenn Sie meinen, Sie brauchen ein Objekt, auf das Sie Ihr Vertrauen richten können, dann sollten Sie sich bewusst sein, dass es sich dabei nur um eine Projektion handelt. Das ist jedoch nicht unbedingt von Nachteil und kann einem bedeutenden und fruchtbaren Stadium des Wachstums entsprechen. Richten Sie Ihr Vertrauen, worauf Sie wollen, solange Sie nur vertrauen. Wenn Sie sich aber ein Objekt schaffen, auf das Sie Ihr Vertrauen richten wollen, dann sollten Sie sich lieber für etwas Abstraktes entscheiden, statt Ihr Vertrauen auf einen anderen Menschen zu projizieren, sofern es sich dabei nicht um eine außerordentlich qualifizierte Person handelt.

Da ich persönlich die Erfahrung gemacht habe, dass die hier dargestellten Prinzipien wirken, fühle ich mich wohl dabei, wenn ich ihnen vertraue. Ich empfinde es so, dass alles, was ich auf dieser irdischen Ebene wahrnehme, geschieht, um mein Unterbewusstsein zu reinigen, und dass ich kooperiere, indem ich mich einfach in das ergebe, *was ist*.

Ich habe auch das Gefühl, dass unser Universum groß und intelligent ist und dass es mir helfen wird, wenn ich das zulasse. Ich bin mit den inneren Ebenen das Daseins vertraut, und mir reicht einfach das Wissen, dass sie existieren, um mein Vertrauen in das Leben zu begründen. Ich vertraue darauf, dass die Erde in ihrem natürlichen Zustand eine nährende und liebevolle Energie ist, mit der ich kommunizieren kann.

Ich vertraue darauf, dass die Evolution des Individuums seine höheren Fähigkeiten zu Liebe und Kreativität wecken wird. Da ich das erfahren habe, möchte ich diesen Weg weitergehen, auch wenn ich keine klare Vorstellung davon habe, wohin er führt.

Ich vertraue darauf, dass es eine unbegrenzte Kraft jenseits meines bewussten Selbst gibt, die zu meinen Gunsten wirken wird, wenn ich das zulasse. Ich stelle mir diese Kraft als Teil meines Selbst vor, mit dem ich noch keinen vollständigen Kontakt aufgenommen habe – das Höhere Selbst.

Und schließlich vertraue ich auf mich, auf meine Fähigkeit, zu überleben und glücklich zu sein, nicht auf Grund dessen, was ich habe oder was geschieht, sondern weil *ich bin*.

Die feinstoffliche Reinigung verstehen

Wir müssen uns darüber im Klaren sein, dass es hier um eine feinstoffliche Reinigung geht. Auch wenn es vielleicht nicht offensichtlich ist, gewährt uns die Existenz in einem materiellen Körper diese Gelegenheit. Wenn wir uns unangenehmen Gefühlen nicht verweigern, sondern sie integrieren, lassen wir zu, dass diese Reinigung stattfindet.

> **!** *Bei der Reinigung werden feinstoffliche*
> *Gifte in das Bewusstsein freigesetzt, wobei*
> *sie vorübergehend intensiver wirken*

Wenn Sie sich von süchtig machenden Zwängen reinigen, werden Sie die Zwanghaftigkeit während dieses Prozesses sogar noch stärker spüren. Wenn Sie sich von Abhängigkeit reinigen, werden Sie sich hilfloser und einsamer als je zuvor fühlen. Wenn Sie solche Gefühle stärker empfinden, ist das ein Zeichen dafür, dass die Reinigung fortschreitet, besonders wenn die Gefühle in Verbindung mit einem gezielten Programm zur emotionalen oder körperlichen Heilung auftreten. Diese Phase endet früher oder später, je nachdem, wie viel unterdrückte Energie sich im Unterbewusstsein befindet. Sie müssen jetzt liebevoll und freundlich mit sich selbst umgehen, denn im Vergleich zu früher, als Sie vielleicht aggressiv und hart waren, sind Sie verletzlicher geworden. Das ist einer der Gründe, warum Menschen sich ins Kloster zurückziehen.

Sie beginnen jetzt eine Phase des feinstofflichen Fastens. Indem Sie auf alle üblichen Ablenkungen von Ihrem Schmerz verzichten, bringen Sie ihn an die Oberfläche. Sie müssen die feinstofflichen Gifte erleben, während sie in Ihr Bewusstsein treten, damit Sie sich von ihnen befreien können. Wenn Sie je versucht haben, körperlich zu fasten, dann wissen Sie, dass es eine sehr unangenehme Zeit sein kann, wenn alle körperlichen Gifte in den Blutstrom gelangen. Trotzdem ist das Ergebnis eine Wohltat, und Sie fühlen sich nach der Fastenzeit besser und gesünder. Feinstoffliches Fasten ist ganz ähnlich. Gehen Sie geduldig und behutsam mit sich um.

❗ *Emotionale und physische Reinigung finden gemeinsam statt*

Auf Grund der Verbindung zwischen Körper und Geist können Befreiungen auf der körperlichen Ebene ihre Entsprechung im feinstofflichen Bereich haben. Dabei können verschiedene körperliche Symptome auftreten. Das Zusammenwirken zwischen der materiellen und der feinstofflichen Ebene sollte man sich nicht so vorstellen, dass eines das andere verursacht, sondern beides vollzieht sich gleichzeitig. Die Akzeptanz von Symptomen ist die Grundlage der ganzheitlichen Medizin. Dem Körper wird gestattet, die reinigenden Symptome zu manifestieren, um dadurch wieder ins Gleichgewicht zu kommen. Obwohl die körperlichen Symptome akzeptiert werden, kann es jedoch erforderlich sein, diesen Prozess durch bestimmte Maßnahmen zu begleiten, beispielsweise Veränderungen in der Ernährungsweise, Einnahme von Nahrungsergänzungen, Veränderungen in der Umgebung, körperliche Bewegung und so weiter. Gewöhnlich werden die Diagnose einer chronischen körperlichen Beschwerde und ihre Behandlung auf der materiellen Ebene mit der Auflösung einer feinstofflichen karmischen Belastung zusammenfallen.

Die Befreiung von unterdrücktem Material kann eine Katharsis herbeiführen, die emotionale Reinigung von unbewussten Schmerzen und Blockaden. Bei einer solchen Katharsis weinen wir oft. Wenn Sie selbst weinen oder jemand, mit dem Sie zusammen sind, dann sollten Sie nie versuchen, die Tränen zurückzuhalten. Geben Sie sich selbst oder dem anderen Menschen einfach Unterstützung und Trost, indem Sie ihn festhalten oder ihm nahe sind. Ermutigen Sie ihn sanft, bei seinem Schmerz zu bleiben oder sich sogar noch tiefer hineinzubegeben. Fordern Sie ihn nicht auf, den Schmerz zu meiden, wozu wir ja oft neigen. Schließlich wird die Krise vorübergehen, und damit hat eine gründliche Reinigung stattgefunden.

Wenn Sie bei Ihrer Arbeit an sich selbst schmerzliche Emotionen aufdecken, dann stellen Sie sich ihnen, und versuchen Sie nicht, die Erfahrung zu meiden. Die Integration dieser Emotionen ist genau das, was eine tiefe Reinigung ermöglicht. Die Energie in den Chakras findet durch Selbstregulation wieder ins Gleichgewicht, was zur Katharsis führt, aber Sie können diese Reinigung nicht gezielt beschleunigen. Sie tritt spontan auf, wenn Sie das Negative nicht zu meiden versuchen, sondern sich ihm stellen.

Hindernisse erkennen

Buddhisten sprechen von den »fünf Hindernissen«. Wenn Sie mit der Arbeit an sich selbst beginnen, stoßen Sie zunächst einmal an alte Grenzen. Sie können das ganz konkret erleben. Wenn Ihre Aura die Wirkung des zusätzlichen Prana spürt, das Sie durch Visualisierungen, Atemübungen, Körperarbeit und innere Konzentration aufgenommen haben, dann versucht sie sich auszudehnen, stößt aber auf den Widerstand der alten, selbstzerstörerischen Muster des Energiekörpers, die nun durchkreuzt werden. Diese Muster sind Energieformationen, verfügen über eine eigene Pseudointelligenz und spüren, dass Ihre Existenz bedroht wird. Sie können sich die Muster sogar als Unterpersönlichkeiten vorstellen, wenn Ihnen das hilft zu visualisieren, welchen Platz sie in Ihrem Leben einnehmen. Die Unterpersönlichkeiten spielen verrückt, weil Sie sie noch nicht akzeptiert haben.

Der Widerstand der Muster nimmt die Form der fünf Hindernisse an, vielleicht auch noch weiterer, die Sie der Liste hinzufügen können. Der entscheidende Punkt ist, dass Sie auf Widerstände treffen, wenn Sie mit der inneren Arbeit beginnen. Sie können so wie jede Negativität verarbeitet werden. Sie können die Hindernisse nur überwinden, wenn Sie einfach weitermachen und mitten hindurchgehen – natürlich mit freundlicher Akzeptanz. Der Widerstand lässt nach, wenn Sie versuchen, die Muster zu integrieren, statt sie auszuschalten. Die fünf Hindernisse sind:

1. ICH WILL. In jedem Chakra können Begierden stimuliert werden, einschließlich gegenwärtiger Süchte.
2. ICH HASSE. Ihr Ärger kann zunehmen, vielleicht auf irrationale Weise.
3. TRÄGHEIT. Ein Zustand plötzlicher Schläfrigkeit, der bei der Atemarbeit oder Meditation auftreten kann.
4. RASTLOSIGKEIT. Die allgemeine Ängstlichkeit kann zunehmen.
5. ZWEIFEL. Zweifel im Hinblick auf die Methode, den Lehrer, den Therapeuten, die Fortschritte.

Wahrscheinlich können Sie sich denken, dass jedes einzelne dieser Hindernisse einen Menschen im Allgemeinen entmutigt. Viele Leute, die sich auf den Weg nach innen begeben, kommen wahrscheinlich wegen dieser Hindernisse nicht besonders weit. Die Buddhisten machten die Hindernisse vor Jahrtausenden zu einem formalen Bestandteil ihrer Tradition, weil sie die Schwierigkeiten der inneren Arbeit erkannten. Nutzen sie diese vorausschauenden Warnungen gut.

Nehmen Sie an Gruppenarbeit teil

Für sich alleine zu arbeiten kann eine effektive Selbsttherapie sein, aber Sie bereichern Ihre Praxis um eine neue Dimension, wenn Sie an Gruppensitzungen teilnehmen. Innerhalb der Gruppe baut sich eine starke Energie auf, die Sie in sich aufnehmen und nutzen können. Das gilt besonders, wenn die Gruppensitzungen in einer heilsamen Umgebung stattfinden, beispielsweise an einem Ort, welcher der inneren oder spirituellen Arbeit gewidmet ist, in einem Aschram oder an einem friedlichen Platz in der Natur.

Andererseits müssen Sie sorgfältig darauf achten, dass Sie nicht von der Gruppe abhängig werden und die Entwicklung Ihrer eigenen Praxis vernachlässigen. Gruppenenergien haben definitiv ein Suchtpotenzial. Letzten Endes müssen Sie sich selbst alleine gegenübertreten und die Gruppe kann dabei nicht anwesend sein, um für kontinuierliche Unterstützung zu sorgen.

Die Gruppe kann Ihnen jedoch für Ihre eigene Arbeit einen zusätzlichen Schub geben, den Sie vielleicht brauchen, um ein Thema abzuschließen. Der ideale Rahmen wäre eine starke Basis an regelmäßiger individueller Arbeit, ergänzt durch wöchentliche, monatliche oder noch seltenere Gruppensitzungen. In der Gruppe können Körperarbeit, geführte Visualisierungen, Encounter-Training, beschleunigte Atemübungen, Traumarbeit oder emotionale Verarbeitung praktiziert werden.

Teil 3:

Selbstliebe

*Ich erkenne, dass die Liebe aus dem
Inneren die einzig wahre Quelle der Liebe ist.
Ich sorge gut für mich, damit die Liebe
in meinem Inneren wachsen kann. Ich gehe
Beziehungen nicht mehr ein, um dort Liebe
zu finden, sondern um die Liebe auszudrücken,
die ich in meinem Inneren spüre.
Meine Fähigkeit zur Selbstliebe ist gewachsen,
weil ich mich selbst emotional akzeptieren kann.
Indem ich meine schmerzlichen Gefühle erfahre
und nicht meide, habe ich echtes Wachstum und
Transformation verwirklicht.*

10.

Liebe, die von innen kommt

Bedingungslos glücklich sein

Wir alle wollen glücklich sein. Von den fundamentalen Überlebenstrieben bis zum kultiviertesten Geschmack in der Kunst, im intellektuellen Bereich und in der Liebe sind wir auf der Suche nach Erfüllung. Und es scheint ganz natürlich, dass wir diese Erfüllung in der äußeren Welt suchen. Vielleicht hat uns die frühe Konditionierung als abhängige Kinder, die Liebe und Nahrung von außen erhielten, zu der Ansicht geführt, dass Glück von außen kommt, dass man es suchen und erringen muss. Vielleicht ist diese Tendenz eine weitere »Falle der Natur«, um uns in der Welt zu halten, bis wir klug genug sind, es besser zu wissen.

Erfüllung in der äußeren Welt zu suchen ist die materialistische Einstellung zum Glück. Ob es dabei nun ums Überleben geht, um Macht, körperliche Empfindungen, Fürsorge, Bedeutung, Liebe oder kreative Bedürfnisse – unser Glück hängt immer davon ab, ob wir etwas erlangen oder besitzen, das sich außerhalb unserer selbst befindet. Sogar die Erfüllung kreativer Bedürfnisse hängt davon ab, dass der kreative Akt erfolgreich ausgeführt und anerkannt wird.

Die Befriedigung unserer Bedürfnisse wird zur Voraussetzung des Glücks. Wir verteidigen unseren Besitz als Mittel zur

Befriedigung von Bedürfnissen, sei es nun eine Karriere, eine Person, unsere Wohnung oder unser Selbstbild. Wir werden abhängig von diesen Besitztümern und fürchten ihren Verlust. Unsere Abhängigkeit macht uns ängstlich und ärgerlich, oft unbewusst. Wir lernen, den Besitz zu hassen, der uns eigentlich glücklich machen sollte, denn wir spüren, dass diese Dinge in Wirklichkeit von uns Besitz ergreifen und uns kontrollieren, nicht umgekehrt.

Natürlich müssen legitime Bedürfnisse befriedigt werden, aber ich meine hier etwas anderes. Wir haben ein Bedürfnissystem errichtet, das Sucht erzeugend, neurotisch und künstlich ist. Unsere Bedürfnisse gehen weit über schlichte und grundlegende Erfordernisse des menschlichen Lebens hinaus, aber trotzdem wollen wir diese übertriebenen Bedürfnisse erfüllt sehen, um glücklich zu sein. Sie werden zu einer *Quelle* des Glücks.

Leider liegt die Betonung beim New Age viel zu sehr darauf zu lernen, wie wir effektiver das erlangen können, von dem wir glauben, dass wir es brauchen, um glücklich zu sein – mit anderen Worten: wie wir unsere zwanghaften Bedürfnisse besser befriedigen können. Stattdessen müssen wir lernen, wie wir diese Bedürfnisse loswerden. Der Zweck des spirituellen Lebens besteht generell darin, uns an den Punkt zu bringen, wo wir nicht mehr annehmen, dass irgendetwas in der äußeren Welt eine Quelle unseres Glücks sein könnte. Natürlich wird es in unserem Leben immer noch Aktivitäten, Beziehungen und Besitz geben, aber statt in ihnen Quellen zu sehen, betrachten wir sie als *Ausdrucksformen* des Glücks. In dem Maße, in dem wir dazu fähig werden, sind wir von Abhängigkeiten, dem Bewusstsein der Armut und dualistischen Erfahrungen befreit.

Wenn wir wissen, dass nichts in der äußeren Welt uns nennenswert und dauerhaft zum Glück verhelfen kann, haben wir das Gefühl des Mangels überwunden. Und wenn es uns an nichts mangelt, fühlen wir uns vollständig, wie wir sind, und haben das Bewusstsein des Überflusses erlangt. In diesem Zustand gibt es keine Abhängigkeit von irgendwelchem Besitz; es handelt sich um eine geistige Einstellung. Das Bewusstsein des Überflusses dient dazu, glückliche Umstände anzuziehen, eben weil wir keinen Mangel empfinden. Wir erlangen materielle Ressourcen und harmonische Beziehungen, aber wir sind nicht von ihnen abhängig und fürchten nicht ihren Verlust.

Da wir als Menschen alle unsere Schwächen haben, können wir nicht erwarten, das Ideal des Überfluss-Bewusstseins sofort zu verwirklichen, und wir sollten uns nicht verdammen, wenn wir nicht gleich erfolgreich sind. Der Schmerz, der aus der Abhängigkeit resultiert, muss akzeptiert und erfahren werden, damit wir über die Abhängigkeit hinauswachsen können – das ist der einzige Weg.

Wenn wir das Glück nicht in der äußeren Welt finden, wo oder wie können wir es dann erlangen? Manchmal sagt man uns, wir sollten in unserem Inneren danach suchen. Häufig ist das schon alles, und die Bedeutung ist vielleicht nicht ganz klar. Die Aufforderung: »Suche das Glück in deinem Inneren« ist in der Tat irreführend und eine Falle, in die viele Menschen tappen, wenn sie anfangen, über Spiritualität nachzudenken. Sie wenden sich von der äußeren Welt ab, von der sie am Ende desillusioniert sind, und suchen nach einer andere Quelle des Glücks, die angeblich im »Inneren« liegen soll. Erkennen Sie den Irrtum? Der Ansatz ist genau derselbe wie vorher, aber nun wird davon ausgegangen, dass es eine nicht-materielle Quelle des Glücks gibt, wie etwa die selbst-projizierte Vorstellung von Gott oder einem Guru. Wir sind weiterhin aggressiv, fordernd, mit unseren eigenen Bedürfnissen beschäftigt und zwanghaft auf der Suche nach dem »Glück«.

Es gibt keine Quelle des Glücks. Die Vorstellung von bedingungslosem Glück ist als solche falsch und irreführend. Wir klammern uns immer noch an die dualistische Idee von glücklich/unglücklich, greifen nach dem einen und weisen das andere zurück. Wenn Sie diese Wahrheit erkennen, wird Ihnen klar, dass alle Bemühungen, Glück zu erlangen, in die Irre führen. Natürlich können wir eine neue »Quelle« schaffen, in unserem Inneren oder in der äußeren Welt, eine neue Erfindung des Unterbewusstseins, von der wir uns Glück versprechen. Aber indem wir das tun, fallen wir wieder in die Abhängigkeit, in die allgegenwärtigen dualistischen Muster, auf die wir Glück und Unglück projizieren.

Wenn nun alle Bemühungen, »Glück zu finden«, vergeblich sind, was sollen wir tun? Wenn Sie die Fruchtlosigkeit dieser Bemühungen wirklich verstehen, dann werden Sie einfach aufhören, zwanghaft dem Glück nachzujagen, sei es nun eine berufliche Karriere, eine Beziehung, Besitz oder Spiritualität. Die Bemühungen zu beenden ist der erste Schritt zur Befreiung. Ihre Ängste werden sich dann ebenso auflösen wie der Druck, zwanghaft etwas Bestimmtes sein oder tun zu wollen.

Aber die meisten Menschen sind so konditioniert, dass es ihnen einfach nicht möglich ist, auf ihre Anstrengungen zu verzichten. Bedenken Sie, dass ich hier nicht sage, wir sollten unsere Aktivitäten einstellen. Es geht mir vielmehr um das Motiv, das hinter den Aktivitäten steht. Wir *suchen* ständig nach dem Glück, statt unser Glück durch die Aktivität oder Beziehung auszudrücken. Wir sind Opfer der falschen Vorstellung: »Ich bin nicht genug.« Sie müssen sich klar machen, dass Sie genug sind, gerade so, wie Sie sind. Sie brauchen nichts, um glücklich zu sein, Sie brauchen nur *zu sein*.

Wenn Sie Ihre Suche beenden, empfinden Sie zunächst vielleicht eine entsetzliche Leere, die jetzt nicht mehr durch die falschen Hoffnungen verschleiert wird, welche die Suche mit sich bringt. Mit dieser Leere müssen wir genauso arbeiten wie mit anderen wahrgenommenen Negativitäten. Sie ist in der Tat eins der Hauptprobleme, denen wir uns alle stellen müssen.

Die echte Arbeit an uns selbst beginnt, wenn wir damit anfangen, die Leere zu integrieren und uns nicht mehr von ihren verschiedenen Erscheinungsformen motivieren lassen, sei es nun das Verlangen nach Sicherheit, Sex, Macht oder Beziehungen. Ich verspreche Ihnen, dass Sie schließlich zur Klarheit finden und eine Freiheit und heitere Gelassenheit spüren werden, die Sie nicht für möglich gehalten hätten.

Mir ist klar, dass Sie jetzt vielleicht denken, das alles sei gar nicht zu schaffen, und sich womöglich fragen, ob es überhaupt nötig ist, in solche Extreme zu gehen. Schließlich wollen die meisten Leute ein schlichtes und einfaches Leben führen. Warum sich Gedanken über solche Abstraktionen machen? Diese vereinfachte Vorstellung von Glück lässt jedoch unsere grundlegende Situation unberücksichtigt. Wir verstehen die dualistische Natur unseres Daseins nicht und lehnen weiterhin große Bereiche unseres Lebens und unserer selbst ab. Unser Unterbewusstsein lässt uns nicht in Ruhe, weil unsere unterdrückten Energien uns immer wieder zu selbstzerstörerischem Handeln verleiten. Unser Glück bleibt unzuverlässig.

Mit Hilfe der Psychotherapie haben viele Menschen zu Heilung und Wachstum gefunden, die sich einstellen, wenn wir uns so akzeptieren, wie wir sind. Dennoch bleiben die Ergebnisse der Psychotherapie bisweilen hinter dem Optimum zurück. Oft geht es nur darum, dass der Klient im Alltag wieder funktioniert, was in der Praxis bedeuten kann, wieder ein Interesse an Zielen in ihm zu wecken. Damit bleibt der Mythos bestehen, dass man das Glück in der Zukunft und in äußeren Quellen findet. Das eigentliche Problem – unsere Lebensweise, die zu ständigen Selbsttäuschungen führt – wird dabei gar nicht angesprochen.

Aber das ändert sich allmählich. Die noch relativ junge transpersonale Psychologie, welche die spirituelle Komponente der Psyche berücksichtigt, geht von ähnlichen Vorstellungen wie den hier diskutierten aus. Sie will nicht mehr zusammenflicken, sondern verstehen, warum die Probleme weiterhin existieren, will dem Klienten helfen, spirituelle Vorstellungen in seinem realen Leben umzusetzen. Themen wie beispielsweise die Abhängigkeit in Beziehungen werden jetzt breit diskutiert. Gruppen von Co-Abhängigen treffen sich jetzt genauso wie die Anonymen Alkoholiker, und die Leute erkennen allmählich, dass ihre Abhängigkeit und nicht die andere Person das Problem darstellt. Abhängigkeit ist im Grunde der Impuls, das Glück in der Außenwelt zu suchen. Ich möchte vorschlagen, dass Sie ein wahrer Kämpfer werden und das Kernproblem an der Wurzel packen: Geben Sie Ihre Abhängigkeit auf und verzichten Sie auf jeden Versuch, Glück durch Sicherheit, sinnlichen Genuss, Macht oder Beziehungen zu finden. Solange Sie das nicht tun, werden Sie weiterhin das Elend durch genau die Tür hereinlassen, durch die Sie das Glück in Ihr Leben einladen wollen.

Aber was sollen wir mit uns anfangen, wenn wir nicht mehr nach dem Glück suchen? Das ist der Punkt, an dem die Arbeit an uns selbst wirklich beginnt. Wir fühlen. Wir fühlen einfach alles, was uns begegnet. Und wenn wir gerade nichts fühlen, existieren wir einfach ohne jede Empfindung im Jetzt, im ewigen Augenblick. Wir werden immer noch einem gewissen Dualismus ausgeliefert sein, denn das ist das Wesen der Welt, aber wir klammern uns nicht mehr an die eine Seite, während wir die andere ablehnen. Wir erleben Dualitäten als integrierte Ergänzungen und nicht mehr als sich bekämpfende Gegensätze. Wenn das Unangenehme auftaucht, wird es akzeptiert und nicht abgelehnt. Wir verstehen, dass Erfahrungen weitgehend projiziert sind, und machen sie uns zu Eigen, ohne jemandem die Schuld daran zu geben. Wir haben keine Vorlieben im Hinblick auf den Dualismus, in dem wir uns gerade befinden, weil wir wissen, dass beide Seiten unvermeidlich sind. Wir vertrauen dem Strom der Energien, lassen zu, dass negative Erfahrungen ohne Widerstand absorbiert und aufgelöst werden, sich in positive verwandeln und umgekehrt.

Wir aktivieren die höhere Intelligenz in unserem Inneren, welche die Transformation der Energien lenkt. Wir sind emotional unabhängig von irgendwelchen Ergebnissen, weil wir sie nicht mehr als eine Quelle des Glücks betrachten. Und während wir die dualistische Erfahrung integrieren, entdecken wir einen euphorischen, transzendenten Zustand jenseits von bedingtem Glück/Unglück, der nicht in weiter Ferne liegt oder unerreichbar ist, sondern ganz in unserer Nähe. Diesen Zustand bedingungslosen Glücks nennt man Liebe.

Abhängige Liebe

Auch wenn unsere Suche nach Erfüllung vielfältige Gestalt annehmen kann, könnte man doch sagen, dass das, was wir in Wirklichkeit suchen, Liebe ist. Das gilt natürlich besonders in Beziehungen, aber auch in anderen Zusammenhängen, wenn wir nach Sicherheit, Macht, sinnlichen Genüssen oder Anerkennung streben. Die Liebe, die aus einem höheren Zentrum stammt, befriedigt auch die emotionalen Aspekte unserer niederen Bedürfnisse, aber wir müssen uns der verschiedenen Arten von Liebe bewusst sein. So wie es einen Unterschied zwischen dem niederen und dem Höheren Selbst gibt, besteht auch ein Unterschied zwischen abhängiger Liebe und Selbstliebe.

Abhängige Liebe stammt aus einem nicht integrierten Herzzentrum. Sie ist die Ergänzung zu Leere, Isolation und Einsamkeit. Wir versuchen, diesem Schmerz zu entkommen, indem wir uns mit einem anderen Menschen verbinden. Anfangs kann uns diese Verbindung in Ekstase versetzen, vor allem, wenn sie sexueller Natur ist. Aber wenn unsere Motivation aus einem nicht integrierten Herzzentrum stammt, führt sie zu verschiedenen Problemen, welche die Beziehung durchaus untergraben können, wenn sie nicht erkannt werden.

Das erste Problem besteht darin, dass abhängige Liebe in höchstem Maße an Bedingungen geknüpft ist. Zunächst wählen wir unseren Partner sorgfältig aus und sobald wir eine Beziehung aufgebaut haben, geraten wir aus der Fassung, wenn er nicht unseren Erwartungen entspricht. Unsere Erwartungen sind aber im Grunde unsere Abhängigkeiten, die wir als »Bedürfnisse« rationalisieren. Eine Beziehung, die auf der gegenseitigen Befriedigung von Bedürfnissen basiert, ist eine geschäftliche Partnerschaft – wir geben, um etwas zu bekommen. Es ist schwierig, eine liebevolle Haltung zu kultivieren, wenn es einem vorrangig darum geht, die eigenen Bedürfnisse zu befriedigen.

Zwanghafte Bedürfnisse sind je nach Geschlecht etwas unterschiedlich. Traditionell steht bei Männern Sex ganz oben auf der Liste, während Frauen eher nach materieller Sicherheit streben. Da in der heutigen Zeit die Grenzen der geschlechtlichen Identität jedoch verschwimmen, können Angehörige beider Geschlechter die jeweiligen Tendenzen zeigen. Die Konzentration auf Sex, verbunden mit der Hoffnung, darin einen Ausweg zu finden, führt zu einem Muster zwanghaften sexuellen Suchens. Da es immer nur die Neulust an einer Beziehung ist, welche die innere Leere verbirgt, verblasst die sexuelle Anziehungskraft schon bald. Und so sucht jeder weiter nach dem vermeintlich befriedigenden Partner, ohne je zu verstehen, warum eine dauerhafte Erfüllung nicht möglich ist. Dasselbe Szenario gibt es im Hinblick auf Sicherheit oder jedes andere zwanghafte Bedürfnis, das wir durch eine Beziehung befriedigen wollen.

Die verschiedenen zwanghaften Bedürfnisse tragen viel zu den endlosen Kämpfen bei, die anscheinend zwischen den Geschlechtern stattfinden. Dann treten die unbewussten Bedürfnisse zu Tage, die uns in Beziehungen treiben, wenn wir in einem anderen Menschen das suchen, was wir in uns selbst blockieren. Sie mögen jetzt vielleicht sagen, die gegenseitige Befriedigung von Bedürfnissen werde immer Bestandteil einer Beziehung sein. Ich bin jedoch der Meinung, dass Ihre Beziehung umso mehr leiden und Ihnen Schmerzen statt Liebe bescheren wird, je mehr Erwartungen, Bedürfnisse und Forderungen Sie an den Partner richten.

Wenn Sie von anderen Menschen erwarten, Ihre Bedürfnisse zu befriedigen, dann werden diese anderen bisweilen versagen, absichtlich oder unabsichtlich. Solange Sie darauf konditioniert sind, Befriedigung zu empfinden, wenn Ihr Partner auf Ihre Bedürfnisse eingeht, werden Sie auch unzufrieden sein, wenn das nicht der Fall ist. Sofern es Ihnen nicht gelingt, diese Unzufriedenheit aufzulösen – beispielsweise durch Verarbeitung –, können Sie rasch ärgerlich werden, und das dualistische Liebe/Hass-Syndrom beginnt.

Ein weiteres Problem besteht darin, dass die Leere des unintegrierten Herzens nicht beseitigt, sondern nur unterdrückt wird, wenn wir uns durch abhängige Liebe motivieren lassen. Im Grunde lassen wir uns auf die Leere ein und erlauben ihr, weiter zu bestehen, lassen uns in einen Kreislauf von Abhängigkeit/Leere einschließen und sehen einfach nicht, wie eins das andere bedingt. Die Erregung über die Beziehung deckt die Leere eine Weile zu, aber diese Leere baut sich weiter im Unterbewusstsein auf. Wir brauchen mehr und mehr Beziehungsenergie, um die eskalierende Leere zu unterdrücken, und werden zwanghaft im Hinblick auf bestimmte Aspekte, die uns persönlich wichtig sind. Schließlich hat sich die Beziehung erschöpft, und die Leere bahnt sich den Weg in unser Bewusstsein, weil es keine Energie für ihre Unterdrückung mehr gibt. Wir verlieren unsere Illusionen und denken, der Partner sei die Ursache dafür.

Weil wir voneinander abhängig sind, um unserer inneren

Leere zu entgehen, fürchten wir, die andere Person zu verlieren. Diese Furcht führt zu Ängsten und Besitz ergreifendem Verhalten. Wir klammern uns an den Partner und versuchen ihn zu kontrollieren, weil wir Angst haben, ihn zu verlieren oder auch nur vorübergehend ohne ihn zu sein. Wir ärgern uns über unsere Abhängigkeit und können gar nicht anders, als diesen Ärger auf den Partner zu projizieren. Auch die Furcht selbst projizieren wir vielleicht auf den Partner, so dass wir ihn bewusst oder unbewusst fürchten und in seiner Gegenwart ängstlich sind. Furcht wird ein wichtiger Teil der negativen Seite unserer Beziehung; unsere Verlustängste stehen in direktem Verhältnis zu unserer »Liebe«. Viel von dieser Furcht wird unterdrückt, aber im Laufe der Zeit wird sie zu einer wichtigen Quelle zusätzlichen Ärgers und vervollständigt, oft unbewusst, das Liebe/Hass-Syndrom.

Der Ärger aus diesen verschiedenen Quellen steht als Motivation hinter den Kämpfen, die in abhängigen Beziehungen allgegenwärtig sind. Negative Spannung baut sich auf, welche die Partner durch Kämpfe abzubauen versuchen. Sie streiten, jeder gibt dem anderen die Schuld und denkt, alles wäre in Ordnung, wenn nur der andere sich angemessen verhalten würde. Wegen der Schuldzuweisungen kann sich die Spannung nicht auflösen, sondern wird unterdrückt. Der Streit setzt sich fort und wird dabei immer schlimmer, weil die zuvor unterdrückte Spannung nun im Verein mit neuen Spannungen nach Auflösung verlangt. Schließlich haben beide so viel Ärger unterdrückt, dass die Beziehung nur noch zerbrechen kann.

Abhängige Liebe ist schwer zu überwinden, wenn man nicht erkennt, was sie ist und wie sie fortgesetzt wird. Sogar wenn es sich nicht um Liebespaare handelt, in Geschwisterbeziehungen beispielsweise, oder wenn wir glauben, auf einer spirituellen Ebene zu handeln, liegt oft ein großes Maß an Abhängigkeit in unserer Motivation.

Ich habe abhängige Beziehungen nicht primär deshalb beschrieben, weil ich Ihnen raten möchte, sie zu vermeiden. Wenn es Ihnen gelingt, Ihre Vorstellung von Beziehung zu ändern und umsichtiger zu handeln, wenn Sie eine Beziehung eingehen, dann ist im Grunde schon viel gewonnen. Für die meisten von uns wird es jedoch schwierig, wenn nicht unmöglich sein, abhängige Beziehungen zu meiden. Wir sind einfach noch nicht stark genug dafür; es gibt zu viele Zwänge in unserem Inneren. Wir dürfen uns deswegen aber nicht verurteilen; wir befinden uns einfach auf einer bestimmten Stufe unserer evolutionären Entwicklung. Wichtig ist, zu verstehen, dass es uns bei unserem Wachstum enorm helfen kann, wenn wir mit unserer Abhängigkeit angemessen umgehen. Wir können die Abhängigkeit als Werkzeug der spirituellen Evolution *nutzen*, statt uns von ihr missbrauchen zu lassen. Dazu müssen wir uns der Abhängigkeit mit einem erleuchteten Gefühl der Akzeptanz nähern.

Wir akzeptieren Abhängigkeit, ganz gleich, ob sie mit Liebe oder einem anderen Bewusstseinszentrum zusammenhängt. Wir versuchen, unser Bestes zu tun, aber dann müssen wir akzeptieren, dass wir zwanghaft, süchtig und abhängig sind. Was wir nicht hinnehmen, ist die Tatsache, dass wir auf die Abhängigkeit reagieren. Wenn unser Partner sich nicht so verhält, wie wir es gerne hätten, wenn es uns wehtut, dass er unsere Bedürfnisse nicht erfüllt, oder wenn wir uns auf Grund unserer Abhängigkeit von seinem Verhalten bedroht fühlen, dann agieren wir diesen Schmerz nicht aus und reagieren nicht streitsüchtig, fordernd, beschuldigend, missbrauchend oder rachsüchtig. Wir verarbeiten den Schmerz. *Dies ist der schnellste Weg zum Wachstum in Beziehungen und zur Überwindung von Abhängigkeiten.*

Stellen Sie sich beispielsweise vor, Sie wären hoffnungslos in jemanden verliebt, den Sie nicht haben können. Vielleicht erkennen Sie, dass Sie abhängig und zwanghaft reagieren, aber das alleine ändert nichts an Ihrer Abhängigkeit. Vielleicht kennen Sie die spirituellen Lehren, die besagen, Anhaften sei die Quelle aller Schmerzen, und so versuchen Sie Ihr Bestes, sich nicht an diesen Menschen zu hängen, ihm seine Freiheit zu geben und so weiter. Aber Sie schaffen es nicht. Sobald Sie in Ihrer Wachsamkeit nachlassen, werden Sie von Ihren Gefühlen überwältigt und handeln unangemessen.

Bestrafen Sie sich nicht selbst für diese Abhängigkeit. Akzeptieren Sie sich; akzeptieren Sie die Abhängigkeit, aber lassen Sie Ihr Handeln nicht davon bestimmen. Bewahren Sie ein nicht-reaktives Verhalten und verarbeiten Sie den Schmerz, der aus der Abhängigkeit resultiert.

Denken Sie nicht, der andere würde diesen Schmerz verursachen – übernehmen Sie selbst die Verantwortung dafür. Machen Sie sich klar, dass Ihre inneren Zwänge den Schmerz verursachen, ob er nun in Form von sexueller Frustration auftritt, als finanzielle Unsicherheit, Zorn, Unannehmlichkeit, Verlassenheit oder was auch immer. *Verarbeiten* Sie das schmerzhafte Gefühl, statt darauf zu reagieren. Indem Sie das tun, akzeptieren und ehren Sie den anderen als den Lehrer, den Sie unbewusst gewählt haben, um Ihre Abhängigkeit und den dahinter stehenden unterdrückten Schmerz an die Oberfläche zu bringen und aufzulösen.

Wir wissen, dass Liebe die Antwort auf unsere Probleme ist. Wir alle wollen sie und versuchen, sie zu bewahren, aber trotz unserer besten Absichten gelingt uns das nie vollständig. Viele »spirituell« ausgerichtete Menschen drängen uns einfach ständig, liebevoller zu sein, als ob es möglich wäre, das bewusst zu tun. Wir versuchen es, versagen, fühlen uns schuldig und unzulänglich. Wir entwickeln eine negative Einstellung zu liebevollem Verhalten, weil wir denken, es sei nicht möglich. Wir müssen erkennen, dass hier ein Missverständnis vorliegt.

Unsere Gedanken können niemals Liebe hervorbringen. Ganz

gleich, wie sehr Sie versuchen, sich liebevolle Gefühle einzureden, Sie werden niemals Erfolg damit haben; ständiges Versagen ist vorprogrammiert. Ihre »Liebe« wird eine Schöpfung Ihrer Gedanken und nicht in Ihrem Dasein verankert sein. Sie werden eine Fantasiewelt konstruieren, die vielleicht auf »spirituellen« Idealen basiert, aber Ihre wirklichen Gefühle werden weiter unterdrückt, und Sie bleiben davon abgeschnitten. Diese Gefühle werden ständig durch Projektion nach Auflösung verlangen, und am Ende werden Sie zum Heuchler.

Sie können sich aus diesem Kreislauf der abhängigen Liebe befreien, wenn Sie die im Herzzentrum empfundene Isolation und Einsamkeit verarbeiten. Wenn Sie sich nicht mehr vom Schmerz motivieren lassen, werden Sie schließlich zu Ihrem inneren Gleichgewicht finden. Statt Isolation zu fürchten und sich dadurch in Beziehungen treiben zu lassen, die oft destruktiv sind, integrieren Sie den Schmerz der Isolation und gestatten ihm, sich aufzulösen. Die Isolation wird sich in Selbstständigkeit, Selbstzufriedenheit, Selbstindividualisierung und Selbstliebe verwandeln. Der Schmerz ist nur der Geburtsschmerz des Höheren Selbst.

Selbstliebe

Der Ausdruck »Selbstliebe« mag zunächst etwas verwirrend sein. Das hängt damit zusammen, dass wir uns nur die Art von Liebe vorstellen können, mit der wir vertraut sind: abhängige Liebe. Wenn wir versuchen, uns selbst zu lieben, wählen wir vielleicht einen Ansatz, der dem unserer abhängigen Liebe gleicht: Wir machen uns selbst zum Objekt unserer Liebe. Wir versuchen vielleicht, in uns selbst zu flüchten, so wie wir in andere geflüchtet sind. Wir gehen vielleicht ganz in uns selbst auf, verwöhnen uns und setzen unsere eigenen Bedürfnisse an die erste Stelle. Das Motiv ist immer noch die Flucht. Wir wollen nicht unglücklich sein, und damit lehnen wir uns selbst ab.

Selbstliebe hat nichts damit zu tun, dass wir uns selbst zum Objekt unserer Liebe machen. Selbstliebe bedeutet, dass Ihre Liebe *von innen kommt*, im Inneren hervorgebracht wird. Sie hat nichts mit der »Liebe« zu einem Objekt zu tun, das Ihnen vielleicht eine enorme Befriedigung verschafft, sei es nun jemand anders oder Sie selbst. Selbstliebe ist ein Zustand des Gewahrseins, eine bestimmte Art, die Dinge wahrzunehmen, eine Einstellung, die aus der integrierten Wahrnehmung der Welt resultiert.

Die Kunst der Selbstliebe beginnt mit Selbstakzeptanz. Sie sind im Grunde ein und dasselbe. Sie beginnen, sich selbst zu lieben, wenn Sie aufhören, sich selbst abzulehnen. Wenn Sie Selbstakzeptanz praktizieren, werden Sie wirkliche Veränderungen im Bewusstsein erleben. Sie werden nicht mehr versuchen, mit Menschen oder Besitztümern in der äußeren Welt zu jonglieren, um Erfüllung zu finden. Sie finden Erfüllung im Inneren, einfach indem Sie Ihre gegensätzlichen Erfahrungen integrieren.

Unterschätzen Sie nicht die Bedeutung von Selbstakzeptanz. Sie kann Ihre emotionalen Schmerzen beenden oder zu der spirituellen Erfahrung führen, die Sie sich wünschen. Das reicht von den profansten Dingen bis zur höchsten inneren Verwirklichung. Indem Sie Ihre Gefühle willkommen heißen, werden Sie ganz und heil; Ihr Leben wird ganzheitlich. Sie erfahren das Einssein. Sie suchen nicht mehr zwanghaft nach Einssein in der äußeren Welt, weder in Verbindung mit einer anderen Person noch durch irgendwelche Leistungen oder Errungenschaften. Sie akzeptieren und lieben sich selbst.

Die Beziehungen zu anderen Menschen verändern sich dramatisch, wenn Sie Zugang zur Selbstliebe in Ihrem Inneren finden. Erst dann werden Sie auch echte Liebesbeziehungen erleben. Sogar wenn Sie mit einem Menschen zusammen sind, der versucht, Ihnen echte Liebe entgegenzubringen, werden Sie diese Liebe ablehnen, sofern Sie keinen Zugang zur Liebe in Ihrem Inneren haben. Die Liebe, die Sie als von einem anderen Menschen kommend wahrnehmen, ist nur das Spiegelbild Ihrer eigenen inneren Liebe.

Die Liebe wird für Sie hauptsächlich zu einer Beziehung mit sich selbst. Das bedeutet, dass Sie fähig sind, mit – und vielleicht sogar durch – sich selbst zu leben. Es bedeutet, die Erfüllung im Inneren zu finden, nicht in irgendeiner äußeren Quelle oder einer anderen Person. Die großen Meister haben uns immer geraten, uns bei Schmerzen nach innen zu wenden; die Verarbeitung ist eine spezifische Methode, mit deren Hilfe wir genau das tun können.

Ihre Vorstellungen von der Liebe sind wahrscheinlich alle falsch. Sie sollten auf jede Vorstellung verzichten und warten, bis sich die Fähigkeit zur Liebe in Ihrem Inneren aufbaut. Jeder Versuch, Ihre Gefühle falschen Vorstellungen anzupassen, erzeugt Ängstlichkeit. Liebe ist vielleicht nicht das, was Sie dafür halten.

Was ist Liebe? Liebe ist die Erfahrung des Höheren Selbst. Liebe ist die euphorische Natur des Zeugen, der einfach beobachtet, was geschieht. Liebe ist die fühlende Natur des Körpers, nicht der Gedanken. Liebe ist das bedingungslose Akzeptieren und Erfahren aller Gefühle. Die Liebe zu einem anderen Menschen wird zur bedingungslosen Akzeptanz Ihrer Wahrnehmung des anderen. Die Liebe zu einem anderen Menschen bedeutet, dass der andere sich nicht mehr verteidigen muss, weil Sie ihn so akzeptieren, wie er ist, auf die gleiche Weise, wie Sie sich selbst akzeptieren. Sie haben keine selbstsüchtige Motivation oder versteckte Ansprüche, denen der andere genügen müsste. Sie brauchen sich vor nichts zu schützen, weil Sie die positiven wie die negativen Erfahrungen willkommen heißen.

In einem Umfeld vollkommener Akzeptanz wird die Liebe in Ihr Bewusstsein treten.

Sie nehmen sich selbst und andere so wahr, wie sie sind. Sie erwarten nichts mehr und vergleichen nicht mehr, weil Sie in Ihren Gedanken keine Werturteile mehr treffen – Sie nehmen den anderen direkt wahr. Sie spüren, dass Sie der andere sind, dass wir alle eins sind. Sie möchten Energien austauschen, weil das Lebensfreude ist. Sie möchten für den anderen sorgen, weil Sie dadurch für Ihr eigenes Wachstum sorgen und es fördern. Sie geben, weil Sie dadurch selbst wachsen. Sie haben die Grenzen des persönlichen Ego überwunden.

Ein Schlüsselelement der Selbstliebe ist das Leben im gegenwärtigen Augenblick. Wenn Sie sich in der direkten Erfahrung, im Zeugenbewusstsein befinden, dann leben Sie im gegenwärtigen Augenblick. Ihr Handeln wird nicht mehr dadurch bestimmt, dass Sie zukünftige Befriedigung erwarten. Sie ziehen Ihre Befriedigung aus dem, was ist. Natürlich wird Ihr Handeln immer einem äußeren Zweck dienen, aber im Zeugenbewusstsein stammt Ihr größtes Vergnügen aus der Aktivität selbst, unabhängig von den möglichen Resultaten. Sie entscheiden sich für Aktivitäten, die Ihnen jetzt Freude machen und deren Resultate Ihnen später vielleicht ebenfalls Freude machen.

Gleichwohl beschränken Sie Ihre Erfahrungen nicht auf angenehme Ereignisse. Wenn sich das Blatt wendet und Sie auf unangenehme oder herausfordernde Situationen treffen, dann empfinden Sie die gleiche Befriedigung, wenn Sie dafür die Verantwortung übernehmen und sie integrieren, wobei Sie natürlich Ihre Toleranzgrenze berücksichtigen müssen. Das Akzeptieren von negativen Ereignissen wird zu einer Quelle der Erfüllung.

Sie finden Ihr Glück darin, dass Sie einfach bei dem bleiben, was sich in diesem Moment in Ihrem Bewusstsein manifestiert. Sie finden die Erfüllung im Augenblick und machen sich keine großen Sorgen mehr darum, ob die Ergebnisse Ihrer Arbeit den Erwartungen entsprechen werden. Wahrscheinlich werden Sie immer noch Entscheidungen treffen, was Sie sich wünschen und worauf Sie hinarbeiten – wir können unser Leben nicht anders führen. Aber durch Selbstakzeptanz hängen Sie nicht mehr zwanghaft an den Resultaten Ihrer Arbeit. Sie sind nicht mehr süchtig nach einem bestimmten Ergebnis, sondern können auch andere Resultate akzeptieren.

Ich meine damit nicht so sehr die materiellen Ergebnisse, sondern mehr das, was wir dabei empfinden. Wenn Sie enttäuscht oder frustriert sind, integrieren Sie diese Gefühle. Sie bleiben Zeuge Ihrer Gefühle und gestatten ihnen, so zu sein, wie sie sind, ohne irgendwelche Negativität in die Welt auszustrahlen. Innerer Gleichmut wird die Basis für Selbstliebe. Sie machen sich keine Gedanken darüber, ob Sie das richtige Liebesobjekt gefunden haben. Ihre Erfüllung fließt über und jeder in Ihrer Nähe spürt diesen Einfluss.

Das Höhere Selbst als Lehrer

In Kapitel 1 ging es darum, wie ein Lehrer uns helfen könnte, Selbstliebe zu entwickeln. Jeder verständige Mensch, ob Guru, Therapeut, Freund, Partner, Geliebter oder sogar ein Kind, kann die Rolle des Lehrers übernehmen. Wir wollen diese Beziehung nun im Lichte dessen betrachten, was wir inzwischen erörtert haben.

Indem wir Selbstliebe lernen, erwecken wir letztlich den Lehrer in unserem Inneren. Dieser Lehrer entspricht dem Höheren Selbst und dem Zeugen. Wir machen uns intuitives Wissen zugänglich und finden Akzeptanz und Liebe im Inneren; aber weil wir noch keinen Kontakt zu unserem inneren Lehrer haben, nehmen wir die Beziehung zu einem äußeren Lehrer auf, um diese inneren Eigenschaften allmählich zu erwecken und anzuregen. Wir erfahren im Kontakt mit einem äußeren Lehrer die Eigenschaften, die später aus unserem Inneren kommen werden.

Wenn wir eine Beziehung mit einem äußeren Lehrer eingehen, empfinden wir das emotional. Warum oder wie diese Verbindung hergestellt wird, ist manchmal schwer zu beschreiben. Vielleicht kann man einfach davon ausgehen, dass wir an bestimmten Punkten unseres Lebens eine solche Beziehung eingehen oder sogar anderen als Lehrer dienen. Wenn die Verbindung hergestellt ist, beginnt die heilende Beziehung. Wir erleben mit unserem Lehrer alle Arten von Emotionen. Zunächst gibt es eine starke positive Anziehung, ähnlich wie in den »Flitterwochen«. Aber schon bald kommen auch negative Emotionen auf. Wo es Liebe gibt, gibt es auch Furcht und Ärger. Die Liebe zu unserem Lehrer ist eine abhängige Liebe, auch wenn wir sie vielleicht nicht so sehen wollen.

Der Lehrer scheint unsere positiven wie auch unsere negativen Gefühle zu verursachen. In Wirklichkeit projizieren wir jedoch selbst die Gefühle auf den Lehrer. Der Lehrer wirkt wie ein besonders klarer Spiegel, der die Inhalte unseres Unterbewusstseins reflektiert. Das geschieht gerade deshalb, weil der Lehrer nichts von uns erwartet. *Wenn wir unser Verhalten in dieser Beziehung bewusst wahrnehmen*, können wir uns selbst klar erkennen.

Die bedingungslose Akzeptanz des Lehrers ist das, was die Spiegelung verursacht. Der Lehrer akzeptiert alle Gefühle, die ihm/ihr entgegengebracht werden – Liebe genauso wie Furcht und Zorn. Wenn wir andere Menschen lieben, reagieren sie darauf gewöhnlich mit bedingter Liebe. Wenn wir anderen etwas übel nehmen, erwidern sie unsere Ablehnung; sie akzeptieren uns nicht. In keinem Fall wird uns bedingungslose Akzeptanz zuteil. Der Lehrer akzeptiert unseren Ärger genauso wie unsere Liebe. Akzeptanz ist der Schlüssel zur heilenden Beziehung. Sie macht uns bewusst, dass wir projizieren. Wir erkennen, dass wir tatsächlich unsere eigene Erfahrung erzeugen. Gleichzeitig nehmen wir wahr, wie die wahre Liebe durch bedingungslose Akzeptanz auf uns ausgedehnt wird. Wir empfinden, vielleicht zum ersten Mal, bedingungslose Liebe. Wir lernen, dass Akzeptanz Liebe *ist*.

Der Lehrer wird zum Ersatz für unsere Arbeit an unerledigten emotionalen Themen. Wir bringen all unsere Muster in die Beziehung ein. Wir projizieren unsere Einstellungen zu Autorität, Sicherheit, Anerkennung, Liebe und so weiter. Wir arbeiten unser Karma ab in einer therapeutischen Beziehung zu dieser einen Person. Die Beziehung zum Lehrer wird intensiv, aber der Lehrer verharrt in einer nicht-reaktiven Haltung, fällt nicht auf uns herein, reagiert nicht auf unsere Liebe oder Furcht, sondern nimmt uns einfach an. Natürlich wird er scheinbar auf unsere Liebe reagieren, aber die Liebe, die wir anzubieten haben, entspricht nicht dem Niveau der Liebe, die wir von unserem Lehrer empfangen. Was wir für Liebe halten, ist nur eine Mischung aus unserem positiven und negativen Karma.

Akzeptanz hat eine tiefe Entsprechung auf der energetischen Ebene, was der Grund für ihre effektive therapeutische Wirkung ist. Der Lehrer weiß, wie man alles akzeptiert, was auf einen zukommt, und das können beträchtliche Energien sein. Die Methode der Akzeptanz unterscheidet sich nicht von der, die wir kennen gelernt haben, nur dass der Lehrer über größere Fähigkeiten zur Akzeptanz verfügt. Sobald wir bedingungslose Akzeptanz von unserem Lehrer erfahren haben, können auch wir diese Fähigkeiten entwickeln und im Umgang mit uns selbst erfahren. Der Lehrer dient uns als Modell für unsere Beziehung zu uns selbst. Unser Höheres Selbst, der Zeuge, wird zum inneren Lehrer.

Diese Art von Beziehung ist die Grundlage der Psychotherapie, in der man die Projektion vom Klienten auf den Therapeuten als »Übertragung« bezeichnet. Diese Entdeckung wird Freud zugeschrieben. Er und Jung hielten die Übertragung für einen wichtigen Bestandteil der Therapie. Solange sie nicht stattfand, gab es keine echte Interaktion zwischen Therapeut und Klient. Die analytische Schule analysiert die Übertragungen, um dem Klienten die Muster bewusst zu machen, aber der humanistische Therapeut akzeptiert sie einfach. Akzeptanz hat in der Therapie eine stärkere Wirkung, bedingt durch die feinstofflichen Effekte auf der Energieebene, auf der die Blockaden auftreten.

Ich glaube nicht, dass wir unbedingt einen äußeren Lehrer brauchen, um das Höhere Selbst zu erwecken, auch wenn er zweifellos hilfreich sein kann. Sie müssen das selbst für sich entscheiden. In der modernen Kurzzeittherapie, bei der es primär um Resultate geht, ist eine solche Beziehung ohnehin nicht üblich. Ich habe den größten Teil meiner inneren Arbeit alleine geleistet. Nur zweimal hatte ich das Privileg einer Beziehung zu einem Lehrer. Der Ansatz, den ich in diesem Buch beschrieben habe, war die Grundlage meiner Arbeit, ergänzt durch äußere Lehrer, die an bestimmten Punkten meines Lebens in Erscheinung getreten sind. Vielleicht könnte sich dieser Ansatz auch bei Ihnen bewähren.

Liebe durch den Körper

Um unsere Selbstliebe zu fördern, ist es vor allem wichtig, dass wir unsere Fähigkeit zu fühlen wecken. Wir nutzen unser Gefühlszentrum zu wenig und ersetzen Gefühle durch Gedanken.

Körperarbeit, Atemübungen und Chakrameditationen gehören zu den besten Möglichkeiten, wie wir unsere Fähigkeit zu fühlen stärken können. Sie können mit der Selbstliebe beginnen, indem Sie körperliche Empfindungen, die während dieser Sitzungen auftreten, akzeptieren und erfahren. Auf diese Weise kommen Sie allmählich mit sich selbst in Kontakt. Sie entwickeln die Fähigkeit zur Sensibilität, indem Sie sensibel mit Ihrem Körper umgehen. Ihre Fähigkeit zu fühlen wächst, so dass Sie Ihren Körper als sich selbst, aber auch als einen Freund empfinden können. Er ist ein Freund, der immer bei Ihnen war, Ihnen immer geholfen und Sie erhalten hat. Wenn Sie eine Beziehung zu sich selbst aufbauen wollen, können Sie mit der Beziehung zu Ihrem Körper beginnen. Natürlich gibt es in Ihrem Dasein auch andere Dimensionen neben der materiellen, aber die materielle Dimension reflektiert und repräsentiert jene Aspekte, denen wir uns auf der körperlichen Ebene nähern können. Nach meiner Erfahrung ist Körperarbeit der Weg zum Höheren Selbst, der die größte Erfüllung vermittelt.

Wenn Sie Ihrem Körper Gutes tun, sollten Sie nicht ins Schwelgen geraten. Es geht nicht darum, Vergnügen auf der körperlichen Ebene zu finden, sondern den Körper mit den optimalen Bedingungen zu versorgen, die für ein grundlegendes Wohlbefinden erforderlich sind. Das Gefühl körperlichen Wohlbefindens kann zur Basis Ihrer emotionalen Gesundheit werden, denn Körper und Gefühle sind eng miteinander verbunden.

Beginnen Sie mit den grundlegenden körperlichen Bedürfnissen: gesunde Ernährung, ausreichend Bewegung, eine sichere und saubere Umwelt und eine Haltung der Selbstliebe – akzeptieren Sie alle Aspekte des Körpers. Wenn Sie körperliche Empfindungen als Ausdruck von Reinigungsprozessen annehmen können, dann lieben Sie Ihren Körper. Wenn Sie Gefühle *im Hinblick* auf Ihren Körper akzeptieren und erleben können, positive wie negative, dann beginnen Sie sich von den Gefühlen zu reinigen, die Sie in Ihrem Unterbewusstsein belasten.

Es geht nicht darum, dass Sie Ihren Körper als ein Objekt lieben. Das wäre nur eine andere Form von abhängiger Liebe.

Akzeptieren und erleben Sie alle Gefühle, ohne sie kontrollieren oder verändern zu wollen; das führt zur Transzendenz dualistischer Gefühle und zur Selbstliebe. Wenn Sie sich mehr auf Ihren Körper einlassen, werden Sie Ihre Emotionen anders wahrnehmen können und eine neue Verbundenheit mit dem Leben spüren. Sie werden eins mit Ihrem Körper und zugleich mit Ihrer Erfahrung. Emotionales Wachstum vollzieht sich parallel mit der tieferen Verbindung zu Ihrem Körper.

Teil 4:

An sich selbst arbeiten

*Ich reserviere regelmäßig
eine bestimmte Zeit des Tages für die Praxis.
Mir ist klar, dass Körperarbeit, Meditation und
Atemübungen Instrumente der Selbstintegration sind.
Ich freue mich auf meine praktischen Übungen
und betrachte sie als eine Zeit der Entspannung,
in der ich mich neu mit Energie aufladen kann.
Ich spüre, wie meine Kraft wächst, während
ich diese Techniken bewusst einsetze.*

11.

Praxis

In diesem Kapitel diskutieren wir besondere Techniken, die bei unserer Arbeit eine große Hilfe sein können. Bei allen traditionellen Wegen zur Erleuchtung geht es immer in erster Linie um die Praxis. Praxis ist eine regelmäßige Routine bestimmter Übungen, durch welche die Fähigkeit zu Integration und Wachstum aktiviert wird. Praxis bringt das Energiesystem ins Gleichgewicht und löst Chakrablockaden auf. Die Effekte spürt man auf allen Ebenen einschließlich der körperlichen und psychischen. Stress wird abgebaut, und die Sensibilität wächst. Die medialen Fähigkeiten werden geweckt und kommen ins Spiel. Gefühle und Emotionen werden integriert. Zwanghafte Verhaltensweisen werden überwunden.

Die tägliche Praxis hilft uns, unser Unterbewusstsein zu reinigen. Negative Emotionen werden wahrgenommen, wenn sie während der Praxis auf der körperlichen Ebene freigesetzt werden. Sie können damit rechnen, dass die Tendenz zu Projektionen weiterhin bestehen bleibt oder sogar vorübergehend stärker wird, während die Unterdrückung von Gefühlen nachlässt. Wenn man mit der Praxis beginnt, muss man verstehen, dass es erforderlich ist, das unterdrückte Material zu integrieren, wenn es freigesetzt wird. Aber gerade die Praxis ist das Instrument, das einem bei der Integration hilft.

Wenn es Ihnen ernst ist mit der Arbeit an sich selbst, dann

sollten Sie sich entschließen, täglich eine bestimmte Zeit für die Praxis zu reservieren. Mit regelmäßiger Übung werden Sie Ihre Fähigkeiten schneller entwickeln als bei einer nur intellektuellen Beschäftigung mit der Arbeit an sich selbst. Die Praxis wird zum wissenschaftlichen Weg zur Aktivierung, Reinigung und Integration. Sie hilft Ihnen außerdem, weil Sie die Prinzipien der Arbeit an sich selbst in einer kontrollierten Umgebung lernen. Dadurch wird es Ihnen leichter fallen, sie im Alltag anzuwenden.

Regelmäßige Übungszeiten müssen Ihren Zeitplan nicht großartig beeinträchtigen. Wichtig ist, dass Sie jeden Tag üben. Kurze tägliche Sitzungen bringen Sie weiter als lange Sitzungen, die Sie unregelmäßig durchführen. In dem Maße, wie Sie Ihre Praxis genießen, werden Sie die Zeit dafür automatisch verlängern. Sie werden sich darauf freuen und darin eine Periode sehen, in der Sie sich entspannen und neue Energie tanken können.

Das Programm, das ich Ihnen in diesem Kapitel vorstelle, kann zeitlich unbegrenzt eingesetzt werden. Mit zunehmender Übung möchten Sie vielleicht weitere Elemente hinzufügen, aber es kann auch sein, dass Ihnen das nicht erforderlich erscheint. Sie werden feststellen, dass Sie mit den immer gleichen grundlegenden Instrumenten immer weiter in Ihr Inneres vordringen. Weil dieses System so tief geht, mag es kompliziert erscheinen, aber lassen Sie sich dadurch nicht abschrecken. Sie müssen nicht alles sofort verstehen oder anwenden. Nehmen Sie die Elemente, die Ihnen gefallen, und beginnen Sie damit zu arbeiten. Wenn Sie bereit sind, mehr zu lernen, steht Ihnen alles zur Verfügung. Nehmen Sie sich für Ihre Übungen regelmäßig Zeit, ganz gleich, wie kurz sie sein mag. Die Praxis besteht aus vier Teilen: Körperarbeit, Aktivierung von heilenden Energien, Atemübungen und meditative Verarbeitung.

Körperarbeit

Körperliche Aktivität im Sinne einer heilenden Übung besteht aus zwei grundlegenden Elementen, die beide wichtig sind. Das erste Element ist körperliche Betätigung. Jede Art von körperlicher Bewegung ist gut: körperliche Arbeit im Beruf, Aerobic, Tanz, Sport, Joggen und so weiter. Wenn Sie mehrmals wöchentlich üben, hält Sie das in Form und dient als Grundlage für einen gesunden Körper und ein aktives Energiesystem. Ein stagnierendes Energiesystem führt zu stagnierenden Gefühlen und fördert Depressionen und zwanghafte Verhaltensweisen.

Das zweite Element ist *Körperarbeit*. Körperarbeit sollte nicht mit körperlicher Bewegung verwechselt werden. Beide dienen unterschiedlichen Zwecken. Körperliche Bewegung vitalisiert den Organismus, während Körperarbeit auf der psychophysischen Ebene die Chakras und das Bewusstsein beeinflusst. Es gibt viele Arten von Körperarbeit, aber für mich gehören Yogahaltungen (Asanas) zu den besten. Ich möchte Sie daher auffordern, sich mit den Prinzipien des Yoga vertraut zu machen, soweit Sie sich damit bisher noch nicht beschäftigt haben. Beginnen Sie Ihre Praxis mit einer kurzen Yogasitzung. Das Strecken und Lockern des Körpers ist sehr entspannend, öffnet die Gefühlszentren und macht es leichter, in den meditativen Zustand einzutreten, der für die innere Arbeit wünschenswert ist.

Wenn Sie technische Informationen über Yogahaltungen benötigen, finden Sie fast überall Bücher und Kurse. Aber der praktische Nutzen des Yoga hängt davon ab, wie Sie an die Sache herangehen. Es gibt verschiedene Yoga-Ansätze, aber nur einer davon ist nützlich für die Entwicklung des Bewusstseins und die psychophysische Körperarbeit. Wenn Sie Yoga schon ausprobiert haben und nicht den Eindruck hatten, dass es bei Ihnen wirkt, dann kann das an Ihrem Ansatz liegen. Meine

Empfehlungen basieren auf meinen eigenen Erfahrungen mit verschiedenen Yogaschulen, meiner persönlichen Praxis und meiner Erfahrung als Yogalehrer.

In den letzten Jahren hat sich anscheinend – als Zeichen der Zeit – eine Entwicklung durchgesetzt, bei der eine Art »Power«-Yoga im Mittelpunkt steht, welcher die körperliche Seite des Yoga besonders hervorhebt. Die Übungen werden auf energetischere Weise durchgeführt als im klassischen Yoga vorgesehen. Das Ziel besteht in einem guten Training, man will die Ausdauer stärken, den Körper kräftigen, eine gute Figur bekommen, um ästhetische und gesundheitliche Ziele zu erreichen. Damit wird man zwar den gewünschten Erfolg haben, aber wenn man Yoga nur zu diesem Zweck einsetzt, ohne seine höheren Fähigkeiten zur Bewusstseinsentwicklung zu berücksichtigen, dann ist das ein tragischer Missbrauch. Wir verunglimpfen den Yoga im Dienste des Ego. Wir lassen uns von unseren inneren Zwängen treiben. Wir verstärken unsere endlose Suche, unser Streben und Greifen.

In der Bewusstseinsarbeit sollte die meditative Form des Yoga eingesetzt werden, mit minimaler Anstrengung. Die Übungen sollten »passiv« durchgeführt werden. Sie sollten darin »Positionen der Entspannung« sehen – nicht eine Disziplin oder Aufgabe, bei der Sie sich anstrengen müssen oder von der Sie einen Nutzen haben werden. Das Gefühl, zu suchen, zu streben, etwas erreichen zu wollen, ist bei dieser Praxis kontraproduktiv und sollte aufgegeben werden. Der Zweck besteht darin, uns ein Medium zur Verfügung zu stellen, das uns durch den Körper in engeren Kontakt mit unserem fühlenden Selbst bringt. Yoga sollte uns entspannen, nicht herausfordern. Wir sollten über den Körper mehr und mehr in den gegenwärtigen Augenblick finden, nicht in unseren Gedanken verharren, indem wir dem Körper Leistungen abverlangen.

❗ Meditativer Yoga bewahrt uns eine innere Einstellung der Gelassenheit

Betrachten Sie Yogahaltungen nicht als körperliche Übung, sondern als Meditation. Beginnen Sie die Übung mit einer meditativen Einstellung; vergessen Sie alle Absicht und Mühe. Entspannen Sie sämtliche Teile des Körpers außer denen, die Sie anspannen müssen, um die Position zu halten. Wahren Sie das Gefühl, dass der Körper die Position von selbst einnimmt und nicht von Gedanken gelenkt wird. Lassen Sie die Weisheit des Körpers das Kommando übernehmen und den Körper seinen Bedürfnissen entsprechend lenken. Lassen Sie den Körper die Haltung finden, die ihm angenehm ist. Drängen Sie ihn nicht mit Gedanken. Seien Sie einfach Beobachter und Zeuge. Beobachten und spüren Sie, was im Körper geschieht, während Sie nacheinander die Positionen einnehmen, ohne eingreifen oder irgendetwas ändern zu wollen. Meinen Sie nicht, Sie müssten irgendeine Haltung perfekt einnehmen oder an einem Wettbewerb mit sich selbst oder anderen teilnehmen. Verzichten Sie darauf, sich selbst als gut oder schlecht zu beurteilen. Entspannen Sie sich immer mehr und immer tiefer in die Position hinein.

Das Ziel, auf das Sie sich meditativ konzentrieren, besteht darin, sich auf der körperlichen Ebene immer tiefer in die Gefühle zu versenken, die Sie physisch und emotional wahrnehmen, während Sie Ihre Muskeln strecken und Ihre Chakras lockern.

Werden Sie Zeuge Ihrer körperlichen Empfindungen, die Sie vollkommen wahllos akzeptieren. Sie sollten den Körper sanft bis zu dem Punkt drängen, an dem Sie ein wohliges Ziehen empfinden; das kann angenehm und entspannend sein. Sie üben sich in Selbstakzeptanz, begeben sich in die Gefühlszentren des Körpers und verzichten auf jegliche gedankliche Selbstablehnung. Vielleicht empfinden Sie verschiedene negative Emotionen und die damit einhergehenden Gedanken. Sie sollten diese Gefühle willkommen heißen, denn Sie reinigen sich gerade davon. Bleiben Sie als Zeuge bei den Gefühlen, ohne jedoch darauf zu reagieren oder sie abzulehnen. Auf diese Weise finden Sie Zugang zu tiefen, verborgenen Ebenen der körperlich unterdrückten Negativität und öffnen das Tor zu transpersonalen Erfahrungen eines höheren Bewusstseins, dem Sie sich durch den Körper nähern.

❗ *Halten Sie die Position*

Lernen Sie, die Positionen eine bestimmte Zeit lang zu halten. Die meisten Leute bleiben nicht lange genug in einer Stellung. Natürlich müssen Sie darauf achten, dass Sie sich keine Verletzung zuziehen, aber Sie sollten in der Position bleiben, bis Sie eine körperliche oder emotionale Veränderung spüren. Sie werden dabei verschiedene Stadien erleben. Sie meinen, Sie seien gestreckt und entspannt, und plötzlich bemerken Sie eine Muskelspannung in irgendeinem Körperteil, auf die Sie bisher nicht geachtet haben. Dann können Sie diesen Körperteil bewusst entspannen und weiter strecken. Während Sie die Position halten, sollten Sie Ihren gesamten Körper immer wieder nach Verspannungen absuchen.

Gewöhnlich reicht es, eine Position ein bis fünf Minuten zu halten. Aber wenn Sie wirklich an einem bestimmten Teil Ihres Körpers arbeiten wollen, weil Sie meinen, dass er unterdrückte Energie enthält, oder wenn Sie an einem bestimmten blockierten Chakra arbeiten wollen, dann können Sie die Position auch 15 Minuten oder noch länger halten. Versuchen Sie, eine mühelose Einstellung zu bewahren, auch wenn bestimmte Muskeln wahrscheinlich unter Stress stehen werden. Nehmen Sie das als Zeuge wahr. Bevor Sie eine Position über längere Zeit halten, müssen Sie den Körper immer durch andere Positionen aufwärmen, und Sie müssen dabei stets vorsichtig sein. Wahrscheinlich sollten Sie schon etwas mehr Yoga-Erfahrung haben, bevor Sie sich daran wagen, eine Position länger zu halten. Belasten Sie den Körper nicht so weit, dass es zu einer Verletzung kommt, aber machen Sie sich auch bewusst, dass unser Körper gewöhnlich mehr aushalten kann, als wir meinen. Sie müssen mit Ihrem inneren Gespür das richtige Gleichgewicht finden. Der körperliche Stress beim längeren Halten einer Position wird benötigt, um die unterdrückten Energien freizusetzen.

Wenn Sie eine Position länger halten, kann das eine Krise auslösen. Ihr Körper beginnt vielleicht zu zittern, und Ihre Emotionen können intensiver werden, während eine tiefe Reinigung der Chakras stattfindet. Halten Sie die Position, solange es Ihnen vernünftig erscheint, aber bleiben Sie auch danach offen für Ihre Gefühle, bis sie sich aufgelöst haben. Ich habe bei mir selbst und bei meinen Klienten erlebt, wie nach längerem Halten einer Position Heilungen eingetreten sind.

❗ Gleichmäßig atmen

Es ist wichtig, beim Yoga darauf zu achten, dass der Atem immer sanft fließt. Atmen Sie weiter, während Sie Ihre Position halten. Atmen Sie stetig weiter und konzentrieren Sie sich auf die Körperzonen, die gestreckt oder belastet werden. Atmen Sie in diese Zonen hinein und versuchen Sie währenddessen, die betreffenden Muskeln zu dehnen und zusammenzuziehen. Auf diese Weise lenken Sie die heilende Energie dort hin, die es Ihnen erleichtern wird, die im Körper gestaute Negativität freizusetzen. Benutzen Sie die sanfte, integrierende Atmung, die Sie in Kürze kennen lernen werden.

Bestimmte Positionen wirken auf spezifische Chakras und setzen dort unterdrücktes Material frei. Diese Schlüsselfunktion des Yoga wird gewöhnlich nicht ausreichend gewürdigt. Zusätzlich zu einer ausgewogenen Reihe von Positionen könnten Sie sich besonders auf die Haltungen konzentrieren, die auf Ihre stärker belasteten Chakras wirken. Wenn Sie den Eindruck haben, dass sich bei Ihnen eine bestimmte Art von negativer Energie verstärkt angesammelt hat, können Sie an dem betreffenden Chakra arbeiten. Wenn Sie sich traurig oder verletzt fühlen, öffnen Sie das Herzchakra; bei Selbstwertproblemen konzentrieren Sie sich auf den Solarplexus und so weiter. Halten Sie die Position und atmen Sie stetig in das Chakra hinein. Hier sind einige grundlegende Yogahaltungen, die auf die Chakras wirken:

Chakra	Position
1. Überleben	Vorwärtsbeugung
2. Macht	diagonale Dreieckhaltung
3. sinnliche Empfindung	Brücke
4. Fürsorge	Pfau
5. Bedeutung	Kobra
6. Herz	Bogen
7. Ausdruck	Pflug
obere Chakras	Schulterstand, Kopfstand

Heilende Energien aktivieren

Zur Aktivierung von heilenden Energien gehören das Anrufen des Zeugen und das Eintreten in den Alpha-Zustand des Bewusstseins. Dies sind wesentliche Fertigkeiten bei der Verarbeitung, die Sie bei Bedarf jederzeit vor und während der Sitzungen anwenden sollten.

! Zwei Arten von heilender Energie

Es gibt zwei Arten von heilender Energie: positive (yang) und negative (yin). Beide gelten als grundlegend positive Heilkräfte. Wenn Sie sie näher kennen lernen, werden Sie automatisch die jeweils richtige für eine bestimmte Heilung anziehen; Sie brauchen sich nicht bewusst zu entscheiden.

! Der Alpha-Zustand

Während Sie heilende Energien aktivieren, treten Sie in den Alpha-Zustand ein. Alpha bezieht sich auf die Frequenz der elektrischen Schwingungen im Gehirn. Die normale Frequenz im Wachbewusstsein, dem Beta-Zustand, liegt zwischen 13 und 30 Zyklen pro Sekunde. Im Alpha-Zustand verlangsamen sich die Gehirnwellen auf acht bis zwölf Zyklen pro Sekunde. Wenn Sie Ihre meditativen Fähigkeiten verbessern, können Sie sogar noch tiefer gelangen und in den Teta-Zustand mit vier bis sieben Zyklen pro Minute eintreten. Inzwischen sind die Vorzüge des Alpha-Zustands eingehend erforscht worden. Heilung geschieht hier auf natürliche Weise, und der bewusste Verstand ist entspannt. Der Körper ist ebenfalls entspannt und fühlt sich anders an. Die Meditation beginnt: Das Höhere Selbst und der Zeuge beginnen zu wirken. Mediale Fähigkeiten werden geweckt. Die Sensibilität für den Energiefluss (wahrgenommen durch die Gefühle) wächst. Visualisierungen und Affirmationen sind effektiver. Die Reinigung beginnt fast spontan. Die Integration wird erleichtert.

Obwohl man durch Meditation auf befriedigende Weise in den Alpha-Zustand gelangen kann, gibt es ein interessantes und nützliches Hilfsmittel in Gestalt der akustischen oder optischen Gehirnwellensteuerung. Hier werden entsprechende Technologien genutzt, um die Gehirnwellen durch äußere Einflüsse auf die gewünschte Frequenz zu bringen. Ich persönlich bevorzuge Klänge, deren Anwendung einfach und effektiv ist. Die Schallschwingung wird auf die gewünschte Gehirnwellenfrequenz abgestimmt. Wenn man entsprechende Tonaufnahmen zusammen mit den richtigen Übungen einsetzt, lässt sich der Alpha-Zustand mühelos erreichen. Die Aufnahmen werden auf Kassetten und CDs oder in Verbindung mit »Mind-machines« angeboten. In jedem Fall sind die Resultate am besten, wenn man Kopfhörer trägt. Ich rate Ihnen, Aufnahmen zu verwenden, die neben den betreffenden Frequenzen keine Sprache oder Musik enthalten. Gesprochene Begleittexte, die sich oft auf diesen Bändern befinden, sollen das Unterbewusstsein reprogrammieren, was ich nicht für gut halte. Unser Ziel ist es, Heilung durch eigene Verarbeitung herbeizuführen, nicht durch Reprogrammierung. Aber es ist kein Nachteil, wenn Sie völlig auf solche Technologien verzichten; die Menschen haben jahrhundertelang ohne sie meditiert, und Sie werden letzten Endes davon unabhängig sein wollen.

❗ *Lernen Sie zu visualisieren*

Um innere Übungen auf effektivere Weise durchführen zu können, müssen Sie die Fähigkeit der Visualisierung entwickeln. Sie visualisieren, um die Energie auf bestimmten Wegen um den Körper herum zu lenken. Was Sie dabei in Wirklichkeit steuern, ist die pranische Energie, die Sie mit dem Atem aufnehmen. Sie bewegen sie durch den feinstofflichen Körper, empfinden das aber auf der materiellen Ebene. Die Visualisierung besteht aus zwei Komponenten: sehen und fühlen.

Wenn Sie die Prana-Energie auf einen bestimmten Weg lenken wollen, dann *sehen* Sie, wie das geschieht. Damit ist nicht gemeint, dass Sie sich in Gedanken ein Bild machen, sondern Sie benutzen Ihre innere Sicht. Wenn Sie beispielsweise das Nabelzentrum visualisieren wollen, dann stellen Sie es sich mit Ihrem inneren Auge vor und erzeugen damit ein mentales Bild. Es ist jedoch besser, so zu sehen, als würden sich Ihre inneren Augen im Körper befinden, dort wo der Nabel ist. Inneres Sehen wird entwickelt, wenn man seine Vorstellungskraft benutzt.

Sie können innerlich nicht nur sehen, sondern vielleicht auch *fühlen*. Spüren Sie das Prana im grob- und feinstofflichen Körper. Vielleicht fühlen Sie einen Strom, eine Wärme, ein Ausdehnen/Zusammenziehen, einen Druck, ein Vakuum oder andere Empfindungen. Vielleicht spüren Sie die Energie auf Ihre ganz eigene Weise, aber Sie sollten etwas fühlen. Auch hier müssen Sie anfangs vielleicht Ihre Vorstellungskraft einsetzen, aber schon nach kurzer Zeit werden die Gefühle real sein.

Letztlich ist es Ihre *Absicht*, die Sie befähigt, das Prana zu lenken. Wenn Sie wollen, dass das Prana eine bestimmte Funktion erfüllt, dann wird es Ihre Absicht spüren und sich entsprechend verhalten. Zweifeln Sie nicht an der Qualität Ihrer Visualisierung. Jeder Zweifel stört die Wirksamkeit.

❗ Heilende Energie aktivieren

Die folgende Übung ist ein sehr wirkungsvoller schamanischer Ansatz, mit dem man heilende Energien aktivieren und in den Alpha-Zustand eintreten kann. Nach meiner Erfahrung ist sie sehr nützlich für die innere Arbeit. Sie besteht aus vier Schritten, die alle wichtig für den Erfolg der meditativen Verarbeitung sind. Ich werde zunächst beschreiben, welchem Zweck jeder Schritt dient, und Sie dann durch die Übung führen.

1. Durch Atmen Entspannung herbeiführen

Den Atem bewusst einzusetzen ist der erste wirksame Schritt zur Aktivierung des Alpha-Zustands. Wenn wir einfach ruhig und regelmäßig atmen, beginnt der Übergang in den Alpha-Zustand und einen Zustand tiefer Entspannung.

Bei allen folgenden Übungen werden wir die reinigende Atmung einsetzen, die Sie in Kürze kennen lernen werden. Aber konzentrieren Sie sich nicht zu sehr auf die »richtige« Atmung. Es geht einfach darum, sich vom Atem in einen entspannten Alpha-Zustand führen zu lassen. Zu diesem Zweck müssen Sie damit beginnen, so entspannt wie möglich zu sein, ohne die Vorstellung, Sie müssten irgendeine Leistung vollbringen. Wenn Sie jedoch jetzt schon ein Element der reinigenden Atmung einsetzen wollen, dann wäre hier das *verbundene* Atmen angebracht.

2. Die Aura stärken

Bei diesem Schritt verbessern Sie Ihre Versorgung mit männlicher Yang-Heil-Energie, die Sie aus dem Universum beziehen. Sie benutzen diese Energie, um Ihre Aura zu stärken.

Wenn Ihre Aura schwach ist, ist Ihre Vitalität niedrig. *Für die Praxis benötigen Sie eine starke Aura; sie wehrt äußere Negativität ab, so dass Sie nur Ihre eigenen und keine Energien aus fremden Quellen zu verarbeiten haben.* Wenn Sie diese Übung durchführen, stärken Sie Ihre Aura und minimieren den Einfluss äußerer Negativität. Sie wecken Ihre Fähigkeit zum *Selbstschutz*.

Alle Menschen, besonders aber die sensiblen, nehmen Negativität aus der Umgebung auf. Das ist unvermeidlich und sollte kein Grund zur Sorge sein. Letztlich entspricht die Negativität, für die wir empfänglich sind, der eigenen Negativität, die wir unterdrückt haben. Deshalb ist es in Ordnung, die äußere Negativität zu akzeptieren und ihr zu gestatten, dass sie in unserem Unterbewusstsein etwas auslöst, damit wir die daraus resultierende Erfahrung verarbeiten können. In der Praxis sollten Sie sich keine großen Gedanken darüber machen, woher Ihre Negativität stammt – das würde Sie nur von der Arbeit ablenken. Schützen Sie sich, indem Sie durch den vernünftigen, nicht zwanghaften Einsatz dieser Übung Ihre Aura stärken, und vertrauen Sie dann Ihrer Führung, nehmen Sie Ihre Erfahrungen an und verarbeiten Sie sie.

Diese Übung ist wichtig, wenn Sie Abgrenzungsprobleme haben und es Ihnen schwer fällt, Ihre eigenen Grenzen aufrechtzuerhalten oder auch nur wahrzunehmen. Andere verletzen Ihre Grenzen und umgekehrt. Abgrenzungsprobleme treten auf, weil wir zu abhängigen Beziehungen neigen. Wir benutzen die Energie anderer Menschen nicht nur in der Partnerschaft, sondern auch in anderen Beziehungen. Auf der feinstofflichen Ebene bauen wir greifbare Verbindungen zu anderen auf. Diese Übung löst solche Verbindungen und hilft Ihnen, die Energie nicht mehr von anderen Menschen, sondern direkt von der richtigen inneren Quelle zu beziehen.

Diese Übung kann Ihnen Dinge bewusst machen, die mit dem männlichen/Vater-Archetyp und mit Überlebensthemen zu tun haben. Die Gefühle, die dabei auftauchen, spiegeln Ihre Beziehung zu Ihren inneren männlichen Anteilen und folglich zu Männern in der Außenwelt. Indem Sie diese Gefühle so verarbeiten, wie sie sind, stärken Sie Ihre inneren männlichen Anteile und Ihre Fähigkeiten, männliche Energie in der äußeren Welt zu finden.

3. Erden

Indem Sie sich erden, stellen Sie eine Verbindung mit der Erde her, welche die negativen Energien aufnimmt, sobald sie diese freisetzen. *Das ist wesentlich für die Befreiung von den negativen Energien, die Sie gelegentlich von anderen übernehmen, wie auch von der unterdrückten Negativität, die aus Ihrem eigenen Unterbewusstsein stammt.* Wenn die freigesetzten negativen Energien keinen Ausweg finden, werden sie weiter in Ihrer feinstofflichen Atmosphäre herumwabern. Wenn Sie dagegen einen solchen Ausweg einrichten, dann folgen sie ihm und werden neutralisiert. Bedenken Sie aber, dass nicht der Weg als solcher die Negativität freisetzt, abgesehen vielleicht von oberflächlichen Negativitäten, die keinen Bezug zu unserem Karma haben; nur die Verarbeitung führt zur Auflösung negativer Energien.

Wenn Sie sich erden, ziehen Sie außerdem die mächtige archetypische weibliche Yin-Heil-Energie aus der Erde. Beide Geschlechter brauchen ein ausgewogenes Verhältnis von Yin-Erd-Energie und Yang-Sonnen-Energie. Indem Sie bewusst mehr von Ihrer gegengeschlechtlichen Energie aus dem Universum anziehen – was dasselbe ist, wie sie aus inneren Quellen zu beziehen –, können Sie das zwanghafte Bedürfnis verringern, sie indirekt vom anderen Geschlecht zu bekommen.

Wenn wir Zugang zum femininen Archetypus finden, wecken wir unsere Fähigkeit, *für uns selbst zu sorgen*. Das ist extrem wichtig, nicht nur für unsere allgemeine persönliche Entwicklung, sondern gerade jetzt, da wir sensibler sind, weil wir bewusst unsere Selbstablehnung und alle Suchtmittel aufgeben, die wir früher vielleicht benutzt haben, um unseren Alltag zu bewältigen.

Die Gefühle, die bei dieser Übung auftauchen, spiegeln Ihre Beziehung zur inneren Weiblichkeit und folglich zu Frauen im Allgemeinen und zur Mutter. Indem Sie diese Gefühle so verarbeiten, wie sie sind, ermöglichen Sie deren Auflösung.

4. In das Zeugenbewusstsein eintreten

Wenn Sie entsprechend sensibel sind oder schon praktiziert haben, werden die ersten drei Schritte Sie zumindest teilweise in den Alpha-Zustand versetzt haben. Der letzte Schritt wird diesen Prozess vollenden.

Das Zeugenbewusstsein ist bei der Verarbeitung unverzichtbar. *Der Zeuge verleiht uns die Kraft und die Perspektive, uns den starken negativen Energien zu stellen, die an die Oberfläche kommen.* Der Zeuge ist die entscheidende innere Orientierung für die Verarbeitung der Gefühle. Er verleiht Ihnen die Fähigkeit, sich von der Negativität zu lösen und sich nicht von ihr überwältigen zu lassen.

Während Sie praktizieren, werden Sie zunehmend erkennen und zu schätzen wissen, wie sich das Zeugenbewusstsein anfühlt. Es ist die Empfindung, von allem losgelöst zu sein, was um Sie herum oder in Ihrem Inneren geschieht, aber sich zugleich auf einer tieferen Ebene damit verbunden zu fühlen. Ihre Körperwahrnehmung kann sich verändern. Sie spüren die heilende Kraft und Freude der Selbstliebe. Wenn Ihnen das Gefühl, sich im Zeugenbewusstsein zu befinden, vertrauter geworden ist, werden Sie wissen, wann Sie es reaktivieren müssen, um die *Nicht-Identifikation* aufrechtzuerhalten, die bei der Arbeit mit den Gefühlen der niederen Chakras so wichtig ist. Mit zunehmender Übung werden Sie den Zeugen innerhalb von Sekunden oder in noch kürzerer Zeit aktivieren können. Allein der Gedanke daran wird genügen. Das Zeugenbewusstsein kann beim aktiven Handeln ebenso wie in der Meditation aufgerufen werden; es während der Aktivität zu bewahren wird Ihnen zur zweiten Natur werden.

ÜBUNG

Während Sie mit diesen Schritten arbeiten, werden Sie intuitiv spüren, welche davon wichtiger für Sie sind. Vielleicht heben Sie einen bestimmten Schritt hervor und widmen ihm mehr Zeit, aber achten Sie darauf, dass Sie alle Schritte durchführen. Eine angemessene Zeit für die gesamte Übung wären acht Minuten, aber Sie können sich mehr oder weniger Zeit dafür nehmen – je nachdem, was passend erscheint.

Die Übung ist ein sehr wirkungsvoller Anreiz, um unterdrückte Gefühle an die Oberfläche zu bringen, vor allem um die männlichen und weiblichen Archetypen zu beschwören. Wenn während der Übung starke Gefühle aufkommen oder wenn Sie Blockaden erleben, dann nehmen Sie einfach wahr, was geschieht. Behalten Sie die Gefühle oder Blockaden, um sie direkt nach dem Ende der gesamten Übung weiterzuverarbeiten.

Gewöhnlich empfehle ich für die reinigende Atmung bei dieser Übung eine sitzende Position, aber wenn Ihnen das lieber ist, können Sie sich dabei auch hinlegen. Allerdings sollten Sie die Übung nicht immer im Liegen durchführen; nehmen Sie wenigstens gelegentlich eine sitzende Haltung ein, damit Sie den subtilen Unterschied im Energiefluss zwischen den beiden Positionen spüren.

1. Durch Atmen Entspannung herbeiführen

Spüren Sie die Verbindung mit Ihrem Körper. Gestatten Sie sich, auf diese Weise im gegenwärtigen Augenblick anzukommen. *Verzichten Sie auf jede Mühe.* Verzichten Sie darauf, etwas erreichen zu wollen, auch bei dieser Übung. Kommen Sie mehr und mehr in den gegenwärtigen Augenblick, in dem die Heilung geschieht und in dem der Zeuge zu Hause ist.

Beginnen Sie mit einer sanften verbundenen Atmung im Verhältnis 1:1. Atmen Sie leicht und weich. Beobachten Sie, wie Ihr Atem ein- und ausströmt. Spüren Sie ihn im Körper. Verzichten Sie erneut darauf, irgendetwas anzustreben. Sie müssen nichts erreichen. Lassen Sie alles so sein, wie es ist. Atmen Sie sanft weiter mit einer bewussten Verbindung von Einatmen und Ausatmen. Lassen Sie sich vom Atem in die tiefen Alpha-Ebenen der Entspannung führen und bringen Sie den Körper zur Ruhe.

(2 Minuten)

Fahren Sie mit dem verbundenen Atmen fort, aber achten Sie nicht weiter darauf. Überlassen Sie Ihren Atem sich selbst.

Visualisieren Sie, wie Ihre Aura Sie umgibt. Sehen Sie ein Feld von etwa 1,80 Meter im Durchmesser mit farbigen, elektrisch geladenen Teilchen im Inneren.

Visualisieren Sie beim Einatmen, wie ein Strahl aus leuchtendem, silbrig-weißem Licht von der Sonne herabscheint, in den Scheitelpunkt Ihres Kopfes eintritt und zum Solarplexus hinunterwandert, wo er einen Energieball von etwa 30 Zentimeter Durchmesser bildet. Sehen Sie das Licht als blendend, mächtig, beherrschend; es verbrennt alle Negativität, auf die es trifft.

Beim Einatmen visualisieren Sie, wie sich der Energieball um Ihren Solarplexus herum ausdehnt und den gesamten Raum im Inneren Ihrer Aura ausfüllt. Visualisieren Sie, wie sich die Teilchen bis zum Rand Ihrer Aura ausdehnen, wo sie eine Hülle bilden. Visualisieren (sehen und fühlen) Sie die Hülle als stark und undurchdringlich. Visualisieren Sie, wie die Schwingungen, die von außen auf die Hülle treffen und sie durchdringen wollen, zurückgeworfen werden.

Fühlen Sie tief die archetypischen, maskulinen Yang-Eigenschaften des Lichts und was sie Ihnen vermitteln: Stärke, Schutz, Dominanz, Absicht, Kompetenz.

(2 Minuten)

DIE AURA STÄRKEN

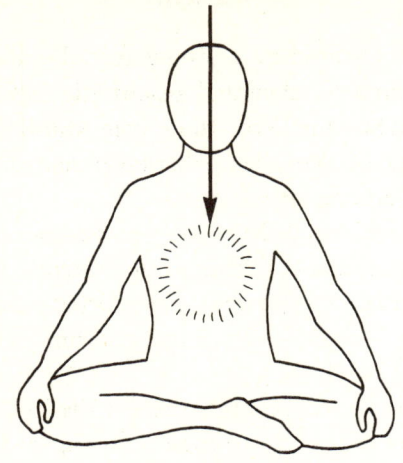

*Einatmen – ziehen Sie heilende Yang-Energie
von oben in Ihren Körper*

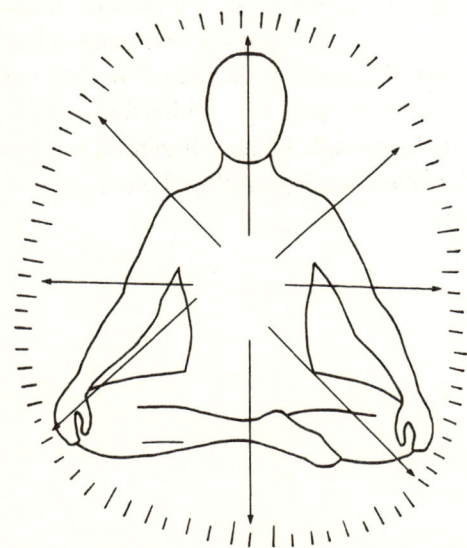

Ausatmen – visualisieren Sie, wie die Energie Ihre Aura stärkt

3. Erden

Setzen Sie die verbundene Atmung fort. Denken Sie daran, beim Visualisieren zu sehen und gleichzeitig zu fühlen.

Visualisieren Sie eine Verbindung vom Mittelpunkt der Erde zu Ihrem ersten Chakra, dem Überlebenszentrum, das an der Basis der Wirbelsäule liegt.

Beim Einatmen visualisieren Sie, wie blau-grüne Erdenergie aus dem Mittelpunkt der Erde in Sie hineinfließt, Ihr erstes Chakra berührt und Ihren gesamten Körper ausfüllt. Visualisieren Sie diese Energie als pulsierend, warm, nährend und liebevoll.

Beim Ausatmen visualisieren Sie, wie die blau-grüne Farbe Negativität aufsaugt, dabei rötlich-schwarz wird und von der Erde durch das erste Chakra nach unten gezogen wird, zurück ins Zentrum der Erde, wo sie neutralisiert wird. Sehen Sie, wie sie neutralisiert wird und sich in die Erde hinein auflöst.

Beschwören Sie die archetypische feminine Yin-Energie, indem Sie sie einfach einladen. Gestatten Sie den femininen Eigenschaften, sich zu zeigen, und fühlen Sie sie tief: Weichheit, Behutsamkeit, Empfänglichkeit, Mitgefühl, nährende Fürsorge, Empfindsamkeit, bedingungslose Liebe.

(2 Minuten)

ERDEN

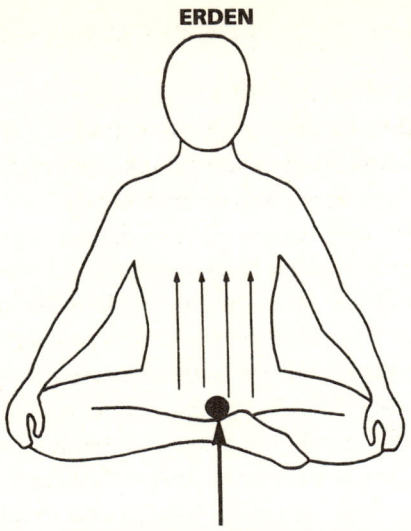

Einatmen – ziehen Sie heilende Yin-Energie aus der Erde

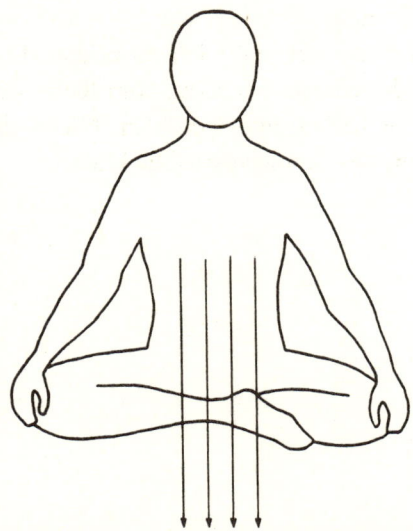

Ausatmen – entlassen Sie Negativität in die Erde

4. In das Zeugenbewusstsein eintreten

Setzen Sie die verbundene Atmung fort.

Halten Sie Ihre Augen geschlossen und richten Sie Ihren Blick auf das Dritte Auge. Dieser Punkt befindet sich auf der Stirn oberhalb der Augenbrauen und mitten zwischen ihnen. Versuchen Sie, so weit wie möglich nach oben zu schauen und strengen Sie Ihre Augen dabei ein wenig an. Blicken Sie in die Dunkelheit zwischen Ihren Augen. Halten Sie die Anstrengung, solange es Ihnen angenehm ist – es ist die Anstrengung, welche die psychophysische Antwort aktiviert.

Visualisieren Sie, wie die Yang-Energie von oben und die Yin-Energie von unten kommt und sich beide beim Einatmen im Dritten Auge treffen. Beim Ausatmen können Sie visualisieren, wie sich die Energien im Uhrzeigersinn drehen oder einfach still im Dritten Auge verharren, ganz nach Belieben. Vielleicht möchten Sie nur eine dieser Energien nutzen, je nach Ihren Bedürfnissen.

Laden Sie den Zeugen ein, sich zu zeigen. Fühlen Sie die Eigenschaften des Zeugen: Distanz vom Körper des niederen Selbst, seinen Gedanken und Gefühlen, Nicht-Identifikation, Gleichgültigkeit, bedingungsloses Glücklichsein.

(2 Minuten)

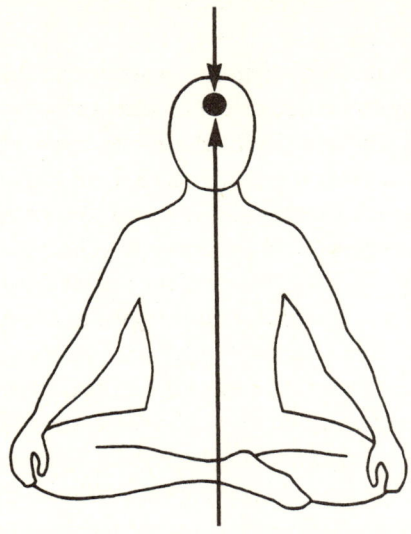

Einatmen – ziehen Sie Yin- und Yang-Energie in den Körper

Ausatmen – halten Sie die Energie im Dritten Auge

Atemübungen

Atemübungen sind ein wichtiges Instrument im Hinblick auf den psychophysischen Aspekt der integrativen Verarbeitung. Mit Atemübungen lässt sich zweierlei erreichen. Erstens beruhigen und entspannen sie und fördern die Heilung. Zweitens bringen sie unterdrücktes Material in unser Bewusstsein und sind eine große Hilfe bei der Integration. Psychotherapien, die mit Atemübungen arbeiten, können nicht-aggressiv und nicht-invasiv sein und führen auf sanfte und spontane Weise zur Heilung.

Die Grundlagen der Atemübungen, die ich lehre, stammen aus meinen Erfahrungen mit verschiedenen traditionellen Schulen der östlichen Esoterik. Ich betrachte den Atem als ein mächtiges Werkzeug für die individuelle Arbeit wie auch für die therapeutische Arbeit mit Klienten. Wenn wir mit der emotionalen Heilung beginnen, wollen wir uns in den Zustand tiefer Entspannung versetzen, den wir mit Hilfe der Atmung einleiten können. Bei meinen Klienten leite ich die Phase der Verarbeitung stets mit Atemarbeit ein, die uns beide in den ruhigen Alpha-Zustand bringt und eine emotionale und feinstoffliche Übereinstimmung herbeiführt. Wir haben schon über das Prana gesprochen, die unsichtbare Energie, die sich in der Luft befindet. Bei den Atemübungen arbeiten wir mit diesem Prana. Beim Einatmen nehmen wir mit der Luft auch Prana auf. Wir setzen Visualisierungen ein, um die Energie in verschiedene Bereiche des grob- und feinstofflichen Körpers zu lenken, damit sie dort reinigend und heilend wirken kann. Bewahren Sie während der Atemübungen eine Einstellung der Akzeptanz. Sie werden körperliche und emotionale Gefühle wahrnehmen, sollten aber nicht versuchen, diese zu ändern. Nehmen Sie sie einfach an. Aktivieren Sie den Zeugen und gestatten Sie Ihrem Höheren Selbst, den Ausgleich der Energien herbeizuführen.

Die reinigende Atmung

Die reinigende Atmung wird als Teil der regelmäßigen Praxis in sitzender Meditationshaltung durchgeführt.

Machen Sie keine Atemübungen direkt nach dem Essen; warten Sie ein oder zwei Stunden, bis Sie die Mahlzeit verdaut haben. Sorgen Sie dafür, dass Ihre Kleidung den Körper nicht einengt. Selbst der leichteste Druck von Gummibändern in der Unterwäsche kann erheblich das Gefühl verstärken, dass Sie von Ihren unteren Chakras abgeschnitten sind. Ich empfehle für die Atemübungen lockere Kleidung ohne Unterwäsche oder, wenn möglich, überhaupt keine Kleidung.

Während der tiefen regenerierenden Atmung können Sie das Bedürfnis zu gähnen empfinden. Gähnen ist eine physiologische Reaktion auf das Prana, das Sie aufnehmen. Lassen Sie sich durch diesen Impuls nicht verwirren, sondern betrachten Sie ihn eher als Zeichen dafür, dass Ihre Energien aufgeladen werden. Erlauben Sie sich zu gähnen, aber versuchen Sie, den Strom der Atmung dabei nicht zu unterbrechen. Gewöhnlich ist es leichter, kurz vor dem Ende des Ausatmens zu gähnen. Während des Gähnens müssen Sie wahrscheinlich den Mund öffnen und zum Teil durch den Mund ausatmen.

Die reinigende Atmung besteht aus verschiedenen Elementen. Sie sollten darauf hinarbeiten, allmählich alle diese Elemente simultan zu vereinigen.

Nasenatmung

Atmen Sie nur durch die Nase. Während die Luft durch die Nasenwege einströmt, wird sie gefiltert und erwärmt; das sind wichtige Schritte, die dafür sorgen, dass der Atem optimal vom Körper aufgenommen werden kann.

Der wichtigste Aspekt bei der Körperhaltung betrifft die Wirbelsäule, die in einer aufrechten, entspannten Position gehalten werden muss. Sie sollte nicht in eine absolut gerade Linie gezwungen werden, sondern in ihrer von Natur aus leicht gebogenen Form verharren, damit Sie ein Gespür für das empfindliche Gleichgewicht bekommen. Der Kopf wird locker aufrecht gehalten. Die Schultern werden ebenso wie alle Muskeln bewusst entspannt.

Die korrekte Ausrichtung der Wirbelsäule ist wichtig, weil die Chakras über die Nerven, welche durch die Wirbelsäule verlaufen, miteinander verbunden sind. Kleine Veränderungen bei der Ausrichtung der Wirbelsäule haben deshalb Auswirkungen auf den elektrischen Austausch zwischen den Chakras, beeinflussen den Energiestrom und die Gefühle.

Am besten erreichen Sie eine korrekte Ausrichtung, wenn Sie ohne Rückenlehne sitzen und sich auch sonst nirgendwo anlehnen. Diese Haltung ist für viele von uns schwierig, weil das Sitzen ohne Rückenlehne unverzüglich dazu führt, dass in den Chakras gestaute Negativität freigesetzt wird. Wenn Sie die Schmerzen und Spannungen akzeptieren, die dabei auftreten, dann reinigen Sie die Chakras von ihren Blockaden. Atemübungen und Meditation in dieser Haltung bilden den Hauptteil der buddhistischen Vipassana-Tradition.

Im Laufe der Jahre hat sich meine Fähigkeit, so zu sitzen, verbessert, und ich sehe dabei eine Korrelation zu meiner inneren Reinigung. Ein praktischer Ansatz für Anfänger könnte darin bestehen, dass Sie so lange ohne Rückenlehne sitzen, wie Sie können. Wenn Sie die Toleranzgrenze erreicht haben, lehnen Sie sich an. Allmählich werden Sie dann immer länger ohne Lehne sitzen können.

Ich habe mir angewöhnt, in der traditionellen Haltung mit

überkreuzten Beinen zu sitzen. Ich finde, man fühlt sich dabei mehr geerdet, als wenn man auf einem Stuhl sitzt. Das gesamte Energiemuster des Körpers ist optimal gestaltet, ohne dass etwas aus den Armen oder Beinen entweichen kann. Das Prana, das durch die Extremitäten fließt, wird wieder in den Körper zurückgeleitet. Die Durchblutung der Beine ist verringert, und es gelangt mehr Blut ins Gehirn.

Das Sitzen mit überkreuzten Beinen ist am einfachsten in der so genannten leichten Haltung, bei der die Beine nicht wirklich überkreuzt werden. Sie müssen sich nicht anstrengen, um die Halblotus- oder Lotus-Position einzunehmen. Wenn Sie sich dabei auf die Kante eines festen Kissens setzen und das Becken leicht nach vorne kippen, ist die Position noch bequemer.

Wenn Ihre Beine zu steif sind, um auf diese Weise zu sitzen, können Sie auch die Knie-Haltung einnehmen, wobei Sie auf den Unterschenkeln und Fußgelenken sitzen, vielleicht mit einem dazwischen gelegten Kissen oder gestützt durch eine Meditationsbank. Diese Position ist vollkommen in Ordnung, auch wenn man davon ausgeht, dass sie die Energie nicht so gut bewahrt wie die leichte Haltung, und wenn es schwierig ist, längere Zeit in dieser Position zu bleiben. Wenn Ihnen keine dieser Möglichkeiten gefällt, können Sie einen Stuhl benutzen. Achten Sie aber darauf, dass Sie auf der Kante sitzen und sich nicht anlehnen. Bei allen Positionen sollten Ihre Hände entweder auf den Knien liegen (Handflächen nach unten) oder im Schoß gefaltet sein.

Progressives Einatmen

Füllen Sie beim Einatmen zunächst den unteren Teil der Lungen mit Luft und arbeiten Sie sich allmählich bis in die Lungenspitzen vor. Füllen Sie Ihren Körper schrittweise mit Luft, wobei jeder Schritt einem der ersten sieben Chakras entspricht:

Leichte Haltung

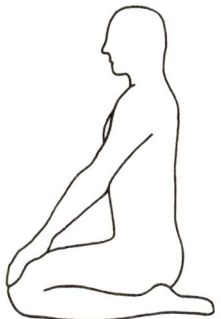

Kniende Haltung

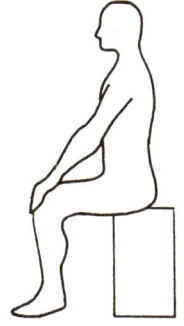

Sitzende Haltung

Chakra	Sitz im Körper
1. Überleben	Basis der Wirbelsäule
2. Macht	Perineum
3. Empfindung	Unterbauch
4. Fürsorge	Nabel
5. Bedeutung	Solarplexus
6. Herz	Brust
7. Ausdruck	Hals

Natürlich wird die Luft nicht wirklich in den unteren Teil des Rumpfes geschickt, aber Sie können den Bauchraum beim Einatmen mit Hilfe des Zwerchfells ausdehnen. Das Zwerchfell ist eine quer verlaufende muskuläre Trennwand unterhalb der Lunge. Wenn Sie den unteren Teil der Lunge mit Luft füllen, reagiert das Zwerchfell, was dazu führt, dass der untere Bauchraum sich ausdehnt. Das fühlt sich so an, als würden Sie Luft in diesen Bereich pumpen, aber ein großer Teil von dem, was Sie spüren, ist das Prana.

Wenn Sie die Lungen mit Luft füllen, darf sich der Bauch nicht zu stark aufblähen. Halten Sie Ihre Bauchmuskeln etwas angespannt, so dass sich der Bauch beim Einatmen nur leicht nach außen wölbt.

Der obere Brustraum entspricht den Bereichen der Lunge, die sich nach oben auf die Schultern zu erweitern und normalerweise nicht mit Luft gefüllt werden. Sie sollten bewusst in den oberen Brustraum einatmen und sich dabei auf das Halschakra konzentrieren.

Nachdem Sie die Lungen schrittweise mit Luft gefüllt haben, atmen Sie in umgekehrter Reihenfolge wieder aus, leeren zunächst die Lungenspitzen und die unteren Bereiche.

Sie können ein Gespür für das schrittweise Einatmen entwickeln, indem Sie zuerst ausatmen. Leeren Sie den oberen Brustkorb, den mittleren Teil der Brust, den Solarplexus, den Bereich um den Nabel und den Unterbauch und ziehen Sie dabei jeden dieser Bereiche zusammen. Dann müssen Sie eine weitere muskuläre Trennwand des Körpers ins Spiel bringen, den Damm. Dies wird Anfängern gewöhnlich nicht beigebracht, aber ich halte es für vorteilhaft, wenn Sie etwas darüber wissen.

Der Damm befindet sich an der Unterseite des Bauches, wo er, direkt im Schritt, zwischen den Genitalien und dem Analbereich verläuft. Wenn Sie damit experimentieren, werden Sie feststellen, dass Sie diese Muskeln unabhängig von anderen Körperzonen zusammenziehen können. Sie empfinden dabei, wie sich die Muskeln im Schritt heben und straffen.

Außerdem können Sie auch die Muskeln in der Analzone anspannen, was man als »Wurzelverschluss« bezeichnet. Sie straffen und heben diese Zone getrennt vom Damm. Die Kontrolle dieser Bereiche gehört zu den fortgeschrittenen Yogaübungen und ist ein Instrument zur Aktivierung und Reinigung der unteren Chakras. Das Zusammenziehen der Analmuskeln wirkt auf das erste Chakra, das Überlebenszentrum. Das Zusammenziehen des Damms wirkt auf das zweite Chakra, das Machtzentrum.

Um vollständig auszuatmen, ziehen Sie den Damm und dann die Analmuskeln zusammen und pressen damit die letzte Luft aus den Lungen. Sie sollten dabei ein straffes, festes Gefühl im Unterbauch haben.

Während Sie einatmen, lockern Sie diese Muskeln wieder, dehnen den Körper aus und lassen die Luft einströmen. Erst füllen sich die Analzone und der Bereich um den Damm, anschließend der Unterbauch, gefolgt vom Bereich um den Nabel, dann der Solarplexus, der mittlere und der obere Brustraum.

Wenn Ihnen das zu kompliziert erscheint, können Sie auch darauf verzichten, die unteren Regionen individuell anzuspannen und einfach nur den Unterbauch als Ganzes zusammenziehen. So lernen Anfänger gewöhnlich diese Art der Atmung.

❗ Blockaden beim Atmen spiegeln Blockaden in den Chakras

Das schrittweise Einatmen ist ein wichtiges Mittel, um festzustellen, wo Ihre Blockaden angesiedelt sind. Beobachten Sie sich sorgfältig beim Atmen. Beobachten Sie Ihren Körper. Sitzen Sie still. Seien Sie Zeuge. Versuchen Sie, sanft und stetig zu atmen, aber Sie werden wahrscheinlich feststellen, dass das nicht möglich ist. Ihr Körper wird zucken, und Ihr Atem wird ungleichmäßig sein. Während Sie Ihre Lungen von unten nach oben füllen, können Sie einen leichten Schmerz, Unbehagen oder Verspannungen in bestimmten Körperzonen wahrnehmen. Diese Empfindungen entsprechen Blockaden in den Chakras.

Die Blockaden werden bearbeitet, indem Sie sie akzeptieren und erleben. Atmen Sie weiter und achten Sie darauf, dass Sie in alle Teile des Rumpfes hineinatmen, besonders in die Zonen, in die es sich schwer atmen lässt oder in die Sie sonst nie atmen. Beobachten Sie vollkommen gleichgültig, wie der Atem auf die Blockaden trifft. Akzeptieren Sie die Empfindungen. Erlauben sie sich, *bei* diesen Empfindungen zu sein.

Gestatten Sie Ihrem Atem, sein eigenes Gleichgewicht zu finden, während Sie die Praxis fortsetzen, und lassen Sie es zu, dass Ihre Atmung allmählich sanfter wird, während Sie die Gefühle integrieren, die während der Atemübungen bei fortschreitender Reinigung auftauchen. Im Laufe der Zeit wird Ihr Unbehagen geringer werden, und das entspricht einer Verringerung der Blockaden in den Chakras.

Zungenstellung

Die Zunge wirkt wie ein Schalter im Energiekreislauf des Körpers. Wenn die Zunge möglichst weit hinten gegen den Gaumen gedrückt wird, ist der Kreislauf geschlossen und die Energie zirkuliert. Lassen Sie die Zunge die ganze Zeit in dieser Position, während Sie die reinigende Atmung praktizieren.

Diese Zungenstellung regt den Speichelfluss an, was als wohltuend und hilfreich für den Kreislauf der Energien gilt. Versuchen Sie, bei Bedarf zu schlucken, ohne den Atemstrom zu unterbrechen. Das ist wahrscheinlich am leichtesten gegen Ende der Ausatmung, kurz bevor Sie wieder einatmen.

Drosseln

Nachdem Sie die Zunge in Position gebracht haben, können Sie mit Hilfe der Halsmuskeln die Luftwege teilweise verengen. Wenn Sie mit den Halsmuskeln um die Stimmbänder herum experimentieren, werden Sie schließlich die richtige Position finden. Sie verengen die Luftwege korrekt, wenn Sie zwei Funktionen erreichen: drosseln und ein inneres Geräusch.

Beim Ein- und Ausatmen dient die Verengung der Luftwege als eine Art Drosselklappe, um das Einströmen der Luft in die Lungen zu kontrollieren. Dabei haben Sie das Gefühl, dass die Luft stetig in die Lungen und wieder herausströmt, gedrosselt von den verengten Halsmuskeln.

Inneres Geräusch

Gleichzeitig führt das Zusammenziehen der Halsmuskeln dazu, dass die Luft beim Atmen ein Geräusch erzeugt. Es kommt nicht aus der Mund- oder Nasenhöhle, sondern aus der mittleren Halsregion. Beim Einatmen sollten Sie die Muskeln so anspannen, dass ein tiefes »Aah« erklingt. Beim Ausatmen machen Sie ein zischendes »Ee«. Wenn Sie zu diesen Geräuschen fähig sind, haben Sie Ihre Luftwege korrekt verengt. Die Klänge erhöhen und reinigen die Schwingungen des Energiesystems. Dieses alte Prinzip ist in unserer Zeit wiederentdeckt worden; man spricht dabei von »Harmonisierung«. Wenn Sie Ihre Atmung um das harmonisierende Element erweitern, wird Ihre Praxis wesentlich effektiver.

Das Geräusch sollte nicht zu laut, aber auch nicht zu leise sein. Sie können es je nach Bedarf in Ihren Atemübungen unterschiedlich betonen. Manchmal möchten Sie sich vielleicht vollständig auf das Geräusch konzentrieren und den größten Nutzen aus den Vibrationen ziehen. Versuchen Sie, die hoch frequenten Schwingungen physisch zu spüren, während Sie durch Ihren Energiekörper ziehen. Lenken Sie die Vibrationen in die Chakras, an denen Sie gerade arbeiten, indem Sie visualisieren, dass dies geschieht. Das Geräusch beim Einatmen fördert das Einströmen von Prana in diesen Bereich, und der Klang beim Ausatmen entspricht dem Ausströmen der stagnierenden Energie.

Sie können das innere Geräusch als Konzentrationshilfe bei der Meditation einsetzen und spüren, wie die Vibrationen in Ihrem Körper eine Resonanz erzeugen. Machen Sie sich gleichzeitig den drosselnden Effekt bewusst, der durch das Zusammenziehen der Halsmuskeln erzeugt wird.

Verbundenes Atmen

Beim verbundenen Atmen werden Einatmen und Ausatmen so miteinander verknüpft, dass es nicht die geringste Pause dazwischen gibt. Das Einatmen geht sanft und mühelos in das Ausatmen über und umgekehrt. Es gibt keine Pause für die Lunge zwischen Ausdehnen und Zusammenziehen. Das bedeutet nicht, dass Sie Ihren Atem beschleunigen. Im Gegenteil, Sie atmen langsam und stetig, aber ohne jede Pause.

Warum das verbundene Atmen so wirkt, wie es wirkt, ist physiologisch betrachtet ein Mysterium, aber die Verbindung von Einatmen und Ausatmen wird Sie in tiefere mystische Erfahrungen mit dem Atem führen. Der körperliche Vorgang des

346

Atmens mit dem Ein- und Ausströmen der Luft repräsentiert das Yin/Yang, die dualistische Natur des Universums. Verbundenes Ein- und Ausatmen dient dazu, unsere Erfahrung der Dualität zu integrieren, rechte und linke Gehirnhälfte zu verbinden und unsere Erfahrung ganzheitlich zu machen.

Außerdem verbessert diese Atemtechnik die reinigende Wirkung der Atmung. Sie erlaubt dem Prana, sich aufzubauen, statt sich während einer Pause zu verflüchtigen. Das Verknüpfen von Einatmen und Ausatmen gehört zu den wichtigsten Teilen des Atemzyklus. Ihre Fähigkeiten und Erkenntnisse in diesem Bereich werden weiterwachsen. Das Verknüpfen von Einatmen und Ausatmen wird im Verlauf Ihrer Praxis eine neue Bedeutung erlangen und Ihnen neue Erfahrungen vermitteln.

Der verbundene Aspekt der Atmung kann effektiv als Meditationshilfe eingesetzt werden und wird Sie in tiefere Bewusstseinszustände führen.

Das Verhältnis der Atemzüge

Das Verhältnis der Atemzüge bezieht sich auf die Zeit für Einatmen und Ausatmen. Dabei steht die erste Zahl immer für das Einatmen, die zweite für das Ausatmen. Bei der reinigenden Atmung beträgt das Verhältnis 1:2, was heißt, dass die Zeit für das Ausatmen doppelt so lang ist wie für das Einatmen. In der Praxis können Sie beim Einatmen bis acht und beim Ausatmen bis 16 zählen. Wenn das Verhältnis 1:1 beträgt, sind beide Atemzüge in jedem Fall gleich lang.

Die Atemfrequenz

Beim Zählen sollte jeder Schritt ungefähr eine Sekunde dauern, aber Sie brauchen Ihre Atmung nicht mit der Uhr zu kontrollieren. Beginnen Sie mit einer Atemfrequenz, die Ihnen angenehm ist, aber achten Sie auf das Verhältnis von 1:2. Sie können beispielsweise mit 4:8 beginnen, also vier Sekunden einatmen und acht Sekunden ausatmen. Anschließend wechseln Sie auf 5:10 und arbeiten sich allmählich weiter nach oben, bis Sie am Ende bei 8:16 gelandet sind.

Beim Ausatmen werden unterdrückte Energien aus den Chakras freigesetzt. Seien Sie geduldig während der langen Phase des Ausatmens und beobachten Sie, wie Gefühle plötzlich in Ihrem Bewusstsein auftauchen, um integriert zu werden; setzen Sie ihnen keinen Widerstand entgegen. Ich finde, dass ich manchmal ein besseres Gespür für den Augenblick habe, wenn ich mir beim Ausatmen vorstelle, in Wirklichkeit den Atem anzuhalten, obwohl ich natürlich weiterhin ausatme. Das Ausatmen geht so langsam, dass es sich anfühlt, als würde ich den Atem anhalten.

Atemtiefe

Die Tiefe der Atemzüge hängt davon ab, wie viel Luft wir aufnehmen. Die Tiefe variiert von sehr vollen Atemzügen bis zum flachen Atem, je nachdem, wie weit Sie mit Ihren Atemübungen fortgeschritten sind.

Zu Beginn einer Übung werden Sie wahrscheinlich das Bedürfnis haben, tief einzuatmen und den gesamten Rumpf dabei auszudehnen. Wenn wir die Lungen maximal füllen, nehmen wir ein Maximum an Prana auf, aber Sie sollten es nicht übertreiben. Atmen Sie nur so tief ein, wie es Ihnen angenehm ist.

Im weiteren Verlauf der Meditation verändern sich Ihre Atembedürfnisse, und Sie werden lernen, Ihre Praxis automatisch anzupassen. Ihre Atmung kann sehr flach werden, wenn Sie tiefer in Ihre Atemmeditation eintauchen. Es kann eine außergewöhnliche und zarte Empfindung auslösen, wenn Sie spüren, wie sich die Energie in den Chakras bewegt, obwohl Sie körperlich kaum atmen.

Weitere Atemtechniken

Nachfolgend werden weitere Atemtechniken beschrieben, die Sie einsetzen können, um die Energie im Körper zu lenken und zu bewegen. Ihr Körper wird Ihnen sagen, wann diese Techniken einzusetzen sind.

Das Dritte Auge

Bleiben Sie während der gesamten Atemübung wie beim Eintritt in den Alpha-Zustand auf das Dritte Auge konzentriert.

Die Energie im Kreis bewegen

Diese Übung dient dazu, die Energie durch den Körper kreisen zu lassen, wenn Energieblockaden vorliegen. Sie belebt und harmonisiert alle Chakras und beeinflusst die Gefühle. Dies ist eine der besten Techniken für eine stetige, ruhige, meditative Atemarbeit. Wenn Sie diese Technik einsetzen, verzichten Sie auf das schrittweise Einatmen.

Nehmen Sie an, dass in Ihrem Rücken ein Pfad von der Basis der Wirbelsäule bis zum Scheitelpunkt des Kopfes nach oben führt. Nehmen Sie an, dass ein weiterer Pfad vom Scheitelpunkt des Kopfes an der Vorderseite Ihres Körpers nach unten bis zur Basis der Wirbelsäule führt. Gemeinsam bilden diese beiden Pfade den Kreis. Visualisieren Sie, wie beim Einatmen Energie über den Pfad im Rücken entlang der Wirbelsäule nach oben steigt und dann beim Ausatmen über die Vorderseite des Körpers nach unten fließt. Sehen und fühlen Sie diesen Kreislauf. Stellen Sie sich dabei eine strahlende, leuchtend blaue Energiekugel vor.

Chakraatmung

Die Chakraatmung gehört zu den wichtigsten Techniken, die wir einsetzen. Sie wirkt entweder zusammen mit der reinigenden Atmung, wenn man still meditiert und ein bestimmtes Chakra heilen will, oder mit der integrierenden Atmung, wenn starke Gefühle aufkommen.

Bei der Chakraatmung atmen Sie direkt in ein bestimmtes Chakra, indem Sie das Prana dorthin lenken. Dabei wird der Bereich des Körpers, in dem das Chakra liegt, ausgedehnt und wieder zusammengezogen. Sie können auch jetzt noch das Gefühl haben, dass Sie stufenweise einatmen. Visualisieren Sie, wie mit dem Atem heilende Energie in das Chakra fließt. Aufkommende Gefühle werden nicht zurückgewiesen. Wenn Sie mit allen Chakras arbeiten wollen, beginnen Sie mit dem ersten, dem Überlebenszentrum, und arbeiten sich dann hinauf bis zum Kronenchakra am Scheitelpunkt des Kopfes, wobei Sie in jedes Zentrum einmal voll ein- und wieder ausatmen.

Versuchen Sie beispielsweise einmal, in Ihren Solarplexus zu atmen. Achten Sie dabei sorgfältig auf die Bewegung, die stattfindet. Spüren Sie, wie sich der Körper beim Einatmen in diesem speziellen Bereich sanft ausdehnt und beim Ausatmen wieder zusammenzieht. Atmen Sie im Verhältnis 1:1. Wenn Sie das Ausdehnen und Zusammenziehen deutlich gespürt haben, atmen Sie in das Zentrum hinein.

Nachdem Sie eine Zeit lang auf diese Weise geatmet haben, verringern Sie Ihr Atemvolumen und achten dabei weiter auf die Bewegung im Körper. Reduzieren Sie das Atemvolumen so weit wie möglich, bis Sie schließlich an den Punkt gelangen, da effektiv keine Luft mehr in die Lungen hinein oder aus ihnen herausströmt, sondern Sie nur noch in Ihrer Vorstellung atmen. Vielleicht fühlen Sie nun immer noch eine Art Ausdehnen/Zusammenziehen im Bereich des Solarplexus, obwohl es keine entsprechende Bewegung im materiellen Körper mehr gibt. Was Sie spüren, ist die Bewegung des Chakras – oder eher die Bewegung des Energiekörpers, denn das Chakra besteht aus Energie. Nur für diese Übung haben Sie Ihr Atemvolumen auf null reduziert; wenn Sie normalerweise in ein Chakra atmen, sollte eine gewisse Menge Luft ein- und ausströmen. Kehren Sie wieder zur normalen Atmung zurück und beenden Sie die Übung.

Jetzt können Sie das Dritte Auge und das Kronenchakra vielleicht auf dieselbe Weise spüren. Natürlich können Sie in der Umgebung dieser Zentren den Körper nicht ausdehnen, aber es ist trotzdem möglich, die Bewegung der Chakras selbst zu spüren.

Chakras zu spüren erfordert Sensibilität. Wenn Ihnen das gelingt, können Sie davon ausgehen, dass Sie schon über recht gute mediale Fähigkeiten verfügen. Aber auch wenn Sie die Chakras noch nicht spüren, ist das kein Grund zur Sorge. Sie werden diese Fähigkeit mit zunehmender Praxis entwickeln.

Wenn Sie meditieren, können Sie die Atemtechnik wählen, die Sie gerade brauchen. Wenn starke Emotionen aufkommen, gehen Sie zur integrierenden Atmung über und atmen in das betreffende Chakra. Sie können Ihre Atemfrequenz leicht erhöhen. Setzen Sie die integrierende Atmung fort, bis sich das Gefühl verändert und die Intensität nachgelassen hat.

Sie können auch jedes beliebige Chakra mit der universellen Energiequelle oben oder der Erde unten verbinden, während Sie in das Chakra hineinatmen. Visualisieren Sie dabei starkes weißes Licht, das von oben kommt und beim Einatmen in das Chakra strömt, während die negative Energie beim Ausatmen in den Boden abgeleitet wird.

Die integrierende Atmung

Die integrierende Atmung ist eine Variante der reinigenden Atmung. Wir setzen sie auf zweierlei Weise ein: erstens immer dann, wenn sich unterdrückte Gefühle oder Emotionen stark bemerkbar machen und wir große Mengen Prana brauchen, um sie zu integrieren. Das kann entweder während der Praxis oder in belastenden Situationen sein.

Zweitens können wir unsere Atmung beschleunigen, wenn wir besonders tief in die emotionale Reinigung eintauchen wollen. Sauerstoff und Prana reichern sich dann im Körper an, lassen unterdrückte Emotionen auf dramatische Weise ins Bewusstsein treten und führen gleichzeitig die Integration herbei. Bei solchen Sitzungen kann sich unser Bewusstsein radikal verändern und rasch verschiedene Stufen der inneren Wahrnehmung durchlaufen. Emotionale Themen werden integriert, die Selbstliebe wird intensiviert und die Körper/Geist-Heilung gesteigert. Die Katharsis kann fast willentlich herbeigeführt werden.

Wenn die integrierende Atmung auf diese Weise genutzt wird, ist sie eine Alternative zur sanfteren Heilung der reinigenden Atmung. Sie können zwischen beiden Methoden frei wählen. Die sanfte Wirkung der reinigenden Atmung wird langfristig ein vollkommen ausreichender Ansatz für die innere Integration sein. Die integrierende Atmung wirkt aktiver und ist eher geeignet, eine Heilkrise auszulösen. Es ist zwar völlig ungefährlich, die integrierende Atmung zu benutzen, aber man benötigt dafür mehr Kampfgeist. Hier sind die wichtigen Punkte:

- Versuchen Sie, hauptsächlich durch die Nase zu atmen, aber Sie können auch durch den Mund atmen, wenn Sie ein großes Luftvolumen brauchen. Wechseln Sie innerhalb eines Atemzyklus nicht zwischen Mund- und Nasenatmung; wenn Sie beispielsweise durch den Mund einatmen, müssen Sie auch durch den Mund ausatmen.

- Die Körperhaltung ist nicht wichtig. Gewöhnlich praktiziert man die integrierende Atmung auf dem Rücken liegend, aber Sie können auch jede andere Körperhaltung wählen. Vielleicht möchten Sie auch während der Sitzung die Position wechseln; Sie können sogar verschiedene Yogahaltungen einnehmen, die jetzt besonders hilfreich sind, um mit dem Atem blockierte Energien freizusetzen.
- Auch das stufenweise Einatmen brauchen Sie nicht zu beachten. Atmen Sie stattdessen direkt in die jeweiligen Chakras, wobei Sie nach Möglichkeit vorzugsweise die betreffenden Körperteile ausdehnen und zusammenziehen sollten. Sie können beispielsweise in den Unterbauch atmen, in den Solarplexus, in den oberen Teil des Brustkorbes oder in alle Bereiche zusammen. Experimentieren Sie mit verschiedenen Körperzonen, um zu sehen, welche Emotionen der Atem jeweils zu Tage fördert.
- Dieselbe Zungenhaltung wie bei der reinigenden Atmung ist hilfreich, aber nicht unbedingt erforderlich.
- Verengen Sie nicht die Luftwege, drosseln Sie den Atem nicht und verwenden Sie auch nicht den inneren Klang. Stattdessen sollten Sie beim Ausatmen »loslassen«. Der Körper wird dabei völlig entspannt, und der Atem darf seinen eigenen Weg hinaus finden. Die Entspannung beim Ausatmen ist ein entscheidender Bestandteil dieser Atemtechnik. Versuchen Sie nicht, das Ausatmen in irgendeiner Weise zu kontrollieren. Entspannen Sie einfach die Brustmuskulatur und überlassen Sie es der Schwerkraft, die Luft aus der Lunge zu drücken.
- Das verbundene Atmen ist der wichtigste Aspekt dieser Atemtechnik, und Sie müssen sorgfältig darauf achten. Der Zweck des verbundenen Atmens besteht hier darin, Sauerstoff und Prana im Körper anzureichern. Wenn Sie zwischen Einatmen und Ausatmen eine Pause machen, können sich Sauerstoff und Prana verflüchtigen, und es wird keine Ener-

gie angesammelt, die es dem Atem ermöglicht, seine Funktion zu erfüllen.

- Sie brauchen auch nicht auf ein bestimmtes Verhältnis zwischen Einatmen und Ausatmen zu achten. Lassen Sie den Atem nach Belieben entweichen; die dafür benötigte Zeit kann länger oder kürzer sein als beim Einatmen.
- Die Atemfrequenz bezieht sich nur auf das Einatmen, weil Sie beim Ausatmen keine Kontrolle ausüben. Sie können in jeder beliebigen Frequenz einatmen, von langsam (sechs bis acht Sekunden) bis schnell (eine halbe Sekunde). Experimentieren Sie mit der Frequenz, um die jeweiligen Auswirkungen zu erproben; sie sind individuell verschieden. Versuchen Sie nicht, das Ausatmen zu kontrollieren, sondern lassen Sie es von alleine geschehen.
- Variieren Sie Ihre Atemzüge von flach bis tief.

Eine typische Sitzung mit der beschleunigten integrierenden Atmung dauert ungefähr eine Stunde. Zu Beginn werden Sie tiefe und schnelle Atemzüge machen wollen, um möglichst viel Sauerstoff und Prana aufzunehmen. Im weiteren Verlauf der Übung werden Sie Frequenz und Tiefe intuitiv verändern, um Ihre Erfahrung zu kontrollieren.

Wenn Sie auf diese Weise atmen, bewegt sich die Energie in Ihrem Körper. Sie werden verschiedene körperliche Empfindungen und Emotionen spüren. Die erste Empfindung ist gewöhnlich die, dass es schwierig wird, die hohe Atemfrequenz beizubehalten, die nötig ist, damit der Atem wirken kann. Sie werden das Gefühl haben, sich sehr anstrengen zu müssen. Achten Sie darauf, Ihre Atmung an diesem Punkt nicht so zu verlangsamen, dass sie unwirksam wird. Vielleicht werden Sie auch schläfrig, dösen ein und vergessen dabei für kurze Zeit zu atmen. Das ist nicht gefährlich – Sie werden stets aufwachen, wenn Sie mehr Luft brauchen.

Andere Empfindungen können ein Prickeln in den Händen und im Körper sein, das Gefühl, dass Energie durch Ihren Körper schießt, Druck oder Schmerzen in bestimmten Körperteilen oder ähnliche Wahrnehmungen. Dabei handelt es sich in allen Fällen um Empfindungen, die durch Energien ausgelöst werden, was bedeutet, dass Sie korrekt vorgehen. Negative Emotionen werden sich intensiv bemerkbar machen und sollten verarbeitet werden. Sie sollten auf Gefühle vorbereitet sein, mit denen Sie sich noch nie zuvor auseinander gesetzt haben. Aus all diesen Gründen sollten Sie gewisse Erfahrungen mit der inneren Arbeit gemacht haben, bevor Sie sich auf eine Atemübung einlassen, die so heftig werden kann wie diese. Vielleicht ist es auch sinnvoll, einen Freund, Therapeuten oder Experten, der sich mit Atemübungen auskennt und Ihnen bei Bedarf helfen kann, in der Nähe zu haben.

Nachdem Sie sich von negativen Emotionen gereinigt haben, werden angenehmere Bewusstseinszustände auftreten. Gefühle universeller Liebe, ozeanisches Einssein, erweiterte Wahrnehmung, all das ist möglich. Diese Atemübung kann zu wirklich veränderten Bewusstseinszuständen führen. Die beschleunigte Form der integrierenden Atmung ist zu intensiv, um sie regelmäßig einzusetzen. Wenn Sie etwas sanfter vorgehen und sich nicht so sehr anstrengen, wird die Übung leichter und hat dennoch, zusammen mit der reinigenden Atmung, einen großen Nutzen. Sie sollten beide Formen dieser Atmung in Ihre Praxis aufnehmen, denn jede aktiviert Sie auf ihre eigene Weise.

❗ *Hyperventilation*

Das einzige physiologische Problem, das beim Einsatz der integrierenden Atmung auftreten könnte, ist die Hyperventilation. Bei der Hyperventilation gerät das Verhältnis zwischen Sauerstoff und Kohlendioxid im Körper aus dem Gleichgewicht, und es gelangt zu viel Sauerstoff ins Blut. Zu den Symptomen gehören Muskelverspannungen, Schwindelanfälle, beschleunigte oder vertiefte Atmung, und in seltenen Fällen kann sogar eine Ohnmacht eintreten, aus der Sie aber von selbst wieder aufwachen. Zur Hyperventilation kommt es, weil Sie sich beim Ausatmen verspannen und den Atem nicht entspannt und ohne Kontrolle fließen lassen. Wenn Sie den Eindruck haben, dass Sie zu hyperventilieren beginnen, atmen Sie weiter, aber verringern Sie Ihre Atemfrequenz auf eine normale Rate und achten Sie sorgfältig darauf, Ihren Körper beim Ausatmen vollständig zu entspannen. Entspannen Sie alle Muskeln und geben Sie beim Ausatmen nur der Schwerkraft nach.

Atemmeditation

Wenn Sie Atemübungen in Ihre regelmäßige Praxis aufnehmen, wird daraus eine eigenständige Meditation. Es geht uns hier um ein nicht-direktives Verhalten – wir wollen dafür sorgen, dass wir unseren unterbewussten Willen spontan und ohne bestimmte Absichten freisetzen. Diesen Effekt haben die meisten Meditationsübungen, es sei denn, Sie praktizieren eine »unterdrückende Meditation«, aber das Einbeziehen von Atemübungen macht Ihre Meditation noch wirksamer.

Vergessen Sie bei Ihrer Atempraxis nicht die grundlegenden Prinzipien der Akzeptanz. Auch wenn Sie mit der Atmung ein bestimmtes Resultat erzielen wollen, sollten Sie nicht zwanghaft zielorientiert werden. Am besten ist es, sich nicht auf Resultate zu freuen, nicht in der Zukunft zu leben und sich nicht von dem Wunsch nach perfekter Ausführung der Übungen nervös machen zu lassen. Bleiben Sie im gegenwärtigen Augenblick und spüren Sie Ihren Körper.

Während Sie Ihre Atemübungen fortsetzen, kann die Reinigung beginnen. Körperliche, emotionale, intuitive und feinstoffliche Empfindungen können auftreten. Gewöhnlich werden sie störend sein; aus diesem Grund haben wir sie ja ursprünglich unterdrückt. Unterdrücken Sie diese Empfindungen jetzt nicht erneut, indem Sie sie ablehnen, ihnen Widerstand entgegensetzen oder versuchen, sie unter Kontrolle zu halten, sondern verarbeiten Sie die Gefühle durch Akzeptieren und Erleben – wie wir es besprochen haben. Vielleicht möchten Sie dabei auch gelegentlich den Zeugen wieder aktivieren. Allmählich werden Sie feststellen, dass Sie bei jeder Meditation gleichzeitig im Dritten Auge verharren können.

Versuchen Sie, alle verschiedenen Formen der Atmung in Ihre Praxis aufzunehmen, wobei Sie jeweils die einsetzen, die gerade Ihren Bedürfnissen entspricht. Während Sie Ihre Praxis entwickeln, ist es auch gut, jeweils einen Aspekt auszuwählen und sich darauf regelmäßig an einem bestimmten Tag zu konzentrieren. Arbeiten Sie einen Wochenplan aus und benutzen Sie diesen Aspekt jeweils an einem bestimmten Wochentag. Am siebten Tag können Sie alle miteinander kombinieren oder auch einen Tag Pause einlegen. Jeder Aspekt aktiviert die Reinigung auf verschiedene Weise und bringt zugleich Abwechslung in Ihre Praxis. Während Sie Ihre Übungen fortsetzen, werden die verschiedenen Aspekte Teil Ihres Unterbewusstseins und stehen Ihnen sofort zur Verfügung, wenn Sie Ihre Übung beginnen.

Tag/Atmung
1. Stufenweises Einatmen
2. Chakraatmung
3. innerer Klang/Drosseln
4. verbundenes Atmen/Frequenz
5. Energiekreislauf
6. Drittes Auge
Gewöhnlich ist es am besten, bei den Atemübungen aufrecht sitzen zu bleiben, aber wenn Sie das Bedürfnis haben, können

Sie auch mit anderen Körperhaltungen experimentieren, sich beispielsweise hinlegen oder eine Yoga-Position einnehmen. Entscheidend ist dabei immer, dass Sie die Wirbelsäule gerade halten, es sei denn, Sie nehmen eine Yogaposition ein. Sich beim Sitzen anzulehnen ist nicht gut, weil die Wirbelsäule dabei gebeugt und die Vorderseite des Körpers zusammengedrückt wird. In dieser Haltung ist es schwierig, den Körper zu spüren und die Chakras zu öffnen.

Meditative Verarbeitung

Für die meditative Verarbeitung meditieren Sie, wie wir es in Kapitel 8 besprochen haben. Sie können eine Konzentrationshilfe benutzen oder sich auf den Atem konzentrieren. Gewöhnlich ist es am besten, sich mit aufrechter Wirbelsäule hinzusetzen oder auf den Rücken zu legen, sofern Ihr Körper Ihnen nicht sagt, dass er eine andere Position benötigt, beispielsweise die Embryohaltung oder eine Bewegung. Ich habe festgestellt, dass Sitzen und Liegen gleich gut sind, und ich praktiziere beides gleichermaßen. Wenn ich ein bestimmtes, dringendes Gefühl bearbeite, setze ich mich in der Regel hin. Wenn ich nicht-direktiv in einen tiefen Alpha- oder Theta-Zustand eintauchen und mit erweiterten Bewusstseinszuständen experimentieren will, lege ich mich gewöhnlich hin. Erlauben Sie sich, spontan zu sein.

Diese letzte Phase der Praxis ist das natürliche Ergebnis der beiden vorangegangenen Schritte. Sie sinken in einen tieferen, entspannteren Bewusstseinszustand und konzentrieren sich dabei nicht mehr besonders auf die Atmung. Ihre Meditation ist entweder direktiv oder nicht-direktiv, je nachdem, ob emotional belastendes Material an die Oberfläche kommt oder nicht.

Der Körper

Unabhängig davon, ob Ihre Meditation direktiv oder nicht-direktiv ist, kommt es darauf an, ständig in Kontakt mit dem Körper zu bleiben und ihn stets zu beobachten. Achten Sie auf die Gefühle, die Sie im Körper empfinden. Betrachten Sie jede auftretende Empfindung als eine energetische Reinigung und beobachten Sie sie als Zeuge. Lassen Sie zu, dass der Prozess Sie zu anderen Gefühlen führt, die sowohl körperlich als auch emotional sein können. Atmen Sie hinein. Geben Sie den Gefühlen, die Sie körperlich spüren, Vorrang, den physischen wie den emotionalen.

Nicht-direktive Meditation

Die Essenz der Meditation besteht darin, die Gedanken zur Ruhe zu bringen. Gedanken blockieren die meditative Erfahrung. Bei unserer Arbeit unterscheiden wir zwischen Gedanken und Gefühlen. Wir erlauben den Gedanken aufzuhören, damit wir die Gefühle tiefer wahrnehmen können. Wenn sich die Energie der Gefühle zerstreut hat, kann die Meditation in andere Bereiche der Erfahrung gehen.

Wenn keine starken Gefühle auftreten, gestatten Sie es sich einfach, im Alpha-Zustand zu sein. Genießen Sie dessen Frieden. Sie können heilende Energien und den Zeugen aktivieren. Kehren Sie immer wieder zu Ihrer Konzentrationshilfe zurück, wenn Sie eine benutzen. Sie können sich sogar auf den Körper selbst konzentrieren, indem Sie einfach im gegenwärtigen Augenblick bleiben, ohne etwas zu suchen oder nach etwas zu streben.

Wenn als Folge Ihrer Meditation spontan starke Gefühle auftreten, gehen Sie zur Verarbeitung über. Wenn solche Gefühle nicht spontan auftreten, können Sie frei entscheiden, mit welchem emotionalen Thema Sie sich im Moment beschäftigen möchten. Sie könnten beispielsweise einige Wochen mit wiederkehrenden Ängsten, Gefühlen des Ärgers oder der Einsamkeit arbeiten. Wenn Sie einen Anreiz brauchen, um sich das Gefühl bewusst zu machen, visualisieren Sie in Ihrer Meditation den Vorfall oder das Ereignis, das für Sie mit dem Gefühl verbunden ist. Verarbeiten Sie das Gefühl, indem Sie es sich zu Eigen machen, akzeptieren, dabei verweilen und es als Zeuge wahrnehmen. Atmen Sie in das betreffende Chakra, um auf diese Weise die Reinigung und Integration zu fördern. Benutzen Sie Körperarbeit, wenn Sie Ihnen passend erscheint. Bringen Sie heilende Energie und Selbstliebe ein, indem Sie vor, während und nach jeder Sitzung den Zeugen aktivieren. Sie können unbewältigte Situationen aus Ihrer Vergangenheit auflösen oder mit aktuellen Lebensereignissen arbeiten.

Die Übung formal beenden

Es ist wichtig, die Praxis nach jeder Sitzung formal zu beenden. Damit üben wir unseren Geist, das »Tor zum Unterbewusstsein zu schließen« – bis zur nächsten Sitzung. Auf diese Weise lernt das Unterbewusstsein, dass es sich nicht mehr in Projektionen flüchten muss, um sich Gehör zu verschaffen, sondern dass es während der Praxis eine Stimme in unserem Bewusstsein hat.

Abschluss

Erden Sie sich ein letztes Mal, um alle Negativität zu zerstreuen. Sehen Sie, wie die Negativität von der Erde aufgenommen und neutralisiert wird.

Nehmen Sie mehr weißes Licht von oben in sich auf. Spüren Sie, wie es Ihnen Freude und Kraft vermittelt und alle dunklen Stellen ausfüllt, die nach der Auflösung von Negativität zurückgeblieben sind.

Schließen Sie das Tor zum Unterbewusstsein willentlich. Kehren Sie gezielt in Ihren normalen Bewusstseinszustand zurück.

Emotionale Klärung: Zusammenfassung der Praxis

Die Praxis besteht aus vier Hauptteilen:

Körperarbeit: Beginnen Sie möglichst mit einer kurzen Yogasitzung oder anderen Formen von Körperarbeit, um sich zu entspannen und die Chakras zu öffnen (fünf bis fünfzehn Minuten)

Heilende Energie aktivieren: Aktivieren Sie heilende Energien zu Beginn und während jeder Sitzung, um den Zeugen aufzurufen (fünf bis zehn Minuten)

Atemmeditation: Praktizieren Sie regelmäßig an jedem Tag der Woche die dafür vorgesehenen Atemübungen (fünf bis zehn Minuten)

Meditative Verarbeitung: Praktizieren Sie direktive oder nicht-direktive Meditation, je nach Bedarf (zehn bis dreißig Minuten)

Ich habe ungefähre Zeiten angegeben, aber wenn Sie mit den Abläufen vertrauter geworden sind, können Sie diese Zeiten je nach Bedarf anpassen. Optimal wäre es, zweimal täglich zwischen zwanzig Minuten und einer Stunde zu praktizieren, möglichst eine kurze und eine längere Sitzung. Wenn Ihre Zeit nicht für zwei tägliche Sitzungen reicht, führen Sie eine längere durch. Glauben Sie nicht, Sie müssten alle Übungen auf einen Schlag lernen. Gehen Sie Schritt für Schritt vor. Die hier dargestellten Übungen sind eine Synthese aus dem traditionellen Yoga, buddhistischen und anderen Disziplinen. Bleiben Sie dabei und Sie werden definitiv positive Ergebnisse erzielen.

*Ich verstehe, dass der Konflikt,
den ich erlebe, sich daraus ergibt, dass ich mich
jeweils an eine Seite einer dualistischen Erfahrung
klammere und versuche, die andere Seite zu meiden.
Ich verstehe, dass noch so viel »Positives« niemals
erfüllend sein kann und dass ich, um mich zu heilen,
das »Negative« direkt integrieren muss, indem
ich es akzeptiere und erlebe. Indem ich das tue,
überwinde ich die emotionale Achterbahn,
auf der ich mich bisher befunden habe.
Ich finde die wahre Erfüllung.
Ich bin gewachsen.*

12.

Integration

Indem wir an uns selbst arbeiten, integrieren wir beide Seiten einer dualistischen Erfahrung. Unser Problem besteht darin, die eine Seite abzulehnen und uns zwanghaft an die andere zu klammern – was Schmerz erzeugt. Wir lassen zu, dass wir getrieben werden.

Ein dualistisches Muster zu integrieren bedeutet, aufzuhören, dem Positiven nachzujagen, um so dem Negativen zu entgehen; es bedeutet ferner, das Negative auf einer Gefühlsebene zu akzeptieren und zu erfahren. Wenn wir uns gestatten, einfach zu fühlen, was wir bisher abgelehnt haben, kommen wir allmählich ins Gleichgewicht. Der Schmerz des Negativen wird nicht mehr unterdrückt, sondern aufgelöst, und wir empfinden es nicht mehr als ein dringendes Bedürfnis, das wir zwanghaft zu befriedigen versuchen.

Wir müssen verstehen, dass es niemals möglich sein wird, zwanghafte Bedürfnisse zu befriedigen, dass wir auf Grund der dualistischen Natur unserer Existenz einfach nie genug bekommen können. Wenn wir mehr Positives erreichen, bringt das nur mehr Negatives mit sich. Zwanghaftes Suchen kann in jedem Bewusstseinszentrum empfunden werden. In diesem Kapitel geht es um die Integration grundlegender Gefühle, aber wir wollen mit dem allgemeinen Zustand der Depression beginnen.

Integration von Depressionen

Ich habe keinen Zweifel daran, dass chronisch depressive oder manisch depressive Zustände entstehen, wenn sich unterdrückte Gefühle immer stärker aufbauen. Auch in ihren schwersten Formen ist die Depression keine Krankheit, die uns einfach überfällt. Sie wird auch nicht vererbt, wenngleich Menschen, die besonders anfällig dafür sind, sich oft gegenseitig anziehen oder sogar innerhalb einer Familie geboren werden, was für andere Anfälligkeiten ganz ähnlich gilt. Depression ist die Folge von Unwissenheit und falschem Umgang mit Erfahrungen. Wir verfallen in ein Muster, Gefühle zu unterdrücken, statt ihnen zu erlauben, dass sie sich auflösen, und das führt zu zwanghaften Tendenzen, unsere Energien erschöpfen sich, und daraus entsteht der Zustand, den wir als Depression bezeichnen.

Wenn Sie unter nennenswerten Depressionen leiden, müssen Sie mit einem engagierten Programm beginnen – entweder alleine oder mit professioneller Hilfe –, um Ihre unterdrückten Gefühle aufzulösen. Viele grundlegende Gefühle wie Ängstlichkeit, Zorn, Einsamkeit, Eifersucht oder sexuelle Zwanghaftigkeit sind Ihnen wahrscheinlich schon bewusst und warten nur darauf, angemessen bearbeitet zu werden. Wenn Sie sich mit diesen Gefühlen auseinander setzen, werden Sie darüber zu tiefer liegenden Kerngefühlen und Mustern vordringen, deren Auflösung am Ende zu vollständiger Heilung und zum Gleichgewicht führt.

Wenn Sie sich lediglich der Depression bewusst sind, aber keine einzelnen negativen Gefühle wahrnehmen, dann befinden Sie sich in einem Zustand der Verdrängung – ohne es selbst zu merken –, und dann ist es umso dringender, daran zu arbeiten, diese Gefühle aufzudecken und aufzulösen. Die verdrängten Gefühle ziehen Missgeschicke, Fehler und Unfälle an und führen letzten Endes zum körperlichen Zusammenbruch.

Reagieren Sie auf die Depression nicht mit dem Versuch, ihr zu entkommen oder sie durch andere Aktivitäten zu kompensieren. Geben Sie nicht den Umständen, Ereignissen oder anderen Leuten die Schuld an ihrer Depression. Es ist durchaus möglich, die Perspektive zu verlieren und die Depression auf Lebensfelder zu projizieren, die gar nichts damit zu tun haben, indem Sie beispielsweise meinen, Sie seien aus diesem oder jenem Grund deprimiert, ohne die wirkliche Ursache zu verstehen. Verarbeiten Sie die Depression stattdessen.

Auch wenn die Depression eine Folge von Unterdrückung und eigentlich kein echtes Gefühl ist, kann sie genauso wie jedes andere Gefühl verarbeitet werden. Erkennen Sie die Depression als einen energetischen Zustand. Nehmen Sie sie im Zeugenbewusstsein als eine energetische Erfahrung wahr. Distanzieren Sie sich davon und brechen Sie Ihre Identifikation damit auf. Benutzen Sie die mächtigen Instrumente der Atemübungen und Körperarbeit. Aktivieren Sie heilende Energien, treten Sie in den Alpha-Zustand ein und atmen Sie vor allem in die Gefühle der Depression hinein. Erlauben Sie den heilenden Energien des Universums, in Sie hineinzuströmen, während Sie akzeptieren und beobachten. Wenn Sie mit dem Gefühl der Depression arbeiten, geben Sie sich Ihren Empfindungen vollständig hin. Gestatten Sie der Depression *zu sein*. Allein das kann schon eine enorme Erleichterung bringen, weil Sie nicht länger versuchen, etwas zu meiden.

Wenn Sie Ihren Widerstand gegen die Depression aufgeben, ändert sich Ihr gesamter Energiefluss. Wenn Sie über Ihre Depression meditieren, werden die Gefühle, die dahinter stecken, Ihnen allmählich bewusst werden, und Sie können sie verarbeiten. Dabei kann es sich um jedes beliebige Gefühl handeln; Depressionen sind nicht an eine bestimmte Art von Gefühlen gebunden. Glauben Sie nicht, Ihr Zustand würde sich verschlechtern, wenn das geschieht. Erkennen Sie, dass sich das Unterbewusstsein offenbart, um geheilt zu werden. Vertrauen Sie darauf, geführt und geschützt zu werden.

❗ *Depression ist ein Zustand der energetischen Erschöpfung*

Das Unterdrücken von Gefühlen erfordert große Mengen feinstofflicher Energie. Die daraus resultierende energetische Erschöpfung ist der Zustand, den wir als Depression bezeichnen. Wenn Sie mit den Gefühlen der Depression arbeiten, werden Sie spüren, dass Sie sich mit neuen Energien aufladen. Das Höhere Selbst zieht automatisch Energie an, um Ihre erschöpften Reserven aufzufüllen. Wenn die Erfahrung der Depression selbst integriert ist, wird sie eine natürliche Ergänzung zur Erweiterung der feinstofflichen Energien. Die depressive Phase wird eine Zeit, sich wieder energetisch aufzuladen und zu heilen. Das kann eine Zeit der Freude und Ruhe sein, wenn man sich darauf einlässt. Körperliche Ungleichgewichte, die mit der energetischen Erschöpfung einhergehen, werden ebenfalls wieder ausgeglichen.

Leichte Depressionen ergeben sich aus den normalen Lebenskreisläufen. Da wir aktive Wesen sind, ist ein bestimmtes Maß an Depression unvermeidlich; sie ist das Gegenstück zur Aktivität. Wenn Sie die Depression akzeptieren und sich dafür öffnen können, werden Sie Ihre Energiereserven wieder aufladen, statt die Depression durch eine ablehnende Haltung zu unterdrücken und auf diese Weise eine Depression über die Depression zu bekommen.

Depressionen können unterdrückt und im Energiekörper gespeichert werden. Die Erschöpfung wird dann immer stärker, und die Energien können nicht wieder aufgeladen werden. Wenn

Sie gewohnheitsmäßig dazu neigen, depressive Gefühle zu meiden, haben Sie wahrscheinlich einen großen Teil Ihrer Depressionen unterdrückt. Sie werden daran in vernünftiger Weise arbeiten müssen, um Ihre Toleranzgrenze nicht zu überschreiten. Reagieren Sie nicht auf Ihre Depression; lassen Sie sich nicht davon motivieren. Im Laufe der Zeit wird die Akzeptanz Sie an den Punkt bringen, an dem Sie Depression als ein natürliches Aufladen von Energien empfinden.

❗ Chemische Substanzen wirken unterdrückend

Alle chemischen Substanzen, die man zur Veränderung von Gefühlen und zur Behandlung von Depressionen einsetzt, dienen im Grunde nicht dazu, die Gefühle aufzulösen, sondern *unterdrücken* sie nur, so dass wir sie nicht mehr bewusst wahrnehmen. Das gilt für Pflanzenpräparate wie Johanniskraut ebenso wie für verschreibungspflichtige Medikamente. Die Tatsache, dass Johanniskraut ein »Naturprodukt« ist, ändert nichts an der Wirkungsweise: Die Gefühle werden unterdrückt. Wenn wir regelmäßig solche Mittel einnehmen, um unsere Gefühle zu kontrollieren, dann vergraben wir uns nur tiefer in das dunkle Loch der Unterdrückung.

Dass sich das medizinische Establishment bei der Behandlung von psychischen Störungen überwiegend auf die Pharmakologie verlässt, halte ich für eine materialistische Ignoranz ersten Ranges. Unsere Gehirnchemie ist eine Folge von Gefühlen, nicht umgekehrt, und der Versuch, Gefühle zu verändern, indem wir in die Gehirnchemie eingreifen, ist einfach absurd. Sei es nun *Lithium*, *Prozac*, illegale Drogen, Alkohol, Koffein, Nikotin, Johanniskraut oder eine der neuesten Designerdrogen – alle chemisch induzierten Stimmungsveränderungen führen uns von unseren Gefühlen *weg*. Integration wird unmöglich. Wir betreten das Niemandsland der Selbstablehnung, sind abgeschnitten von unserer Seele und allen Möglichkeiten einer echten Heilung. Die Popularität der heute benutzten stimmungsverändernden Substanzen wirft ein bezeichnendes Licht auf den armseligen emotionalen Zustand der Welt und unsere vollständige Unfähigkeit, damit umzugehen.

Aber obwohl ich den Einsatz solcher Substanzen grundsätzlich verurteile, können sie manchmal notwendig sein. Wenn psychische Störungen so massiv sind, dass die betroffenen Menschen ihren Alltag nicht mehr bewältigen können, mag es gerechtfertigt sein, derartige Stoffe mit großer Umsicht vorübergehend zu verordnen, in Verbindung mit anderen psychologischen Behandlungsansätzen – Meditation, Atemübungen, Verarbeitung, Psychotherapie oder Selbsthilfegruppen. Aber Sie sollten sich darüber im Klaren sein, dass es im Grunde keine Fortschritte bei der inneren Arbeit geben kann, solange solche Substanzen benutzt werden; die Gefühle stehen für die Verarbeitung nicht zur Verfügung. Sie werden durch die Medikamente unterdrückt gehalten. Sie treten sozusagen auf der Stelle und werden schließlich eine heftige Reaktion auf die Unterdrückung erleben, die das Medikament verursacht. Sofern Sie irgendeine Art von stimmungsverändernden Substanzen verwenden, sollten Sie möglichst bald darauf verzichten, damit Ihre Arbeit Fortschritte machen kann.

❗ *Befreien Sie sich selbst von der Krankheit und der »Syndrom«-Falle*

Die etablierte Medizin bezeichnet die Depression gerne als Krankheit. Ich möchte deutlich machen, dass diese Sichtweise meines Erachtens den betroffenen Menschen nicht weiterhilft und eine Lösung des Problems verhindert. Wir interpretieren Krankheit gewöhnlich in dem Sinne, dass jemand krank »wird«; dabei handelt es sich um etwas, das der Einzelne nicht kontrollieren kann, und die »Heilung« muss von außen herbeigeführt werden. Auch wenn man den Patienten in bester Absicht als krank bezeichnen mag – in dem Versuch, ihm Schuldgefühle zu nehmen –, unterminiert die subtile Tendenz, ihn von der Verantwortung zu befreien und zum Opfer zu stempeln (das ist die Krankheit, das bin nicht ich), doch die wichtigste Grundlage der Heilung, die darin besteht, die Verantwortung für sich selbst und den eigenen Zustand zu übernehmen.

Die herrschende Medizin fördert zurzeit diese Verzerrung von Verantwortlichkeiten, indem sie einer Vielzahl anderer »Syndrome« die Schuld an unserem Verhalten oder unseren Erfahrungen zuschreibt. Ich verstehe zwar, dass ein Etikett für bestimmte Verhaltensweisen benötigt wird, aber damit wird wiederum ausgedrückt, dass eine Krankheit vorliegt. Wir müssen uns stattdessen klar machen, dass wir uns mit unserem Verhalten vor bestimmten Gefühlen schützen wollen, die dahinter stecken, besonders wenn es sich um zwanghafte Verhaltensweisen handelt, und dass die schmerzhafte innere Erfahrung wie etwa eine Depression oder auch eine Krankheit dadurch zu Stande kommt, dass wir unbewusst mit unseren persönlichen feinstofflichen Energien nicht richtig umgehen.

Integration von Furcht

Furcht gehört zum Überlebenszentrum. Furcht wird uns bewusst als Ängstlichkeit, Unsicherheit, Besorgnis, Nervosität oder Paranoia. Wir sind fixiert auf unsere Arbeit, Geldprobleme, unsere Gesundheit, körperliche Sicherheit und das Leben selbst. Ein bestimmtes Maß an Furcht brauchen wir, um in der Welt zu überleben. Furcht schützt uns. Wenn Furcht integriert wird, entstehen daraus Vorsicht und Bodenständigkeit, gepaart mit einem angemessenen Überlebensinstinkt. Unsere Impulse sind gemäßigt; wir sind vernünftig.

Nicht integriert, fürchten wir die Furcht. Wir akzeptieren Furcht erst gar nicht als Teil unserer Bodenständigkeit und lassen sie gar nicht erst aufkommen; wir lehnen sie ab und leisten ihr Widerstand. Wir empfinden Furcht als unerwünscht, als etwas, das gar nicht existieren dürfte, statt ihr einen angemessenen Platz in unserem Leben einzuräumen. Weil wir die Furcht beseitigen wollen, unterdrücken wir sie. So baut sie sich in unserem Unterbewusstsein auf, bis wir davon besessen sind. Wir fangen an, sie auf unpassende Situationen zu projizieren. Die Furcht baut sich so weit auf, bis wir Situationen anziehen, die ihr entsprechen.

❗ *Furcht kann nicht mit Manipulation der Wirklichkeit bekämpft werden*

Es kann Jahre dauern, bis wir lernen, dass wir nach außen hin nie genug tun können, um die Furcht zu bekämpfen. Sie wird immer bleiben, weil sie von innen kommt. Manche Leute lernen das nie. Sie lassen sich ihr ganzes Leben lang von Furcht motivieren und werden sie doch nie los. Die Furcht verschwindet nicht dadurch, dass wir etwas ändern. Das mag uns zwar in einem bestimmten Bereich vorübergehend Erleichterung verschaffen, aber die Furcht wird dann in einem anderen Zusammenhang wieder auftreten. Wir projizieren sie einfach auf ein anderes Objekt.

Es kann beispielsweise sein, dass Sie bestimmte finanzielle Bedürfnisse haben, aber Sie projizieren Ihre Furcht auf diese Situation und empfinden dadurch einen übermäßigen Stress. Ihre Verwirrung und Sorge wächst, wenn Sie feststellen, dass es nicht möglich ist, Ihre »Bedürfnisse« zu befriedigen, egal wie viel Geld Sie bekommen. Ihr Einkommen mag steigen, aber auf der feinstofflichen Ebene führt Ihre unterdrückte Furcht dazu, dass auch Ihre Ausgaben steigen. Das Geld reicht vorne und hinten nicht. Aber nicht die Situation verursacht den Stress, sondern Ihre unterdrückten Gefühle. Wenn wir uns von Furcht motivieren lassen, werden wir außerdem abhängig von den Mitteln, mit denen wir die Furcht zu bekämpfen versuchen, und das führt zu noch mehr Unsicherheit und Unruhe.

Wenn wir andere Menschen benutzen, um unsere Furcht zu beseitigen, lassen wir uns auf ungesunde, abhängige Beziehungen ein. Wir ärgern uns über unsere Abhängigkeit, und deshalb können wir unsere Liebe nicht bewahren. Leider ist Furcht heute einer der Hauptgründe, aus denen Menschen Beziehungen eingehen. Wir lassen uns auf Beziehungen ein, um auf diese Weise unsere Furcht im Hinblick auf Sicherheit, Finanzen, Einsamkeit, Selbstwert oder Mangel an Sex zu beseitigen. Wir müssen lernen, dass wir der Furcht nicht durch irgendwelche Prellböcke entkommen können. Unsere Furcht ist zwanghaft und muss nicht bekämpft, sondern integriert werden.

❗ *Lassen Sie sich von Furcht oder Liebe motivieren?*

Wir müssen uns klar machen, wie leicht es ist, sich unbewusst von Furcht motivieren zu lassen. Um Ihre Motivation zu prüfen, brauchen Sie sich nur zu fragen, ob Sie aus Furcht oder aus Liebe handeln. Dies sind die beiden hauptsächlichen Motive. Wenn wir aus Furcht handeln, dann sind wir an Ergebnissen interessiert; wir genießen die Aktivität als solche nicht wirklich. Wenn wir aus Liebe handeln, dann tun wir etwas, weil es uns Freude macht. Wir drücken unsere Liebe in der Aktivität aus. Jede Art von Belohnung ist zweitrangig.

Es ist durchaus möglich, unser Leben auf die Motivation der Liebe zu gründen, aber das gelingt nur wenigen Menschen. Die meisten von uns handeln fast ausschließlich aus Furcht. Furcht auf der Ebene des Überlebenszentrums wird uns gewöhnlich bewusst als Sorge um Geld und Sicherheit, was zu Gier und Selbstsucht führt. Natürlich brauchen wir Geld zum Überleben, aber wenn wir aus Liebe handeln würden, würde das Geld automatisch folgen. Sie sollten sehr genau darauf achten, ob Sie von Furcht oder Liebe beherrscht werden. Wenn Sie jeden Tag nur ein kleines bisschen mehr aus Liebe handeln, kann sich Ihr Leben verändern. Achten Sie darauf, dass es hier nicht darum geht, sich von der Furcht motivieren zu lassen, dass man keine »liebevolle« Beziehung hat oder diese verlieren könnte.

Das Problem besteht darin, dass wir nicht aus Liebe handeln können, wenn wir von unterdrückter Furcht beherrscht werden. Um aus Liebe handeln zu können, müssen Sie zunächst die Furcht überwinden, sonst wird sie sich immer wieder in Ihre Motivation einschleichen. Indem Sie sich der Furcht stellen und sie integrieren, finden Sie allmählich zu einem Gleichgewicht.

❗ *Akzeptieren und erleben Sie Ihre Furcht*

Furcht wird auf dieselbe Weise wie jede andere Emotion integriert. Wenn Sie sich ängstlich oder unsicher fühlen oder dabei sind, eine von Furcht motivierte Entscheidung zu treffen, dann halten Sie inne und verarbeiten Sie die Furcht zunächst. Akzeptieren Sie Ihre Furcht, aktivieren Sie den Zeugen und erleben Sie Ihre Furcht im gegenwärtigen Augenblick. Fürchten Sie sich nicht vor der Furcht. Spüren Sie sie ohne Widerstand. Öffnen Sie sich auf kontrollierte Weise dafür, bis Sie spüren, wie sich die Energie verändert. Wenn Sie ein chronisches Furcht-Problem haben, müssen Sie sich über längere Zeit damit beschäftigen. Arbeiten Sie mit allen Emotionen, die einen Bezug zum Überlebenszentrum haben, beispielsweise der Angst, Ihr Eigentum zu verlieren, dem zwanghaften Verlangen nach Schutz, Unsicherheit im Allgemeinen und der letztendlichen Furcht vor dem Tod. Geben Sie niemandem die Schuld an Ihrer Situation, auch nicht sich selbst.

Denken Sie stets daran, in die Emotion hineinzuatmen. Atmen Sie direkt in das Überlebenszentrum. Nutzen Sie die Körperarbeit, um die Energiestauungen im Wurzelchakra zu lösen. Lenken Sie Licht in den Bereich und leiten Sie die Negativität durch Erdung ab. Konzentrieren Sie Ihre Arbeit auf das Überlebenszentrum, wenn Furcht ein besonderes Problem für Sie darstellt. Sie werden dann schließlich fähig sein, aus Liebe zu handeln.

Integration von Sex

Wenn wir das Empfindungszentrum unterdrückt und blockiert haben, spüren wir ein zwanghaftes, verzerrtes Verlangen nach Sex, Sinnlichkeit oder anderen körperlichen Empfindungen. Ich habe festgestellt, dass man mit solchen Sehnsüchten effektiv umgehen kann, indem man mit ihnen auf der energetischen Ebene arbeitet, sie akzeptiert und erlebt, ohne sie auszuagieren. Die Verarbeitungstechniken geben Ihnen die Möglichkeit dazu. Verurteilen Sie solche Sehnsüchte nicht und versuchen Sie nicht, dagegen anzukämpfen, sie zu beseitigen oder zu vermeiden. Sie sind sehr stark, und solche Versuche führen nur zu weiterer Unterdrückung.

❗ *Befreien Sie die Energie in den Chakras*

Das Ziel Ihrer Arbeit an sich selbst besteht darin, die blockierte Energie im zweiten und dritten Chakra zu befreien. Beginnen Sie mit grundlegenden, mehr oder weniger regelmäßigen Körperübungen. Schließen Sie daran eine regelmäßige Körperarbeit an, bei der Sie sich besonders auf diese Zentren konzentrieren. Benutzen Sie die Übungen, bei denen das Perineum und der Unterbauch zusammengezogen werden, um die Auflösung der Blockaden anzuregen; diese Zonen sind besonders hilfreich. Setzen Sie Meditation und Atemübungen ein, um Licht und Prana in die Zentren zu bringen, und erden Sie sich, um Negativität abzuleiten. Es kann schwierig sein, mit den unteren Chakras zu arbeiten, weil unsere sexuelle Verdrängung so eingewurzelt ist, was meines Erachtens den Hauptgrund für die Probleme in diesem Bereich darstellt.

Während Sie mit den Zentren arbeiten, wird das Verlangen angeregt, und alle möglichen Gefühle kommen an die Oberfläche. Nichts davon sollte verurteilt werden, denn solche Verurteilungen haben ursprünglich zur Unterdrückung geführt. Alle Gefühle und Empfindungen müssen akzeptiert und innerlich erfahren werden, ohne dass wir sie ausagieren, denn in diesem Stadium sind sie noch zwanghaft.

! *Die zwanghaften sexuellen Impulse akzeptieren,*
aber nicht ausagieren

Wir sind so konditioniert, dass wir denken, sexuelle Impulse müssten auf der Stelle befriedigt werden. In Wirklichkeit jedoch gestattet das Leben, selbst unter den besten Bedingungen, keinen sofortigen Ausdruck sexueller Impulse. Dann fühlen wir uns betrogen. Wir haben den Eindruck, als würde man uns unsere normalen Rechte vorenthalten. Wir entwickeln eine verurteilende Einstellung gegenüber sexuellen Impulsen und verdammen sie unbewusst, weil sie uns anscheinend mehr Frustration als Freude bescheren. Wir beginnen, aufkommende sexuelle Impulse zu unterdrücken, und verstärken dadurch das Gefühl der sexuellen Frustration. Die Unterdrückung baut sich auf, und wir werden blockiert und zwanghaft.

Die Unterdrückung sexueller Impulse kann ihren Ursprung auch in unserer persönlichen Geschichte haben. Aber es geht nicht um die Frage, warum wir unterdrücken, sondern wir müssen erkennen, dass wir unterdrücken. Intellektuelles Verständnis für die Ursachen der Unterdrückung ändert wenig an unserem Verhaltensmuster. Das Muster hat sich auf einer unbewussten Ebene eingeschliffen und wird durch die unterdrückte Energie aufrechterhalten. Es hat den Punkt der Verdrängung erreicht, an dem wir unbewusst unterdrücken. Wenn wir mit den bewussten Gefühlen der Frustration arbeiten, wird uns das schließlich die Integration ermöglichen.

Wir müssen die Realität zur Kenntnis nehmen, dass sexuelle Erfüllung durch sexuelle Spannung erzeugt und ausgeglichen wird. Wir schaffen die Blockaden, indem wir die Spannung ablehnen und unterdrücken. Ein Teil unserer Ablehnung wird durch die intensive Natur der sexuellen Impulse verursacht, besonders bei Männern. Wenn wir die sexuelle Spannung ablehnen, versuchen wir davor zu fliehen. Wir vollziehen den sexuellen Akt um seiner selbst willen und nicht als ein Mittel, um Energien mit einem geliebten Menschen zu teilen und uns mit ihm zu verbinden.

Wenn Sie beginnen, die sexuelle Spannung zu akzeptieren und zu erleben, ohne sie auszuagieren, dann können Sie größere Veränderungen in Ihren Energie- und Wachstumsmustern herbeiführen. Es kommt Ihnen jetzt vielleicht so vor, als sei dies viel verlangt, und das ist es auch. Nur spirituelle Sucher, die sich mit großer Hingabe ihrem Wachstum und ihrer Praxis widmen, schaffen es, einen solchen Ansatz bis zur letzten Konsequenz zu verfolgen und sich auf Phasen sexueller Abstinenz einzulassen.

Die esoterische Physiologie des Zölibats wird von den Meistern des Ostens besonders gut verstanden. Ihre Lehre besagt, dass sich die Energie, wenn der sexuelle Impuls akzeptiert, aber nicht ausagiert wird, bis zu dem Punkt aufbaut, wo sie in die anderen Chakras aufsteigt und diese zur Aktivität erweckt. Das Sexualzentrum wird integriert und dient als hauptsächliche Energiequelle für die persönliche Transformation. Die Umwandlung von sexueller Energie ist die Grundlage aller fortgeschrittenen spirituellen Praktiken, aber man sollte sich darin nicht voreilig versuchen, sondern warten, bis die Energiekanäle im Körper geöffnet sind und die Energie tatsächlich aufsteigen kann, statt sich in den niederen Chakras zu stauen.

Akzeptieren, aber nicht ausagieren, bedeutet in der Praxis, dass wir unseren sexuellen Impulsen gestatten zu existieren, möglicherweise sogar Geschlechtsverkehr haben, aber ohne Orgasmus. Auf den Orgasmus zu verzichten ist nicht so schwierig, wie es uns zunächst erscheinen mag, weil die aufgebauten sexuellen Energien nach oben in die anderen Chakras geleitet werden, statt nach außen in den konventionellen Orgasmus. In der esoterischen Praxis des Tantra geht es vor allem um die Kontrolle und Umwandlung der Sexualkräfte, die zur Kundalini-Energie in Beziehung gesetzt werden. Die Umwandlung wird erleichtert durch die richtige Praxis, zu der Yogahaltungen, Atemübungen und Verschlüsse gehören. Das Zusammenziehen des Perineums ist der Hauptverschluss, mit dem man die sexuelle Energie aus den niederen Zentren in die höheren befördert.

Wichtig ist, dass wir unsere sexuellen Impulse zunächst akzeptieren, bevor wir bewusst darauf verzichten, sie auszuagieren. Ich habe den Eindruck, dass viele spirituelle Sucher den Fehler machen, ihre sexuellen Impulse im Namen des Zölibats zu unterdrücken, auch wenn sie das selbst vielleicht gar nicht merken. Die Impulse müssen bewusst und bereitwillig akzeptiert, sogar gefeiert werden, ohne jedoch ausagiert zu werden. Zwanghafte sexuelle Impulse lösen sich genauso auf wie jedes andere integrierte Gefühl. Nach einer gewissen Zeit wird die Energie wahrscheinlich ganz von selbst im Körper nach oben steigen. Wenn wir die Impulse nicht akzeptieren, steigt die Energie nicht in die anderen Chakras auf. Sie wird unterdrückt und in den niederen Chakras festgehalten.

Vielleicht sind Sie für die Umwandlung der sexuellen Energie noch nicht bereit, aber etwas darüber zu wissen kann Ihnen helfen, die Vorstellung zu überwinden, Sie müssten Ihre sexuellen Impulse sofort »in die Tat umsetzen«. Und wenn Sex erst einmal integriert ist und Sie zölibatär leben, verschwindet auch die sexuelle Frustration. Sie empfinden keine andauernde Frustration und haben nicht einmal das Bedürfnis nach der üblichen sexuellen Entspannung. Stattdessen werden Sie voller Freude empfinden, dass Sie nicht mehr ein Sklave Ihrer sexuellen Spannungen sind. Zugleich können Sie weiterhin sexuell aktiv sein, ohne einen konventionellen Orgasmus und ohne Zwanghaftigkeit. Es ist so, als hätten Sie das Beste aus beiden Welten.

Persönlich habe ich die Erfahrung gemacht, ein paar Monate zu brauchen, um die anfängliche Frustration darüber zu überwinden, dass mir der übliche Weg zum Ableiten aufgestauter Energien nicht mehr zur Verfügung stand. Die Energie stieg stattdessen in den Kopf, wo ich spüren konnte, wie sich der Druck aufbaute, und floss dann wieder in den Körper zurück. Nach einigen Monaten konnte ich feststellen, dass die sexuelle Spannung im Unterbauch, im Bereich des dritten Chakras, enorm nachließ.

Dazu kam es aber erst, nachdem ich so weit war, dass ich die sexuellen Impulse, die ich spürte, voll akzeptieren konnte. Davor dachte ich nur, ich hätte sie akzeptiert, was aber nicht der Fall war. Unbewusst lehnte ich sie immer noch ab. Die Auflösung geschah eines Tages, als ich die Kobra-Position eingenommen hatte und gleichzeitig im Zeugenbewusstsein meine sexuellen Impulse wahrnahm. Ich konnte diese Impulse plötzlich vollkommen akzeptieren und erleben, und fast gleichzeitig spürte ich, wie sich die unterdrückte sexuelle Spannung auflöste, einschließlich jener unterdrückten Spannungen, die ich noch nicht einmal wahrgenommen hatte. Die Entspannung in den Chakras war enorm.

Während dieser einen Erfahrung habe ich einen großen Teil des unterdrückten Materials aufgelöst, das sich im Zentrum der sinnlichen Empfindung gestaut hatte. Damit setzte für mich ein gewaltiger Heilungsprozess ein, als die sexuelle Energie die darüber liegenden Chakras aktivierte. Ich erlebte eine Phase der Reinigung des Solarplexus und begann mich mit der dort unterdrückten Negativität auseinander zu setzen, wann immer sie auftauchte.

Die meisten von uns haben im Sexualzentrum unterdrückte Energien. Deshalb ist es wichtig, auf die übliche Form des Geschlechtsverkehrs zu verzichten. Denn diese Unterdrückung verhindert, dass die Energie aus den niederen in die höheren Chakras aufsteigt, und die Auflösung durch den Orgasmus ist die einzige Alternative. Wenn Sie beginnen, mit diesem Zentrum zu arbeiten, wird sich Ihre sexuelle Erfahrung allmählich wandeln. Sie werden immer mehr in der Lage sein, nicht-zwanghafte Freude an Sex wie auch an gutem Essen, Alkohol oder Drogen zu empfinden. Beim Umgang mit diesen anderen Substanzen können Sie genauso vorgehen wie beim Sex.

Integration von Zorn

Zorn ist die Manifestation des nicht integrierten Bedeutungszentrums. Wir empfinden ihn, wenn unsere Wichtigkeit, unser Wert oder unsere Menschenrechte nicht angemessen gewürdigt werden. Zorn ist wahrscheinlich die am häufigsten projizierte Emotion. Wir weigern uns ständig, die Verantwortung für unseren Zorn zu übernehmen, und denken, andere hätten ihn verursacht. Ständig beschuldigen wir andere und lehnen uns selbst ab.

Für Zorn gibt es keine rationale Basis. Man kann ihn nicht kontrollieren, indem man intellektuell identifiziert, was einen zornig macht, oder indem man versucht, sich selbst oder andere neu zu programmieren und so die eigenen Reaktionen zu ändern.

Therapeutische Ansätze, bei denen Sie versuchen, Ihre Gedanken neu zu programmieren, um Ihre Gefühle zu verändern, können gefährlich sein. Wenn Sie einen solchen Ansatz nutzen und dabei scheinbar erfolgreich sind, dann haben Sie Ihren Zorn – oder irgendein anderes Gefühl – nur erneut unterdrückt, und er wird später wieder auftauchen. Außergewöhnlich starke negative Gefühle repräsentieren stets unterdrückte Energie. Sie müssen auf der energetischen Ebene durch bewusste Verarbeitung aufgelöst werden. Umprogrammierung ist nicht die Antwort. Umprogrammierung beginnt mit der Annahme, dass Gefühle gemieden werden müssen; das ist von Anfang an verhängnisvoll. Sie müssen alle Gefühle akzeptieren, um sie auflösen zu können.

Auch wenn Sie den so genannten »normalen« Zorn empfinden, der nichts mit unterdrückten Energien zu tun hat und nicht so stark ist, sollten Sie ihn verarbeiten, denn das ist die beste Art, die ich kenne, mit normalem oder unterdrücktem Zorn umzugehen.

Wir haben bereits darüber gesprochen, wie unnütz und selbstzerstörerisch es ist, unseren Zorn an denen auszulassen, die uns scheinbar verletzt haben. Verarbeitung, Atemübungen und Körperarbeit werden den Zorn wirksam auflösen, ohne andere zu befremden. Wir wollen hier noch einmal die Stufen der Integration im Hinblick auf Zorn zusammenfassen. Diese Stufen können bei jedem Gefühl und auch bei Depressionen angewendet werden.

1. Wahrnehmung. Machen Sie sich Ihren Zorn zu Eigen. Verstehen Sie, dass alles, was Sie zornig »macht«, nur Ihren eigenen unterdrückten Zorn an die Oberfläche bringt. Es gibt keinen rationalen Grund für Ihren Zorn. Ihr Unterbewusstsein ergreift nur die Gelegenheit, zu projizieren und etwas loszuwerden.

2. Akzeptanz. Hören Sie auf, Ihren Zorn innerlich abzulehnen. Akzeptieren Sie ihn, aber lassen Sie sich nicht davon motivieren und strahlen Sie ihn auch nicht durch Schuldzuweisungen in das Universum aus. Wenn Sie andere, die Sie scheinbar zornig machen, beschuldigen oder angreifen, dann lehnen Sie sich selbst ab und unterdrücken Ihren Zorn aufs Neue.

3. Direkte Erfahrung. Erleben Sie Ihren Zorn im gegenwärtigen Augenblick. Spüren Sie, wie sich die Energie in Ihrem Körper bewegt. Praktizieren Sie möglichst eine Form der Körperarbeit, die auf den Solarplexus wirkt. Spüren Sie den Zorn in diesem Moment und denken Sie nicht daran, ihn verändern zu wollen. ATMEN SIE WEITER.

4. Transformation. Aktivieren Sie den Zeugen durch Konzentration auf das Dritte Auge. Gestatten Sie der Energie des Zornes, *zu sein* und zu ihrem eigenen Gleichgewicht zu finden. Überlassen Sie die Ergebnisse Ihrem Höheren Selbst. Lassen Sie zu, dass die Veränderungen auf den inneren feinstofflichen Ebenen stattfinden, ohne dass Sie mit Ihrem bewussten Wissen oder Ihrer Absicht eingreifen. Der Zorn wird dadurch aufgelöst, nicht unterdrückt, und die kreative Veränderung wird spontan auftreten.

Wenn Zorn ein Problem für Sie darstellt, werden Sie sich damit abfinden müssen, dass Sie einige Zeit brauchen, um ins Gleichgewicht zu kommen. Lernen Sie, während der Meditation mit dem Zorn zu arbeiten; dadurch werden Sie allmählich auch fähig, während einer Konfrontation entsprechend damit umzugehen. In einer bestimmten Phase meines Lebens habe ich während der Meditation enorme Wellen von Zorn empfunden. Irgendetwas passierte, das meine Meditation störte, und ich wurde zornig. Ich kam zu dem Schluss, dass mein Unterbewusstsein dabei war, sich zu reinigen, und sobald ich mich zur Meditation hingesetzt hatte, stand ich nicht mehr auf, um irgendetwas in meiner Umgebung zu ändern, bis meine Meditation beendet war. Ich blieb sitzen. Das Telefon klingelte, und der Anrufbeantworter war nicht eingeschaltet. Nachbarn begannen Musik zu machen, und mein Fenster war geöffnet. Meine Katze war ausgesperrt und begann, an der Tür zu kratzen. Nebenan begannen Handwerker zu hämmern. Und das alles zu einer Zeit, da ich gerade ans Meer gezogen war, um Ruhe vor der Stadt zu haben.

Während dieser Meditationen habe ich enorme Mengen an Zorn aufgelöst. Häufig begann mein Körper zu zittern, aber ich habe diese Erfahrung von Zorn nicht unterbrochen. Mehrere Monate lang dauerte die Krise jeweils bis zu zehn Minuten. Ich erkannte, dass ich diese Ereignisse anzog und darauf reagierte, um mein Unterbewusstsein zu reinigen. Ich brauchte nicht den Stress des Stadtlebens als Provokation; ich sorgte für meine eigene Provokation. Der Zorn löste sich auf, weil ich mich nicht in einer stressigen, sondern in einer *heilenden* Umgebung befand. Allmählich wurde meine Meditation wieder ruhiger. Sie können ähnliche Perioden erleben, wenn Zorn oder andere Emotionen sich aufzulösen beginnen. Wenn Sie weiter an diesen Emotionen arbeiten, können Sie dauerhaft Veränderungen herbeiführen.

Zorn hat einen Bezug zum Machtzentrum. Wir sind zornig, weil wir die komplementären Seiten der Macht-Dualität nicht integriert haben: unsere Fähigkeit zur Kontrolle einerseits und unsere Hilflosigkeit andererseits. Wir lehnen die Hilflosigkeit ab und empfinden Zorn, wenn unsere tatsächliche Macht oder unser infantiler Wunsch nach Allmacht bedroht oder blockiert wird. Wir müssen akzeptieren, dass wir dieses Verlangen nach Allmacht haben und dass wir zugleich oft hilflos und machtlos sind. Hilflosigkeit ist im Grunde die Basis unseres Gespürs für Macht. Dieser unintegrierte dualistische Konflikt verursacht Zorn; wir können ihn in unserem gegenwärtigen Entwicklungsstadium nicht vermeiden.

Wenn das Machtzentrum integriert ist, werden Sie immer noch gelegentlich Zorn empfinden, während Sie Ihren Willen üben. Der Zorn wird sich aber auflösen und rasch vergehen, wenn er nicht abgelehnt, sondern akzeptiert wird. Mit zunehmender Integration dieses Zentrums werden Sie erleben, wie sich ein Gleichgewicht entwickelt zwischen persönlicher Macht und Unterordnung unter das Höhere Selbst, welches die Kontrolle übernimmt, wenn das bewusste Ego nicht handeln kann. Indem Sie dies erkennen, integrieren Sie den Ausdruck Ihres persönlichen und des höheren Willens. Aber versuchen Sie nicht, das auf intellektuellem Weg zu verwirklichen. Verarbeiten Sie Ihren Zorn, und es wird Ihnen klar werden.

Zorn kann auch einen Bezug zum Bedeutungszentrum und damit zu Ihrem Selbstbild, Selbstwertgefühl und dem Wunsch nach Anerkennung haben. Wenn Sie sich in diesem Bereich unter Druck fühlen, hat das meist etwas mit Ihrem Arbeitsplatz zu tun, und Sie sollten sich von solchen Gefühlen nicht zwanghaft motivieren und vom Zorn dazu verleiten lassen, Forderungen zu stellen oder sich auf Konfrontationen mit anderen einzulassen. Verarbeiten Sie den Zorn und gestatten Sie ihm, sich mit den dahinter verborgenen Kerngefühlen zu verbinden. Machen Sie sich klar, dass die Ereignisse nur den Mangel an Selbstwertgefühl an die Oberfläche bringen, den Sie in Ihrem Inneren unterdrückt haben. Reinigen Sie Ihr Unterbewusstsein davon, und Sie werden feststellen, dass sich Ihr Verhältnis zu anderen auf magische Weise verändert.

Integration des Herzzentrums

Die Gefühle des Herzens entstammen unserem Bedürfnis nach Beziehungen. Wir haben ein ursprüngliches Bedürfnis nach allen Arten von Beziehungen: Wir möchten Teil einer Gemeinschaft sein und mit anderen zusammenarbeiten; wir möchten Kinder haben und brauchen die Beziehung zu unseren Eltern; wir möchten eine intime Partnerbeziehung haben, empfinden aber auch den Wunsch, alleine zu sein. Beziehungen sind zudem wichtig, weil sie uns als Spiegel dienen, der unsere unterdrückten Eigenschaften reflektiert und unser Wachstum anregt. In unserer Gesellschaft haben wir eine besondere Zwanghaftigkeit im Hinblick auf eine bestimmte Art von Beziehungen entwickelt: die romantische Liebe. Wir suchen nach einem Partner; wir hungern nach einer intimen Beziehung, aber die Befriedigung lässt oft zu wünschen übrig. Kann dieses Bedürfnis je wirklich erfüllt werden?

Diese Frage ist nicht leicht zu beantworten. Wenn wir uns in Beziehungen zwanghaft verhalten, verhindern wir, dass sich eine Partnerschaft mit Integrität entwickelt. Wir werden abhängig von der Beziehung, selbst wenn sie unsere Erwartungen nicht erfüllt, und die Abhängigkeit führt zu Stress und erhöht die Wahrscheinlichkeit des Scheiterns. Weil wir noch nicht vollkommen »aufgeklärt« sind, darf man wahrscheinlich davon ausgehen, dass die meisten unserer Beziehungen trotz bester Absichten ihrem Wesen nach abhängig sind. Aber das ist kein Problem, solange wir den Schmerz akzeptieren können, den diese Abhängigkeit mit sich bringt.

Schmerz wird immer dann empfunden, wenn das, woran wir uns in der Beziehung klammern, bedroht oder nicht vorhanden ist. Dieser Schmerz ist die einfachste Methode, Abhängigkeiten zu identifizieren. Vielleicht reagieren Sie auf den Schmerz mit dem Argument, Ihre Bedürfnisse seien legitim oder Ihr Partner verhalte sich unfair. Sie können Ihre Bedürfnisse endlos rationalisieren, aber letztlich müssen Sie sich doch eingestehen, dass Sie süchtig und abhängig sind. Außerdem ziehen Sie die Art von Person an, die durch ihr Handeln Ihre Unsicherheiten an die Oberfläche bringt. So präzise ist das Karma. Sie werden eine Partnerschaft mit einem Menschen eingehen, der Ihnen Ihre Abhängigkeiten bewusst macht; genau aus diesem Grund haben Sie diesen Menschen als Partner gewählt.

Wann immer Sie in einer Beziehung Schmerz empfinden, ob Unsicherheit, sexuelle Frustration, Ablehnung, Zorn, Verletzung, mangelnde Wertschätzung oder Einsamkeit, dann müssen Sie sich daran erinnern, dass Sie für diesen Schmerz verantwortlich sind, weil er durch Ihre unterdrückten Energien verursacht wird, die jetzt an die Oberfläche kommen. Das geschieht, wenn Sie die Eigenschaften oder Verhaltensweisen Ihres Partners, von denen Sie abhängig sind und die es Ihnen erlauben, Ihren Schmerz weiter zu unterdrücken, nicht mehr vorfinden. Wenn Sie sich das vergegenwärtigen und den anderen nicht beschuldigen, können Sie die Beziehung aufrechterhalten. Sie können die Partnerschaft dann nutzen, um Ihre Abhängigkeiten zu identifizieren, und sie wird ein mächtiges Medium Ihres Wachstums. Wenn Sie dem anderen jedoch die Schuld geben, findet kein Wachstum statt und die Beziehung zerbricht.

❗ *Nutzen Sie Ihre Beziehung als Vehikel des Wachstums*

Ich habe festgestellt, dass der größte Teil der Zeit, die wir in einer Partnerschaft verbringen, meist harmonisch verläuft, abgesehen von einem geringen Anteil, der vielleicht zehn bis dreißig Prozent ausmacht. Wenn diese Beschreibung auf Ihre Beziehung passt, dann können Sie von einer perfekten Partnerschaft ausgehen. Sie werden die meiste Zeit glücklich sein, und wenn

Phasen der totalen Entfremdung aufkommen, können Sie sich damit auseinander setzen und große Fortschritte in der Arbeit an sich selbst machen. Die Beziehung wird ein Gewinn.

So kann eine Partnerschaft funktionieren. Es gibt keine »perfekte« Beziehung, weil *wir* nicht perfekt sind. Die Beziehung dient als Spiegel für unsere Mängel. Wenn Disharmonie auftritt, müssen Sie verarbeiten. Machen Sie sich Ihre negative Reaktion bewusst und übernehmen Sie die Verantwortung dafür – denken Sie daran, dass es Ihre Abhängigkeiten sind, die jetzt bedroht werden. Sie müssen Ihren Schmerz ohne Widerstand oder *Schuldzuweisungen* akzeptieren. Sie müssen den Schmerz erleben und verstehen, dass es sich hier um unterdrücktes Material handelt, von dem Sie sich befreien. Die Transformation wird kommen. Ihr Partner wird zweifellos spüren, dass Sie sich verändert haben, und sich daraufhin ebenfalls verändern. Es gibt keine Veranlassung zu kämpfen, zu diskutieren, zu erklären, zu streiten oder zu überreden. Damit schaden Sie sich nur selbst, denn wenn Sie gewinnen, verlieren Sie; Ihre Abhängigkeit dauert an.

Es ist jedoch schwierig, bei ständigem Beziehungsstress die perfekte Akzeptanz zu bewahren. Selbst wenn wir die Verantwortung übernehmen und verarbeiten, kommt der Punkt, an dem wir gezwungen sind, »genug« zu sagen. Sie müssen ein vernünftiges Gleichgewicht zwischen Verarbeitung und Konfrontation finden. Nehmen Sie die Verarbeitung nicht als Vorwand für das Ausharren in einer schlechten Situation oder als Rechtfertigung für anmaßendes Verhalten. Wenn die Verarbeitung keine Veränderung herbeigeführt hat und Ihre Toleranzgrenze erreicht ist, müssen Sie vielleicht – ohne Schuldzuweisungen – mit Ihrem Partner über Ihre Gefühle sprechen, sofern Sie das nicht schon getan haben. Sie könnten beispielsweise sagen: »Wenn du dies und jenes tust, dann kommen dabei in mir Gefühle von .... auf. Könntest du dich bitte anders verhalten?« Wenn Ihr Partner darauf nicht angemessen reagieren kann und Ihre Toleranzgrenze wirklich erreicht ist oder wenn Ihr Partner Sie weiterhin beschuldigt, während Sie selbst die Verantwortung für Ihre Gefühle übernommen haben, dann könnte es sein, dass Sie die Beziehung beenden müssen.

Die Abhängigkeit von einer Beziehung kann in jeden Bereich des Daseins hineinwirken. Sie kann beispielsweise unser Sicherheitsbedürfnis betreffen, wenn wir materiell abhängig sind; sie kann die Sexualität betreffen, wenn wir zwanghaft sind und unseren Partner benutzen; sie kann das Machtzentrum betreffen, wenn wir den anderen kontrollieren, weil wir Energie von ihm gewinnen; oder sie kann das Herzzentrum betreffen, wenn wir versuchen, unserer Einsamkeit zu entkommen. Von allen diesen Möglichkeiten scheint die letzte vielleicht am ehesten gerechtfertigt. Es mag schwer sein zu verstehen, warum man bei dem Wunsch, durch eine Partnerschaft die Einsamkeit zu mildern, von Abhängigkeit spricht, denn ist das nicht letztlich der Sinn einer Beziehung?

❗ *Integrieren Sie die Einsamkeit*

Die Einsamkeit ist ein Problem, dem wir uns alle stellen müssen. Wir müssen verstehen, dass wir durch das Zusammensein mit anderen, auch mit einem geliebten Partner, niemals unsere Einsamkeit überwinden werden, einfach weil wir zwanghaft sind. Jede neue Beziehung, vor allem eine sexuelle, ist aufregend und wird die Einsamkeit vorübergehend in den Hintergrund drängen. Aber nach einer gewissen Zeit hat sie diese Wirkung nicht mehr, und die Einsamkeit kehrt zurück. Wir können uns dann zwar nach einer neuen Beziehung umsehen, aber auf diese Weise unterdrücken wir weiterhin unsere Einsamkeit, werden oberflächlich und missbrauchen andere. Schließlich wird unser Karma eine Situation erzeugen, die geeignet ist, uns ein für alle Mal zu lehren, dass wir der Einsamkeit nicht entkommen können.

Wenn Sie Ihre Fähigkeit zur Selbstliebe noch nicht entwickelt haben, werden Sie sich immer einsam fühlen, ganz gleich, mit wem Sie zusammen sind. Sie werden keine Liebe von anderen annehmen können, selbst wenn es sich um echte Liebe handelt. Vielleicht haben Sie das schon einmal in umgekehrter Hinsicht erlebt – dass ein anderer Mensch Ihre Liebe nicht akzeptieren konnte, weil er nicht zur Selbstliebe fähig war.

Die Integration der Einsamkeit ist der einzige mir bekannte Weg, mit diesem Problem umzugehen. Wenn Sie den Schmerz, die Isolation und die Trennung von anderen integrieren, wird das schließlich zur Transformation führen. Auch wenn es einem manchmal so vorkommt, als könnte man die Erfahrung der Einsamkeit nie vollständig auflösen, empfinden wir sie doch ohne jeden Zweifel als sehr viel schmerzlicher, wenn wir sie gewohnheitsmäßig unterdrücken. Wenn die Einsamkeit integriert ist, werden Sie mehr persönliche Stärke empfinden. Sie werden sich vollständiger fühlen und mit anderen zusammen sein wollen, um sich selbst und Ihre Lebensfreude in solche Beziehungen einzubringen, statt darauf zu hoffen, dass das Zusammensein mit anderen Sie glücklich macht. Mich auf mich selbst zu verlassen ist die Lektion, die ich hin und wieder neu lernen muss. Wenn ich mich traurig fühle und bei einem Freund Unterstützung oder Glück suche, dann funktioniert das nur selten. Ich werde daran erinnert, dass ich mich nach innen wenden und alle dort vorhandenen Gefühle willkommen heißen muss.

▌ *Geben Sie sich der Traurigkeit hin*

In unserem Herzzentrum befindet sich so viel unterdrückte Traurigkeit. Sie müssen sich Zeit nehmen, in diese Traurigkeit einzutauchen, sie ohne Widerstand zu empfinden. Traurigkeit kann zum Blickpunkt für den Zeugen werden. Sie können bei ihrer Umwandlung einen emotionalen Höhepunkt erleben; Sie erfahren die paradoxe Ekstase emotionaler Schmerzen. Mit Traurigkeit kann man ähnlich umgehen wie mit Depression und sie als eine Gelegenheit zur Heilung und zum Auftanken von Energie betrachten. Wenn Sie sich der Traurigkeit hingeben, beschwören Sie die Ekstase.

*Ich bin mir bewusst, dass ich
daran arbeite, mich selbst zu heilen.
Ich behalte eine positive Einstellung, während
ich alle Aspekte des Lebens willkommen heiße
und erfahre – nicht nur die angenehmen.
Ich benutze Affirmationen, nicht um meine
Erfahrung zu meiden, sondern um sie zu
intensivieren und mir bei der Selbstakzeptanz
zu helfen. Ich bin mir meiner Umgebung
und ihrer möglichen Einflüsse bewusst.
Ich falle nicht mehr auf bestimmte Situationen
herein. Ich nutze meine Träume als weitere
Möglichkeit, an mir selbst zu arbeiten.*

13.

Die Praxis der inneren Arbeit

In diesem Kapitel beschäftigen wir uns mit weiteren Themen, die Ihnen helfen werden, die integrative Verarbeitung besser zu verstehen und in vollem Umfang anzuwenden. Dazu gehören auch einige praktische Tipps, wie Sie den größten Nutzen aus Ihrer inneren Arbeit ziehen können.

Heilung

Bei der Integration geht es um Heilung. Vielleicht haben Sie emotionalen Stress in Ihrem Leben, den Sie unter Kontrolle bringen müssen. Blockaden, Zwänge und negative Muster können Ihnen immer wieder Schmerzen bereiten, und diese Schmerzen müssen geheilt werden. Das innere Ungleichgewicht kann auch körperliche Symptome verursachen. Oder Sie haben vielleicht einfach das Bedürfnis nach mehr aktivem Wachstum und wollen Ihre Sensibilität für sich selbst erhöhen. Das alles ist nichts weniger als Heilung.

Verschiedene Elemente stehen im Zentrum der Heilung: Anteilnahme, Verständnis, Geduld, Fürsorge und Mut. Sie können diese Aufzählung bei Bedarf ergänzen.

Anteilnahme bedeutet, dass Sie sich selbst wichtig genug sind, um sich Zeit zu nehmen, mit der nötigen Offenheit darüber nachzudenken, was Sie zu Ihrer Heilung beitragen könnten.

Verständnis ist mit Sicherheit erforderlich, aber wir haben erfahren, dass es ein angemessenes und ein unangemessenes Verständnis gibt. Sie müssen wissen, wo die Grenzen sind.

Sie brauchen Geduld, um Ihr Energiesystem zu reinigen und wieder ins Gleichgewicht zu bringen. Wir haben uns selbst lange Zeit missbraucht und unsere Energien unterdrückt. Realistischerweise können wir nicht erwarten, dass die Veränderungen über Nacht geschehen.

Sie sollten sich selbst Fürsorge entgegenbringen und können sich das als ersten Schritt zur Selbstliebe vorstellen. Sie sorgen für sich selbst, indem Sie das Fürsorgezentrum aktivieren und Kontakt mit dem archetypischen Weiblichen der Erde aufnehmen.

Mut brauchen wir, um uns den Negativitäten zu stellen, statt sie abzulehnen. Ihr Kämpfergeist wird wachsen, wenn Sie die ersten Erfolge bei der Arbeit an sich selbst erleben. Der Kontakt mit der archetypischen männlichen Energie der Sonne wird Ihnen zu Mut verhelfen.

> *Krankheit ist der Versuch des Körpers,*
> *sich von Negativität zu reinigen*

Heilung auf der körperlichen Ebene ist ein Bereich, den wir bisher nur am Rande berührt haben. Hier werden dieselben Prinzipien eingesetzt wie bei der Integration von Gefühlen oder Ereignissen.

Gewahrsein ist der erste Schritt. Sie haben so viel Negativität unterdrückt, die sich jetzt im materiellen Körper als Krankheit manifestiert. Sie sollten sich Ihre Krankheit zu Eigen machen, statt äußeren Faktoren wie Unfällen oder Viren die Schuld daran zu geben. Solche äußeren Ereignisse werden durch die unterdrückten negativen Energien in unserem Inneren angezogen. Man kann Krankheit zwar einerseits als Synonym für Verfall und Zusammenbruch betrachten, aber auf einer anderen Ebene repräsentiert sie den Versuch des Körpers, *sich aus eigener Kraft* von Negativität zu reinigen. Wenn Sie Krankheit verarbeiten, kooperieren Sie in dieser Hinsicht mit Ihrem Körper und gestatten ihm, sich von der Negativität zu befreien.

Wenn Sie Krankheit akzeptieren und im Zeugenbewusstsein wahrnehmen, wird sie heilen. Wenn Sie Krankheit ablehnen, dann lehnen Sie Heilung ab. Das Akzeptieren körperlicher Symptome bedeutet nicht, dass Sie sich damit einverstanden erklären, weiterhin körperlich nicht gesund zu sein. Es bedeutet nur, dass Sie das vorhandene Energieungleichgewicht nicht mehr ablehnen. Solange Sie dem Ungleichgewicht Widerstand entgegenbringen, kann es nicht zur Heilung kommen. Die heilende Kraft des Höheren Selbst kann nicht wirksam werden.

Direkte Erfahrung des energetischen Ungleichgewichts und der körperlichen Symptome vom Standpunkt des Zeugen aus erlaubt der heilenden Kraft zu wirken. Versetzen Sie sich in den Alpha-Zustand und öffnen Sie sich für die Yang-Energien des Universums und die Yin-Energien der Erde. Erleben Sie die Gefühle des Ungleichgewichts; leugnen Sie sie nicht. Spüren Sie, wie die heilende Kraft des Höheren Selbst in Ihren Körper strömt und zu wirken beginnt. Der Schmerz, der mit der Heilung einhergeht, ist Ausdruck der Reinigung, bei der Ihnen die Negativitäten bewusst werden. In dem Maße, in dem Sie sich für den Schmerz öffnen können und zum Zeugen werden, arbeiten Sie mit der heilenden Kraft zusammen.

Die heilende Transformation geschieht, nachdem Sie sich lange genug der direkten Erfahrung gestellt haben. Es ist wichtig, dass Sie dabei dem Höheren Selbst *vertrauen*, das vielleicht im weiteren Verlauf der Heilung noch mehr unterdrückte Negativität und körperliche Symptome hervorbringen wird, damit Sie sich auch davon befreien können. Am Ende kann es zu einer Heilkrise kommen, bei der die vollständige Reinigung stattfindet.

Emotionalität

Menschen, die man als »überemotional« beschreiben kann, haben nicht unbedingt einen besseren Zugang zu ihren Gefühlen als andere, die den Eindruck vermitteln, als würden sie ihre Emotionen unterdrücken. Beide Zustände sind die extremen Pole der dualistischen Verfassung *Emotionalität*. Wir haben schon im Zusammenhang mit der zweiten Reaktion und der Selbstablehnung durch Dramatisieren darüber gesprochen, was Emotionalität bedeutet: eine emotionale und oberflächliche Reaktion auf Gefühle, statt die Gefühle wirklich zu empfinden. Ein Mensch, der überemotional ist, kann deshalb genauso den Kontakt zu seinen Kerngefühlen verloren haben wie jemand mit unterdrückten Gefühlen.

Wenn Sie überemotional sind, sollten Sie bei Ihrer Praxis zwei Aspekte besonders beachten: das Zeugenbewusstsein und das Erden. Menschen, die überemotional reagieren, identifizieren sich gewöhnlich stark mit ihren Gefühlen, sowohl mit den Kerngefühlen als auch mit der emotionalen Reaktion. Diese Identifikation zu durchbrechen ist wesentlich. Machen Sie sich klar, dass Sie nicht identisch mit Ihren Gefühlen sind. Lernen Sie, diese Gefühle teilnahmslos und distanziert zu beobachten. Aktivieren Sie in stressigen Situationen den Zeugen. Erden Sie sich regelmäßig. Sehen Sie sich selbst, wie Sie auf der Erde stehen, stark und fest, und sich nicht vom Sturm der Gefühle umwerfen lassen.

Wenn Sie ein Mensch mit unterdrückten Emotionen sind, heißt das nicht zwangsläufig, dass Sie den Kontakt zu Ihren

Gefühlen verloren haben, aber es bedeutet wahrscheinlich, dass Sie hauptsächlich ein Kopfmensch und nicht genug im Gefühlszentrum des Körpers verankert sind. Tappen Sie nicht in die Falle, nun zum anderen dualistischen Pol zu schwenken, weil Sie meinen, Sie müssten Ihre Emotionalität kultivieren und Ihre Emotionen stärker »ausdrücken«. Stattdessen müssen Sie mehr in Kontakt mit Ihren inneren Gefühlen kommen. Dabei wird sich Ihre Ausdrucksfähigkeit auf natürliche Weise entwickeln, bis Sie sich mit sich selbst wohl fühlen und auch die Emotionalität anderer Menschen Ihnen keine Angst mehr einjagt. Sie werden zu Ihrer inneren Stärke finden. Konzentrieren Sie sich vor allem auf die Körperarbeit, öffnen Sie sich für die Gefühle, indem Sie sich für den Körper öffnen und spüren, wie die Energie durch den Körper fließt. Widmen Sie sich auch intensiv Ihren Atemübungen, die dazu beitragen werden, Ihre Sensibilität zu erhöhen. Gestatten Sie sich, zu einem harmonischen Verhältnis Ihrer beiden Gehirnhälften zu finden.

Positive Einstellung

Oft heißt es, für die Heilung sei eine positive Einstellung erforderlich. Ich bin auch dieser Meinung, aber ich habe den Eindruck, dass hier gelegentlich ein Missverständnis vorliegt. Viele Leute denken, eine positive Einstellung bedeute, dass man niemals zugibt, irgendwelche Probleme zu haben, weder seelisch noch körperlich. Sie meinen, eine positive Einstellung bedeute, alles Negative zu leugnen, und wenn sie nur vollkommen positive Gedanken zulassen, dann würden sich diese Vorstellungen am Ende materialisieren.

Das Problem bei diesem Ansatz besteht darin, dass er zur Unterdrückung und nicht zur Integration und Auflösung negativer Zustände führt. Wenn Sie sich ständig sagen, wie großartig Sie sind, bleibt kein Raum für die Wahrnehmung der negativen Seite des Lebens, die sicher nicht einfach dadurch verschwinden wird, dass Sie versuchen, sie zu leugnen. Ihre Vorstellung des Positiven ist nur ein Trugbild und hat keinen Bezug zum natürlichen Gleichgewicht von Energien auf der körperlichen Ebene. Wenn Sie darauf beharren, ausschließlich das Positive wahrzunehmen, wird dadurch sogar die Existenz des Negativen verstärkt, denn das eine hängt vom anderen ab. Bei unserer Arbeit haben wir gelernt, dass wir das Negative anerkennen müssen. Aber eine recht verstandene »positive Einstellung« kann nützlich sein.

Für mich ergibt sich die positive Einstellung aus dem richtigen Verständnis all dessen, was wir besprochen haben. Wenn wir wissen, dass wir uns von lange aufgestauter Negativität reinigen; wenn wir spüren, wie wir wachsen, kommt die positive Einstellung ganz natürlich. Wir denken dann positiv über Akzeptanz und die Erfahrung des Negativen. Wir entwickeln eine positive Einstellung zum gesamten Leben, nicht nur zu dem, was gerade angenehm ist. Unser begrenzter Verstand ergibt sich in alles, was das Höhere Selbst hervorbringt, und wir werden zum Zeugen. Solch eine positive Haltung kann uns die Energie und Begeisterung vermitteln, die wir für eine erfolgreiche Auseinandersetzung mit unserem Karma brauchen.

Affirmationen

Affirmationen sind eine Art von positiver Einstellung. Korrekt eingesetzt können sie nützlich sein, aber falsch verwendet schaden sie. Affirmationen werden korrekt eingesetzt, wenn dahinter die Absicht steht, das Unterbewusstsein zur Akzeptanz zu bewegen. Falsch verwendet werden sie, wie auch die positive Einstellung, wenn dahinter die Absicht steht, unangenehme Erfahrungen oder Gefühle zu meiden. Ich bin der Meinung, dass bei der gegenwärtigen New-Age-Bewegung die Betonung zu stark auf Affirmation, Visualisierung und »Manifestation« liegt, während die Notwendigkeit wirklicher Arbeit an uns selbst zu stark in den Hintergrund geraten ist. Affirmationen finden Anklang wegen ihres sensationellen Versprechens, dass wir alles bekommen, was wir uns wünschen, einfach indem wir uns die Erfüllung unserer Wünsche vorstellen. Selbst wenn Affirmationen so einfach wirken würden, wie einige von uns gerne glauben möchten, gibt es Grenzen für ihren Einsatz.

❗ Unsere Gedanken neigen dazu, in Selbstablehnung zu verharren

Wenn wir versuchen, etwas in unser Leben zu bringen, beginnen wir gewöhnlich damit, uns das vorzustellen, wovon wir meinen, wir würden es brauchen – also mit einem gedanklichen Bild. Unsere Gedanken sind jedoch die Quelle unserer Selbstablehnung. Folglich können wir uns nicht darauf verlassen, dass sie uns Problemlösungen zur Verfügung stellen. Was unsere Gedanken uns anzubieten haben, sind im Allgemeinen bessere Wege, wie wir bestimmte Erfahrungen meiden sowie Selbstablehnung und zwanghafte Verhaltensweisen fortsetzen können.

Jede gedankliche Problemlösung wird dualistisch sein. Und selbst wenn man die Lösung findet, verhilft sie einem nicht zu dem erwarteten Glück. Man spürt anfangs vielleicht eine gewisse Erleichterung, aber der neue Zustand verändert sich ins Gegenteil oder wird von seinem komplementären Aspekt begleitet. Wenn Sie beispielsweise versuchen, Wohlstand durch Affirmationen herbeizuführen, dann werden Sie gleichzeitig Ihr Gefühl von Überlebensangst weiter spüren. Der Wohlstand, den Sie erlangen, wird durch Ihre wachsende Unsicherheit aufgewogen. Beide Zustände sind dualistisch voneinander abhängig und können nicht ohneeinander existieren.

Was lässt sich nun über den Einsatz von Affirmationen sagen, wenn es darum geht, Bedürfnisse zu befriedigen, die wir für echt und nicht für zwanghaft halten? Leider ist es sehr schwierig, hier zu einem objektiven Urteil zu kommen. Wir meinen, dass wir echte Bedürfnisse befriedigen, aber in Wirklichkeit werden wir von unseren Zwängen getrieben. Wenn wir Affirmationen einsetzen, weil wir zwanghafte Ego-Bedürfnisse befriedigen wollen, könnte man das als New-Age-Aktivität auf »niedriger Ebene« bezeichnen. Es ist eine milde Form von Magie, welche die Isolation des individuellen Ego vertieft. Wenn eine Situation dagegen verarbeitet wird, wirkt die Intelligenz des Höheren Selbst zu unseren Gunsten und führt eine Lösung herbei, die wir uns gedanklich nie hätten vorstellen können. Die Lösung wird wahrhaft kreativ sein und zu Umständen führen, die es uns ermöglichen, unsere Zwänge und Abhängigkeiten zu überwinden.

> **!** *Affirmationen können keine Überzeugungen*
> *verändern oder unterdrückte Gefühle auflösen*

Wenn wir mit Hilfe einer Affirmation versuchen, unsere Lebensumstände zu verändern, geht es uns im Allgemeinen darum, eine Überzeugung neu zu prägen, denn wir wissen, dass unsere Überzeugungen entsprechende Ereignisse in unserem Leben anziehen. Leider sind Überzeugungen nicht so leicht zu ändern, denn sie werden durch unterdrückte Gefühle gestützt und aufrechterhalten. Gefühle wiederum werden durch Überzeugungen geschaffen. Hier existiert also ein Kreislauf gegenseitiger Abhängigkeit.

Sie können beispielsweise Furcht empfinden, wenn eine bestimmte Überzeugung im Hinblick auf Ihre Sicherheit bedroht wird, auch wenn diese Überzeugung völlig irrational ist. Wenn die Furcht dann unterdrückt wird, wird die Überzeugung aufrechterhalten. Die Furcht wird nun projiziert, zieht bedrohliche Ereignisse an und bestätigt so die Überzeugung. Überzeugungen kann man erst aufgeben oder verändern, wenn die zu Grunde liegenden unterdrückten Gefühle aufgelöst worden sind. Glaubenssysteme sollte man nicht direkt angreifen; arbeiten Sie stattdessen an sich selbst und versuchen Sie, aus Ihren Überzeugungen heraus zu wachsen, indem Sie die ihnen zu Grunde liegenden Gefühle integrieren.

Unterdrückte Gefühle sind eine Energiequelle, die negative Ereignisse in Ihr Leben zieht. Gefühle, nicht Überzeugungen, haben diese Macht. Eine Überzeugung als solche ist in dieser Hinsicht relativ bedeutungslos. Es ist deshalb unrealistisch anzunehmen, dass Sie durch die Umprägung von Überzeugungen nennenswerte Veränderungen erzielen können, solange die unterbewusste Energie der entsprechenden Gefühle weiterhin die Überzeugung stützt und negative Ereignisse anzieht.

Gleichwohl können Affirmationen uns dabei helfen, bestimmte negative Gedankenmuster aufzubrechen und mehr Akzeptanz zuzulassen. Deshalb wollen wir nun untersuchen, wie wir sie produktiv einsetzen können. Bei der Verwendung von Affirmationen unterscheiden wir drei Gruppen: Gefühle akzeptieren, Lebensumstände akzeptieren und Lebensumstände verändern.

Gefühle akzeptieren

Der Verstand, unser Denkzentrum, unterscheidet sich von unserem Gefühlszentrum. Auch wenn zwischen beiden Übereinstimmung herrschen kann, befinden sie sich doch oft im Widerstreit. Sie können sich müde und ruhebedürftig fühlen, während Ihr ehrgeiziger Verstand den Körper in unvernünftige Aktivitäten treibt, um ein bestimmtes Ziel zu erreichen, das Ihre Gedanken Ihnen vorgeben. Diese Art von Selbstablehnung ist typisch für den Verstand.

Mit Affirmationen können wir den Verstand nun umprogrammieren und seine Fähigkeit zur Akzeptanz stärken. Gefühle lassen sich dagegen nicht mit Affirmationen beeinflussen, sondern höchstens unterdrücken. Gefühle werden nicht einfach deshalb verschwinden, weil wir versuchen, sie mit Affirmationen zu vertreiben. Unterdrückte Gefühle bestehen aus Energie, während Affirmationen Gedanken sind und somit auf eine andere Ebene unseres Daseins gehören. Gefühle müssen verarbeitet und erlebt werden; nur so können wir uns von ihnen befreien. Wir sollten diesen Unterschied berücksichtigen, wenn wir Affirmationen formulieren.

In der Praxis geschieht Folgendes: Wenn wir versuchen, mit Hilfe einer Affirmation ein Gefühl zu verändern, tritt dieses unerwünschte Gefühl stärker in unser Bewusstsein. Wenn Ihnen das nicht klar ist, werden Sie versuchen, dieses Gefühl durch irgendeine Form der Selbstablehnung erneut zu unterdrücken. Ist Ihnen das jedoch bewusst, dann könnten Sie die Gelegenheit ergreifen und das Gefühl integrieren. Wenn Sie beispielsweise zornig sind, aber versuchen, Ihren Zorn und sich selbst abzulehnen, indem Sie sich für die Affirmation aussprechen: »Ich bin in einer angenehmen und fröhlichen Stimmung«, dann wird Ihr Zorn stärker werden. Wenn er scheinbar verschwindet, was kaum zu erwarten ist, dann haben Sie ihn lediglich unterdrückt. Dasselbe geschieht mit jedem anderen negativen Gefühl, das Sie durch eine Affirmation beseitigen wollen, beispielsweise Furcht, Besorgnis, sexuelle Impulse, Hunger, Ärger oder Einsamkeit.

Sie sollten Affirmationen so einsetzen, dass sie Ihnen helfen, Ihre Gefühle zu akzeptieren, nicht sie zu vermeiden. Wenn Sie eine Affirmation benutzen wollen, um Ihre Selbstablehnung auf

Grund von Zorn zu überwinden, dann könnten Sie sich sagen: »Es ist okay, Zorn zu akzeptieren und zu erleben.« Sie wären dann nicht mehr zornig über den Zorn und würden wahrscheinlich auch keine Furcht mehr empfinden oder depressiv werden.

Sie müssen sorgfältig darüber nachdenken, wie Sie Affirmationen einsetzen wollen. Sie müssen klar zwischen Gedanken und Gefühlen unterscheiden, die Gefühle akzeptieren und die Affirmationen benutzen, um Ihre Gedankenmuster im Hinblick auf Akzeptanz zu verändern. Es ist letztlich die Meinung, die verändert werden sollte.

Lebensbedingungen akzeptieren

Wenn Sie Ihre Gedankenmuster neu prägen, um Ihre Lebensbedingungen anzunehmen, heißt das nicht, dass Sie Zustände ertragen, die geändert werden müssen. Akzeptanz bedeutet nur, dass Sie Ihre *gegenwärtigen* Erfahrungen nicht mehr ablehnen. Indem Sie die Zustände so akzeptieren, wie sie jetzt sind, lassen Sie Wachstum zu. Widerstand führt nur dazu, dass Sie die Umstände, gegen die Sie kämpfen, verewigen.

Nehmen wir einmal an, Sie halten sich für arm. Diese Einschätzung ist subjektiv, und es gibt Leute, die halten sich noch für arm, wenn sie eine Million Dollar auf der Bank haben. Sie können Ihre Überzeugung, arm zu sein, nicht ändern, weil Sie emotionale Energien unterdrückt haben – Unsicherheit, Furcht oder Besorgnis –, durch die diese Überzeugung aufrechterhalten wird. Mit der Affirmation »Ich bin reich« machen Sie sich die unterdrückte Angst vor der Armut bewusst. Es wäre nützlich, diese Angst zu akzeptieren und zu erleben, aber meist wird sie gleich wieder unterdrückt. Die Affirmation kann sich sogar gegen Sie wenden, indem sie auf Grund der unterdrückten Negativität, die aufgerührt wird, unerwünschte Lebensbedingungen herbeiführt.

Dennoch ist es möglich, Ihre Meinung, dass Sie arm sind, zu ändern. Sie können Ihre Armut zusammen mit den unterdrückten Gefühlen, die sich darauf beziehen, akzeptieren, ganz gleich, ob Ihre Überzeugung nun berechtigt ist oder nicht. Ihre Meinung, dass Armut schlecht ist, stellt ein Gedankenmuster dar. Wenn Sie es akzeptieren, arm zu sein, können Sie die diesbezüglichen unterdrückten Emotionen, die weiterhin eine Situation subjektiver Armut herbeiführen, integrieren. Das ist der erste Schritt zu einem kreativen Umgang mit dieser Situation. Sie werden entspannter damit umgehen können. Wahrscheinlich würden Sie es immer noch vorziehen, mehr Geld zu haben, und das ist in Ordnung, aber jetzt entfällt der zwanghafte Aspekt der unterdrückten Emotionen.

Achten Sie darauf, dass Sie Ihre Affirmation im Präsens formulieren. »Es ist okay, arm zu sein«, bezieht sich nicht auf die Zukunft; Sie konditionieren sich nicht darauf, in Zukunft arm zu sein. Es heißt einfach nur, dass es keine Katastrophe und nicht so schlimm ist, *jetzt* arm zu sein. Es kommt darauf an, dass Sie unbefangen mit der gegenwärtigen Situation umgehen, diese Situation und damit sich selbst nicht ablehnen.

Sie können diese Form der Affirmation gleich einmal ausprobieren. Nehmen Sie irgendeinen »negativen« Umstand, gegen den Sie bisher angekämpft haben. Formulieren Sie die Affirmation »Es ist okay für mich … zu sein/zu haben/zu empfinden.« Sagen Sie sich das in Gedanken zehnmal. Spüren Sie die sofortige Erleichterung, die damit einhergeht, dass Sie sich selbst erlauben, etwas zu sein/zu haben/zu empfinden, wofür Sie sich bisher verurteilt haben? Spüren Sie die Erleichterung im Körper und in den Gefühlszentren, während sich die unterdrückten Emotionen auflösen?

Nehmen wir einmal an, Sie wären süchtig. Die Affirmation, dass es okay ist, süchtig zu sein, bedeutet nicht, dass Sie sich selbst gestatten, weiterhin süchtig zu *handeln*. Die Affirmation bezieht sich nur auf die Gegenwart: dass es okay ist, keine Katastrophe, dass Sie nicht wertlos sind, dass Sie nicht schuldig sind, weil Sie jetzt in dieser Abhängigkeit stecken. Die Zukunft wird so aussehen, dass Sie Ihre süchtigen Impulse nicht mehr ausagieren, sondern die Spannung durch unsere Verarbeitungstechniken auflösen; Sie verhalten sich nicht-reaktiv. Sie akzeptieren, aber reagieren nicht, strahlen die Negativität auch nicht ins Universum aus.

Was ist nun, wenn Sie krank sind oder echte körperliche oder emotionale Schmerzen haben? Sie müssen darauf vertrauen, dass dieser extreme Zustand eine Folge von aufgestauten unterdrückten Energien ist und dass die Prinzipien der Akzeptanz und das Beschwören des Höheren Selbst Ihnen durch die Situation hindurchhelfen werden. Wenn Sie gegen einen Zustand ankämpfen, behindern Sie den Strom der Energien, die nach einem neuen Gleichgewicht suchen. Affirmationen im Hinblick auf diese Erfahrung werden Ihnen helfen, sie zu akzeptieren.

Lebensbedingungen verändern

Wenn Sie so weit sind, dass Sie Ihre gegenwärtigen Gefühle und Lebensbedingungen akzeptieren und integrieren können, dürfen Sie Affirmationen einsetzen, mit deren Hilfe Sie die Zukunft gestalten können. Nehmen wir an, Sie fühlen sich subjektiv immer noch arm, haben Ihre Armut aber inzwischen integriert. Sie nehmen Ihre »Armut« nicht mehr so schwer und halten sie inzwischen nicht mehr für so schlimm. Vielleicht haben Sie eine Affirmation benutzt, die dazu beigetragen hat, Ihre Gedankenmuster zu verändern. Oder Sie fühlen sich auf Grund Ihrer Armut immer noch unsicher, haben diese Unsicherheit aber akzeptiert. Sie fürchten sich nicht vor der Unsicherheit, sondern nehmen sie im Zeugenbewusstsein wahr. Sie lehnen sich selbst nicht ab.

Nun kann die Affirmation effektiv wirken und die Bedingungen verändern, denn durch die Integration haben Sie die unterbewussten Gefühlsenergien aufgelöst, die Ihre Armut erzeugen. Diese Energien können die Affirmation nun nicht mehr behindern. Mit anderen Worten: Wir können die Dinge nur ändern, nachdem wir unsere gegenwärtige Situation akzeptiert haben und Veränderungen nicht mehr herbeiführen wollen, um unerwünschten Situationen zu entfliehen. Die Gegenwart besteht aus den Zuständen und Gefühlen, die wir erleben und die wir durch unsere Überzeugungen herbeiführen.

Wenn Affirmationen zum Zweck der Veränderung eingesetzt werden, dann gehen Sie von der Annahme aus, dass Ihre Wünsche sich bereits erfüllt haben, beispielsweise »Ich bin reich« oder »Ich werde jeden Tag reicher«. Die Affirmation wird in Gedanken wiederholt oder aufgeschrieben.

! *Benutzen Sie Affirmationen, um Ihre*
Erfahrung zu intensivieren, nicht, um ihr
zu entkommen

Brauchen Sie überhaupt Affirmationen, um eine Veränderung herbeizuführen, nachdem Sie Ihre Lebensbedingungen und Ihre Gefühle integriert haben? Wahrscheinlich nicht. Wenn Sie sich in das fügen, was ist, und das Höhere Selbst zur Beteiligung einladen, werden sich Ihre Lebensumstände spontan auf eine positive Weise verändern, die Sie nicht vorhersehen können. Dennoch kann eine gewisse Feinabstimmung notwendig sein. Affirmationen und Visualisierungen können in diesem Zustand hilfreich wirken. Sie sollten nicht aus dem Gefühl der Verzweiflung oder des Mangels heraus benutzt werden, nicht als Versuch, unterdrückten Energien entgegenzuwirken, sondern einfach, um gezielt Einfluss darauf zu nehmen, wie sich die Dinge entwickeln. Ist es möglich, mit Hilfe von Affirmationen dauerhafte und substanzielle Veränderungen herbeizuführen? Die Antwort lautet ja und nein.

Nein, weil alle großen religiösen Philosophien, die ich studiert habe – Buddhismus, Hinduismus, Taoismus und sogar das Christentum – grundsätzlich lehren, dass man das Negative akzeptieren muss. Psychologen haben diese Ansicht unterstützt. Bei der Arbeit an uns selbst geht es im Kern darum, dass wir die unterdrückten Energien durch Akzeptanz auflösen. Wenn Affirmationen diese Energien oder die dadurch herbeigeführten Ereignisse verändern könnten, dann hätte man diese Möglichkeit bestimmt nicht übersehen.

Außerdem: Obwohl ich seit vielen Jahren in spirituellen, psychologischen und New-Age-Kreisen aktiv bin, ist mir noch niemand begegnet, dem es tatsächlich gelungen wäre, mit Hilfe von Affirmationen dauerhafte materielle oder psychologische Veränderungen in seinem Leben zu bewirken. Ich habe jedoch Menschen kennen gelernt, die Affirmationen benutzt haben, um ihre unerwünschten Eigenschaften weiterzuunterdrücken, und das war unübersehbar, weil ihre unterdrückten negativen Energien bei jeder Gelegenheit zum Vorschein kamen. Diese Leute strahlen in ihren Vorstellungen eine Art selbst auferlegte Starrheit und Heuchelei aus. Die echten Veränderungen, die ich beobachten konnte, sind durch traditionelle Ansätze wie Akzeptanz, Meditation, Therapie und spirituelle Praxis gefördert worden.

Auf der anderen Seite haben Affirmationen durchaus ihren Wert, wenn sie korrekt angewendet werden. Leute, die sie missbrauchen, sind sich der eben dargestellten grundlegenden Prinzipien einfach nicht bewusst. Affirmationen können uns helfen, zur Selbstakzeptanz zu finden, die der erste Schritt zur Selbstliebe ist, und sie können, zur rechten Zeit eingesetzt, auch materielle Veränderungen herbeiführen. Ich möchte Sie deshalb ermutigen, Affirmationen auf vernünftige und intelligente Weise in Ihre Praxis einzubeziehen. Nachfolgend finden Sie einige typische Beispiele für die drei Stufen: (1) Gefühle akzeptieren, (2) Lebensbedingungen akzeptieren und (3) Lebensbedingungen verändern:

Überleben
1. Es ist okay, sich unsicher zu fühlen.
2. Es ist okay, arm zu sein.
3. Ich werde von Tag zu Tag reicher.

Empfindung
1. Es ist okay, sexuelle Impulse zu haben.
2. Ich fühle mich wohl mit unbefriedigtem sexuellem Verlangen.
3. Ich habe reichlich Gelegenheit zu sexueller Erfüllung.

Bedeutung
1. Es ist okay, zornig zu sein.
2. Es ist okay, sich unzulänglich zu fühlen.
3. Ich fühle mich wohl in einschränkenden Situationen.

Herz
1. Es ist okay, einsam zu sein.
2. Ich akzeptiere meine Entfremdung.
3. Ich liebe mich selbst, weil ich meine ... (wahrgenommene Schwäche) akzeptiere.
4. Es fällt mir leicht, liebevolle Beziehungen einzugehen.

Ich möchte noch auf einen besonderen Aspekt bei der Verarbeitung hinweisen, der im Hinblick auf unsere Diskussion über Affirmationen eine Rolle spielt. Wenn wir eine Affirmation benutzen, halten wir einen Gedanken in unserem Bewusstsein mit der Erwartung, dass wir dadurch die entsprechende Situation anziehen. Nun fragen Sie sich vielleicht, ob wir nicht während der Verarbeitung, wenn wir uns negative Gefühle bewusst machen, ebenfalls bestimmte Situationen anziehen. Die Antwort lautet nein.

Das Prinzip der Affirmation wird gewöhnlich so interpretiert, dass wir durch unsere Gedanken entsprechende Situationen herbeiführen. Es sind jedoch nicht primär Gedanken, sondern *Gefühle*, die bestimmte Situationen anziehen. Die Energie steckt in den Gefühlen. Unterbewusste negative Gefühle haben bereits aktiv gewisse Lebensumstände herbeigeführt, obwohl wir uns ihrer nicht bewusst waren. Das bewusste Wahrnehmen dieser Gefühle während der Verarbeitung verstärkt nicht deren Wirkung. Im Gegenteil, wenn wir beginnen, mit den Gefühlen zu arbeiten, ist ihre Anziehungskraft aus verschiedenen Gründen geringer.

Erstens machen wir uns nun die Inhalte unseres Unterbewusstseins bewusst. Die bewusste Wahrnehmung als solche verringert das unbewusste Anziehungsmuster. Zweitens haben wir die Identifikation mit den Gefühlen aufgegeben, wenn wir sie im Zeugenbewusstsein direkt erfahren. Nicht-Identifikation bricht die Macht der negativen Gefühle, Ereignisse anzuziehen. Nur wenn wir uns mit negativen Gefühlen identifizieren, haben sie die Macht, Ereignisse anzuziehen, und wir können uns mit Gefühlen identifizieren, ob wir uns ihrer nun bewusst sind oder nicht. Mit fortschreitender Integration wird die negative Energie aufgelöst, und die Anziehungskraft des Unterbewusstseins verschwindet vollständig.

Die Umgebung

Es ist schwierig zu beurteilen, welche Einflüsse die Umgebung hat. Zweifellos gibt es solche Einflüsse. Wir sind ständig einer Vielzahl negativer Reize ausgesetzt: Lärm und Luftverschmutzung, große Menschenansammlungen, Stress bei der Arbeit und echte Gefahren, die von bestimmten Situationen und Menschen ausgehen. Diese Faktoren wirken im städtischen Umfeld noch intensiver. Wir nehmen die Negativität in uns auf, und sie schädigt uns. Bei der Verarbeitung stellt sich die Frage, ob wir mit unseren eigenen Energien arbeiten oder mit fremden, die wir von außen aufgenommen haben.

In Großstädten spielt als weiterer Faktor der Mangel an Prana eine Rolle. Großstädte verfügen nicht über genügend Prana. Folglich leiden die Menschen, die dort leben, unter einem chronischen Pranamangel. Den meisten Leuten ist nicht bewusst, dass damit ein Mangel an feinstofflicher Energie vorliegt. Wir entwickeln dann Verhaltensmuster der Sucht, nur um die Energieversorgung zu gewährleisten, werden abhängig von verschiedenen Anregungsmitteln wie Kaffee, Zucker, Fernsehen, Drogen und Sex.

Wenn ich in der Stadt bin, fühle ich mich sofort mehr gestresst, und meine niederen Zentren beginnen, ihre negativen Seiten zu zeigen. Ich werde ängstlich und mache mir Sorgen um Überlebensfragen (Geld). Ich fühle mich überwältigt und machtlos. Ich fühle mich sexuell angeregt und gleichzeitig frustriert. Diese Emotionen ergeben sich aus der Kombination der oben erwähnten negativen Faktoren und dem Mangel an frischem Prana. Ohne Prana müssen die Chakras buchstäblich verhungern.

In einer negativen Umgebung erreicht man leicht den Punkt der Überlastung. Wir werden mit zu viel Negativität konfrontiert und überschreiten unsere Toleranzgrenze. Wir machen dicht. Wir beginnen, all die Negativität um uns herum zu unterdrücken, und am Ende unterdrücken wir uns selbst. Aber die Sache ist nicht so einfach.

Um eine Analogie zu benutzen: Wenn Sie draußen vom Regen überrascht werden, frieren, nass sind und sich elend fühlen, dann könnten Sie als Reaktion auf Ihren Zustand die Situation verarbeiten. Sie könnten es sich zu Eigen machen, akzeptieren, erleben und transformieren, dass Sie sich draußen im Regen elend fühlen, und vielleicht eine Lungenentzündung bekommen, wenn die Grenze des Erträglichen überschritten wird. Oder Sie könnten sich irgendwo unterstellen, um sich vor dem Regen zu schützen. Ich empfehle Letzteres und würde diese Art von Lösung für jedes Problem empfehlen, wenn sich eine entsprechende Möglichkeit bietet. Benutzen Sie die Verarbeitung, wenn es nicht möglich ist, sich vor dem Regen zu schützen.

Wir alle werden auf die eine oder andere Weise draußen vom Regen überrascht und haben die Option, uns unterzustellen, *aber wir tun es nicht.* Tatsache ist, dass wir freiwillig im Regen stehen bleiben. Das hat damit zu tun, dass die Negativität in der Außenwelt mit unserer inneren Negativität zusammenfällt. Wir werden unbewusst davon angezogen. Wir werden in das Durcheinander hineingezogen, es ist ein Spiegelbild unseres inneren Zustandes, wir identifizieren uns damit und eignen es uns an. Letzten Endes haben wir es wahrscheinlich selbst erzeugt. Der verständige Mensch sucht einfach Schutz vor dem Regen. Der weniger verständige Mensch bleibt im Regen stehen, kämpft dagegen an und »verewigt« damit die Situation. Die Frage nach der Bedeutung der Umgebung führt uns damit auf eine andere Spur. Weil unsere Umgebung ein Spiegelbild unserer selbst ist, fällt es uns wahrscheinlich so schwer, sie zu verlassen.

❗ *Wir ziehen die Energien an und*
nehmen die Energien auf,
die schon in uns vorhanden sind

Weil wir nur jene Energien aufnehmen, die mit unseren unbewussten inneren Schwingungen korrespondieren, ist es korrekt, die Negativität zu akzeptieren, die scheinbar von außen kommt, sogar dann, wenn es sich um eine extrem negative Umgebung handelt. Unsere Reaktion auf eine äußere Bedingung entspricht unserem Karma – sie ist ein Teil des Projektionsmechanismus. Wenn unsere Umgebung uns depressiv oder zornig macht, dann rührt sie nur diese Gefühle in unserem Unterbewusstsein auf. Die Negativität sollte akzeptiert werden.

Das Problem bei einer negativen Umgebung ist die Überlastung. Selbst wenn es uns zunächst gelingt, die aufkommenden Gefühle zu integrieren, werden wir schließlich durch das Ausmaß der Negativität überwältigt, beginnen zu unterdrücken, und das Wachstum stagniert. Deshalb müssen wir unsere Umgebung so weit kontrollieren, dass es nicht zu einer Überlastung kommt. Gleichzeitig müssen wir verstehen, dass wir uns von unserem projizierten Unterbewusstsein abschneiden, wenn wir versuchen, uns vor jeder in der Außenwelt wahrgenommenen Negativität zu schützen.

Denken Sie auch daran, dass es wichtig ist, sich für positive Einflüsse und Energien zu öffnen und den Segen zu empfangen, den solche Quellen uns bieten. Deshalb müssen Sie das richtige Gleichgewicht bei der Auseinandersetzung mit dem Leben finden, so dass Sie einerseits gut für sich selbst sorgen und sich andererseits Ihren Projektionen stellen, ohne sich dabei von der Negativität der Welt überwältigen zu lassen. Wenn Sie feststellen, dass Sie sich vor einer bestimmten negativen Person oder bestimmten Umständen nicht schützen können, dann dürfen Sie sicher sein, dass Ihnen damit eine karmische Lektion präsentiert wird, die Sie integrieren müssen.

Auf etwas hereinfallen

Wir »fallen« auf etwas »herein«, wenn wir uns damit identifizieren oder keinen Schutz vor dem Regen suchen. Wir nehmen Situationen ernst und kommen nicht darauf, dass wir selbst sie durch unsere Projektionen erzeugt haben. Wenn Sie auf etwas »hereinfallen«, können Sie auf folgende Weise versuchen, die Ereignisse aus einer anderen Perspektive zu betrachten.

Stellen Sie sich vor, dass die anderen Leute, die anscheinend Ihre Probleme verursachen, im Grunde nur *Pappkameraden* sind. Sehen Sie in ihnen flache, eindimensionale, angemalte und ausgeschnittene Pappfiguren. Betrachten Sie die Rückseite, auf der Holzstäbe angebracht sind, die den Figuren Standfestigkeit verleihen. Wenn Sie eine Figur visualisieren, beobachten Sie, wie sie gerade das tut, worüber Sie sich aufregen. Sehen Sie die Figur in einer fixierten Haltung, die sich nicht ändert. Machen Sie sich klar, dass Sie die Figur geschaffen haben, um sich selbst zu prüfen. Dazu brauchen Sie nur einen Augenblick; Sie wollen das Bild schließlich nicht so lange festhalten, dass Sie darüber die tatsächliche Situation aus dem Auge verlieren. Aber diese Visualisierung kann vielleicht sogar dazu beitragen, dass Sie mitten in einer Konfrontation lächeln.

Es mag so aussehen, als würden Sie andere Menschen ihrer Persönlichkeit berauben, wenn Sie sie als Pappfiguren betrachten, aber das stimmt nicht. Sie entdramatisieren nur die Situation und verringern Ihre Neigung, auf Ihre Projektionen hereinzufallen. Im Grunde berauben Sie andere dann ihrer Persönlichkeit, wenn Sie auf eine Situation hereinfallen; dann betrachten Sie sie wirklich als Pappkameraden. Sie weisen Ihnen durch die Projektion bestimmte Rollen zu. Sie sehen sie nicht, wie sie wirklich sind.

Problemlösung

Verarbeitungstechniken können im Allgemeinen eingesetzt werden, um Probleme zu lösen, wie auch, um angemessen mit bestimmten Gefühlen und Situationen umzugehen. Das Problem kann praktischer Art sein, eine Frage im Hinblick auf eine Person oder Beziehung oder was auch immer.

Richten Sie Ihre Gedanken auf das Problem, nicht auf die Lösung. Übergeben Sie das Problem der Intelligenz Ihres Höheren Selbst, und es wird Ihnen eine einzigartige und kreative Lösung präsentieren. Alle kreativen Menschen benutzen einen ähnlichen Ansatz, auch wenn ihnen das vielleicht nicht bewusst ist. Die Schritte sind:

1. Wahrnehmung: Formulieren Sie in Gedanken klar das Problem, aber nicht die Lösung. Sie können es sogar aufschreiben.

2. Akzeptanz: Akzeptieren Sie, dass Sie keine Lösung haben. Begeben Sie sich in den Zen-Zustand des Nichtwissens.

3. Direkte Erfahrung: Halten Sie das Problem in Ihrem Bewusstsein, indem Sie den Zeugen aktivieren. Übergeben Sie das Problem innerlich Ihrem Höheren Selbst und vergessen Sie es dann. Die ersten drei Schritte dauern höchstens zehn Minuten.

4. Transformation: Warten Sie darauf, dass die Lösung erscheint, entweder direkt als Gedanke oder im Traum oder in einer anderen symbolischen Darstellung. Das kann sofort oder nach einer gewissen Zeit geschehen.

Traumarbeit

Träume sind für das Unterbewusstsein ein wichtiges Mittel, seine Inhalte dem Bewusstsein mitzuteilen. Wenn Sie mit der Arbeit an sich selbst beginnen, werden Ihre Träume lebhafter und bedeutsamer. Das Unterbewusstsein wird sich während des Träumens spontan reinigen.

Der übliche psychologisch-analytische Ansatz der Traumarbeit besteht darin, die Träume zu »interpretieren«. Auch wenn die Analyse bisweilen ein geeignetes Instrument sein mag, gehen wir bei unserer Arbeit mit Träumen genauso um wie mit jedem anderen Ereignis. Der Traum wird als eine dramatische Metapher betrachtet, welche die ihn begleitenden Gefühle anregt. Wir gehen davon aus, dass der Zweck des Traums darin besteht, uns diese Gefühle bewusst zu machen; der intellektuelle Inhalt wird als zweitrangig und möglicherweise irreführend angesehen.

Nehmen wir beispielsweise an, Sie träumen von einem besonders hässlichen Streit mit Ihrem Partner und davon, dass er Sie hasst. Wenn Sie das für bare Münze nehmen, denken Sie vielleicht, dass Ihr Unterbewusstsein Sie vor etwas zu warnen versucht, das mit Ihrem Partner zu tun hat. Sie werden womöglich paranoid. Sie könnten sich in der Analyse verlieren und die Gefühle ignorieren. Wenn Sie den Traum stattdessen verarbeiten würden, würden Sie annehmen, dass er unterdrückte komplementäre Gefühle im Hinblick auf Ihre Partnerschaft an die Oberfläche bringt, vielleicht sogar Gefühle, die Sie in Bezug auf sich selbst haben und auf Ihren Partner projizieren. Sie erlauben dem Traum nicht, Ihre Beziehung zu unterminieren. Sie akzeptieren und erleben die Gefühle und lösen sie damit auf.

Träume werden bedeutsam, wenn damit starke Gefühle verbunden sind. Gefühle sind der wesentliche Teil des Traums, aber sie werden bei der Suche nach einer »Bedeutung« leicht übersehen. Wenn Ihnen nicht klar ist, dass es hier um die Auflösung von Gefühlen geht, leisten Sie Widerstand und unterdrücken diese Gefühle erneut. Sie sollten jedoch bedenken, dass die Gefühle nicht schon dadurch aufgelöst werden, dass Sie in Ihrem Traum auftauchen. Sie müssen die Gefühle aus Ihrem Traum gezielt in Ihre bewusste Verarbeitungspraxis einbeziehen und so die Offenbarungen des Traums nutzen. Wenn Sie das versäumen, haben Sie den Zweck des Traums vereitelt und die Gefühle erneut unterdrückt.

Lehnen Sie sich nicht ab, indem Sie Ihre Traumgefühle ablehnen; suchen Sie nicht nach einer intellektuellen Bedeutung, die es wahrscheinlich nicht gibt. Integrieren Sie die Gefühle entweder beim Erwachen oder während Ihrer regelmäßigen Meditation. Die Arbeit mit den Traumgefühlen kann zu einem weiteren wichtigen Teil Ihrer Arbeit an sich selbst werden.

Während ich mir selbst gegenüber offener werde,
finde ich zu tieferen Erkenntnissen als je zuvor.
Ich übernehme die Verantwortung für Gefühle und
akzeptiere Gefühle, die ich bisher immer abgelehnt
habe, weil sie zu schmerzhaft waren.
Indem ich so tief nach innen gehe, unterwerfe
ich mich dem Höheren Selbst und beginne eine
tiefe und dauerhafte Transformation.

14.

Öffnen Sie sich Ihrem Selbst

Ich möchte hier einige Beispiele meiner Arbeit mit Klienten darstellen, um Ihnen weitere Einblicke in meine Praxis der beratenden Beziehung und ein tieferes Verständnis der Integrativen Verarbeitung zu gewähren. Ich denke, das wird Ihnen zu Beginn Ihrer eigenen Arbeit eine Hilfe sein.

Bei jedem Lernprozess kann es gelegentlich vorteilhaft sein, einen persönlichen Lehrer zu haben. Obwohl ich versucht habe, Ihnen die Grundlagen der Integrativen Verarbeitung als Selbsttherapie zu vermitteln, stellt sie gleichzeitig ein mächtiges therapeutisches Instrument im Rahmen einer Therapeuten-Klienten-Beziehung dar. Es könnte sich als nützlich erweisen, wenn Sie einen Therapeuten finden, der mit diesen Prinzipien vertraut ist, um Ihnen am Anfang oder wenn Sie während des Prozesses einmal stecken bleiben, weiterzuhelfen. Vielleicht wollen Sie auch einfach den Vorteil nutzen, von der Unterstützung eines fähigen Therapeuten zu profitieren. Die Zusammenarbeit mit ihm kann vor allem dann hilfreich sein, wenn Sie bisher noch keine Erfahrung mit innerer Arbeit gesammelt haben. Sollten Sie schon über entsprechende Erfahrungen verfügen, brauchen Sie vielleicht keine weitere Unterstützung. Wenn Sie Hilfe in Anspruch nehmen wollen, sollten Sie sich möglichst einen Therapeuten suchen, der nachweisen kann, dass er bei mir eine Ausbildung in Integrativer Verarbeitung absolviert hat (Certified Integrative Processing Therapist = CIPT).

Im Mittelpunkt der Integrativen Verarbeitung steht ein Zustand tiefer Entspannung, in dem wir Zugang zu unserem Unterbewusstsein haben und eine spontane Heilung stattfinden kann. Dies ist ein meditativer Zustand, und der Therapeut hilft dem Klienten, tiefer in das Alpha-Bewusstsein einzutreten, als ihm das alleine möglich wäre. Erreicht wird das hauptsächlich dadurch, dass der Therapeut ebenfalls in den Alpha-Zustand eintritt und den Klienten durch eine feinstoffliche Schwingungsresonanz, die er gezielt herbeiführen kann, energetisch beeinflusst. Eine mit technischen Mitteln herbeigeführte Harmonisierung der Gehirnströme und Atemübungen können hier ebenfalls eingesetzt werden. Der Therapeut überträgt zudem bewusst heilende Energien auf den Klienten. Der Klient wird durch die Energie des Therapeuten unterstützt, fühlt sich sicher und wird durch den Prozess geführt.

Wenn ich Therapeuten für die Integrative Verarbeitung ausbilde, geht es vor allem um die Entwicklung einer besonderen Sensibilität, die benötigt wird, um den Klienten durch einen tiefen Alpha-Zustand zu führen. Die Ausbildung basiert auf einem neuen Paradigma der psychologischen Heilung, das die Grundlage der Verarbeitung bildet: Das *innere Erleben von Gefühlen* ist der Schlüssel zur Integration. Der Therapeut lernt, den Klienten in dieses Erleben *hinein*zuführen. Die Therapiesitzung wird für den Klienten zur Erfahrung seiner selbst; er findet Zugang zu seinem Unterbewusstsein und erlebt seine Gefühle, so dass er sie auflösen kann, statt nur einen Dialog mit dem Therapeuten zu führen.

Im Alpha-Zustand gibt es keinen Versuch, das Unterbewusstsein umzuprogrammieren, um bestimmte Verhaltensziele zu erreichen. Der Alpha-Zustand dient nur der Heilung von Gefühlen durch die Kommunikation mit tiefen Ebenen der unterbewussten Seele; es gibt keine Umkonditionierung – die ich im Übrigen für aufdringlich und unerwünscht halte. Negative Verhaltensweisen, wozu auch Suchtverhalten gehört, resultieren aus der Selbstablehnung, zu der es kommt, wenn wir versuchen, unsere Gefühle zu meiden, und sie werden sich spontan und dramatisch verändern, nachdem wir diese Gefühle aufgelöst haben. Jeder Versuch, Verhaltensweisen zu ändern, ohne zunächst die zu Grunde liegenden Gefühle zu ändern, ist vergeblich.

In den folgenden Geschichten habe ich für Leser mit astrologischen Interessen und Kenntnissen kurz die astrologischen Faktoren zusammengefasst, mit deren Hilfe ich die Muster der Patienten identifiziert habe. Sofern Sie kein Interesse an Astrologie haben, können Sie diese Passagen einfach überlesen.

Sandy

Sandy ist eine 32 Jahre alte, attraktive Frau mit einer charmanten Persönlichkeit und der Gabe, leicht Freundschaften zu schließen. Nach Beendigung ihrer College-Ausbildung hat sie beruflich nicht Fuß fassen können und hält sich mit gelegentlichen Büroarbeiten über Wasser. Therapeutische Hilfe suchte sie nach einer Reihe von Krisen in ihren Partnerbeziehungen. Ich habe drei Monate lang einmal pro Woche mit ihr gearbeitet, anschließend acht Monate lang einmal pro Monat, und auch jetzt sehe ich sie noch gelegentlich. Ich habe außerdem einmal mit Richard gesprochen, dem Mann, mit dem sie ihre längste Beziehung von sechs Jahren hatte.

Sandy war emotional unterdrückt und süchtig. Sie konsumierte große Mengen Alkohol und Drogen und wechselte häufig ihre Sexualpartner. Sie hatte keine Ahnung, dass dieses Verhalten Selbstablehnung ausdrückte und dass sie damit versuchte, sich vor schmerzlichen Gefühlen zu schützen. Es dauerte lange, bis sie bereit war, sich für die Überlegung zu öffnen, dass mit ihrem Verhalten etwas nicht stimmte. Sie betrachtete es als Erholung.

Sandys Horoskop zeigte die folgenden problematischen Stellungen: Saturn in enger Konjunktion zum Mond im zwölften Haus. Das ist Ausdruck einer depressiven und emotional blockierten Natur, aus der eine Furcht vor Intimität entspringt. Saturn, der Planet der Furcht und Einschränkung, blockiert den Mond, den Planeten der Gefühle. Die Tatsache, dass er sich im zwölften Haus befindet, fördert zusätzlich die unbewusste Natur ihrer Gefühle, was einen Zustand starker Verdrängung erzeugt. Sandy muss ihre Furcht vor Gefühlen, aber auch die Gefühle selbst, etwa ihre Depression, integrieren. Die nächste problematische Stellung, Venus Quadrat Mars, erhöht ihre sexuelle Anziehungskraft, zeigt aber auch einen Mangel an Integration zwischen ihrer liebenden und ihrer sexuellen Seite. Der südliche Mondknoten im fünften Haus weist darauf hin, dass sie in Liebesaffären, Unterhaltung oder kindisches Verhalten flieht, wann immer sie in Selbstablehnung und das Vermeiden von Gefühlen verfällt.

In ihrer Beziehung zu Richard hat sie unbewusst einen Mann gewählt, der seine Emotionen nicht ausdrückt, so dass sie sich durch ihn nicht bedroht fühlte. Eine intime Beziehung zu einem emotional ausdrucksstarken Menschen wäre für sie belastend gewesen, weil dadurch ihr eigener Mangel an emotionalem Kontakt mit sich selbst deutlich geworden wäre.

An einem bestimmten Punkt in der Beziehung hatte sie plötzlich das Bedürfnis zu fliehen, dem sie nachgab, indem sie sich in eine wochenlange sexuelle Affäre mit einem Mann stürzte, den sie gerade kennen gelernt hatte. Aber schon bald lehnte sie diesen Menschen ab, der inzwischen an ihr hing und nun schmerzlich enttäuscht war. Als wir diese Ereignisse näher untersuchten, traf ich mich mit Richard, und das Gespräch mit ihm ließ mich erkennen, was dieses Verhalten ausgelöst hatte.

Offenbar hatte sie sich in der Beziehung zu Richard immer eine stärkere Bindung gewünscht. Sechs Jahre lang war das ein Thema gewesen, und sie hatten in diesem Zusammenhang auch über Kinder gesprochen. Aber Richard war zu einer solchen Bindung nicht fähig und hatte emotionale Distanz gewahrt. Ihr war nicht klar gewesen, dass sie von eben dieser Distanz abhängig war. Als Richard, der an sich selbst gearbeitet hatte, sich endlich emotional für Sandy öffnete und ihr sagte, wie viel sie ihm bedeutete, geriet sie in Panik. Sie konnte mit diesem Ausdruck echter Emotionen nicht umgehen, weil sie innerlich durch Furcht vor Intimität blockiert war, und so floh sie in diese wochenlange Affäre, die nicht ihre erste während der gemeinsamen Zeit mit Richard gewesen war. Nachdem er davon erfahren hatte, beschloss Richard, die Beziehung zu beenden, tief verletzt durch Sandys Reaktion auf seine Öffnung ihr gegenüber. Er hatte einen enormen Schritt nach vorne gemacht, und sie hatte sich daraufhin einem Fremden in die Arme geworfen. Zu diesem Zeitpunkt begann Sandy, mich aufzusuchen.

Auch wenn sie nicht aktiv an sich selbst arbeitete, war Sandy doch mit Meditation vertraut und schien motiviert, Veränderungen in ihrem Leben herbeizuführen. Sie schien endlich erkannt zu haben, dass ihr Leben in die falsche Richtung lief und etwas Wichtiges fehlte. Wir diskutierten einige Zeit über emotionale Selbstakzeptanz und wie wichtig es für sie war, ihre Gefühle zu akzeptieren und zu erleben, statt ihnen durch Alkohol, Drogen oder wilden Sex zu entfliehen. Nachdem sie dieses Konzept erst einmal verstanden und ihm zugestimmt hatte, konnten wir mit der Arbeit beginnen. Wir konzentrierten uns darauf, sie in den Alpha-Zustand zu versetzen und ihre Gefühle auf kontrollierte Weise an die Oberfläche zu holen, damit sie sie integrieren konnte. Ihr hauptsächliches Problem war eine irrationale Furcht vor den Gefühlen selbst. Wir mussten uns erst mit dieser grundlegenden Furcht beschäftigen und uns dann den Gefühlen widmen, die sie blockiert hatte.

Ich führte sie zur Wahrnehmung der Furcht im Allgemeinen. Sie lernte, ihre zuvor unbewusste Furcht zu spüren. Immer wieder hob ich die Furcht hervor, versicherte ihr, dass es ungefährlich war, sie zu spüren, sagte ihr, dass sie dadurch nicht verletzt würde, dass sie die Furcht nicht zu fürchten brauchte, sondern sie einfach nur empfinden sollte. Ich ließ sie ihren Körper bewusst wahrnehmen und stetig mit der integrierenden Atmung in das Wurzelchakra atmen, manchmal sanft und ruhig, manchmal heftiger, um die Furcht an die Oberfläche zu bringen. Gelegentlich ließ ich sie auch Yogapositionen einnehmen: Vorwärtsbeugen, Held, Brücke, Hüftdrehung. Zusammen aktivierten wir den Zeugen und lenkten heilende Energien auf die Furcht.

Während sie sich im Zeugenbewusstsein befand, half ich ihr, Zugang zu den Gefühlen der Selbstliebe zu finden, die daraus erwuchsen, dass sie sich ihrer Furcht stellte. Dazu stellte ich mich auf sie ein und machte mir meine eigenen Gefühle der Selbstakzeptanz und Selbstliebe bewusst. Nach etwa vier Sitzungen meinte Sandy, sie würde es »allmählich begreifen«.

Dann kam die Furcht langsam an die Oberfläche und zugleich damit eins der ursprünglichen Gefühle, die sie unterdrückte: ihr Ärger und Zorn auf Richard, weil er sich nicht ganz auf sie einließ und sie nicht genug unterstützte. Ich sprach mit ihr darüber, dass sie diese Art von Partner anzog und ihre eigene Unfähigkeit, sich voll auf einen anderen Menschen einzulassen, auf Richard projizierte. Allmählich gelang es mir, ihr über die Schuldzuweisungen hinwegzuhelfen, die sie in Selbstablehnung verharren ließen und verhinderten, dass sie ihren Zorn auflöste. Sie verstand nun, dass sie auf ihre eigene Furcht vor Intimität reagierte und nicht auf ihren Partner.

Ich ließ sie den Zorn spüren und wies sie an, sich immer wieder von den Schuldzuweisungen zu lösen und auf das Erlebnis des Zorns zu konzentrieren. Ich sagte ihr, sie solle ihre Gedanken an Richard als Stimulus für den Zorn verwenden, sich dabei aber intellektuell klarmachen, dass die Schuldzuweisungen falsch waren, und darauf verzichten. Während unseres zweiten Monats kam sie so weit, dass sie schließlich fähig war, sich ohne Schuldzuweisungen auf ihre Furcht und ihren Zorn einzulassen, und es fand eine beträchtliche Reinigung statt.

Im weiteren Verlauf dieser Reinigung kam als nächstes wichtiges Gefühl eine Depression zum Vorschein, die als Motivation wesentlich zu ihrem Fluchtverhalten beigetragen hatte. Auf diese Depression konzentrierten wir unsere Arbeit im dritten Monat. Mir ging es vor allem darum, dass sie dieses Gefühl auf kontrollierte und vernünftige Weise akzeptierte und erlebte. Sie begann, an Yogakursen teilzunehmen und engagierte sich in einer Frauengruppe, statt wie üblich Ablenkung in Suchtmitteln zu suchen. Gleichzeitig arbeiteten wir intensiver mit dem betreffenden Chakra, atmeten hinein und lenkten heilende Energien hinein. Sie lernte, ihre Depression während der Meditation im Zeugenbewusstsein wahrzunehmen, statt darauf zu reagieren. Während dieser Phase wurde Sandy von unseren Sitzungen abhängig. Ich sagte nichts dagegen, lenkte ihre Aufmerksamkeit aber immer wieder nach innen.

Während wir ihre Beziehung zu Richard weiter untersuchten, wurde ein anderer Aspekt deutlich. Als ich mich mit Richard traf, hatte er erwähnt, er habe den Eindruck, dass Sandy sich in finanzieller Hinsicht gerne zu sehr auf ihn verlassen würde, fast so, als wolle sie ihn in eine Vaterrolle drängen. Das wurde durch ihren Altersunterschied verstärkt. (Er war älter und finanziell besser gestellt.) Richard sagte, diese Rolle gefalle ihm nicht, und er fühle sich ausgenutzt. Als ich darüber mit Sandy sprach, begann sie die Möglichkeit in Betracht zu ziehen, dass sie eine Vaterrolle auf Richard projizierte, obwohl sie zunächst sehr verärgert gewesen war und die Idee zurückgewiesen hatte, was sie auch stets getan hatte, wenn Richard mit ihr darüber zu sprechen versuchte.

Ihr eigener Vater war Alkoholiker gewesen, funktional und emotional abwesend. Sandy hatte sich von einem emotional distanzierten Mann angezogen gefühlt, der darin ihrem biologischen Vater ähnelte, und nun hatte sie mit Richard wieder einen solchen Partner gewählt, weil sie unbewusst versuchte, diese Gefühle, die durch die Beziehung angesprochen wurden, an die Oberfläche zu bringen und aufzulösen.

Wir untersuchten diese Gefühle. Sie wollte sich in ihrer Beziehung unterstützt und geschützt wissen, meinte aber, sie müsse ihre Bedürfnisse zurückstellen, wenn Richard darauf hinwies, dass er ihre Forderungen für unangemessen hielt oder dass sie nicht seinen Vorstellungen von einer Partnerschaft entsprachen. Gleichwohl blieb ihr Ärger darüber. Sie errichtete eine Beziehungsstruktur, die ihrem Ärger ständig neue Nahrung gab: Ihr Partner unterstützte sie nicht. Die traditionelle Psychologie würde sagen, dass sie ihren Ärger über die mangelnde Zuwendung von Seiten ihres Vaters auf ihren Partner übertrug, aber die tiefere Ursache liegt im Karma aus einem früheren Leben.

Ich forderte Sandy auf, sie solle versuchen, den Ärger über die mangelnde Zuwendung ihres Vaters zu akzeptieren. Ich sorgte dafür, dass sie ihre Gefühle vollständiger Abhängigkeit an die Oberfläche brachte, indem ich sie im Alpha-Zustand in die Zeit ihrer frühen Kindheit versetzte. Sie erlebte noch einmal die Abhängigkeit und die extremen Verlassenheitsängste, Situationen, in denen sie sich an ihn gewandt hatte, wenn er getrunken hatte, und dann von ihm geschlagen worden war. Während sie diese Ereignisse noch einmal durchlebte, sorgte ich unablässig dafür, dass sie ihre Schuldzuweisungen aufgab und einfach nur ihre Gefühle wahrnahm, dass sie ihre Selbstliebe und heilende Energie in den Schmerz ihrer Verlassenheit und Verletzungen lenkte.

Wir arbeiteten drei Sitzungen lang an dieser Regression. In der dritten Sitzung ließ ich sie zu einer Fantasie zurückkehren, die sie über sich selbst als Kind hatte, in eine Zeit, in der sie nicht auf der Erde gewesen war, eine Traumzeit. Sie sah sich selbst als kleines Mädchen in einem hellblauen Kleid, irgendwo in blaugrauen Wolken. Sie sah sich selbst als unschuldig, zart, offen und liebevoll. Ich forderte sie auf, ihren Vater zu holen, so dass sie mit ihm sprechen konnte. Was sofort erschien, war ein Bild, das sie optisch nicht identifizieren konnte, aber vom Gefühl her als Richard, ihren gegenwärtigen Partner erkannte. Sie war schockiert von der Erkenntnis, dass er in einem früheren Leben ihr Vater gewesen war. Er konnte nicht mit ihr sprechen, weil er in seinen eigenen Ketten gefangen war, aber sie konnte spüren, dass er sie liebte und seine Liebe ausdrücken wollte, obwohl er dazu nicht fähig war.

In diesem Moment erlebte Sandy etwas, das ich nur als gewaltige Katharsis beschreiben kann. Mindestens zwanzig Minuten lang war sie von Tränen überströmt und von Emotionen geschüttelt. Ihr Körper zitterte und wand sich in Krämpfen. Ich hielt sie und ließ ihr Zeit, ihre Gefühle aufzulösen, bis sie fertig war.

Der emotionale Ausbruch überzeugte mich davon, dass die Fantasie stimmte – ihr Partner war tatsächlich in einem früheren Leben ihr Vater gewesen. Sie waren wieder zusammengekommen, um ihre Beziehung zu heilen. Richard hatte die ersten Schritte dazu unternommen, aber Sandy war noch nicht bereit gewesen und hatte mit Fluchtversuchen reagiert.

Sandy berichtete mir später, dass sie mit Richard über diese Sitzung gesprochen hatte. Allein das war ein riesiger Wachstumsschritt für sie, denn bisher hatte sie es nie geschafft, ernsthaft über ihre Gefühle zu sprechen. Heute sind Richard und sie kein Paar mehr, aber sie sind gute Freunde, die sich gegenseitig unterstützen.

Als Sandy und ich unsere gemeinsame Arbeit beendeten, hatte ich den Eindruck, dass sie einen Wendepunkt in ihrem Leben bewältigt hatte. Sie verstand sich selbst jetzt sehr viel besser. Sie reagierte nicht mehr unbewusst und zwanghaft auf ihre Ängste oder Projektionen und sie gewann allmählich Kontrolle über ihren Alkohol- und Drogenkonsum. Sie hatte ein Konzept für die Arbeit an sich selbst und vertraute darauf, in ihrer Entwicklung voranzukommen. Sie hatte viel von der unbewussten Negativität abgebaut, die zuvor ihre Triebkraft gewesen war. Wir sehen uns immer noch gelegentlich, wenn sie Hilfe braucht, um bestimmte Ereignisse oder Gefühle zu klären.

Jim

Jim ist 43 Jahre alt. Er war immer daran interessiert, sein Bewusstsein zu erweitern und spirituelle Ziele zu verfolgen. Er hat einige Therapien absolviert, kennt sich in den Grundlagen der Psychologie aus und kann sich selbst objektiv betrachten.

Seine gegenwärtige Krise äußert sich in Eheproblemen. Er ist seit vier Jahren verheiratet, und die Beziehung zu seiner Frau ist endgültig gescheitert. Nun hat er große Angst, dass er den Kontakt zu seinen beiden Kindern aus dieser Ehe verlieren könnte. Diese Aussicht ist besonders schmerzlich für ihn, weil ihm genau das mit den beiden Kindern aus seiner ersten Ehe geschehen ist, als er in seinen Zwanzigern war.

Trotz seines spirituellen Idealismus und obwohl er gerne ein liebevoller Mensch sein möchte, empfindet er enormen Zorn auf seine Frau, weil er sich von ihr manipuliert und unfair behandelt fühlt. Bei verschiedenen Gelegenheiten hat er die Beherrschung verloren und hat sie körperlich misshandelt. Diese gewaltsamen Übergriffe haben die Situation noch verschlimmert, denn nun hat seine Frau das Gefühl, sie müsse sich und die Kinder vor ihm schützen, und er wird noch zorniger, weil sie ihm die Kinder vorenthält. Dieser Teufelskreis hat sich im vergangenen Jahr aufgebaut.

Obwohl genügend Gefühle wahrnehmbar waren, um mit der Arbeit zu beginnen, vermittelte mir ein Blick auf Jims Horoskop einige interessante Einsichten. Da seine Probleme mit Kindern zu tun hatten, warf ich einen Blick in das fünfte Haus. Als einziger Hinweis findet sich hier der nördliche Mondknoten. Er repräsentiert den Bereich des Lebens, auf den wir uns konzentrieren müssen, wenn wir weiterwachsen wollen. Der südliche Knoten repräsentiert die Eigenschaften, die wir ablegen müssen. Es war also richtig, dass Jim sich im Interesse seines eigenen Wachstums auf die Kinder konzentrierte, aber die Aspekte der anderen Planeten zum nördlichen Knoten wiesen darauf hin, dass er dabei ungeheure Mengen von negativem Karma zu bewältigen hatte. Opposition Sonne, Quadrat Mond und Quadrat Venus sind Hinweise auf einen grundlegenden Konflikt mit der Individualität, der emotionalen Natur und der Art und Weise, mit Liebe umzugehen. Kinder werden Schmerzen herbeiführen und Konflikte hervorrufen, die integriert werden müssen.

Noch mehr sagen die Parallelen zum Knoten aus. Es gibt starke Parallelen zu Pluto, Mars und zur Sonne. Jede Aspektierung durch Pluto, Mars und Sonne repräsentiert eine mächtige und potenziell gewalttätige Energie und weist auf ein schwieriges Karma hin. Folgende Muster müssen integriert werden: Sonne parallel Pluto – Manipulation, Machtkämpfe. Jim hat eine sehr manipulative Person angezogen und projiziert nun zusätzlich auf sie, indem er sie als herzlos und kontrollierend wahrnimmt. Sonne parallel Mars, Mars Opposition Aszendent – sehr viel unterdrückter Zorn, der sich auch in Autoritätskonflikten manifestiert; Mars parallel Pluto – ein Gewaltpotenzial, das ihn entweder zum Opfer oder zum Täter machen kann.

Trotz dieser ungünstigen Ausgangslage war Jim sehr idealistisch und versuchte aktiv, der liebevolle und spirituelle Mensch zu sein, als den ihn die positive Seite seines Horoskops beschrieb: Sonne Konjunktion Venus, Venus Sextil Jupiter, Neptun Trigon Aszendent, Sextil Merkur, Sextil Pluto, Trigon Uranus. Da Jim jedoch den südlichen Mondknoten im elften Haus der Ideale hatte, repräsentierte seine idealistische Einstellung Rückschritte, das Vermeiden wichtiger Themen und Selbstablehnung.

Im ersten Monat unserer wöchentlichen Sitzungen sprachen wir über alle Aspekte der Verarbeitung, konzentrierten uns aber hauptsächlich auf die Wahrnehmung. Ich hatte das Gefühl, Jim würde nicht wirklich mit seinen negativen Energien arbeiten können, bevor er seine Gefühle nicht klar erkannt und die Verantwortung dafür übernommen hatte. Aber genauso wichtig war es für ihn, seinen Idealismus wahrzunehmen.

Jim verfolgte angestrengt seine idealistischen Ziele und glaubte, seine Probleme würden sich von selbst lösen, sobald er diese Ziele erreicht hätte. Das Leben in einer spirituellen Gemeinschaft war eins dieser Ziele. Ein sozialer Beruf war ein anderes. Ich versuchte ihm klar zu machen, dass dies die Resultate einer integrierten Persönlichkeit sein könnten, das Verfolgen solcher Ziele aber nicht zur Integration führen würde, sondern nur dazu diente, seine wahren Gefühle zu unterdrücken. Der Idealismus war Jims Selbstablehnung, holte ihn aus dem gegenwärtigen Augenblick heraus und verhinderte, dass er sich selbst so erlebte, wie er war. Er brauchte seine Zeit, um zu verstehen, dass er sich nicht mehr auf seine Ideale konzentrieren durfte, weil sie ihn daran hinderten, seine Gefühle zu akzeptieren. Wir haben dieses Thema immer wieder diskutiert.

Verknüpft mit dem Idealismus waren seine Schuldgefühle

darüber, dass er es nicht schaffte, seinen Idealen entsprechend zu leben. Jim musste erkennen, dass Schuldgefühle hier fehl am Platze waren und nur eine andere Form der Selbstablehnung darstellten – seine Abwehr gegen die echte Wahrnehmung seiner Gefühle. Auch darüber haben wir ausführlich gesprochen.

Ein weiteres Thema war sein Zorn. Ich wies Jim darauf hin, dass es sich dabei um unterdrückten Zorn aus früheren Zeiten handelte, den die gegenwärtigen Umstände nur an die Oberfläche gebracht, nicht aber verursacht hatten – ganz gleich, wie schmerzlich er diesen Zorn empfand. Wir sprachen darüber, bis er schließlich begriff, was emotionale Verantwortlichkeit bedeutet, und sich seinen Zorn intellektuell zu Eigen machen konnte.

Bei einem dieser Gespräche erklärte Jim, er empfinde, dass er das Recht habe, wütend auf seine Frau zu sein und diese Wut auch auszudrücken; das sei nur ehrlich, und es ärgere ihn, dass sie das nicht »akzeptierte«. Diese Art, von der Partnerin bedingungslose emotionale Akzeptanz zu erwarten, scheint für Männer in unserer Kultur typisch zu sein. Genauso wie Sandy ihre unerfüllten Sehnsüchte nach einem Vater auf ihren Partner projizierte, von ihm finanzielle Unterstützung erwartete und ihn dann abgelehnt hatte, als er sich weigerte, projizierte Jim seine Sehnsucht nach mütterlicher Zuwendung. Er erwartete, dass seine Frau ihn jederzeit bedingungslos annahm, auf jeder erdenklichen emotional-sexuellen Basis, und er wurde ärgerlich, wenn sie das nicht tat.

Ich erklärte Jim, wenn er erst einmal zu emotionaler Selbstakzeptanz gefunden habe, werde er nicht mehr von der Akzeptanz einer Frau abhängig sein. Außerdem waren Jims sexuelle Bedürfnisse stark und zwanghaft. Es schien so, als versuche er unbewusst, im Sexualakt die Spannungen abzubauen, die durch seinen unterdrückten Ärger verursacht wurden, ein weiteres Verhaltensmuster, das ziemlich verbreitet ist, wenn auch bei Männern mehr als bei Frauen. Es gab keine Möglichkeit, dieses Problem direkt anzugehen; wir konnten nur darauf warten, dass die sexuelle Zwanghaftigkeit in dem Maße nachließ, in dem er seinen Ärger auflöste. Als ich ihm diese Überlegungen mitteilte, erkannte Jim ihre Wahrheit so klar und mutig, wie es typisch für seine Arbeit an sich selbst war.

Wir machten uns daran, den Zorn aufzulösen. Unser wichtigstes Werkzeug war die beschleunigte integrierende Atmung. Ich wies Jim an, sich hinzulegen, heilende Energien und den Zeugen zu aktivieren, sich in den Alpha-Zustand zu versetzen und dann tief und schnell zu atmen. Jims Zorn war gewöhnlich das erste Gefühl, das dabei an die Oberfläche kam. Ich ermutigte ihn, auf Schuldzuweisungen zu verzichten und einfach nur die Energie wahrzunehmen. Ich forderte ihn auf, mir ständig über seine Gefühle zu berichten. Mit Hilfe der Rückmeldungen, dass er Zorn und nicht Schuldzuweisungen erlebte, konnte ich seine Fortschritte überwachen. Während er seinen Zorn spürte, versuchten wir Zugang zu seiner Selbstliebe zu finden, wobei er die Atemübungen ständig fortsetzte. Jim fiel diese Art von Atemarbeit leicht, und wir haben insgesamt neun Stunden mit solchen Atemübungen verbracht. Jim sagte, er fühle sich anschließend stets besser, und bei etwa jeder zweiten Sitzung erlebte er eine dramatische Katharsis. Ich hatte den Eindruck, dass er enorm von der Auflösung seiner Gefühle profitierte.

Jim berichtete, er sei nun auch fähig, bei seinen Übungen zu Hause den Zeugen zu aktivieren und die heilende Energie der Selbstliebe zu spüren. Er arbeitete dabei sowohl mit der reinigenden als auch mit der integrierenden Atmung, die er je nach Bedarf einsetzte.

Ich beriet Jim, wie er mit seiner Frau umgehen solle, und legte dabei besonderen Wert auf ein nicht-reaktives Verhalten – er sollte sich von dem Zorn, den er bei Begegnungen mit ihr empfand, nicht motivieren lassen und ihn nicht ausdrücken, sondern zurückhalten, um ihn später durch Verarbeitung aufzulösen. Das war schwierig, und der Erfolg ließ auf sich warten. Erst nachdem wir eine Weile zusammengearbeitet hatten, begann er die Fähigkeit zu nicht-reaktivem Verhalten zu entwickeln.

Hinter seinem Zorn verbargen sich die Gefühle, ausgenutzt, manipuliert und kontrolliert zu werden. Ich hatte den Eindruck, dass Jim diese Gefühle zu Recht empfand, dass seine Frau sich tatsächlich so verhielt. Aber ich musste Jim klarmachen, dass er diese Situation selbst angezogen hatte, um sich eben dieser Energie bewusst zu werden, die in seinem Unterbewusstsein blockiert war. Er musste diese Möglichkeit intellektuell akzeptieren, bevor er an der Auflösung seiner Machtprobleme arbeiten konnte. Wenn er sich wehrte und sich auf einen Machtkampf um seine Kinder einließ, würde die Energie durch seine Nichtakzeptanz nur wieder unterdrückt werden. Er musste – emotional – akzeptieren, dass ihm seine Kinder entrissen wurden, und er musste den Schmerz verarbeiten, den er dabei empfand. Ich hob hervor, dass dieser Schmerz in ihm schon vorhanden gewesen war, bevor sich die Situation so entwickelt hatte, und dass der Sinn dieser Situation ausschließlich darin lag, den Schmerz an die Oberfläche zu bringen.

Diese Einsicht erwies sich als Wendepunkt. Jim hatte nie zuvor die Verantwortung für den Schmerz übernommen, den er beim Verlust seiner Kinder empfand. Ich versuchte ihm außerdem klarzumachen, dass er zwanghaft an seinen Kindern hing, dass er idealistische Pläne für sie hatte, dass er versuchte, durch sie seine eigene Erfüllung zu finden, dass sie seinem Leben Bedeutung verleihen sollten. Mit dem, was geschehen war, zeigte ihm das Leben, dass er am falschen Ort nach Erfüllung gesucht hatte – außerhalb seiner selbst. Gerade die Erwartungen und enormen Hoffnungen, die sich auf seine Kinder richteten, hatten den starken Schmerz über ihren Verlust hervorgerufen – beides gehörte zusammen. Nun musste er sich diesem Schmerz stellen und ihn integrieren, um seine Blockaden auf dieser Ebene zu überwinden.

Sein Verlangen nach Bedeutung, das durch seine Kinder erfüllt werden sollte, war ein weiteres Resultat seines unintegrierten Solarplexus, in dem der Zorn angesiedelt war. Er musste aufhören, diese Art von Befriedigung durch seine Kinder erfahren zu wollen. Auch seine zwanghafte Gier nach Bedeutung musste integriert werden, damit er nicht mehr davon getrieben wurde.

Wir arbeiteten mit der Vorstellung von Akzeptanz und der Perspektive, das Ergebnis der Akzeptanz dem Höheren Selbst unterzuordnen. Jim kannte dieses Konzept aus seiner früheren spirituellen Arbeit, aber er hatte es bisher nie auf einer so persönlichen Ebene eingesetzt. Allmählich entwickelte er eine ehrfürchtige Einstellung gegenüber seinem Schmerz. Ergebung und Verzicht wurden zur treibenden Kraft in seinem Leben.

In seiner persönlichen Praxis wandte Jim weiterhin die Prinzipien der Verarbeitung an. Er setzte sich hauptsächlich mit seinem Zorn, seiner Hilflosigkeit, seinem Schmerz über den Verlust seiner Kinder und seinem Gefühl der Bedeutungslosigkeit auseinander. Er lernte, sich in den Alpha-Zustand zu versetzen, den Zeugen zu aktivieren und heilende Energien auf diese schmerzlichen Gefühle zu lenken. Er dachte an seine Frau und seine Kinder, um sich die Gefühle bewusst zu machen, dann auf Schuldzuweisungen zu verzichten und seine Gefühle einfach wahrzunehmen. Manchmal arbeitete er auch nur mit dem Atem und nahm wahr, was an die Oberfläche kam. Er setzte einfache Affirmationen ein, um zur Selbstakzeptanz zu finden: »Es ist okay für mich, zornig zu sein; ich akzeptiere den Schmerz über den Verlust meiner Kinder.« Diese Affirmationen dienten auch dazu, ihm schmerzliche Gefühle bewusst zu machen, die er dann als Zeuge wahrnahm.

Ungefähr zwei Monate nach unserer ersten Begegnung berichtete Jim, er sei nun fähig, sich mit seiner Frau auseinander zu setzen, ohne sich dabei von seinem Zorn motivieren zu lassen. Das hatte sowohl damit zu tun, dass er seinen Zorn durch die regelmäßige Praxis abgebaut hatte, als auch damit, dass er durch die Arbeit an seinen Gefühlen nicht-reaktives Handeln erlernt hatte. Seine Lebenssituation hatte sich im Grunde nicht geändert, aber Jim erkannte, dass er durchaus die Möglichkeit hatte, den Kontakt zu seinen Kindern zu bewahren, und dass seine Frau das nicht verhindern konnte, wenn er erst einmal die extremen Gefühle überwunden hatte, die ihn zwangen, die Situation verzerrt wahrzunehmen und unverantwortlich zu handeln.

Ich schreibe dies ungefähr zehn Monate nach unserer ersten Begegnung. Jim konnte viele seiner unterdrückten Gefühle erfolgreich auflösen und berichtet, dass er im Umgang mit seiner Frau stabiler geworden ist. Indem er darauf verzichtet hat, gegen sie zu kämpfen – so sieht er es jetzt –, hat er sich nicht auf ihr Spiel eingelassen und ihr keine Rechtfertigung dafür gegeben, ihm die Kinder zu entziehen. Durch sein nicht-reaktives Handeln hat er sie gezwungen, vernünftiger zu werden, einerseits als Reaktion auf seine inneren Veränderungen, andererseits aber auch, weil sie sich sonst irrational verhalten würde. Die Beziehung zu dieser Frau ist offensichtlich karmisch; wahrscheinlich haben beide eine gemeinsame Geschichte, die viele Leben zurückreicht.

Während Jim ihr gegenüber weiterhin nicht-reaktiv bleibt und den Schmerz integriert, den sie scheinbar verursacht, befreit er sich von den negativen Aspekten ihrer gegenseitigen Bindung. Weil Jim so viel Mut und Bereitschaft zu intensiver innerer Arbeit zeigt und die Macht der Akzeptanz so gut versteht, glaube ich, dass er weiterwachsen wird. Seine gegenwärtige Situation wird sich als Sprungbrett für ein wertvolles Leben innerer Transformation erweisen.

Ellen

Ellen ist 38 Jahre alt. Sie hat in den letzten zwei Jahren ein Bekleidungsgeschäft geführt, gemeinsam mit ihrem 37-jährigen Partner, mit dem sie seit drei Jahren eine Beziehung hat. Der Laden läuft nicht besonders gut, und sie denken darüber nach, ob sie das Geschäft weiterführen oder es ebenso wie ihre Beziehung aufgeben sollen. Die damit zusammenhängenden Probleme haben Ellen zu mir geführt. Sie macht sich ständig Sorgen über ihre finanzielle Situation und ihre Partnerschaft. Die Tatsache, dass Ellen sich ihrer Sorgen und Ängste bewusst ist, ist ein Zeichen dafür, dass sie in der Lage sein wird, produktiv damit zu arbeiten. Viele Leute nehmen solche Gefühle einfach nicht wahr, lassen sich aber unbewusst davon zu einem selbstzerstörerischen Verhalten verführen, mit dem sie ihre Probleme zu kompensieren versuchen.

Ellens Horoskop zeigt die folgenden relevanten negativen Aspekte: Sonne im zweiten Haus (Geld) Quadrat Saturn. Saturn, der Planet der Furcht und Überlebensängste, steht in einem disharmonischen Aspekt zur Sonne, die Willen und Individualität repräsentiert. Ellen empfindet große Furcht, wenn sie versucht, ihre materiellen Bedürfnisse zu befriedigen. Weiterhin befindet sich der südliche Knoten im Sternzeichen Stier, was darauf hinweist, dass ein wichtiger Aspekt des Lebens, die Suche nach materieller Sicherheit, für sie einen Rückschritt in ihrem persönlichen Wachstum darstellt. Um vorwärts zu kommen, muss sie sich auf den nördlichen Knoten im Skorpion konzentrieren, die spirituelle Regeneration. Wenn sie das täte, würden ihre materiellen Bedürfnisse automatisch erfüllt.

Es sieht so aus, als würde Ellen von irrationalen Überlebensängsten getrieben. Unintegriert führte diese Furcht immer wieder dazu, dass sie Situationen anzog, die von Versagen und Unsicherheit geprägt waren. Sie erlebte, wie sich ihre Projektionen manifestierten. Dann reagierte sie auf die Situation, die sie selbst erzeugt/angezogen hatte, und empfand noch mehr Furcht. Daraus entwickelte sich ein Teufelskreis.

Als wir über diese Zusammenhänge sprachen, sagte Ellen, sie sei zuvor Malerin gewesen und habe das Gefühl, dass sie ihr spirituelles Selbst in ihrer Kunst ausdrücke, aber sie sei der Meinung gewesen, dass sie eine solidere finanzielle Basis brauchte. Die Gelegenheit mit dem Bekleidungsgeschäft habe sich nur auf Grund ihrer Partnerschaft ergeben; sie traute sich nicht zu, es alleine zu führen. Ihr Partner kümmerte sich ums Geschäft, sie um den Verkauf. Nachdem sie den Laden eröffnet hatten, war ihre Beziehung schlechter geworden. Ellen sah den Grund dafür in ihrem intensiveren Kontakt und vermehrten Stress.

Mein erster Schritt bei der Arbeit mit Ellen bestand darin, ihr zu erklären, wie tief ihre Furcht saß und wie irrational sie war; nicht dass es in der Vergangenheit keinen vernünftigen Grund dafür gegeben hätte, aber nun projizierte sie ihre unterdrückte Furcht in unangemessener Weise auf Ereignisse in ihrem gegenwärtigen Leben. Ihre Fähigkeit, das Wesen der Unterdrückung, Projektion und Auflösung ihrer Gefühle zu verstehen, würde darüber entscheiden, ob sie mit der inneren Arbeit Fortschritte erzielen konnte. Sie begriff die Zusammenhänge, und es gelang ihr, die Verantwortung für ihre Furcht zu übernehmen.

Der nächste Schritt bestand darin, ihre Furcht tatsächlich zu akzeptieren. Indem sie sich in geschäftlichen Fragen von ihrer Furcht motivieren ließ, so erklärte ich ihr, lehnte sie sich selbst ab. Sie reagierte blind auf die Furcht. Sie fürchtete die Furcht. Sie lehnte sich selbst ab, indem sie erwartete, dass zukünftige wirtschaftliche Erfolge ihre Furcht beseitigen würden – sie hungerte nach solchen Erfolgen. Sie blockierte ihre Gefühle der Furcht mit Hilfe von Zukunftsfantasien.

Ungefähr sechs Sitzungen lang arbeiteten wir an Akzeptanz

und direkter Erfahrung. Mit der Akzeptanz wuchs auch Ellens Fähigkeit, ihre Furcht direkt wahrzunehmen. Sie arbeitete daran, ihre Furcht vom Objekt der Furcht zu trennen. Sie benutzte das Objekt (das Geschäft), um die Furcht an die Oberfläche zu bringen, und ich sagte ihr, sie solle anschließend jeden Gedanken an das Geschäft aufgeben und nur noch ihre Furcht wahrnehmen. Sie schaffte es, nur bei der Furcht zu bleiben, nicht bei ihren Projektionen. Sie nahm die reine Furcht immer tiefer wahr. Sie bemerkte, dass sie sich nach den meisten Sitzungen besser fühlte, erwähnte aber einmal, dass ihr die Verarbeitung der Furcht so vorgekommen sei wie »der Gang zum Zahnarzt«.

Ich antwortete, dass ich ihre Tapferkeit bewundere, aber ihre Bemerkung war für mich auch ein Hinweis darauf, dass sie stärker an ihrer Selbstliebe arbeiten musste. Wir verbrachten mehr Zeit damit, gemeinsam den Zeugen zu aktivieren, Nicht-Identifikation und heilende Energie auf das Höhere Selbst zu richten und vor allem, den vollkommenen Frieden des Alpha-Zustandes zu kultivieren. Ich meditierte gemeinsam mit ihr, und wir bauten die Energie zusammen auf.

Wir entwickelten ein Programm für ihre Praxis zu Hause. Ich brachte ihr die Atemmeditationen bei, die ich in Kapitel 11 dargestellt habe, und ergänzte sie um eine persönliche Verordnung: Da ihre Energie zwischen dem Überlebenszentrum (Saturn) und dem Solarplexus (Sonne) angesiedelt war, sollte sie abwechselnd in diese beiden Zentren atmen. Ellen setzte vor allem die reinigende Atmung ein, weil ihr die sanften Atemzüge angenehmer waren als die intensivere integrierende Atmung.

Im weiteren Verlauf unserer Arbeit stellte sich heraus, dass Ellen sich als Kind das Steißbein gebrochen hatte – den Endknochen an der Basis der Wirbelsäule – und die Heilung war schwierig verlaufen. Das Steißbein hat einen Bezug zum ersten Chakra. Ich habe das so interpretiert, dass dieser »Unfall« das Resultat der Furcht war, die sie im ersten Chakra unterdrückt hatte – die Energie hatte sich so weit aufgebaut, dass sie durch die Verletzung freigesetzt werden musste. Ich drängte Ellen, zu diesem Vorfall zurückzukehren und an den damit verbundenen Gefühlen zu arbeiten. Sie berichtete, dass sie dabei mehr Furcht, Verletzlichkeit und Hilflosigkeit empfand, aber es gab in ihrer Kindheit keine spezielle Ursache, zu der sich diese Gefühle zurückverfolgen ließen, außer dem Unfall. Ungefähr einen Monat arbeitete sie daran, die mit dieser Verletzung verbundenen Gefühle aufzulösen, ging immer wieder zurück, um die Verletzung noch einmal zu erleben und sich für alle damit einhergehenden Gefühle zu öffnen. Sie berichtete stets, sie fühle sich nach solchen Sitzungen besser und könne bewusst wahrnehmen, wie sich die unterdrückten Gefühle tatsächlich auflösten.

Ich war mit Ellens Fortschritten zufrieden. Nach etwa zwei Monaten sagte sie jedoch, ihre Furcht und ihre Sorgen seien schlimmer geworden, was mit bestimmten geschäftlichen Problemen einherging. Sie hatte sogar begonnen, Marihuana zu rauchen, was sie sonst nicht regelmäßig tat. Bei einem weiteren Blick auf ihr Horoskop bemerkte ich, dass der Saturn-Transit in Konjunktion mit der Sonne ihres Geburtshoroskops stand. Dies war ein Hinweis auf eine Zeit von etwa drei Wochen, in denen ihre Ängste intensiver auftreten würden. Ich sagte ihr, sie mache jetzt eine kritische Phase durch, die Verschlimmerung repräsentiere eine Heilkrise und die Gelegenheit zur emotionalen Klärung, das Ganze sei in ein paar Wochen vorüber, aber sie könne großen Nutzen daraus ziehen, wenn sie jetzt bei ihrer inneren Arbeit bliebe und die Ereignisse nicht ablehne.

Drei Wochen lang trafen wir uns zweimal wöchentlich. Ich versuchte, sie zu ermutigen, alleine zu arbeiten, aber sie meinte, sie brauche jetzt Unterstützung. Unser Vorgehen veränderte sich nicht: Ellen nahm ihre Ängste wahr, lenkte heilende Energie darauf, beschwor ihre Selbstliebe und machte Atemübungen. Ich praktizierte mit ihr einige Polaritätsübungen zwischen dem Wurzelchakra und dem Solarplexus. Sie zeigte eine bewundernswerte Tapferkeit, großes Vertrauen und eine enorme Bereitschaft, sich ihren Schattenseiten zu öffnen.

Diese Phase erwies sich als ein Wendepunkt. Nachdem sie vorüber war, erklärte Ellen, sie habe sich seit Jahren nicht mehr so gut gefühlt, und auch die geschäftlichen Probleme seien nicht mehr so gravierend. Ein paar Wochen später beschlossen wir, uns nur noch einmal im Monat zu treffen. Ellen widmete sich ihrer Praxis zu Hause offensichtlich mit großem Eifer, und ich hatte den Eindruck, dass sie nun alleine weitermachen konnte. Wir hatten ungefähr vier Monate zusammen gearbeitet.

Während all unserer Sitzungen hatte Ellen nie eine außergewöhnliche emotionale Katharsis erlebt, war nie in Tränen ausgebrochen, hatte sich nie an irgendein Ereignis aus ihrer Kindheit oder einem früheren Leben erinnert, mit dem ihre Furcht zusammenhing. Gleichwohl löste sich ihre unterdrückte und außergewöhnliche Furcht offenbar wirklich auf. Bei einem unserer nächsten Treffen sprach sie einen Vorfall an, der sich während ihrer Praxis zu Hause ereignet hatte.

Sie hatte ein Buch über Co-Abhängigkeit gelesen und begonnen, darüber nachzudenken, ob sie vielleicht in ihrer Partnerschaft co-abhängig war. Sie arbeitete während der Meditation an ihrer Furcht, als ihr plötzlich klar wurde, dass sie ihren Partner fürchtete. Sofort kam sie in Kontakt mit ihrem Zorn – ihrem Zorn auf ihren Partner, von dem sie abhängig war und den sie fürchtete. Diese Erkenntnis löste eine Katharsis des Zorns aus. Sie weinte heftig, als sie erkannte, dass ihr unbewusster Ärger über ihren Partner eine Hauptursache für die emotionalen und sexuellen Probleme war, die sie miteinander hatten. Sie stellte einen Bezug zwischen ihrer gegenwärtigen Partnerschaft und ihrem Vater her – erkannte, dass sie ihm gegenüber im Grunde die gleichen Gefühle hegte. Sie wusste genug, um zu-

zulassen, dass sich die Katharsis fortsetzte, und weinte ungefähr zwei Stunden lang.

Bei unserem ersten Treffen hatte ich sofort erkannt, dass es
in Ellens Partnerschaft eine starke Co-Abhängigkeit gab. Ich
hatte dieses Thema nicht angesprochen, weil ich der Meinung
war, dass ihre Ängste Vorrang hatten und dass sie damit erst
einmal genug zu tun hatte. Die innere Arbeit sollte meines Erachtens so weit wie möglich nicht direktiv und nicht invasiv
sein – ich will dem Klienten also nicht einfach meine Beobach-
tungen mitteilen, sondern meine Aufgabe besteht darin, ihn zu
führen, und ich muss ihm die Möglichkeit geben, seine eigene
innere Wahrheit in einem ihm gemäßen Tempo zu entdecken.
Ich war sehr froh, dass Ellen das Thema Abhängigkeit von sich
aus ansprach.

Inzwischen sind seit unserem ersten Treffen etwa acht Monate vergangen, und Ellen setzt ihre Arbeit an sich selbst weiterhin fort. Sie berichtet, ihre Ängste hätten sich drastisch ver-
mindert, seien aber immer noch ein Thema. Ich habe ihr gesagt, dass sie daran vielleicht ihr ganzes Leben wird arbeiten
müssen, und sie hat akzeptiert, dass sich die Furcht vielleicht
niemals vollständig auflösen wird. Aber sie lässt sich davon
nicht mehr motivieren. Sie lässt sie als eine Art Unterpersön-
lichkeit existieren. Sie fürchtet sich nicht mehr vor ihrer Furcht
und sorgt liebevoll für sie. Unter diesen Bedingungen kann sich
die Furcht weiterhin verringern und normalisieren.

Im Hinblick auf ihre geschäftlichen Probleme hat sich nichts
geändert, aber sie hält die Situation nicht mehr für so schlimm;
immerhin verdienen sie und ihr Partner genug, um davon leben zu können. Sie brennt darauf, an der nächsten Phase ihres
Wachstums zu arbeiten – an ihrer Beziehung und dem, was sie
darin einbringt. Wir treffen uns weiterhin einmal im Monat,
aber die meiste Arbeit leistet sie alleine.

Gruppenarbeit

Manchmal gelingt es einem in einer Gruppe am leichtesten, unterdrückte Gefühle zu integrieren. Die Gruppe wird zu einer Quelle der Energie, die jedes einzelne Mitglied aufnehmen und für seine Arbeit nutzen kann. Die kollektive Energie der Gruppe kann enorm sein und eine erhebliche Hilfe bei der Transformation darstellen.

In den Workshops, die ich leite, führe ich gerne Übungen zu zweit oder in Kleingruppen durch. Hier geht es vor allem darum, dass die Gruppenenergie genutzt wird, um die individuelle Arbeit zu erleichtern. Das ist in doppelter Hinsicht nützlich:

Für jeden Neuling, der gerade erst mit der Integration und innerer Arbeit beginnt, ist die Gruppenenergie ein enormer Übungsvorteil; man erlernt die Schritte der integrativen Verarbeitung leichter, wenn man sich auf den Gruppengeist einstellt. Wenn jemand schon einige Erfahrung in der Praxis hat, kann sich die Gruppenenergie als mächtiger Stimulus erweisen, um Themen zu integrieren, zu denen man bisher keinen Zugang gefunden hat.

Gewöhnlich beginne ich die Gruppenarbeit mit einigen körperlichen Lockerungsübungen und ein paar Yogahaltungen. Als Gruppe treten wir in den Alpha-Zustand ein, aktivieren den Zeugen und finden Zugang zu heilender Energie und Selbstliebe. Schon diese ersten Schritte haben eine mächtige Wirkung, wenn alle simultan dieselben Visualisierungen praktizieren. Wenn wir mit der tiefer gehenden Arbeit beginnen, erinnere ich die Teilnehmer daran, dass die Emotionen und Themen, die an die Oberfläche kommen, mit einem der niederen Chakras in Verbindung gebracht werden können und dass die Integration weitergefördert wird, wenn man in dieses Chakra hineinatmet. Die Atemübungen sind unser wichtigstes Werkzeug. Der Atem ist ein nicht-intellektuelles Mittel zur Auflösung der unterbewussten Emotionen, welche die Grundlage unserer Konflikte bilden. Atemübungen sind äußerst wirksam und erleichtern die emotionale und innere Reinigung.

Wenn wir mit beschleunigter Atmung arbeiten, bitte ich die Teilnehmer, sich auf den Boden zu legen und mit der integrierenden Atmung zu beginnen, wobei sie zu Anfang tief und schnell atmen. Sie müssen dann die Intensität ihrer körperlichen und emotionalen Wahrnehmungen regulieren, indem sie ihre Atmung beschleunigen oder verlangsamen, in den Körper oder ein bestimmtes Chakra atmen und die damit einhergehenden Gefühle wahrnehmen. Im weiteren Verlauf der Übung führe ich die Gruppe verbal durch die einzelnen Schritte der Verarbeitung. Währenddessen aktivieren wir ständig Gefühle der Selbstliebe und die heilende Kraft des Höheren Selbst, um uns von der aufkommenden Negativität zu reinigen.

Diese Arbeit ist sehr intensiv. Wenn sie ihre Gefühle zulassen und sie mit den geeigneten Techniken verarbeiten, erleben die Teilnehmer eine bedeutsame Katharsis. Ich möchte deshalb ausdrücklich darauf hinweisen, dass man diese Art von Arbeit sehr vorsichtig und mit großer Ehrfurcht angehen sollte.

Ich hoffe, dass diese Darstellung für Sie anregend war. Manchmal ist es schwierig zu erkennen, wie tief wir gehen müssen, um uns zu öffnen. Vielleicht ist das jetzt etwas klarer geworden. Ihre alltäglichen Gefühle, Konflikte und Lebensumstände sind das, woran Sie arbeiten müssen. Wenn sie je verändert werden sollen, sind Sie der einzige Mensch, der das bewerkstelligen kann.

Oft sind wir uns absolut sicher, dass unsere Situation durch äußere Kräfte verursacht wird. Wir reagieren blind auf eine verzerrte Wahrnehmung. Wenn dieses Buch für Sie von Wert sein soll, dann müssen Sie erkennen, dass Sie selbst Ihre Erfahrungen erzeugen, so wie sie sich jetzt manifestieren. Sie müssen die Verantwortung dafür übernehmen und mit der Arbeit an sich selbst beginnen.

Wenn Sie das tun, werden Sie nicht mehr davon abhängig sein, ob sich andere Menschen verändern. Sie werden Ihre Individualität spüren wie noch nie zuvor; und mit dieser Individualität kommen Stärke, Frieden und inneres Einssein. Sie werden Ihren bewussten Willen dem Höheren Selbst unterordnen; aber Sie werden dabei eine ungeahnte Erfüllung empfinden.

Lassen Sie diese außerordentliche Chance für persönliches Wachstum nicht ungenutzt vorübergehen. Ich wünsche Ihnen das Beste.

Quellen

Workshops

John leitet dreitägige und auch längere Workshops zur emotionalen Klärung. Die Teilnehmer lernen, wie sie mit ihren Gefühlen auf dem Weg zum höheren Bewusstsein arbeiten müssen und finden die Kraft zu tiefer emotionaler Integration, Klärung und zum Wachstum. Während des Workshops erlernen sie die Techniken, mit denen sie dauerhaft arbeiten können, um ihr Leben zu verbessern, und sie nehmen an einer effektiven Gruppentherapie teil, die ihren emotionalen Durchbruch erleichtert. Die Erfahrungen, die sie in diesen Workshops sammeln, können von größter Bedeutung für jeden therapeutischen Ansatz sein, der die Verbindung zwischen körperlicher und emotionaler Krankheit anerkennt. Veranstaltet werden die Workshops in New York, San Francisco und auf Anfrage auch an anderen Orten in den USA.

Persönliche Therapie

Die Integrative Verarbeitung ist ein spirituelle, gefühlsorientierte Methode, die in der Einzeltherapie eingesetzt wird, um dem Klienten emotionale Erleichterung zu verschaffen und sein Wachstum zu fördern. Überall in den USA gibt es Therapeuten, die von John ausgebildet worden sind. Ihre Namen finden Sie auf der Internetseite.

Ausbildungsnachweis

Die Ausbildung ist offen für alle professionellen Therapeuten, aber auch für Lehrer, Ärzte, Pflegepersonal und Mitarbeiter von Beratungseinrichtungen. Mit seinem Schwerpunkt auf den aktuellen Gefühlen kann dieser Ansatz eine wichtige Ergänzung für Therapeuten sein, die primär analytisch orientiert sind oder stärker die östlichen oder spirituellen Prinzipien in ihre Arbeit einbeziehen möchten. Therapeuten, die mit solchen Prinzipien schon vertraut sind, finden hier ein formales System, das sie befähigt, effektiv mit ihren Klienten zu arbeiten. Vorbildung oder Empfehlungen sind nicht erforderlich.

Weitere Informationen über Workshops, Therapeuten oder die Ausbildung finden Sie auf der Internetseite.

Kassetten

Emotional Clearing – Kassette mit Anleitungen zur Meditation
In diesen Aufnahmen führt John Sie verbal Schritt für Schritt zur Klärung von Gefühlen. Es handelt sich dabei um dieselben Meditationen, die er auch in seinen Workshops und Einzeltherapien benutzt. Die Kassette enthält zwei Meditationen: 1. Erdung und Einleitung der Alpha-Heilung. 2. Emotionale Klärung: Geführte Meditation.

Wüstendämmerung
John ist ein engagierter Musiker. Mit dieser Aufnahme geht es ihm darum, auf der emotionalen Ebene direkt mit der rechten Gehirnhälfte zu kommunizieren, um einen Ausgleich zur intellektuellen Tätigkeit des Schreibens zu finden, die überwiegend die linke Gehirnhälfte beansprucht. Dieses Album enthält Musik, die John komponiert und aufgenommen hat, um eine tiefe

Entspannung, den heilenden Alpha-Zustand, einzuleiten. Sie kann eingesetzt werden zur Meditation, um Sitzungen zur emotionalen Klärung einzuleiten, bei der Körperarbeit oder beim Yoga oder um sich einfach in eine sanfte, angenehme Stimmung zu versetzen. Es handelt sich um ein Doppelalbum mit zwei CDs oder Kassetten mit einer Gesamtlaufzeit von 2 Stunden. John spielt alle elektronischen und akustischen Instrumente. Hörproben finden Sie auf der Internetseite.

Alpha-Reisen-CD
Als Musiker und Meditierender interessiert sich John sehr für die Möglichkeiten, durch Klänge tiefe, heilende Meditationszustände herbeizuführen. Unter Bezug auf die Forschungsarbeiten, die andere auf diesem Gebiet schon geleistet haben, ergänzt durch seine eigenen Erfahrungen, hat er eine CD produziert, die verschiedene Schlüsselfrequenzen aus reinen Sinuswellen enthält, mit deren Hilfe sich Gehirnwellen in den Alpha- und den Theta-Zustand versetzen lassen, wo Meditation und Heilung spontan auftreten. Dies ist *kein* Musikalbum, sondern es handelt sich um *Klänge,* die dazu beitragen, die Gehirnwellen in eine bestimmte Frequenz zu versetzen. Die Aufnahme enthält keine gesprochenen, geführten Meditationen, sondern soll Sie an einen tiefen Ort in Ihrem Inneren bringen, an dem sich Ihr eigener Prozess und Ihre persönlichen Bilder entfalten werden. Jede der verschiedenen Klangebenen kann endlos wiederholt werden, wenn Sie Ihren CD-Player auf »Repeat« einstellen. Diese Aufnahme ist nur auf CD erhältlich, die vollständige Anleitung liegt bei.

Besuchen Sie die Emotional Clearing Website in englischer Sprache:

http://www.emclear.com

Diese Internetseite enthält Artikel, Gespräche, Interviews, weitere Bänder, musikalische und kreative Angebote und andere Informationen von John, die das Buch ergänzen. In der interaktiven Dialog-Sektion können Leser ihre eigenen Geschichten veröffentlichen, sich gegenseitig auf ihren emotionalen Reisen unterstützen und ihre persönlichen Erfahrungen mit der emotionalen Klärung austauschen. John gibt gelegentlich ebenfalls ein Feedback, hofft jedoch, dass aus diesem Forum ein ausgiebig genutzter Ort wird, an dem Menschen sich gegenseitig ihr Herz öffnen, sich austauschen, einander zuhören und helfen.